Weimarer Klassik

Cornelia Zumbusch

Weimarer Klassik
Eine Einführung

 J.B. METZLER

Cornelia Zumbusch
Institut für Germanistik
Universität Hamburg
Hamburg, Deutschland

ISBN 978-3-476-04770-0   ISBN 978-3-476-04771-7   (eBook)
https://doi.org/10.1007/978-3-476-04771-7

Die Deutsche Nationalbibliothek verzeichnet diese Publikation in der Deutschen Nationalbibliografie; detaillierte bibliografische Daten sind im Internet über http://dnb.d-nb.de abrufbar.

J.B. Metzler
© Springer-Verlag GmbH Deutschland, ein Teil von Springer Nature 2019
Das Werk einschließlich aller seiner Teile ist urheberrechtlich geschützt. Jede Verwertung, die nicht ausdrücklich vom Urheberrechtsgesetz zugelassen ist, bedarf der vorherigen Zustimmung des Verlags. Das gilt insbesondere für Vervielfältigungen, Bearbeitungen, Übersetzungen, Mikroverfilmungen und die Einspeicherung und Verarbeitung in elektronischen Systemen.
Die Wiedergabe von allgemein beschreibenden Bezeichnungen, Marken, Unternehmensnamen etc. in diesem Werk bedeutet nicht, dass diese frei durch jedermann benutzt werden dürfen. Die Berechtigung zur Benutzung unterliegt, auch ohne gesonderten Hinweis hierzu, den Regeln des Markenrechts. Die Rechte des jeweiligen Zeicheninhabers sind zu beachten.
Der Verlag, die Autoren und die Herausgeber gehen davon aus, dass die Angaben und Informationen in diesem Werk zum Zeitpunkt der Veröffentlichung vollständig und korrekt sind. Weder der Verlag, noch die Autoren oder die Herausgeber übernehmen, ausdrücklich oder implizit, Gewähr für den Inhalt des Werkes, etwaige Fehler oder Äußerungen. Der Verlag bleibt im Hinblick auf geografische Zuordnungen und Gebietsbezeichnungen in veröffentlichten Karten und Institutionsadressen neutral.

Einbandgestaltung: Finken & Bumiller, Stuttgart © J-C. & D. Pratt / Photononstop / mauritius images

J.B. Metzler ist ein Imprint der eingetragenen Gesellschaft Springer-Verlag GmbH, DE und ist ein Teil von Springer Nature
Die Anschrift der Gesellschaft ist: Heidelberger Platz 3, 14197 Berlin, Germany

Vorwort

Ein Lehrbuch zur Weimarer Klassik vorzulegen, scheint kaum der Rechtfertigung zu bedürfen. Die Vorstellung, dass Goethe und Schiller Klassiker der deutschsprachigen Literatur sind, ist selbstverständlich. Allerdings ist der Begriff einer ‚Deutschen' oder einer ‚Weimarer Klassik' in der literaturwissenschaftlichen Forschung durchaus umstritten. Von der Literaturgeschichtsschreibung des 19. Jahrhunderts geprägt, impliziert die Rede von der Weimarer Klassik einen normativen Anspruch, der seit den 1970er-Jahren zum Widerspruch herausgefordert hat. Das, was man ‚Weimarer Klassik' nenne, verdanke sich einer gezielten Literaturpolitik, konkret einer Verdrängung der Romantik – so lautet eines der Argumente. Der kritische Blick richtete sich dabei auf die poetologischen Positionen Schillers und Goethes, auf ihre Orientierung an der Antike als einem überzeitlichen Ideal und auf ihre Vorstellung von einer autonomen, von unmittelbaren Zwecken freigesetzten Kunst. Aus der Sicht ihrer Kritiker sind Klassizismus und Autonomieästhetik Symptome für den Eskapismus, den Konservativismus und die Rückwärtsgewandtheit der Klassiker.

Die vorliegende Einführung in die Weimarer Klassik möchte diese Einwände weder wiederholen noch übergehen. Vielmehr bemüht sie sich um die konsequente Historisierung und Kontextualisierung der literarischen Formation einer ‚Weimarer Klassik' um 1800, die nicht normativ, sondern historisch-deskriptiv aufgefasst werden soll. Statt den Entlarvungsgestus (ideologie-)kritischer Untersuchungen beizubehalten oder Goethe und Schiller als zeitenthobene Ideale auf einen Sockel zu heben, statt die Klassik-Doktrin also zu wiederholen oder sie als Klassik-Legende zu entlarven, sollen die poetologischen und literarischen Projekte Goethes und Schillers in ihre zeitgenössischen Kontexte gestellt werden. Dies betrifft nicht nur den politischen Hintergrund, also die Französische Revolution und die sich anschließenden Revolutionskriege, sondern auch die kulturellen, insbesondere die ideen-, wissens- und ästhetikgeschichtlichen Kontinuitäten und Umbrüche. Die ‚Weimarer Klassik' soll als ein Schwellen- und Übergangsphänomen aufgefasst werden, um zu zeigen, wie Goethe und Schiller nicht nur auf die Erosion alter Herrschaftsformen, sondern auch auf die grundsätzliche Wahrnehmung der Gegenwart als Krise, auf die Erfahrung von Kontingenz und auf die Ausdifferenzierung der Wissenschaften reagieren.

Nach einer Skizze der Kontexte im ersten Kapitel werden im zweiten Kapitel, organisiert um die Problemkomplexe des Klassizismus und der Autonomieästhetik, die kunsttheoretischen und poetologischen Positionen Schillers und Goethes im Dialog mit Entwürfen von Johann Joachim Winckelmann, Immanuel Kant und Karl Philipp Moritz diskutiert. Die anschließenden Kapitel stellen ausgewählte Werke Schillers und Goethes vor, geordnet nach Lyrik, Dramatik und Erzählformen. Hier wurde die intensive Auseinandersetzung mit einzelnen Beispielen dem großen Überblick über die gesamte literarische Produktion vorgezogen. Die exemplarischen Lektüren fragen weniger nach der ‚Klassizität' der Texte, sondern vielmehr nach dem Verhältnis zwischen den Programmatiken Goethes und Schillers und ihrer literarischen Produktion. So bespricht das Kapitel zur Lyrik nicht nur die antikisierenden Elegien, sondern stellt auch die literaturpolitisch gezielt platzierten Xenien und die populären, an ein breites Publikum gerichteten Balladen vor. Das Dramenkapitel versammelt nicht nur Musterbeispiele der Klassik wie Goethes *Iphigenie*, sondern auch zwischen Klassik und Romantik verortete Dramen wie Schillers *Jungfrau von Orleans*, das er selbst als *romantische Tragödie* bezeichnet hat. Das Kapitel zu den Erzählformen befasst sich schließlich neben dem antikisierenden Versepos *Herrmann und Dorothea* auch mit dem Novellenzyklus *Unterhaltungen deutscher Ausgewanderten* und dem Roman *Wilhelm Meisters Lehrjahre*.

Diese Interpretationskapitel können die eigene Lektüre der literarischen Texte nicht ersetzen. Indem sie grundlegende Begriffe klären und Deutungsaspekte aufzeigen, wollen sie Interessierten einen wissenschaftlichen Zugang zu den Texten eröffnen. Hinweise auf direkt weiterführende Literatur am Ende der Kapitel bieten Orientierung und Anregung zur weiteren Beschäftigung. Die Bibliografie im Anhang versammelt die zitierte Literatur und bietet zugleich die Möglichkeit der vertieften Auseinandersetzung mit der Weimarer Klassik. Die Werke und Briefe von Goethe, Schiller und Karl Philipp Moritz werden jeweils nach der Ausgabe im Deutschen Klassikerverlag zitiert und mit der Sigle FA nachgewiesen. Eine Ausnahme bilden die Briefe, die Goethe und Schiller einander geschrieben haben. Zum besseren Nachlesen und Nachvollziehen des Briefdialogs wird hier aus der von Emil Staiger begonnenen, von Hans-Georg Dewitz überarbeiteten Ausgabe des Briefwechsels zwischen Goethe und Schiller zitiert.

Cornelia Zumbusch

Inhaltsverzeichnis

1 Voraussetzungen und Kontexte 1
  1.1 Geschichte der Klassikforschung......................... 1
      1.1.1 Klassik, Klassizität, klassisch/romantisch 1
      1.1.2 Erfindung und Kritik einer ‚Deutschen Klassik' 5
      1.1.3 Aktualität der Klassikforschung...................... 8
  1.2 Die Konstellation Weimar / Jena 10
      1.2.1 Goethe und sein Weimarer Kreis..................... 10
      1.2.2 Schillers Weg nach Jena............................ 16
      1.2.3 ‚Glückliches Ereignis' 1794: Goethe und Schiller 19
  1.3 Wissensordnungen im Umbruch 22
      1.3.1 Zeit der Revolution: Krise, Kontingenz,
           Verzeitlichung 22
      1.3.2 Ordnung im Chaos: Schiller und die Geschichte......... 27
      1.3.3 Empirie, Prozessualität, Objektivität: Goethe
           und die Natur................................... 33
  Weiterführende Literatur....................................... 38

2 Programme 39
  2.1 Klassizismus, Neoklassizismus, Philhellenismus 39
      2.1.1 Klassizistische Kultur: Architektur, Mode,
           Zeitschriften.................................... 39
      2.1.2 Imaginationen der Antike: Winckelmann,
           Gedanken über die Nachahmung.................... 42
      2.1.3 Die Antike der Moderne: Schiller, *Über naive
           und sentimentalische Dichtung* 48
      2.1.4 Historisierung der Antike: Goethe über Winckelmann 55
  2.2 Ästhetische Positionen.................................. 58
      2.2.1 Zum Begriff der ‚Autonomieästhetik' 58
      2.2.2 Bildungstrieb: *Moritz, Über die bildende
           Nachahmung des Schönen* 61
      2.2.3 Gemütskräfte: Kant, *Kritik der Urteilskraft*............. 67
      2.2.4 Spieltrieb: Schiller, *Briefe über die ästhetische
           Erziehung*...................................... 71
  Weiterführende Literatur....................................... 78

3	Lyrik		79
	3.1	Schiller und Goethe im Vergleich	79
		3.1.1 ‚Erlebnislyrik' oder ‚Ideengedichte'	79
		3.1.2 Schillers klassische Lyrik: Kunst als Mortifikation	82
		3.1.3 Goethes *Römische Elegien:* Kunst und Leben	94
	3.2	Schiller mit Goethe: Gemeinsame Projekte	104
		3.2.1 Interventionen: *Xenien*	104
		3.2.2 Popularisierungen: Die Balladen	107
	Weiterführende Literatur		120

4	Dramatik		121
	4.1	Goethes Dramen	121
		4.1.1 Goethe und das Theater	121
		4.1.2 Arbeit an der Tragödie: *Iphigenie auf Tauris*	127
		4.1.3 Melancholie der Autonomie: *Torquato Tasso*	137
	4.2	Schillers Tragödien	146
		4.2.1 Schillers Tragödientheorie: Das Erhabene	146
		4.2.2 Klassisch Werden: *Don Karlos*	152
		4.2.3 Anatomien der Macht: *Wallenstein*-Trilogie	160
		4.2.4 Königin der Herzen: *Maria Stuart*	169
		4.2.5 Charisma und Weiblichkeit: *Die Jungfrau von Orleans*	178
		4.2.6 Ästhetik des Schreckens: *Die Braut von Messina*	186
	Weiterführende Literatur		193

5	Erzählformen		195
	5.1	Gattungsreflexionen	195
		5.1.1 Epos und Roman	195
		5.1.2 Goethe an Schiller: *Über epische und dramatische Dichtung*	198
	5.2	Goethe als Erzähler	200
		5.2.1 Bildung, Beobachtung, Archivierung: *Wilhelm Meisters Lehrjahre*	200
		5.2.2 Krise und Kommunikation: *Unterhaltungen deutscher Ausgewanderter*	210
		5.2.3 Lösen und Binden: *Herrmann und Dorothea*	217
	Weiterführende Literatur		223

Bibliografie ... 225

Personenregister ... 247

Abbildungsverzeichnis

Abb. 1.1 Unbekannt: Charlotte von Stein, Silhouette, schwarzes Glanzpapier, 117 × 89 mm.................... 13

Abb. 1.2 Johann Wolfgang von Goethe, Skizzenblatt, *Schriften zur Morphologie,* Goethe FA 24, S. 103............ 37

Abb. 2.1 Manufaktur Wedgwood, Vorlage von John Flaxman, Doppelhenkelschale mit Relief Tanzende Horen um 1800, Black-Basalt-Ware, H 23,6 cm, D 36 cm................................. 40

Abb. 2.2 Ilmpark, Künstliche Ruine, 1784 auf Anregung von Goethe in Schloßpark an der Ilm integriert.............. 41

Abb. 2.3 Laokoon-Gruppe (1. Jh. n. Chr.), Druckgraphik aus Bartolomeo Marliani, *Urbis Romae topographia,* 1544 46

Abb. 4.1 Georg Melchior Kraus: Szenenbild aus *Iphigenie auf Tauris,* Goethe als Orest und Corona Schröter als Iphigenie, um 1800, Öl auf Leinwand (76 × 63,5 × 2,5 cm).................... 123

Abb. 4.2 Residenzschloss Weimar, Schillerzimmer mit Wandbildern zu *Maria Stuart* und *Die Jungfrau von Orleans* 173

Abb. 4.3 Johann Friedrich Jügel, Vorlage von Heinrich Anton Dähling, Der Krönungszug aus *Die Jungfrau von Orleans,* 1806, Radierung, 535 × 677 mm 179

Abb. 5.1 Mignon und der Harfner, Kleine Skulpturengruppen vor dem Goethedenkmal in Rom, Skulptur von Gustav Eberlein, um 1902, Postkarte, Reproduktion.......... 205

Voraussetzungen und Kontexte 1

1.1 Geschichte der Klassikforschung

1.1.1 Klassik, Klassizität, klassisch/romantisch

Bestimmungen einer Epoche beginnen meist mit dem Versuch ihrer Datierung. Für die Weimarer Klassik gibt es mehrere Angebote. Die Weimarer Klassik lässt sich in ihrer kürzesten Variante von 1794–1805, also vom Freundschaftsbund Schillers und Goethes bis zu Schillers Tod ansetzen. In etwas längeren Varianten lässt man sie auch mit Goethes Aufbruch zu seiner Italienischen Reise 1786, mit seiner Rückkehr nach Weimar 1788 oder mit der Französischen Revolution 1789 beginnen. Mit der ganz auf Goethe ausgerichteten Datierung von 1786–1832, also von Goethes Italienreise bis zu seinem Tod, wird mittlerweile nicht mehr gearbeitet. Auch kann man unterschiedliche Nebenfiguren auftreten lassen: Einmal gilt Christoph Martin Wieland als Beginn einer ‚Weimarer Hofklassik' (Borchmeyer 1994, S. 86), einmal ist neben Wieland auch Johann Gottfried Herder ein „Wegbereiter" (Dörr 2007, S. 32–35), meist werden in Darstellungen auch die ästhetischen und poetologischen Positionen von Johann Joachim Winckelmann und Karl Philipp Moritz mit einbezogen. Aber diese Detailprobleme scheinen zurückzutreten hinter dem Konsens, dass die deutsche Literatur irgendwann um 1800 im Herzogtum Weimar eine ‚Klassik' erlebt hat. Und doch lohnt es zu Beginn, auf einige Merkwürdigkeiten dieser Epochenbezeichnung hinzuweisen.

Denn man kann durchaus fragen, ob man es hier überhaupt mit einer Epoche, oder nicht vielmehr mit einer **„Pseudo-Epoche"** (Jauß 1987, S. 581) zu tun hat. Mit dem Begriff der Epoche verbindet sich ja die Vorstellung von längeren Zeiträumen, in denen die Literatur und die Künste, womöglich auch das philosophische Denken eine in irgendeiner Weise verbindende Signatur aufweisen. Barocke Stilelemente finden sich in der Dichtung wie in der Malerei, der Architektur und der Musik des 17. Jahrhunderts. Das Zeitalter der Aufklärung im 18. Jahrhundert gewinnt sein Profil durch ideengeschichtliche Innovationen, die auch die Poetiken und die literarische Produktion prägen. In beiden Fällen handelt es sich um gesamteuropäische Phänomene, die jeweils ein knappes Jahrhundert umfassen. All dies gilt für die Weimarer Klassik nicht. Sie ist 1) mit ihren zehn bis maximal zwanzig Jahren vergleichsweise kurz, sie ist 2) kein europäisches, nicht einmal ein überregionales Phänomen, sie kann 3) unterschiedliche Kunst- und Denkformen nicht verbinden und sie muss sich 4) von zeitgleichen Strömungen und Bewegungen absetzen.

1. **Kurze Dauer:** Die relativ kurze Dauer der ‚Weimarer Klassik' spricht nicht unbedingt gegen ihre Deutung als Epoche, sondern verweist auf einen Wandel der Epochenbegriffe selbst. Seit dem ausgehenden 18. Jahrhundert verschwimmen die Grenzen zwischen den literarischen Epochen. Epochen wie Aufklärung, Sturm und Drang und Empfindsamkeit bilden streng genommen keine klare Abfolge, sondern ein komplexes In- und Nebeneinander. So ließe sich die Empfindsamkeit als Teil einer nicht mehr nur rationalistischen, sondern sensualistisch und empiristisch ausgerichteten Sonderströmung der Aufklärung, der Sturm und Drang hingegen als Symptom einer kritizistisch gewendeten Spätaufklärung beschreiben (Alt 2007, S. 7–8). Für die Literatur zwischen 1830 und 1860 hat man versucht, die Heterogenität literarischer Positionen in dem Doppelbegriff ‚Biedermeier und Vormärz' abzubilden. Für die Wende vom 19. zum 20. Jahrhundert existieren schließlich Beschreibungen unterschiedlicher Strömungen und Bewegungen wie Naturalismus, Symbolismus, Fin de Siècle oder Jugendstil. Wilhelm Voßkamp hat diese Vervielfältigung der Epochenbegriffe als Symptom für die Beschleunigungsprozesse einer Moderne gesehen, in der sich die unterschiedlichen literarischen und kulturellen Strömungen und Bewegungen immer schneller ablösen (Voßkamp 1987, S. 494).
2. **Regionalität und Verspätung:** Im Vergleich zu den ‚Klassiken' anderer europäischer Literaturen bildet die ‚Weimarer Klassik' einen eigenartigen Sonderfall, situiert die regionale Spezifizierung einer ‚Weimarer Klassik' diese ‚deutsche Klassik' doch an einem kleinen mitteldeutschen Fürstenhof. Damit steht sie in einem ganz anderen Verhältnis zu politischen Ordnungsformen als andere europäische Klassiken. Die lateinische Klassik unter Kaiser Augustus oder der französische Klassizismus am Hof Louis XIV. etwa sind eng an höfische Repräsentationsformen gebunden. Auch im spanischen *siglo de oro* oder im Elisabethanischen Zeitalter in England verbinden sich machtpolitische Glanzzeiten mit den von Literaturhistorikern vermessenen literarischen Gipfelpunkten. Dazu kommt die Verspätung einer deutschen Klassik, die sich selbst an den bereits zurückliegenden Klassiken des englischen, spanischen und französischen Sprachraums misst und in Abgrenzung oder auch Nachfolge zu ihnen modelliert. Sowohl Goethe als auch Schiller sind sich des historisch nicht unproblematischen Projekts einer nationalliterarisch verstandenen Klassik wohl bewusst.
3. **Kein verbindlicher Epochenstil:** Der Begriff der ‚Klassik' scheint nicht dazu angetan, die Bereiche der Philosophie und der Künste gleichermaßen zu überspannen – Klassik ist, anders als Barock, kein Name für einen Epochenstil.

Philosophiegeschichtliche Periodisierungen setzen zwischen 1781 und 1831, also zwischen der Publikation von Kants *Kritik der reinen Vernunft* und dem Tod Georg Wilhelm Friedrich Hegels, die Epoche des deutschen Idealismus an. In der Kunstgeschichte hat sich für die Zeit um 1800 die Doppelsignatur ‚Klassizismus und Romantik' eingebürgert – die Vorstellung einer Klassik findet sich in Bezug auf die bildende Kunst des ausgehenden 18. und frühen 19. Jahrhunderts allerdings nicht. In der Musikwissenschaft ist der Begriff einer ‚Wiener Klassik', die Wolfgang Amadeus Mozart, Joseph Haydn und Ludwig van Beethoven umfassen soll, zwar geläufig, aber auch durchaus kontrovers diskutiert worden. Der Musikwissenschaftler Carl Dahlhaus etwa hat dafür plädiert, in Bezug auf die Musik von einer ‚klassisch-romantischen Epoche' zu sprechen (Dahlhaus 1988). Die Weimarer Klassik als literarische Epoche steht im Kontext klassizistischer und romantischer Tendenzen in den Künsten, von denen sie zugleich abgesetzt werden soll. Dies führt auf das vierte Problem.
4. **Problematische Abgrenzung:** Wie haltbar ist die Unterscheidung einer um Schiller und Goethe gruppierten Weimarer Klassik von zeitgleichen romantischen Strömungen? Aus der Sicht von Nichtgermanisten scheint die Binnendifferenzierung in Klassik und Romantik hinfällig zu sein. In englischsprachigen Darstellungen werden Schiller und Goethe in einen ‚European Romanticism' zwischen 1780 und 1830 bzw. 1850 eingerückt (Prickett 2010; Hamilton 2016). Aber selbst wenn man darauf verzichtet, die zeitgenössischen Lagerbildungen zu übergehen und von einer klassisch-romantischen Doppelepoche ausgeht (wie etwa Meier 2008) – was hat man von einer Epochenbezeichnung zu halten, der es nicht gelingt, Autoren wie Friedrich Hölderlin oder Heinrich von Kleist zu integrieren, wenn man sie nicht unter „klassisch-romantischen Problemfällen" (ebd., S. 383) rubrizieren möchte?

Wie sich in diesen vier Punkten andeutet, ist vor allem die im Begriff der Klassik enthaltene Spannung zwischen historischer Beschreibung und normativem Anspruch problematisch. Klassiken sind Epochen, die mehr sein sollen als bloße Zeitphasen der Literaturgeschichte. Denn spricht man von ‚Klassik', dann meint man etwas Besonderes, qualitativ Herausragendes. Im Lateinischen bezeichnet das Adjektiv *classicus* wörtlich: zur ersten Steuerklasse gehörig. Abgeleitet wurde *classicus* vom *classis*, dem Heer des finanziell vermögenden Bürgertums. In seiner bereits für die lateinische Antike verbürgten metaphorischen Verwendung bedeutet *classicus* auch eine Literatur, die sich durch ihre überlegene Qualität von vermeintlich einfacheren Literaturformen absetzt. Dies führt aber zu einem gewissen Widerspruch. Indem die Rede von der Klassik Vorstellungen vom Musterhaften und überzeitlich Gültigen transportiert, schließen sich **Klassizität und Zeitgenossenschaft** aus (Schulz/Doering 2003, S. 8).

Wenn aber erst die retrospektive Anerkennung aus einem Stück Literatur oder seinem Autor einen Klassiker macht, wenn Klassizität als Rezeptionsphänomen aufzufassen ist, dann kann das, was man für klassisch hält, paradoxerweise nicht zeitlos sein, sondern ist stets wechselnden historischen Konjunkturen ausgesetzt. Dies gilt auch für die Begriffe des Klassischen, der Klassizität und der Klassik selbst. Im 18. Jahrhundert bezeichnet man als ‚klassisch' in erster Linie die Antike und das klassische Altertum. Impliziert ist damit zugleich ein Ideal, an dem die eigene Produktion zu messen sei. In diesem Sinn ist Goethes Vers aus der fünften *Römischen Elegie* „Froh' empfind' ich mich nun auf klassischem Boden begeistert" (Goethe FA 1, S. 405) zu verstehen. ‚Klassisch' meint hier zunächst nur das klassische Altertum, das eine besondere Begeisterung, einen künstlerisch produktiven, den Dichter inspirierenden Enthusiasmus auslöst.

Klassisch und Klassizität sind dabei eng verwandt. So verschreibt sich Schiller 1788 auf der Flucht vor dem schlechten Geschmack seiner Zeitgenossen eine Einschränkung seiner Lektüre auf die Antiken. Er wolle, so schreibt er seinem Freund Christian Gottfried Körner, nichts Modernes mehr lesen, denn „Keiner thut mir wohl, jeder führt mich von mir selbst ab". Die antiken Autoren hingegen sollen ihm helfen, seinen „eigenen Geschmack zu reinigen, der sich durch Spizfündigkeit, Künstlichkeit und Witzeley sehr von der wahren Simplizität zu entfernen anfieng. Du wirst finden, daß mir ein Vertrauter Umgang mit den Alten äuserst wohl thun – vielleicht Classicität geben wird" (Schiller an Körner, 20.08.1788, FA 11, S. 189). Hier ist die Antike ein Ideal, an dem man sich orientieren kann, wenn man selbst klassisch werden möchte. Diese **Orientierung an der Antike** ist allerdings nicht klassisch, sondern klassizistisch. Die vorsichtige und durchaus bescheidene Geste des ‚vielleicht' sollte deshalb auch nicht überhört werden, beansprucht Schiller doch keineswegs für sich, ein Klassiker zu sein.

Goethe ist ausgesprochen skeptisch, dass es in Deutschland überhaupt so etwas wie klassische Autoren oder klassische Werke geben könnte. In dem Aufsatz *Literarischer Sansculottismus* von 1795 schreibt er: „Wir sind überzeugt, daß kein deutscher Autor sich selbst für klassisch hält" (Goethe FA 18, S. 319). Denn um klassisch zu sein, seien nicht nur ein „höher Grad der Kultur", sondern auch „große Begebenheiten" in der „Geschichte seiner Nation" nötig (ebd., S. 320). All dies sei spätestens nach dem Ende des Heiligen Römischen Reichs deutscher Nation aber nicht gegeben und es sei auch nicht anzustreben. So schließt Goethe: „Wir wollen die Umwälzungen nicht wünschen, die in Deutschland classische Werke vorbereiten könnten" (ebd., S. 321). Erst der späte, nur durch Johann Peter Eckermann überlieferte Satz Goethes, „das Klassische ist das Gesunde, das Romantische das Kranke" (Goethe FA 39, S. 324) zielt auf die Abwertung zeitgenössischer Strömungen, von denen er die eigenen Produktionen absetzen möchte.

Mit der Unterscheidung zwischen Klassischem und Romantischem nimmt Goethe ein Begriffspaar auf, das nicht die ‚Klassiker' Schiller und Goethe, sondern der ‚Romantiker' Friedrich Schlegel ins Spiel gebracht hat. Im *Gespräch über die Poesie,* das Schlegel 1798 in der gemeinsam mit seinem Bruder August Wilhelm Schlegel herausgegebenen Zeitschrift *Athenäum* publiziert, spricht er im Abschnitt „Epochen der Dichtkunst" in Bezug auf die Antike von ‚klassischen Werken', zu denen es das römische im Gegensatz zum griechischen Altertum nicht gebracht habe, und in Bezug auf Dante Alighieri, Vorläufer der italienischen Renaissance, von „klassischer Würde" (Schlegel KSA 2, S. 296 und S. 297). Zugleich analysiert er polemisch die nationalistisch motivierte Auswahl von sogenannten ‚Klassikern'. Da heißt es im Rückblick auf das 17. und 18. Jahrhundert:

> „Die Franzosen und die Engländer konstituierten sich nun ihre verschiedenen goldenen Zeitalter und wählten sorgfältig als würdige Repräsentanten der Nation im Pantheon des Ruhms ihre Zahl von Klassikern aus Schriftstellern, die sämtlich in einer Geschichte der Kunst keine Erwähnung finden können" (ebd., S. 302).

In dem Abschnitt „Brief über den Roman" nennt er „romantisch" das, „was uns einen sentimentalen Stoff in einer fantastischen Form darstellt" (Schlegel KSA 2, S. 333), und entwickelt von hier aus die Zentralpunkte der frühromantischen Poetik. Das Sentimentale sei ein geistiges Gefühl der alles zusammenhaltenden Liebe, ein Mysterium, das selbst nur indirekt, als Rätsel, in arabesker Form dargestellt werden könne (Zu Schlegels Begriff des Romantischen vgl. Kremer 2003, S. 40–42). Und obwohl Schlegel schließlich fordert, „alle Poesie solle romantisch sein" (Schlegel KSA 2, S. 335), ist die Rede vom „klassischen Geist" und der „klassischen Form" der späten Werke Goethes im letzten Abschnitt „Versuch über den verschiedenen Stil in Goethes früheren und späteren Werken" durchaus kein Verdikt: Vielmehr will Schlegel in Goethes Roman *Wilhelm Meisters Lehrjahre* die eigentlich anzustrebende „Harmonie des Klassischen und des Romantischen" sehen, um die sich die moderne Dichtung zu bemühen habe (ebd.).

‚Klassizität' und ‚Klassik', sowie ‚klassisch' im Gegensatz zu ‚romantisch' sind also Begriffe, die zwischen **historischer** und **normativer** Bedeutung schwanken. Sie können entweder eine historisch zurückliegende, vorzugsweise im Altertum angesiedelte Epoche meinen, oder sie können diese Epoche zum normativen Ideal und Maßstab für die gegenwärtige und künftige künstlerische Produktion erheben. Die tentative Selbstbeschreibung Schillers und Goethes als klassische – mithin an der klassischen Antike geschulte – Autoren befindet sich dabei von Anfang an in einem Spannungsverhältnis zu einer mit Modernität assoziierten Romantik. Eine nachantike literarische Formation zur vorbildlichen, mustergültigen, den späteren Strömungen qualitativ überlegenen Phase zu erklären, ist also keineswegs selbstverständlich, sondern bedarf einiger Begründungsarbeit. Diese Anstrengungen wurden in der Literaturgeschichtsschreibung des 19. Jahrhunderts unternommen.

1.1.2 Erfindung und Kritik einer ‚Deutschen Klassik'

Die Vorstellung von einer klassischen Epoche in der Geschichte der deutschsprachigen Literatur verdankt sich dem **nationalphilologischen Interesse** des 19. Jahrhunderts, das um 1840 einsetzt und um 1870 im Zuge der Reichsgründung besondere Blüten treibt. Wohl als erster setzt Heinrich Laube in seiner *Geschichte der deutschen Literatur* in der ersten Hälfte des 18. Jahrhunderts, konkret von Friedrich von Hagedorn bis Friedrich Gottlieb Klopstock, einen „Übergang zur Klassik" an. Er sieht das „Klassisch-Deutsche" (Laube 1839/40, Bd. 2, S. 55) bei Gotthold Ephraim Lessing, Wieland und Herder in Vorbereitung und datiert die

„klassische Periode" im engen Sinn schließlich auf die Zeit der Freundschaft zwischen Goethe und Schiller (Laube 1839/40, Bd. 3, S. 374). Wenn er diese Freundschaft nicht nur die „herrliche Größe unseres Literaturglücks", sondern auch ein „Geschenk" nennt, „dessen sich keine Literatur der Welt in solchem Grade zu rühmen hat" (Laube 1839/40, Bd. 3, S. 4–5), dann ist die doppelte Zielrichtung von Laubes Literaturgeschichtsschreibung deutlich. Der deutschen Literatur wird eine Entwicklungslogik unterstellt, die einen Gipfelpunkt hat, und dieser Gipfelpunkt soll noch eine besondere Stellung im Vergleich zu anderen europäischen Literaturen haben. Die Erfindung einer deutschen Klassik dient zunächst der „Anerkennung deutscher Literatur als thematisch und formal selbst- und nicht fremdbestimmter Literatur" (Windfuhr 1974, S. 306).

Diese Aufwertung wird in der zweiten Hälfte des 19. Jahrhunderts, besonders ab 1870 auch im Zeichen nationalistischer, preußisch-kaiserzeitlicher Interessen systematisch weiterbetrieben. Die ‚Klassiker' Schiller und Goethe, so wollen es die Berliner Germanisten Wilhelm Scherer und Erich Schmidt, hätten eine Einheit und Größe Deutschlands vorweggenommen, bevor diese politisch realisiert worden sei (ebd., S. 307). Zwar werden die nationalistischen Töne in der Germanistik des frühen 20. Jahrhunderts zunächst leiser. Die Profilierung des Duos Schiller/Goethe als herausgehobene literarische Formation wird jedoch fortgesetzt. Das Hauptargument bildet hier meist die Abgrenzung von der Romantik. Schon Laube spricht von einer ‚romantischen Schule', der die „Gründung einer neuen poetischen Herrschaft" nicht gelungen sei (Laube 1839/40, Bd. 3, S. 113). Der Germanist Fritz Strich arbeitet den Gegensatz zwischen **Klassik und Romantik als Stilgegensatz** systematisch aus. Dabei unterscheidet er zwischen klassischer Ruhe und antiklassischer Bewegung, wobei sich der klassische Stil durch Harmonie, Ruhe, Dauer, Unberührbarkeit, Vollendung, Geschlossenheit, Einheit und Klarheit (Strich [1922] 1949, S. 104), der antiklassische Stil durch das jeweilige Gegenteil auszeichne.

Diese stilhistorische Entgegensetzung hat er sich von dem Kunsthistoriker Heinrich Wölfflin geliehen. Wölfflin unterscheidet in seinem Buch *Kunstgeschichtliche Grundbegriffe* zwischen zwei Stilen, die sich in der Geschichte der Kunst immer abwechseln. Er charakterisiert sie als linear versus malerisch, geschlossen versus offen, klar versus bewegt. Wölfflin leitet diesen Grundgegensatz von der Kunst der Renaissance und des Barock ab. Allerdings wiederholen sich diese Stile aus seiner Sicht im weiteren Verlauf der Kunstgeschichte. Dieses Modell überträgt Fritz Strich auf die Literaturgeschichte. Methodische Prämisse ist für Strich auch die an Wilhelm Dilthey anschließende Vorstellung von der Literaturgeschichte als Geistesgeschichte, derzufolge jeder Epochenstil als Erscheinung eines jeweiligen ‚Geistes' aufzufassen sei. So wird Klassik vom stilistischen und literarischen Phänomen zu einer Weltanschauung.

Diese Tendenz verstärkt sich bei Hermann August Korff und seiner Rede von einem **„Geist der Goethezeit"**, in dem sich Klassik und Romantik parallel entfaltet hätten. Zwar arbeitet auch Korff mit Gegensätzen wie Form und Formlosigkeit oder auch Idealform und Formensprengung, Gesetzmäßigkeit und Regelverletzung. Strichs rigide Unterscheidung kritisiert Korff allerdings als

1.1 Geschichte der Klassikforschung

„begriffliche[...] Zwangsvorstellung" (Korff 1923, S. 114), die der genauen Inspektion nicht standhalte. So lasse sich Romantisches bei Goethe, Klassisches bei Schlegel finden. Zugleich bringt Korff eine zweite Abgrenzung ins Spiel, indem er die Klassik im Wesentlichen vom Sturm und Drang aus liest. Während im Sturm und Drang das Lob der Regellosigkeit vom Übergewicht des Lebens zeuge, sei die Frühklassik durch den Einsatz der Vernunft und der Form gekennzeichnet. Das klassische Ideal ziele schließlich auf die Versöhnung von Form und Leben (ebd.). Ob nun in der rigiden Abgrenzung oder in der vorsichtigen Annäherung von Klassik und Romantik – die Germanistik der 1920er Jahre prägt Topoi, die noch lange zum Beschreibungsvokabular der Klassikforschung gehören werden. Mit Klassik assoziiert man strenge Form und Harmonie, Gleichmaß und Ruhe, Ausgleich und Versöhnung von Gegensätzen.

An diesem Klassikbild will man um 1970 kräftig rütteln. Genau im Jahr 1970 geben Reinhold Grimm und Jost Hermand einen Band mit dem Titel *Die Klassik-Legende* heraus. Die Weimarer Klassik, reduziert auf die literarische Produktion Schillers und Goethes zwischen 1795 und 1805, definiere sich nicht zuletzt durch die Abgrenzungsversuche, die beide gegen Jean Paul, Kleist oder Hölderlin betrieben hätten. Die zuvor so gelobte ‚klassische‘ Ordnungsstrenge, Einfachheit und Klarheit bekommt dabei einen sozialgeschichtlichen Index. Man deutet „die Weimarer Hofklassik" als den „höchst forcierte[n] Versuch, nach einsamer Höhe und strenger Zucht zu streben, der sich nur an einem Hofe verwirklichen ließ, wo Phänomene wie Einsamkeit, Größe und Distanz zu den Tugenden eines adligen Lebensstils gehörten" (Grimm/Hermand 1971, S. 10).

Der Grundvorwurf ist letztlich der des politischen Eskapismus. Der „Rückzug aufs Ideale" sei gleichbedeutend mit der Flucht vor der politischen „Misere" der Revolutionskriege und der Krise des alten deutschen Reichs in die Kunst (ebd., S. 11). Möglich sei dies nur an einem kleinen Fürstenhof gewesen, an dem sich die sozialen Realitäten ausblenden ließen. Jürgen Wertheimer treibt dies weiter zur provokanten These, bei der Bestimmung eines Wesens des „Klassischen" handele es sich um „bloße Fiktion" (Wertheimer 1987, S. 102), die ein Ergebnis gezielter **Literaturpolitik** sei. Dabei seien Idee und Konzept des Klassischen selbst schon herrschaftsstabilisierend:

> „Das klassische Begriffs-, Stil- und Bildarsenal steht bevorzugt im Dienst der dominierenden Herrschaftsform. Es versucht, Bestehendes oder Entstehendes gleichsam zu etablieren, zu stabilisieren, Konflikte oder Spannungen bis zu einem gewissen Grad einvernehmlich einer Lösung zuzuführen" (ebd., S. 103).

Manfred Windfuhr hat auf dieser Grundlage dafür plädiert, den Begriff der ‚Klassik‘ für die Literaturgeschichtsschreibung ganz fallen zu lassen. Sinnlos, ja geradezu kontraproduktiv sei die Rede von der Klassik, weil man sich im Zeichen der Europäisierung auch und gerade in der Kultur- und Literaturgeschichte keinen Nationalismus leisten könne, weil die Erklärung eines Dichters zu einem klassischen Dichter seine lebendige Rezeption verhindere, und weil das Abzirkeln einer Weimarer Klassik sowohl wichtige zeitgleiche Strömungen und Bewegungen verdecke als auch eine Abwertung der Literatur des

19. und 20. Jahrhunderts als ‚nicht mehr klassische' Literatur impliziere (Windfuhr 1974, S. 311–313). Auch Ulrich Gaier hat argumentiert, dass das Festhalten an der Klassik als „*Epochenbegriff* der deutschen Literaturgeschichte" im Rahmen einer differenzierten Literaturgeschichtsschreibung eher Schaden anrichten als Nutzen bringen würde: Es würde eine „Vorurteilsstruktur" bedient, die den Blick auf die komplexe Situation ab 1770 eher verstelle als öffne. Stattdessen will Gaier das letzte Drittel des 18. Jahrhunderts, also die ‚Sturm und Drang', ‚Klassik' und ‚Romantik' genannten Strömungen, als Reaktionen auf eine geteilte Problemlage verstehen, die auch in der konsequenten Zusammenschau zu analysieren wäre (Gaier 1988, S. 172). Was also tun mit einem derart diskreditierten Klassikbegriff? Ist der Begriff einer ‚Klassik' endgültig aus der Diskussion zu verabschieden? Oder wäre doch unter bestimmten Bedingungen an ihm festzuhalten?

1.1.3 Aktualität der Klassikforschung

Bevor man den Begriff der ‚Weimarer Klassik' endgültig aus der Literaturgeschichtsschreibung streicht, sollte man die verfügbaren **Begriffsalternativen** prüfen. Der Romanist Hans Robert Jauß, der dazu aufgefordert hat, den „deutschen Sonderweg [...] mit dem Dreischritt von Sturm und Drang, Romantik und Klassik" zu verlassen, spricht stattdessen von der „Gipfelphase des deutschen Idealismus an der Epochenwende zwischen Aufklärung und Moderne" (Jauß 1987, S. 585). Auch Windfuhr verweist in seinem Schlussabsatz auf eine „Literatur des Idealismus" (Windfuhr 1974, S. 318). Mit dem ‚Idealismus' kommt ein Begriff ins Spiel, der das philosophische Denken von Kant bis Hegel zum Orientierungspunkt für die Datierung einer literarischen Epoche macht. Diese Bezeichnung leistet in der Tat eine ideengeschichtliche Einordnung, die Klassisches und Romantisches integriert, und mit der die Implikationen literarischer Wertung und Kanonbildung vermieden sind. Allerdings ist die Rückbindung literarischer Formationen an eine philosophiehistorische Periodisierung ihrerseits nicht unproblematisch – denn in welchem Sinn wäre die Literatur zwischen 1780 und 1830 selbst ‚idealistisch'? Und wie wäre etwa damit umzugehen, dass Schiller sich selbst zwar durchaus als ‚Idealist' versteht, Goethe hingegen gerne auf seinen eigenen „hartnäckigen Realismus" verweist (Goethe FA 24, S. 437)?

Womöglich spricht mehr dafür, die Weimarer Klassik in dem von Jauß angedeuteten Sinn als ‚Epochenwende' und damit als *epoché* im ganz buchstäblichen Sinn zu verstehen. Das Wort *epoché* meint im Griechischen keinen länger andauernden Zeitabschnitt mit Anfang und Ende, sondern heißt wörtlich ‚Einschnitt'. Fasst man die Klassik als Wendepunkt, als Übergangs- und Schwellenphänomen auf, dann wird sie nicht aus den Umwälzungsbewegungen zwischen Aufklärung und Moderne herausgenommen, sondern bekommt in diesem Umbruchsgeschehen einen Ort angewiesen. In diesem Sinn spricht Wilhelm Voßkamp von der Klassik als Reaktion auf eine Situation der Moderne, die sich selbst als permanent im Umbruch, in der Krise begreift. Dies leistet die Formel

1.1 Geschichte der Klassikforschung

„**Um 1800**", weil sie nicht zwischen Klassik und Romantik unterscheidet, und weil sie Vorstellungen von Schwelle und Übergang evoziert.

In Studien wie Helmut Pfotenhauers *Um 1800. Konfigurationen der Literatur, Kunstliteratur und Ästhetik* (1991a) oder Wolfgang Müller-Seidels *Die Geschichtlichkeit der deutschen Klassik – Struktur und Denkformen um 1800* (1983) zunächst ohne größere definitorische Umstände benutzt, ist die Formel seither zur Chiffre für eine **Umbruchsdynamik** zwischen Aufklärung und Moderne geworden, die sich durch eine Reihe von epistemischen Umstellungen auszeichnet. Um die Wende vom 18. zum 19. Jahrhundert werden die alten Felder der Naturphilosophie und der Anthropologie in die modernen wissenschaftlichen Disziplinen wie Geologie, Biologie, Chemie, Physik, Psychologie oder Pädagogik umgebaut. Es bildet sich zugleich auch ein Bewusstsein davon heraus, dass es von diesen Gegenständen ein sich ständig wandelndes Wissen gibt. Nicht zuletzt durch diese Vorstellung von einem Wissensfortschritt angeregt, beginnt man, in historischen Verläufen Gesetzmäßigkeiten erkennen und beschreiben zu wollen. Joseph Vogl datiert auf die Zeit „Um 1800" deshalb „eine Transformation von Wissensformen, [...] eine konsequente Historisierung des Wissens und eine Theoretisierung der Geschichte" (Vogl 1999, S. 10).

Die Formel „Um 1800" ist weniger eine Epochenbestimmung, als vielmehr eine **Forschungsperspektive,** die sich für die Beschäftigung mit den Protagonisten des Weimarer Kreises als höchst produktiv erwiesen hat. Der Naturforscher Goethe beobachtet die Ausdifferenzierung der Wissenschaften und den sich beschleunigenden Wissensfortschritt sehr aufmerksam. Die umfassende Historisierung des Denkens deutet sich in Johann Gottfried Herders monumentalem Werk *Ideen zur Philosophie der Geschichte der Menschheit* an, und sie beschäftigt auch den Geschichtsprofessor Schiller. Untersucht man den Dichter und Historiker Schiller sowie den Dichter und Naturforscher Goethe im Kontext „Um 1800", dann interessiert man sich für die Wissensordnungen und diskursiven Umstellungen, in denen ihre poetologischen Programme und literarischen Texte entstanden sind.

Ob sich mit dem Konzept „Um 1800" aber der Begriff einer ‚Weimarer Klassik' erübrigt, ist fraglich. Ähnlich wie bei dem Nebeneinander unterschiedlicher Programme, Positionen und Bewegungen um 1900 (Naturalismus, Symbolismus, Jugendstil, Décadence / Fin de Siècle, Wiener Moderne etc.) tragen auch bei der wissenschaftlichen Beschäftigung mit dem reichen und komplexen literarischen Leben um 1800 Binnendifferenzierungen wie ‚Jenaer Frühromantik', ‚Weimarer Klassik' oder ‚Berliner Romantik' zur präziseren Beschreibung der beobachteten Phänomene bei. Ein Symptom dafür ist wider Willen auch die von Gerhard Schulz benutzte Umschreibung „Das literarische Weimar zwischen 1790 und 1805" (Schulz 1983, S. 229), die er im siebten Band der De Boor/Newaldschen Literaturgeschichte verwendet. Zwar verzichtet er auf den aus seiner Sicht überholten Namen ‚Klassik', dennoch gibt er mit der Ortsangabe Weimar und den Daten 1790 und 1805 zu verstehen, dass aus der Zusammenarbeit zwischen Goethe und Schiller eine von anderen Strömungen und Bewegungen durchaus unterscheidbare literaturhistorische Formation hervorgegangen ist.

Ich möchte deshalb vorschlagen, an einem **problembewussten Klassikbegriff** festzuhalten. Problembewusst hat ein solcher Klassikbegriff insofern zu sein, als die Geschichte seiner Begriffsprägung präsent gehalten werden muss, um seine normative Implikation nicht zu reproduzieren. Man kann aus der Perspektive des 21. Jahrhunderts aufzeigen, wie zwei Dichter zu Orientierungsmarken der literarischen Produktion erklärt wurden und welche begriffspolitischen Zielrichtungen die Verwendung des Klassikbegriffs zwischen 1830 und 1970 hatte, ohne diese Werturteile selbst mitzutragen. Und man kann auch zeigen, wie sich Schiller und Goethe seit den späten 1780er Jahren sowohl im verstärkten Rückbezug auf die Antike als auch in der Auseinandersetzung mit philosophischen und ästhetischen Entwürfen einerseits von den eigenen Sturm und Drang-Phasen, andererseits von den sich parallel formierenden romantischen Bewegungen absetzen.

Wenn hier also weiterhin von einer Weimarer Klassik gesprochen wird, dann geschieht dies im historischen und nicht im normativen Sinn (vgl. etwa Lange 1988, S. 350; Žmegač 1989; Voßkamp 1993, S. 7). Ziel ist es, die **Zusammenarbeit von Schiller und Goethe** als lokal und zeitlich begrenzte Konstellation historisch zu kontextualisieren. Deshalb ist hier auch dezidiert nicht von ‚Deutscher' Klassik, sondern von ‚Weimarer' Klassik die Rede. Die Weimarer Klassik soll dabei weniger als „Epochenstil" oder „Stilform" (Lauer 2002, S. 329; Meier 2008), sondern als „komplexe […] literaturhistorische Ereignisform" (Nutt-Kofoth 2004, S. 270) gelten, die eigene, von den Romantikern abweichende Lösungen für ähnliche Problemlagen anbietet. Wie die unterschiedlichen romantischen Gruppierungen hat auch die Weimarer Klassik Anteil an der Selbstproblematisierung der Aufklärung und leistet die Übertragung des Erbes der Aufklärung in die Moderne (Valk 2014). Insofern sie sich ihrer Verspätung im Vergleich zu anderen Nationalliteraturen bewusst sind und auch die Möglichkeiten eines modernen Antikebezugs sehr präzise durchdenken, lässt sich Goethes und Schillers ‚Klassik' womöglich auch als ‚reflexive Klassik' beschreiben. Diese Denk- und Produktionsgemeinschaft gilt es zunächst in und zwischen Weimar und Jena zu verorten.

1.2 Die Konstellation Weimar / Jena

1.2.1 Goethe und sein Weimarer Kreis

Im September 1775 wird der 26-jährige Goethe von dem gerade 18 Jahre alten Herzog Karl August an den Hof von Sachsen-Weimar-Eisenach eingeladen. Karl August war bereits im Alter von einem Jahr Herzog geworden, bis 1775 stand er allerdings unter der Vormundschaft seiner Mutter Anna Amalia. Herzogin Anna Amalia, Förderin der Künste und Wissenschaften, hatte 1772 den Dichter und Publizisten **Christoph Martin Wieland** zum Erzieher ihrer beiden Söhne bestellt. Wieland (1733–1813) ist zu der Zeit nicht nur bekannt für seine gräzisierenden Romane, etwa die später als ersten Bildungsroman beschriebene *Geschichte des Agathon*. Als Herausgeber des *Teutschen Merkur,* einer Literaturzeitschrift mit regem Rezensionsbetrieb, fungiert Wieland von 1773–1789 auch als wichtige Beurteilungsinstanz im

1.2 Die Konstellation Weimar / Jena

zeitgenössischen literarischen Betrieb. Dabei vertritt er deutlich aufklärerische Positionen, von denen aus er die Gefühlskulturen der Empfindsamkeit und des Sturm und Drang kritisch kommentiert. Aus der Schule dieses Christoph Martin Wieland kommt also der 18-jährige Karl August – nun soll er regieren. Goethe hingegen hat sich einen Namen als Dichter der *Leiden des jungen Werthers* (1774) gemacht – nun soll Goethe der Berater des jungen Regenten werden.

Nach kleineren Verwirrungen über die Art und Verbindlichkeit des neuen Arrangements trifft Goethe im November 1775 in Weimar ein. Karl August schenkt Goethe das Gartenhaus in seinem Park, 1776 ernennt er ihn zum ‚Geheimen Legationsrat mit Sitz und Stimme im Geheimen Consilium', 1779 zum ‚Geheimen Rat'. Der Herzog stattet ihn mit einem Gehalt von 1200 Talern aus, dem zweithöchsten Gehalt im Land. Derweil gehen die beiden jagen, trinken und feiern, bis sich langsam ein Wandel der Tonlage andeutet. Goethe ist nicht nur Favorit und Günstling des Herzogs, sondern auch ein hoher Staatsbeamter, der mit seinem Herzog auf diplomatische Missionen zu gehen und unterschiedliche **Verwaltungstätigkeiten** zu übernehmen hat (Friedenthal 1982, S. 200). 1782 erwirkt Karl August für Goethe ein Adelspatent. Seither darf sich der bürgerlich geborene Goethe Johann Wolfgang *von* Goethe nennen. Im gleichen Jahr bekommt Goethe das Amt des Kammerpräsidenten – in den Aufgaben dem eines Finanzministers ähnlich – übertragen. Er ist in der Kriegskommission und in der Bergbaukommission tätig, er treibt wesentliche Reformen in der Wege- und Wasserbaudirektion voran (ebd., S. 197–219).

Die politische und ökonomische Lage ist indes nicht unproblematisch. Das Herzogtum besteht aus den zusammengelegten Fürstentümern Weimar und Eisenach, beides sind agrarisch geprägte Regionen. Karl August regiert etwa 100.000 Einwohner in einem Landstrich, in dem Industrie, Wirtschaft und Handel kaum florieren. Dennoch werden immer wieder hohe Steuerlasten erhoben, nicht zuletzt um das Hofleben zu finanzieren. Goethe rät zu einer Politik der vernünftigen Planung und Steuerung. Er versucht, durch sparsamere Hofhaltung oder Truppenverminderungen die öffentlichen Ausgaben zu senken. Sein Herzog lässt sich davon nicht recht überzeugen (vgl. Rothe 1998, S. 161). In dem Gedicht *Ilmenau,* das Goethe seinem Herzog zum 26. Geburtstag widmet, hält er Karl August nach der Schilderung einer Jagdpartie in den letzten Versen ein anzustrebendes Ideal vor.

> So mög o Fürst der Winkel deines Landes
> Ein Vorbild deiner Tage sein!
> Du kennest lang' die Pflichten deines Standes
> Und schränkest nach und nach die freie Seele ein.
> Der kann sich manchen Wunsch gewähren,
> Der kalt sich selbst und seinem Willen lebt
> Allein wer andre wohl zu leiten strebt
> Muß fähig sein viel zu entbehren
> (Goethe FA 1, S. 268).

Goethes Gedicht zeigt die Tugenden eines Regenten, der vernünftig regieren kann, weil er sich selbst zu beherrschen weiß. Wie Goethe es im Gespräch mit

Eckermann am 23.11.1828 darstellt, sei der junge Herzog bei Goethes Ankunft in Weimar gewesen „wie ein junger Wein, aber noch in gewaltiger Gärung". Zum Zeitpunkt des Gedichts aber sei bereits eine Reform sichtbar gewesen: „Doch aus dieser Sturm- und Drangperiode hatte sich der Herzog bald zu wohltätiger Klarheit durchgearbeitet, so daß ich ihn zu seinem Geburtstage im Jahr 1783 an diese Gestalt seiner früheren Jahre sehr wohl erinnern mochte" (Goethe FA 39, S. 677 und 679). So mischen sich hier, für ein Festgedicht vielleicht überraschend, **Huldigung** und **Mahnung,** Lob für das Erreichte und Aufforderung, auf dem eingeschlagenen Weg weiterzugehen.

Biografen haben gezeigt, wie sich Goethe im ersten Weimarer Jahrzehnt 1776–1786 selbst aus seiner eigenen Sturm und Drang-Phase löst und zu einem Ethos der Einschränkung, Entbehrung und Kälte kommt (Friedenthal 1982, S. 214–234). 1779 verbrennt Goethe alte Papiere, und in seinen Briefen und Notizen beginnt sich die Idee einer inneren Reinigung abzuzeichnen. **Reinheit, Reinigung** und **Mäßigung** werden zu den leitenden Ideen des ersten Weimarer Jahrzehnts. Sie meinen zunächst ein diätetisches und ethisches Prinzip: „Möge die Idee des reinen die sich bis auf den Bissen erstreckt den ich in den Mund nehme, immer lichter in mir werden" (Goethe FA 29, S. 184), so notiert sich Goethe am 10.08.1779 in sein Tagebuch. Diätetisch ist diese Haltung, weil sie sich bis in die praktischen Lebensregeln hinein verfolgen lässt: viel Bewegung an der frischen Luft, wenig Wein. Ethisch ist sie, weil sie um die Idee von einer Reinheit des Herzens oder Reinheit der Seele kreist, die als Chiffre für eine intuitive moralische Instanz zu deuten ist.

Verantwortlich für diese Wendung zum Reinen und Ruhigen scheint nicht zuletzt die Liebe zu der **Weimarer Hofdame Charlotte von Stein** gewesen zu sein. Es handelt sich um eine Beziehung, die von gegenseitigem intellektuellem Interesse getragen ist und die durch eine starke Idealisierung geprägt scheint (Abb. 1.1). Goethes Liebe scheint dabei ganz wesentlich von der Unerreichbarkeit der verehrten, aber verheirateten Frau von Stein, Mutter von sieben Kindern, geprägt zu sein (Damm 2015). Es ist eine Liebe, die Biografen gerne platonisch nennen – Goethe nennt sie ‚rein' (Borchmeyer 1994, S. 104). Er will sich einer „Liebe" widmen, „die nach und nach das Fremde durch den Geist der Reinheit, der sie selbst ist, ausstößt und so endlich lauter werden wird wie gesponnen Gold", so schreibt Goethe im Herbst 1775 an die Gräfin Auguste von Stolberg (Goethe FA 28, S. 480 f.). In die Phase dieser Selbstreform fällt die **Abgrenzung von den alten Straßburger Freunden** wie Jakob Michael Reinhold Lenz, Friedrich Maximilian Klinger und Christian Kauffmann, die nacheinander in Weimar vorsprechen, dort aber nicht Fuß fassen. Die genauen Umstände insbesondere des Zerwürfnisses mit Lenz, den Goethe durch den Herzog aus Weimar ausweisen lässt, sind rätselhaft. Eine Konkurrenz um Charlotte von Stein scheint eine gewisse Rolle gespielt zu haben (Safranski 2013, S. 223 f.).

Einzig den alten Freund **Johann Gottfried Herder** holt Goethe nach Weimar, indem er ihm bereits 1776 die Stelle des dortigen Generalsuperintendenten verschafft. Herder, zugleich Theologe, Philosoph, Kritiker, Dichter und Übersetzer, hatte mit seinen Schriften zu Ossian, Homer und Shakespeare wesentlich zum intellektuellen Profil des Straßburger Sturm und Drang-Kreises beigetragen. Im

Abb. 1.1 Unbekannt: Charlotte von Stein, Silhouette, schwarzes Glanzpapier, 117 × 89 mm. (Foto: Karin Häberle, © Klassik Stiftung Weimar)

Bereich der Philosophischen Ästhetik bringt er in den Schriften *Vom Erkennen und Empfinden der menschlichen Seele. Bemerkungen und Träume* sowie *Plastik. Einige Wahrnehmungen über Form und Gestalt aus Pygmalions bildendem Traum* (beide 1778 publiziert) sensualistische Positionen in die von rationalistischen Argumenten geprägte deutschsprachige philosophische Diskussion ein. Sprache gründet sich in der Expressivität des Menschen, rationale Begriffe fußen auf dem leiblich-sinnlichen Begreifen, Poesie ist eine Sprache der Sinne, so lauten einige von Herders Thesen und Argumenten. In die Weimarer Zeit fällt auch die Ausarbeitung seiner Geschichtsphilosophie *Ideen zu einer Philosophie der Geschichte der Menschheit* (1784–1791), in der Herder Geschichte als organische Abfolge von ‚Gestalten' beschreiben will. In einem Vorentwurf *Auch eine Philosophie der Geschichte zur Bildung der Menschheit* (1774) hatte Herder einen sehr spezifischen Begriff von ‚Bildung' geprägt, den er in umfassender Weise als „organische Entwicklung von Natur, Gesellschaft und Mensch" versteht (Bollenbeck 1996, S. 120). Hieran werden in einer auf das Individuum reduzierten Spielart Goethe als Autor des ‚Bildungs'-Romans *Wilhelm Meisters Lehrjahre* und Wilhelm von Humboldt als Bildungsreformer anknüpfen.

Mit Herder und Charlotte von Stein liest Goethe in Weimar die *Ethik* des Baruch de Spinoza, für den Herder in seiner Schrift *Gott. Einige Gespräche* von 1787 eintritt. Interessant ist für Herder wie für Goethe die von Spinoza formulierte Auffassung von einer Natur, in deren gesetzmäßiger Ordnung sich Gott zeigt: *deus sive natura* – Gott ist nicht jenseits, sondern in der Natur. Damit verbindet sich die Idee, es müsse eine intuitive Einsicht in diese Naturgesetze, eine *scientia intuitiva*, möglich sein (s. Abschn. 1.3.3). Was von den Zeitgenossen als skandalöses Bekenntnis zum Pantheismus wahrgenommen wird, hat für Goethe auch eine ethische Komponente. Die **Spinoza-Lektüre** wird Goethe in *Dichtung und Wahrheit* zum wichtigen Ereignis seiner ethisch-diätetischen Selbstberuhigung und Selbstgenügsamkeit erklären (Mommsen 1974 und 1975).

Das erste Weimarer Jahrzehnt ist vor allem eine Phase der Privatdichtung. Goethe schreibt Gedichte, die er nicht zur Veröffentlichung bestimmt, sondern etwa seinen Briefen an Frau von Stein beilegt. Zu den bekanntesten gehört wahrscheinlich das Gedicht *Warum gabst du uns die tiefen Blicke,* das Goethe am 14. April 1776 an Charlotte von Stein richtet. Dort heißt es etwa in der Mitte:

> Ach, du warst in abgelebten Zeiten
> meine Schwester oder meine Frau.
>
> Kanntest jeden Zug in meinem Wesen,
> Spähtest wie die reinste Nerve klingt,
> Konntest mich mit einem Blicke lesen
> Den so schwer ein sterblich Aug durchdringt.
> Tropftest Mäßigung dem heißen Blute,
> Richtetest den wilden irren Lauf,
> [...]
> Welche Seligkeit glich jenen Wonnestunden,
> da er dankbar dir zu Füßen lag,
> Fühlt' sein Herz an deinem Herzen schwellen,
> Fühlte sich in deinem Auge gut,
> Alle seine Sinne sich erhellen
> Und beruhigen sein brausend Blut.
> (Goethe FA 1, S. 230)

Liebe ist hier als platonische *anamnesis* konzipiert, als ein (Wieder-)Erkennen von etwas, das man in einem früheren Leben einmal kannte. Als platonisch im heute gebräuchlichen Sinn erscheint diese Liebe, insofern sie zunächst als keusche Geschwisterliebe beschrieben wird. Vor allem aber – und hier zeigt sich die deutlichste Abwendung vom Liebeskonzept etwas des Romans *Die Leiden des jungen Werthers* – soll diese Liebe nicht zum leidenschaftlichen Exzess, sondern zur ‚Mäßigung' und ‚Beruhigung' des ‚brausenden Bluts' führen. Hier ist die in Weimar entfaltete **Ethik des Reinen** im Medium der Liebeslyrik formuliert. In das erste Weimarer Jahrzehnt fällt auch die Konzeption zweier Dramen, in denen das Ethos des Reinen ebenfalls ein zentrales Thema darstellt: 1779 nimmt Goethe die Arbeit an der *Iphigenie auf Tauris* auf, 1780 beginnt er den *Torquato Tasso.*

Spannungen und Rückschläge führen bei Goethe zu Beginn der 1780er Jahre zu Unzufriedenheit im Amt. Dazu kommt das Gefühl, zu wenig Zeit für seine literarischen Arbeiten zu haben. Goethe trifft ab 1786 heimlich Vorbereitungen für eine Reise, die ihn endlich nach Italien bringen soll. Zwei Mal war er bereits in der Schweiz, einmal schon auf dem Gotthard mit Blick in den Süden, nun will er endlich die Reise machen, die für adelige junge Männer schon im 18. Jahrhundert zum entscheidenden Bildungserlebnis gehört. Goethe unternimmt die *Grand Tour* zu den Stätten der Antike und der italienischen Renaissance, seine **italienische Reise**. Er reist im Juli 1786 nach Karlsbad, von dort weiter über Parma und Venedig nach Rom, dann nach Neapel und Sizilien. Er besucht Kirchen und Galerien, nimmt Zeichenunterricht und betreibt Naturstudien. Nebenbei wird geschrieben, denn im Gepäck hat er allerlei Unfertiges: Neben *Egmont, Iphigenie* und *Tasso* hat er auch Fragmente des *Faust*-Dramas und den angefangenen Roman *Wilhelm*

1.2 Die Konstellation Weimar / Jena

Meisters theatralische Sendung dabei. Goethe wird diese Reise im autobiographischen Rückblick als eine Wiedergeburt feiern, mit der er eine neue Phase seiner Dichterbiographie beginnen lässt. So schreibt er in der *Italienischen Reise*, die er 1816/1817 und 1829 in drei Teilen publiziert, er sei „umgeboren und erneuert und ausgefüllt" (Goethe FA 15.1, S. 413). Wiedergeboren fühlt er sich vor allem als Dichter: Denn er sei „eigentlich zur Dichtkunst geboren" (ebd., S. 556). Die Italienreise gilt deshalb nicht zu Unrecht als „Ursprungsmythos der Weimarer Klassik" (Borchmeyer 1994, S. 143; vgl. auch Barner 1988). Italien ist aber nicht nur der Ort einer künstlerischen Selbstfindung, sondern auch der breit entfalteten wissenschaftlichen und historischen Interessen. Claudia Keller hat jüngst die Umrisse eines in den 1790er Jahren projektierten Buchs nachvollzogen, das laut Goethes Planung nichts weniger als eine Natur-, Kultur- und Kunstgeschichte Italiens hätte umfassen sollen (Keller 2018).

Zwei in Rom gemachte Bekanntschaften, die eine mit Karl Philipp Moritz, die andere mit Johann Heinrich Meyer, prägen Goethes ästhetische und kunsttheoretische Positionen noch nach seiner Rückkehr nach Weimar. **Karl Philipp Moritz** gehört sicher zu den interessantesten intellektuellen Protagonisten der Spätaufklärung. Er ist nicht alt geworden (1756–1793), dafür ist die Vielfalt seiner Arbeiten beachtlich. Er hat Beiträge zur Philosophie, zur Philologie und zur Mythologie geleistet, war der Gründer und Herausgeber des *Magazins für Erfahrungsseelenkunde*, dem Gründungsarchiv einer modernen Psychologie, und er hat Romane wie den *Anton Reiser* oder den *Andreas Hartknopf* geschrieben. In seinem weitgehend autobiografischen Roman *Anton Reiser* schildert er das mühsame Herausarbeiten aus ärmlichsten, radikal-religiösen Verhältnissen, die frühen und das ganze Leben prägenden Krankheiten und den Hang zur Melancholie. Goethe nimmt regen Anteil an der Ausarbeitung **autonomieästhetischer Thesen**, die Moritz in dem Text *Über die bildende Nachahmung des Schönen* skizziert, (s. Abschn. 2.2.2), und zieht später immer wieder Moritz' Mythologie und Götterlehre sowie seine grundlegende Arbeit zur Prosodie zu Rate.

Im Dialog mit Johann Heinrich Meyer entwickelt Goethe seine klassizistischen Positionen. Der Maler Meyer war seit 1784 in Rom, wo er 1787 Goethe kennenlernt. 1791 siedelt Meyer nach Weimar um, wo er 1796 eine Professur an der Fürstlichen freien Zeichenschule und 1806 deren Direktion übernimmt und zu Goethes wohl wichtigstem Gesprächspartner in Bezug auf Kunst wird. Zwischen 1798 und 1800 bringen Goethe und Meyer die **Kunstzeitschrift** *Propyläen* heraus, von 1799 bis 1805 schreiben sie jährliche Preisaufgaben für bildende Künstler aus. Ihre streng klassizistischen Aufgabenstellungen stoßen allerdings nur auf wenig Resonanz unter jungen Künstlern. Gemeinsam mit dem Maler und Kunsttheoretiker Carl Ludwig Fernow sowie dem Altertumswissenschaftler Friedrich August Wolf publizieren Goethe und Meyer ab 1804 Beiträge in der *Jenaischen Allgemeinen Literaturzeitung,* die sie mit dem Kürzel WKF – Weimarische Kunstfreunde – zeichnen. 1805 publizieren sie gemeinsam die Textsammlung *Winckelmann und sein Jahrhundert,* die sich auch als Entwurf eines zeitgenössischen Antikebezugs lesen lässt.

Nach seiner Rückkehr nach Weimar im April 1788 hatte sich Goethe weitgehend von Verwaltungsaufgaben freistellen lassen, um sich auf kulturpolitische Aufgaben zu konzentrieren. Von 1791 bis 1817 fungiert er als Direktor des Weimarer Hoftheaters, er leitet das Freie Zeicheninstitut, engagiert sich in der Direktion der naturwissenschaftlichen und medizinischen Institutionen des Herzogtums und vor allem: Er führt die Aufsicht über die **Universität Jena.** In dieser Position trägt er maßgeblich dazu bei, Jena zum Zentrum der zeitgenössischen Philosophie zu machen. In seine Zeit fallen die Berufungen der großen Vertreter des philosophischen Idealismus. Johann Gottlieb Fichte lehrt hier von 1794 bis 1799, Friedrich Wilhelm Joseph Schelling von 1798 bis 1803, Georg Wilhelm Friedrich Hegel von 1801 bis 1807, August Wilhelm Schlegel von 1795 bis 1801. Goethes Initiative verdankt sich aber zuallererst die Berufung Schillers 1788 auf eine unbesoldete Professur für Geschichte.

1.2.2 Schillers Weg nach Jena

Für den zehn Jahre jüngeren Schiller kommt der Ruf nach Jena zur rechten Zeit. Die feste Stellung beendet ein unstetes Wanderleben, das 1782 mit einer gerne als „Flucht" (Oellers 2005, S. 50) beschriebenen Reise von Stuttgart nach Mannheim beginnt. Schiller war 1773 als 14-Jähriger vom Herzog Karl Eugen an die Herzogliche Militär-Akademie beordert worden. Diese sogenannte **Hohe Karlsschule** war eine Einrichtung, mit der sich der Herzog loyale und gut ausgebildete Staatsbeamte, insbesondere Offiziere und Juristen, später auch Ärzte heranziehen wollte. Dort hatte der junge Schiller, der eigentlich Theologe werden wollte, eine kostenlose Ausbildung erst in der Jurisprudenz, dann in der Medizin erhalten. 1780 schließt er das Studium mit zwei Dissertationsschriften ab. Einer Studie über zwei Arten des Fiebers *(febrium inflammatorium et putridarum)* reicht er eine Abhandlung *Über den Zusammenhang der tierischen Natur des Menschen mit seiner geistigen* nach. Hier, wie auch schon in einer 1779 abgelehnten Schrift *Philosophie der Physiologie,* setzt sich Schiller mit einem Grundproblem der sogenannten ‚Philosophischen Ärzte' auseinander: Mit der Frage nach dem Verhältnis von Leib und Geist, dem *commercium mentis et corporis* (Riedel 1985). Der Dualismus der aufgeklärten Anthropologie wie auch medizinische Modelle des therapeutischen Ausgleichs zwischen den beiden konkurrierenden Aspekten des Menschen werden noch Schillers ästhetische Schriften der 1790er Jahre prägen.

Das Studium an der Hohen Karlsschule führt Schiller aber nicht zu einer philosophischen Forschungs- und Lehrtätigkeit. Vielmehr hat er die Ausbildung in Form von praktischer Arbeit abzuzahlen. 1779 wird Schiller als Militärarzt zum Regiment Augé nach Stuttgart geschickt. An das Schreiben von Stücken war dabei nicht gedacht. Dennoch publiziert Schiller 1781 anonym seinen Erstling *Die Räuber.* 1782 bricht er auf Einladung des Intendanten Wolfgang Heribert von Dalberg nach Mannheim auf, wo *Die Räuber* uraufgeführt worden waren. Das Mannheimer Projekt, als Theaterschriftsteller zu leben, scheitert jedoch am

1.2 Die Konstellation Weimar / Jena

Misserfolg seines zweiten Stücks *Die Verschwörung des Fiesko zu Genua*. Aus Angst, aufgegriffen und ausgeliefert zu werden, reist Schiller von Mannheim nach Frankfurt und Oggersheim, schlüpft in Bauerbach für eine Weile bei einer Gönnerin unter und findet schließlich bei seinem Freund **Christian Gottfried Körner** in Dresden Aufnahme. In Dresden schließt Schiller 1787 das bereits in der Mannheimer Zeit angeregte, in Bauerbach skizzierte, aber erst ab 1785 intensiv verfolgte *Don Karlos*-Projekt ab. Die vergleichsweise lange Bearbeitungszeit ist auch Symptom dafür, dass sich Schiller hier von dem Sturm und Drang affinen Stil der *Räuber* und des *Fiesko zu Genua* zu lösen versucht. Seine Arbeit am *Don Karlos* stellt Schiller selbst deutlich ins Zeichen des Klassischen. 1785 veröffentlicht er den ersten Akt des *Don Karlos* in der Zeitschrift *Rheinische Thalia*, weil er, wie er in der Vorbemerkung ausführt, um „die klassische Vollkommenheit seines Werks bekümmert" (Schiller FA 3, S. 17) sei. Klassizität erscheint nun als ein neues Ziel, das nur durch kritische Zurechtweisung und Selbstreflexion erreicht werden kann.

Von Dresden aus bricht Schiller am 20. Juli 1787 nach Weimar auf. Eigentlich will er zunächst nach Hamburg, wo Friedrich Ludwig Schröder am neu gegründeten Theater am Gänsemarkt den *Don Karlos* inszeniert hat. Offenbar ist Schiller aber nicht wohl bei dem Gedanken, es ein zweites Mal am Theater zu versuchen. In seinen Briefen an Schröder ist wiederholt die Rede von der ‚Beschränkung' und den ‚Gränzen' des Theaters mit seinen „Coulissen und papierne[n] Wände[n]" (18.12.1786, Schiller FA 11, S. 189). Diese Ambivalenz gegenüber der **Institution Theater** gilt es im Gedächtnis zu behalten, wenn man sich mit Schillers tragödientheoretischen Schriften und auch mit seinen Dramen befasst. Am 21. Juli 1787 trifft Schiller in Weimar ein, just zu der Zeit also, als Goethe noch Italien bereist. So lernt Schiller zuerst Christoph Martin Wieland und Johann Gottfried Herder kennen.

Wieland ist auch anwesend, als Schiller bei Charlotte von Kalb aus einem nebenbei verfassten Geschichtswerk liest. *Die Geschichte des Abfalls der Niederlande* behandelt den historischen Hintergrund zu seinem *Don Karlos*: die Emanzipationsgeschichte der Niederlande, also die Rebellion der niederländischen Provinzen, ihre Befreiung von den spanischen Habsburgern und die Gründung einer Republik. Wieland ermutigt den jungen Schiller dazu, sich weiter mit der **Geschichtsschreibung** zu befassen. Er sieht in ihm nicht nur einen philosophisch versierten Historiker, sondern auch einen begnadeten Stilisten, der eine geschliffene Prosa schreibt (Safranski 2004, S. 272–273). Schillers Wendung zur Geschichtswissenschaft zahlt sich aus. Im Dezember 1788 erhält Schiller den Ruf auf einen Lehrstuhl für Geschichte an der Universität Jena.

Er zieht von Weimar in die Universitätsstadt Jena, wo er am 26. Mai 1789 seine Antrittsvorlesung *Was ist und zu welchem Ende studiert man Universalgeschichte?* hält. 1790 publiziert er den ersten Teil der *Geschichte des dreissigjährigen Kriegs* und legt sich damit die Ereignisse zurecht, auf die sich auch die Dramentrilogie *Wallenstein* beziehen wird. Angesichts des prekären, weil unbesoldeten Professorenpostens in Jena ist das Honorar, das Schiller für die *Geschichte des dreissigjährigen Kriegs* erhält, hilfreich bei der Gründung seines

Hausstands: Im Februar 1790 heiratet er Charlotte von Lengefeld. Schon 1791 muss er sich aber wegen wiederholter schwerster Erkrankungen vorübergehend aus dem Lehrbetrieb zurückziehen – im Mai 1791 macht sogar das Gerücht von Schillers Tod die Runde. Finanziert durch ein Stipendium des dänischen Erbprinzen Friedrich Christian von Augustenburg vertieft sich Schiller ab Ende 1791 in die kantischen Schriften und beginnt, immer wieder im Rückgang auf Kant, mit der Konzeption seiner ästhetischen Schriften. Neben den bei einem Schlossbrand vernichteten *Augustenburger Briefen*, einer Vorform der später ausgearbeiteten *Briefe über die ästhetische Erziehung des Menschen*, entstehen in dieser Zeit die Abhandlungen *Über Anmut und Würde*, *Über das Erhabene* und *Über das Naive*.

Zu einem wichtigen Gesprächspartner wird **Wilhelm von Humboldt** (1767–1835), den Schiller im Dezember 1789 kennengelernt hatte. Nicht zuletzt auf Schillers Wunsch zieht Humboldt im Februar 1794 nach Jena. Humboldt, den man auch als „Juniorpartner" der Weimarer Klassiker beschrieben hat (Berglar 1970, S. 42), bleibt nur bis 1797 in Weimar, bevor er verschiedene, meist diplomatische Posten in Paris, Rom und Wien bezieht und in einem kurzen Intermezzo in Berlin (1808–1810) wichtige Weichen für die preußische Bildungspolitik stellt. Neben seinen weit später verfassten sprachphilosophischen und sprachwissenschaftlichen Studien verbindet sich der Name Wilhelm von Humboldts vor allem mit einem Bildungsbegriff, der Herders Idee der **Bildung** als selbsttätiger Entwicklung natürlicher und kultureller Formationen auf den Einzelnen als Bildungssubjekt zuschneidet. In dem Fragment gebliebenen Text *Theorie der Bildung des Menschen* (1794/1795) formuliert Humboldt das Ideal einer zweckfreien und harmonischen Bildung des Einzelnen, der die in ihm angelegten Kräfte an den kulturellen Erzeugnissen (Sprache, Philosophie, Dichtung) entfaltet und erprobt. Wie Humboldt in dem Aufsatz *Über das Studium des Altertums und des Griechischen insbesondere* darlegt, soll die Auseinandersetzung mit der Antike als Mittel der „höchsten, proportionirlichsten Ausbildung des Menschen" (Humboldt WA 2, S. 7) eine herausgehobene Rolle spielen.

Humboldts 1793 entstandener Aufsatz erscheint zuerst in der Zeitschrift *Die Horen*, die Schiller im Mai 1794 gründet. Trotz ihres Titels (*horae*, deutsch: die Stunden) sollen sich die hier publizierten Texte nicht mit den Themen der Stunde, also der aktuellen Tagespolitik befassen. Schiller lädt die Geistesgrößen seiner Zeit zur Mitarbeit, darunter Kant, Herder, Fichte, Wilhelm von Humboldt und auch Goethe und bittet um Beiträge, die unterhalten und zerstreuen sollen. Am 20. Juli 1794 verwickeln sich Goethe und Schiller nach einer Sitzung der Naturforschenden Gesellschaft in ein Gespräch. Gegenstand ist Goethes (fixe) Idee von einer Urpflanze, die Schiller vorsichtig problematisiert. Das Gespräch wird brieflich fortgesetzt und markiert den Beginn einer Konstellation, in der die Germanistik den epochalen ‚Freundschaftsbund' Goethes und Schillers und damit den Beginn der ‚Weimarer Klassik' im engeren Sinn ausgemacht hat.

1.2.3 ‚Glückliches Ereignis' 1794: Goethe und Schiller

1794 also beginnt das Gespräch zwischen Schiller und Goethe. Die Frage drängt sich auf: Warum erst jetzt? Die Beziehung zwischen Schiller und Goethe hat eine Vorgeschichte der beiderseitig eingehaltenen Distanz, und die frühen wechselseitigen Aussagen übereinander sind eher verstörend (für eine präzise Rekonstruktion dieser Vorgeschichte vgl. Brüning 2015). An seinen engen Freund Christian Gottfried Körner schreibt Schiller am 2. Februar 1789 nach ersten, für Schiller unbefriedigend verlaufenen Begegnungen mit Goethe: „Oefters um Goethe zu sein, würde mich unglücklich machen", da Goethe „ein Egoist in ungewöhnlichem Grade" sei. Und Schiller schreibt weiter:

> „Ein solches Wesen sollten die Menschen nicht um sich herum aufkommen lassen. [...] Ich betrachte ihn wie eine stolze Prude, der man ein Kind machen muß, um sie vor der Welt zu demüthigen. [...] Eine ganz sonderbare Mischung von Haß und Liebe ist es, die er in mir erweckt hat, eine Empfindung, die derjenigen nicht ganz unähnlich ist, die Brutus und Cassius gegen Caesar gehabt haben müssen; ich könnte seinen Geist umbringen und ihn wieder von Herzen lieben" (Schiller FA 11, S. 381).

Beschrieben wird hier eine Gefühlsmischung aus Liebe und Hass, für die sich Schiller in seltsame Rollen fantasiert. Erst will er der Mann sein, der die allzu zurückhaltende schöne Frau schwängert, dann will er der Sohn sein, der den Vater ermordet. Deutlicher kann man kaum vorführen, was Sigmund Freud ‚Ambivalenz' genannt hat.

Goethe äußert sich zwar gemäßigter, aber auch er spricht die erste Aversion gegen Schiller klar aus. 1817 hat Goethe in seine *Hefte zur Morphologie* einen autobiografischen Text mit dem Titel „Glückliches Ereignis" eingerückt, der Goethes Chronologie der Ereignisse liefert.

> „Nach meiner Rückkunft aus Italien, wo ich mich zu größerer Bestimmtheit und Reinheit in allen Kunstfächern auszubilden gesucht hatte, unbekümmert, was während der Zeit in Deutschland vorgegangen, fand ich neuere und ältere Dichterwerke in großem Ansehn, von ausgebreiteter Wirkung, leider solche, die mich äußerst anwiderten – ich nenne nur Heinses Ardinghello und Schillers Räuber. Jener war mir verhaßt, weil er Sinnlichkeit und abstruse Denkweisen durch bildende Kunst zu veredlen und aufzustutzen unternahm, dieser, weil ein kraftvolles, aber unreifes Talent gerade die ethischen und theatralischen Paradoxen, von denen ich mich zu reinigen gestrebt, recht im vollen hinreißenden Strome über das Vaterland ausgegossen hatte" (Goethe FA 24, S. 434).

Goethe urteilt hier noch im Rückblick scharf. Schillers *Räuber* hätten ihn ‚angewidert', weil sie der ästhetischen und ethischen Maxime der ‚Reinheit' widersprochen hätten, die er selbst im ersten Weimarer Jahrzehnt ausgebildet hatte. Schiller sei ihm als später Vertreter der Sturm und Drang-Bewegung erschienen, aus der er selbst sich gelöst habe. Seine Konsequenz ist klar: „ich vermied Schillern, der, sich in Weimar aufhaltend, in meiner Nachbarschaft wohnte" (ebd., S. 435). Weder Schillers *Don Karlos* noch seine 1793 erschienene ästhetische Abhandlung *Über Anmut und Würde* kann Goethe umstimmen. Statt als alten Stürmer und Dränger nimmt Goethe ihn nun als Kantianer wahr, der das Subjekt in unzulässiger Weise über die Natur stellt. Der Dualist Schiller, so liest ihn Goethe, denkt eine ‚bloße Natur', der nur durch den empfindenden Geist ästhetische Qualitäten wie Anmut und Würde zukommen können. Zudem fühlt sich Goethe von Schillers Überlegungen direkt attackiert. Er spricht von sich und Schiller sogar als zwei **„Geistes-Antipoden"**, zwei gegensätzlichen Polen, die eben nicht zusammenfallen können.

Aber dann erzählt er von dem „Glücklichen Ereignis" 1794, das vor dem Hintergrund der wechselseitigen Aversion umso unwahrscheinlicher anmutet: Es scheint als reiner, durch nichts vorbereiteter Zufall. Schiller und Goethe kommen nach einer Abendveranstaltung der Naturforschenden Gesellschaft ins Gespräch, Goethe kehrt noch bei Schiller ein und hier:

> „trug ich die Metamorphose der Pflanzen lebhaft vor, und ließ, mit manchen charakteristischen Federstrichen, eine symbolische Pflanze vor seinen Augen entstehen. Er vernahm und schaute das alles mit großer Teilnahme, mit entschiedener Fassungskraft; als ich aber geendet, schüttelte er den Kopf und sagte: das ist keine Erfahrung, das ist eine Idee. Ich stutzte, verdrießlich einigermaßen: denn der Punkt der uns trennte, war dadurch aufs strengste bezeichnet. Die Behauptung aus Anmut und Würde fiel mir wieder ein, der alte Groll wollte sich regen, ich nahm mich aber zusammen und versetzte: das kann mir sehr lieb sein daß ich Ideen habe ohne es zu wissen, und sie sogar mit Augen sehe" (Goethe FA 24, S. 437).

Genau betrachtet, zeugt dieses von Goethe im Rückblick als so glücklich bezeichnete Ereignis von Gefühlen (‚alter Groll'), die in einem bewussten Akt der Selbstbeherrschung zu überwinden sind. Und auch noch nach der Überwindung des Grolls stellt Goethe den an diesem Abend gestifteten ‚Bund' ins Zeichen des **Wettkampfs.** Aversion, Abwehr und Streit zwischen zwei Konkurrenten werden dabei zum Widerspruch zwischen zwei Denkrichtungen verallgemeinert, und dieser Streit wird nicht ‚geschlichtet', wohl aber produktiv gemacht: „so besiegelten wir, durch den größten, vielleicht nie ganz zu schlichtenden Wettkampf zwischen Objekt und Subjekt, einen Bund, der ununterbrochen gedauert und für uns und andere manches Gute gewirkt hat" (ebd., S. 437). Aus Abneigung ist produktive Konkurrenz geworden.

Was Goethe hier als ‚Wettkampf zwischen Objekt und Subjekt' bezeichnet, erschließt sich deutlicher aus dem ab 1794 geführten Briefwechsel zwischen Goethe und Schiller. Die Korrespondenz beginnt mit dem berühmt gewordenen Geburtstagsbrief vom 23. August 1794, den Schiller kurz nach dem Gespräch über die Urpflanze an Goethe absendet. Dieser Brief verrät die Rollenverteilung und die Dynamik der **Produktionsgemeinschaft,** in die Goethe und Schiller für zehn Jahre, also bis zu Schillers Tod 1805 eintreten werden. Schiller ist der Theoretiker, der dem Genie Goethe erklärt, was dieses über sich selbst nicht wissen kann. Für Schiller ist Goethe der an der Natur orientierte Empiriker, der alles aus der Beobachtung ableitet und sich auf diese Weise Einblick „in die verborgene

Technik" der Natur und des Menschen verschaffen möchte. An diese Diagnose schließt Schiller eine geschichtsphilosophische These an. Goethe sei zur falschen Zeit geboren: „Wären Sie als ein Grieche, ja nur als ein Italiener geboren worden, und hätte schon von der Wiege an eine auserlesene Natur und eine idealisierende Kunst Sie umgeben, so wäre ihr Weg unendlich verkürzt, vielleicht ganz überflüssig gemacht geworden" (Schiller an Goethe, 23.08.1794, Staiger/Dewitz 2005, S. 34). So aber habe er künstlich, „gleichsam von innen heraus und auf einem rationalen Wege ein Griechenland zu gebären" (ebd.) versucht.

Schiller probiert hier die Kategorien aus, die er zur selben Zeit in der Abhandlung *Über naive und sentimentale Dichtung* entwickelt. Die Zeit der Antike stellt er dort als ein unerreichbares Ideal dar, neben dem die Moderne als künstlich und rational erscheint. Charakteristisch für dieses noch zu diskutierende Verhältnis zur Antike ist Schillers Selbstverortung in einer **Spätzeit**. Goethes Versuch, einen „großen Stil" zu entwickeln, findet in einer dürftigen Gegenwart statt, „von mangelhaften Gestalten umringt" (ebd.). Von dieser Gegenwart aus, die sich in weiter Entfernung von der Natur, von der Antike und dem Italien der Renaissance befindet, scheint der Weg zum Ideal der Kunst unendlich viel weiter und komplizierter zu sein. Goethe reagiert prompt. Er bedankt sich für den Brief, „in welchem Sie, mit freundschaftlicher Hand, die Summe meiner Existenz ziehen" – er werde „von jenem Tagen an auch eine Epoche rechnen(n)" (ebd., S. 37). Goethe fühlt sich erkannt, begriffen, und begreift Schiller umgekehrt als einen Partner, bei dem er alles das „deponieren" (ebd.) kann, was er womöglich nicht mehr ausführen wird: „Denn da ich sehr lebhaft fühle, daß mein Unternehmen das Maß der menschlichen Kräfte und ihre irdischen Dauer weit übersteigt, so möchte ich manches bei Ihnen deponieren und dadurch nicht allein erhalten, sondern auch beleben" (ebd.). Mit diesem Satz stellt Goethe seine Zusammenarbeit mit Schiller ins Zeichen des späten Neuanfangs. Schiller soll helfen, die Projekte, Pläne und Entwürfe zu ordnen und womöglich doch noch weiterzutreiben.

In seinem nächsten Brief unterstreicht Schiller diese Wahrnehmung. Man habe sich erst spät getroffen, und nun eher zufällig, obwohl man sich lange von Ferne beobachten habe: „Nun kann ich aber hoffen, dass wir, soviel von dem Wege noch übrig sein mag, in Gemeinschaft durchwandern werden, und mit um so größerm Gewinn, da die letzten Gefährten auf einer langen Reise sich immer am meisten zu sagen haben" (ebd., S. 42). Schillers gesundheitliche Situation ist nach seiner schweren Erkrankung 1791 tatsächlich höchst prekär. Er schreibt selbst: es „droht eine Krankheit meine physischen [Kräfte C.Z.] zu untergraben. Eine große und allgemeine Geistesrevolution werde ich schwerlich Zeit haben in mir zu vollenden, aber ich werde tun, was ich kann, und wenn endlich das Gebäude zusammenfällt, so habe ich doch vielleicht das Erhaltungswerte aus dem Brande geflüchtet" (ebd., S. 44).

Die Metapher der **Geistesrevolution,** die Schiller hier im Bezug auf sich selbst benutzt, bezeichnet seinen Wunsch, philosophische Reflexion und dichterische Imagination nicht getrennt voneinander zu betreiben, sondern aufeinander zu beziehen. Das Bild vom brennenden, zusammenstürzenden Gebäude mag sich auf die eigene fragile Physis beziehen, es ruft aber in Kombination mit der

Metapher der ‚Geistesrevolution' auch die zeitgenössischen politischen Ereignisse ins Gedächtnis. Die ‚Weimarer Klassik' gibt sich in diesen ersten Briefen bereits als ein eigentlich nicht zu vollendendes Projekt aus. Man möchte etwas beginnen, wird aber nicht alles beenden können. Die gemeinsame Unternehmung steht im Zeichen forcierter Umbruchsdynamiken. Goethe beschreibt ihre Begegnung als epochenhaften Einschnitt, Schiller spricht von der eigenen geistigen Umwälzung, gar einer Geistesrevolution, in der er sich befindet. Der Impuls, diese innere Revolution fruchtbar zu machen, noch möglichst viel zu erreichen, zu erhalten und als Hinterlassenschaft zu organisieren, wird umso stärker vor dem zeitgeschichtlichen Hintergrund politischer und kultureller Umbrüche.

1.3 Wissensordnungen im Umbruch

1.3.1 Zeit der Revolution: Krise, Kontingenz, Verzeitlichung

Die Jahre von 1788–1805, die meist als Eckdaten der ‚Weimarer Klassik' genannt werden, sind Revolutions- und Kriegsjahre. Die Ereignisse der Französischen Revolution, beginnend mit dem Sturm auf die Bastille am 14. Juli 1789, sind der Versuch des dritten Standes, eine Verfassungsänderung zu erwirken und von einer absolutistischen zu einer konstitutionellen Monarchie zu gelangen. Hier sollen Leitideen der Aufklärung in die Praxis umgesetzt werden, etwa der von Charles-Louis de Secondat, Baron de La Brède de Montesquieu formulierte Gedanke der Gewaltenteilung. Am 26. August 1789 werden in der neu gebildeten Nationalversammlung die **Bürger- und Menschenrechte** verlesen. Die versuchte Flucht des König Louis XVI. 1791 führt allerdings zur Spaltung und Verschärfung der revolutionären Kräfte. 1792 wird die Monarchie abgeschafft und die Republik eingeführt. Ihr Ziel ist die Beendung der Ungleichheit unter den Menschen. Damit bezieht man sich nicht zuletzt auf Rousseau: „Der Mensch ist frei geboren, und überall liegt er in Ketten", so lautet der erste Satz in Rousseaus *Du contrat social ou Principes du droit politique* (Rousseau [1762] 2010, S. 5). Es folgen Parteienstreit, zunehmende Radikalisierung und schließlich die Phase des *Terreur,* der Schreckensherrschaft durch öffentliche Hinrichtungen. Instrument und Symbol der **Terror-Herrschaft** ist die Guillotine. Den schockierenden Höhepunkt für die beobachtenden europäischen Monarchien bilden die Hinrichtungen von Louis XVI. am 21.01.1793 und einige Monate später auch von Marie Antoinette.

Die umliegenden europäischen Staaten, auch die deutschen Kleinstaaten, greifen ab 1792 in Gestalt der je nach Perspektive als Revolutionskriege oder als Koalitionskriege bezeichneten Feldzüge ein. Die Armeen der europäischen Fürsten, zuerst Österreich und Preußen, dann die Niederlande, Spanien, Portugal und das deutsche Reich bilden eine Koalition, die gegen die französische Revolutionsarmee zieht. Goethe ist 1792 als Beobachter beim sächsisch-weimarischen Regiment dabei. 1822 veröffentlicht er einen Erinnerungstext mit dem Titel *Campagne in Frankreich,* in dem er seinen eigenen Ausspruch kolportiert: „Von hier und heute geht eine neue Epoche der Weltgeschichte aus, und ihr könnt sagen, ihr seid dabei gewesen" (Goethe FA 16, S. 436). Vielleicht noch wichtiger ist aber die Beobachtung, dass hier auf der Seite der Koalierenden durchaus auch Sympathisanten waren. Über die abendlichen Zusammenkünfte schreibt Goethe: „Von politischen Dingen war die Rede nicht, man fühlte, daß man sich wechselseitig zu schonen habe: denn wenn sie republikanische Gesinnungen nicht ganz verleugneten, so eilte ich offenbar mit einer Armee zu ziehen, die eben diesen Gesinnungen und ihrer Wirkung ein entschiedenes Ende machen sollte" (ebd., S. 387). Ohne selbst Position zu beziehen, ist hier der Zwiespalt deutscher Beobachter zu erkennen: nämlich eine gewisse Sympathie, wenn schon nicht für das revolutionäre Geschehen, dann doch für die tragenden Ideen zu hegen.

Das Zweckbündnis der europäischen Monarchien, das aus Angst vor dem Übergreifen der Französischen Revolution in die umliegenden Staaten geschlossen wurde, ist wenig erfolgreich. 1796 und 1797 wird in zwei separaten Abkommen der Friede geschlossen, Teil der Abmachung ist die Abtretung der Gebiete links des Rheins an Frankreich. Die **Koalitionskriege** und die Fluchtbewegungen nach den Friedensschlüssen bilden die Situation, in die Goethe zwei seiner Erzählwerke versetzen wird: Den Novellenzyklus *Unterhaltungen deutscher Ausgewanderten* von 1795 und das Versepos *Herrmann und Dorothea* von 1797. 1798–1803 folgt die zweite Phase der Koalitionskriege, in denen sich der junge General Napoleon Bonaparte einen Namen macht. Was der Eindämmung der Französischen Revolution dienen sollte, führt erst zu einer Radikalisierung der politischen Positionen in Frankreich und verhilft dann Napoleon zum Aufstieg. 1799 lässt sich Napoleon zum Ersten Konsul der Republik erklären, 1804 krönt er sich in Anwesenheit des Papstes zum Kaiser der Franzosen und setzt so der Republik ein Ende; 1806 tritt Kaiser Franz II. zurück und beendet damit den ohnehin nur noch losen Verbund des sogenannten Heiligen Römischen Reichs deutscher Nation.

Die politischen Ereignisse haben aber nicht nur politische Folgen. Vielmehr werden sie von gravierenden Neuorientierungen im Denken, in der Wahrnehmung und der wissenschaftlichen Beschreibung begleitet und vielleicht auch erst möglich gemacht. Diese diskursiven und epistemischen Umstellungen, die sich am Übergang von der Aufklärung zur Moderne abzeichnen, betreffen 1) die Geschichte als Zeit der Krise, 2) den Menschen als Akteur in einer nicht mehr durch göttliche Vorsehung gesteuerten Welt 3) die Natur als Reich eines Lebendigen, das sich nicht mehr in taxonomischen Ordnungen verstehen lässt. Krisenbewusstsein, Kontingenz und Verzeitlichung sind drei Stichworte, unter denen diese Umstellungen kurz skizziert werden sollen.

1. Krisenbewusstsein Mit der Französischen Revolution beginnt, so hat der Historiker Reinhart Koselleck argumentiert, „das Stadium einer Krise" (Koselleck [1959] 1973, S. 133). Er beruft sich hier auf Jean-Jacques Rousseau, der bereits 1762 in seinem Erziehungsroman *Émile* geschrieben hatte: „Nous approchons de l'état de crise et du siècle des révolutions" – wir nähern uns dem Zeitalter der Krise und dem Jahrhundert der Revolutionen. Damit ist eine Gegenwartserfahrung umrissen, die um 1800 zur politischen Realität wird. Mit dem Einschnitt von 1789 ist nicht einfach ein altes System verabschiedet und eine neue Regierungsform eingesetzt worden. Man tritt vielmehr in einen Zustand der Offenheit und des permanenten Umbaus ein. Rousseau, so sieht es Koselleck, hat damit etwas Wesentliches prognostiziert: Mit dem „Hereinbrechen" der Revolution beginnt ein „Zustand der Unsicherheit und Ungewissheit", der sich „der Planung" und „rationaler Steuerung" entzieht (ebd., S. 134). Es ist zugleich – so lautet die These Kosellecks – der Beginn der utopischen Geschichtsphilosophie, die nun versucht, auf den Raum der Zukunft auszugreifen. Koselleck schreibt in *Kritik und Krise:*

> „Es liegt im Wesen der Krise, daß eine Entscheidung fällig ist, aber noch nicht gefallen. Und es gehört ebenso zur Krise, daß offenbleibt, welche Entscheidung fällt. Die allgemeine Unsicherheit in einer kritischen Situation ist also durchzogen von der einen Gewißheit, daß – unbestimmt wann, aber doch bestimmt, unsicher wie, aber doch sicher – ein Ende des kritischen Zustandes bevorsteht. Die mögliche Lösung bleibt ungewiß, das Ende selbst aber, ein Umschlag der bestehenden Verhältnisse – drohend und befürchtet oder hoffnungsfroh herbeigewünscht – ist den Menschen gewiß. Die Krise beschwört die Frage an die geschichtliche Zukunft" (ebd., S. 105).

Schillers Zeitdiagnose operiert genau mit dieser Vorstellung vom kritischen Moment einer ausstehenden Entscheidung. In den *Briefen über die ästhetische Erziehung des Menschen* schreibt er:

> „Erwartungsvoll sind die Blicke des Philosophen wie des Weltmanns auf den politischen Schauplatz geheftet, wo jetzt, wie man glaubt, das große Schicksal der Menschheit verhandelt wird. [...] Eine Frage, welche sonst nur durch das blinde Recht des Stärkeren beantwortet wurde, ist nun, wie es scheint, vor dem Richterstuhle reiner Vernunft anhängig gemacht [...]" (Schiller FA 8, S. 559).

Die von Koselleck beschriebene Wahrnehmung der Gegenwart als Zeit der Entscheidung ist bei Schiller ins Bild der richterlichen Entscheidung gebracht. Dabei macht sich in den Formeln „wie man glaubt" und „wie es scheint" eine gewisse Zurückhaltung bemerkbar. Der vorsichtige Ton erklärt sich aus einer schonungslosen **Gegenwartsdiagnose,** die Schiller in den darauf folgenden Briefen entwickelt. Die Zeit scheint ihm noch nicht reif für den „Staat der Freiheit" zu sein, denn der Mensch muss zur Freiheit erst erzogen werden – und erzogen werden soll er durch die Kunst. Am Ende dieser Briefe steht deshalb die Utopie eines ästhetischen Staates, in dem die Leitideen der Aufklärung dann Wirklichkeit geworden sein werden. Eine Folge dieser Zeitwahrnehmung als Krise ist, dass sich mit dem radikalen Umbruch der Revolution nichts mehr von dem anwenden lässt, was man aus der Geschichte gelernt haben könnte. Das, was da kommen soll, hat es so noch nie gegeben. Orientierung bietet deshalb nur die Hinwendung zu einer utopischen Zukunft. Wenn sich die Zukunft aus der Gegenwart aber ganz offensichtlich nicht nach den historisch beobachtbaren Regeln ergibt, dann hat Geschichtsschreibung als *magistra vitae,* als Lehrmeisterin für das Leben, ausgedient (Koselleck [1959] 1973, S. 39). Dies hat mit einer Umstellung im historischen Denken zu tun, die Koselleck als ‚**Verzeitlichung'** bezeichnet hat.

Wie Koselleck in seinem Buch *Vergangene Zukunft* zeigt, bildet sich zwischen 1500 und 1800 ein neues Zeitbewusstsein heraus. Man verabschiedet sich schrittweise von eschatologischen, also heilsgeschichtlichen Ordnungsvorstellungen und nimmt historische Zeit nicht mehr als Kontinuum zwischen Sündenfall und Jüngstem Gericht, sondern als Zeit der Veränderung wahr: „das immer Gleiche der eschatologischen Erwartung wird abgelöst durch das immer Neue einer sich entlaufenden Zeit, die prognostisch eingefangen wird" (Koselleck 1979, S. 30). Dabei verschärft sich am Ausgang des 18. Jahrhunderts das Bewusstsein einer solchen Verzeitlichung dergestalt, dass am Ende „jene eigentümliche Art der Beschleunigung" steht, „die unsere Moderne kennzeichnet" (ebd., S. 19). Einen der Belege bildet ein Zitat aus der Rede zur Revolutionsverfassung, die Robespierre am 10. Mai 1793 gehalten hat. Dort heißt es: „Der Fortschritt der menschlichen Vernunft hat diese Revolution vorbereitet, und gerade Ihr seid es, denen die besondere Pflicht auferlegt ist, sie zu beschleunigen" (zit. nach Koselleck 1979, S. 21). Nicht nur Fortschritt, sondern Beschleunigung des Fortschritts ist nun das Gebot der Stunde.

Von dieser Zeitwahrnehmung des permanenten Traditionsbruchs lässt Goethe die Figuren in seinen Romanen wiederholt sprechen. So heißt es in den *Wahlverwandtschaften*: „Es ist schlimm genug, rief Eduard, dass man jetzt nichts mehr für sein ganzes Leben lernen kann. Unsre Vorfahren hielten sich an den Unterricht, den sie in ihrer Jugend empfangen; wir aber müssen alle fünf Jahre umlernen, wenn wir nicht ganz aus der Mode kommen wollen" (Goethe FA 11, S. 300). Hier ist der Eintritt in die Moderne als Zeit der **wechselnden Moden** sehr genau beschrieben. Dass diese Moden womöglich zyklisch wiederkehren, hat Goethe später gesehen. So heißt es in seinem späten Roman *Wilhelm Meisters Wanderjahre*: „Gewöhnlich zerstreut der Sohn was der Vater gesammelt hat, sammelt etwas anders, oder auf andere Weise. Kann man jedoch den Enkel, die neue Generation abwarten, so kommen dieselben Neigungen, dieselben Ansichten wieder zum Vorschein" (Goethe FA 10, S. 411). Die Beobachtung, dass Moden zwar flüchtig und vorübergehend sind, das Überholte dennoch mit erstaunlicher Beharrlichkeit wiederkehrt, gehört noch zu aktuellen Modetheorien.

2. Kontingenz Das Revolutionsgeschehen forciert eine Zeiterfahrung, die sich bereits im Verlauf des 18. Jahrhunderts abgezeichnet hatte. An die Stelle des Providenzdenkens tritt ein sich verstärkender Kontingenzverdacht. Die Vorstellung von einer göttlichen Vorsehung oder Voraussicht (lateinisch: *providentia*), die alles zu einem von vornherein festgelegten Ende führt, wird überlagert durch eine Wahrnehmung des Geschehens als kontingent. Kontingenz bedeutet grundsätzlich, dass etwas, das eingetreten ist, auch anders hätte sein können (Makropoulos 1998). Schon die aufklärerische Geschichtsphilosophie hatte das Providenzdenken unterhöhlt, indem sie Geschichte nicht mehr exklusiv als Sache Gottes verstand, sondern als eine Aufgabe des Menschen, der sich zu verbessern hat.

Die Vorstellung von einer ‚**Perfektibilisierung**' des Menschen holt das *perfectum*, die Vollkommenheit Gottes, als Zweck der Geschichte in den Geschichtsverlauf hinein und macht sie zur Aufgabe des Menschen (Marquard 1986). Wenn die Geschichte aber nicht mehr einem göttlichen Heilsplan folgt, dann hat sie die oberste Steuerungsinstanz verloren. Dies führt zu einer neuen Interpretation von

Ereignissen. Was sich im Rahmen der Providenz als göttliche Schicksalsschläge darstellen ließ (Hungersnot, Unwetter, Kriegsfolgen wie Plünderung, Diebstahl, Verletzungen, Kindstode), die dem Menschen zur Prüfung gesandt sind, wird am Übergang zur Moderne mehr und mehr als etwas wahrgenommen, das sich auch hätte vermeiden lassen oder wogegen man sich zumindest hätte versichern können (Ewald [1986] 1993). So stellen sich beim Umgang mit Kontingenz verstärkt Fragen der **Prognose** und der **Steuerung.** Wie kann man die Wahrscheinlichkeit von Ereignissen berechnen, wie lassen sich Risiken abwägen und Folgen des eigenen Handelns abschätzen, wie kann man Gewünschtes herbeiführen oder Katastrophen vermeiden? Behandelt werden diese Fragen auf neu abgesteckten Wissensfeldern, die sich mit ökonomischem Wachstum (Vogl 2002), mit Sicherung, Bevölkerungsplanung und (medizinischer) Vorsorge befassen (Wolf 2004).

Vorsorge und **Versicherung** sind auch Themen, die sich in Texten Schillers und Goethes immer wieder antreffen lassen. Bei Goethe finden sich zahlreiche Hinweise darauf, dass das beginnende 19. Jahrhundert im Zeichen der Versicherung steht. In seinem Roman *Wilhelm Meisters Lehrjahre* tritt ein Kreis von Reformadeligen auf, die sogenannte Turmgesellschaft. Ihre Verbindung beschreiben sie als ‚Assekuranz', als Versicherung gegen revolutionäre Ereignisse: „Wir assekurieren uns untereinander unsere Existenz, auf den einzigen Fall, dass eine Staatsrevolution den einen oder andern von seinen Besitztümern völlig vertriebe" (Goethe FA 9, S. 945). Schiller spielt in seinen Geschichtsdramen immer wieder die Möglichkeiten des politischen Handelns im Zusammenspiel von Kontingenzerfahrung, Prognose und Prophylaxe, Beschleunigung und Vermeidung durch. Am deutlichsten ist dies in seinem großen Geschichtsdrama *Wallenstein* zu sehen, dessen Held, der sternengläubige Wallenstein, den richtigen Handlungsmoment abzupassen versucht (s. Abschn. 4.2.3).

3. Verzeitlichung Kosellecks Beschreibung der ‚Verzeitlichung' und die damit verwandte Vorstellung von einem sich beschleunigenden Fortschritt hat auch in der Wissenschaftsgeschichte Resonanz gefunden. Der Wissenschaftshistoriker Wolf Lepenies hat unter dem Titel *Das Ende der Naturgeschichte* den, so lautet der Untertitel, *Wandel kultureller Selbstverständlichkeiten in den Wissenschaften des 18. und 19. Jahrhunderts* beschrieben. Gemeint ist damit der Umgang mit einem immer schneller fortschreitenden Wissenszuwachs, der sich aus den Empirisierungsschüben der Frühen Neuzeit, insbesondere des 17. und 18. Jahrhunderts ergibt. So waren etwa in der Zoologie um 1740 ungefähr 600 Tierarten bekannt, ungefähr hundert Jahre später zählt man allein schon „vier Mal so viele Ichneumoniden (Schlupfwespen)" (Lepenies 1978, S. 17). Die Entdeckung neuer Arten, nicht zuletzt durch Forschungsreisen in die ‚Neue Welt' ermöglicht, sprengt die herkömmlichen Taxonomien. Das Gesammelte lässt sich nicht in die alten Kategorientafeln einordnen und macht neue Systematisierungs- und Darstellungsmodi nötig. Ein neues Forschungs- und Darstellungsparadigma, das sich am Ende des 18. Jahrhundert herausbildet und das im 19. Jahrhundert dominieren wird, bildet die Frage nach Entwicklungsprozessen. Man interessiert sich nun für die **Genese des Lebens,** für die Problematiken der Zeugung und der Vererbung (Jacob 1972).

Dies führt zur Transformation der alten Botanik und Zoologie in eine Biologie, die sich als Wissenschaft vom Lebendigen versteht. Von der Embryologie über die Vererbungslehre bis zur Erforschung von Stoffwechselprozessen werden Modelle der Zeugung und Entwicklung organischer Naturen entworfen. Diese Lehre des Lebendigen führt direkt in die Ästhetik der 1780er und 1790er Jahre. Karl Philipp Moritz etwa zitiert den Biologen Johann Friedrich Blumenbach und dessen Begriff des ‚**Bildungstriebs**', um sich Prozesse der künstlerischen Formfindung (‚Bildung') klar zu machen. Für Goethes Zugang zur Natur ist diese ‚Verzeitlichung der Natur' entscheidend (Matussek 1998): Von der Metamorphose der Pflanzen über die Geologie als Lehre von der Erdgeschichte bis zu den Farbstudien geht es ihm in seiner Naturforschung nicht um die Katalogisierung und Kategorisierung von Naturerscheinungen, sondern um Fragen der Entwicklung und der Formgenese. Die hier angedeuteten diskursiven und epistemischen Dynamiken betreffen also zwei Gebiete, die für Schiller als Historiker und Goethe als Naturforscher von zentralem Interesse sind.

1.3.2 Ordnung im Chaos: Schiller und die Geschichte

Kurz vor seiner Übersiedlung nach Weimar und dann nach Jena beschließt Schiller, sich dem Studium der Geschichte zu widmen. Die Wendung zur Geschichtsschreibung soll zunächst bei der Suche nach dramentauglichen Gegenständen helfen. Zusammen mit dem Leipziger Freund Ludwig Ferdinand Huber verfolgt Schiller ab 1786 das Projekt einer, so Schillers Arbeitstitel, *Geschichte der merkwürdigsten Rebellionen und Verschwörungen*. In diesem Kontext stößt er auch auf die Geschichte der niederländischen Rebellion, die er dann nicht zuletzt auf die Anregung Wielands auszubauen beginnt. Im Briefwechsel mit Körner im Winter 1787/1788 legt Schiller seine Gründe für den Wechsel zur Geschichtsschreibung dar. An erster Stelle steht hier die psychische und physische Anstrengung der dichterischen Erfindung mit ihrer Notwendigkeit, alles aus sich „selbst schöpfen" zu müssen (Schiller an Körner 17.03.1788, FA 11, S. 286). Er wünscht sich deshalb, Themen von außen gestellt zu bekommen. Zum Zweiten wünscht er sich eine andere Außenwirkung: Er vermisst, so schreibt er Körner, die „Anerkennung in der sogenannten gelehrten und in der bürgerlichen Welt" (Schiller an Körner 07.01.1788, FA 11, S. 264). Nicht zu vernachlässigen ist dabei auch die Möglichkeit, sich eine andere Verdienstquelle zu eröffnen als die unsichere eines Theaterautors.

Das Ergebnis, also der 1788 publizierte erste Band seiner *Geschichte des Abfalls der vereinigten Niederlande von der spanischen Regierung*, wird ihn tatsächlich als Historiker bekannt machen. Ab dem Sommersemester 1789 hält er Geschichtsvorlesungen in Jena und beginnt zunächst mit seiner Darstellung der *Geschichte des dreissigjährigen Kriegs,* die in Fortsetzungen im *Historischen Calender für Damen* erschien. Wie sich in diesem Publikationsort andeutet, steht Schillers Geschichtsdarstellung nicht nur im Zeichen der Quellenforschung und der neuen Deutung historischer Zusammenhänge, sondern ist auch von einem **Popularisierungsanliegen** getragen. Sein Ziel ist eine lesbare, lebendige Geschichtsdarstellung, die sich nicht nur an Wissenschaftler, sondern auch an das ‚gebildete Publikum' richtet. Einen Antrieb bildet dabei nicht zuletzt ein über die Bande gespieltes Interesse an gegenwärtigen Problemlagen. Seine Darstellung des *Abfalls der Niederlande* befasst sich ja mit den Themen, die in der aktuellen politischen Lage brisant geworden sind: mit dem bürgerlichen Freiheitsproblem sowie mit der Legitimität und den Verlaufsformen politischer Revolutionen. Insofern schaltet er sich als Historiker indirekt in die aktuellen politischen Debatten ein.

Schillers gesundheitlicher Zusammenbruch 1791 führt zum vorläufigen Abschied von den historiografischen Arbeiten. Dank eines Stipendiums, das Schiller vom Herzog von Augustenburg erhält, kann er sich aus dem Lehrbetrieb zurückziehen und macht sich an das konzentrierte Studium der Kantischen Philosophie. Resultat sind die großen philosophischen Schriften der frühen 1790er: *Über Anmut und Würde* (1793), *Vom Erhabenen* und *Über das Pathetische* (1793), *Über die ästhetische Erziehung des Menschen* (1795) und *Über naive und sentimentalische Dichtung* (1795). Ab 1796 wendet sich Schiller – nicht zuletzt auf Goethes Veranlassung hin – wieder zur Dramatik und macht sich an die Ausarbeitung der *Wallenstein*-Trilogie. Aus dieser werkbiografischen Chronologie ergibt sich das Bild eines Intermezzos, einer recht klar datierbaren und nicht sonderlich langen ‚historischen Phase' von 1787 bis 1792 (Dann, Kommentar in Schiller FA 6, S. 682). Schiller war aber nicht nur für ein halbes Jahrzehnt Historiker, sondern war dabei auch **Geschichtsphilosoph**. Und Geschichtsphilosoph ist er auch in seinen Arbeiten zur Ästhetik und insbesondere zur Tragödientheorie geblieben. Dies lässt sich exemplarisch an seiner Antrittsvorlesung *Was heißt und zu welchem Ende studiert man Universalgeschichte?* zeigen, deren Probleme in Schillers spätem kunsttheoretischen Aufsatz *Über das Erhabene* wiederkehren.

In den Wochen, in denen sich in Versailles die Generalstände Frankreichs versammeln und sich die Nationalversammlung des französischen Volkes konstituiert, um nur wenig später die Erklärung der Menschen- und Bürgerrechte zu verabschieden, hält Schiller seine Antrittsvorlesung in Jena. Das erste, worüber sich der antretende Professor mit seinen Studenten zu verständigen versucht, ist der Sinn ihres Studiums. Dieser besteht nach Schiller nicht darin, Wissensschätze nachhause zu tragen, die man dann ein Leben lang verwaltet. Stattdessen wird sich dieses Wissen weiter verändern, denn, so Schiller, es gibt einen Fortschritt im Wissen über die Geschichte: Jede ‚Erweiterung', jede ‚Neuerung' ist zu begrüßen, weil sie die „den Fortgang nützlicher Revolutionen im Reich des Wissens" (Schiller FA 6, S. 413) unterstützt. Das Wort ‚neu' häuft sich in diesen Passagen: „Neue Entdeckungen", eine „neue Gedankenreihe", eine „neue Naturerscheinung", ein „neu entdecktes Gesetz" (ebd., S. 415). Diese Betonung der Innovationsdynamik ist Symptom dessen, was Koselleck und Lepenies als **Verzeitlichung des Wissens** bezeichnen.

Dies verbindet sich bei Schiller mit einem stark ausgeprägten Autonomiegedanken. Er polemisiert gegen die sogenannten Brotgelehrten, die das Wissen nur bewahren und verwalten wollen, um damit „Gold", „Zeitungslob" oder „Fürstengunst" (ebd., S. 413) zu erwerben. Was Schiller stattdessen vorschwebt,

1.3 Wissensordnungen im Umbruch

ist die Ausbildung unabhängiger Geister, getrieben von der Wahrheitssuche und der Frage nach Sinn und Zweck der Geschichte. Er wendet sich an die ‚philosophischen Köpfe' unter seinen Studierenden, an diejenigen, die Zusammenhänge erkennen und den Fortschritt im Wissen vorantreiben wollen. Hier zeigt er sich stark dem aufklärerischen Gedanken eines autonomen, unabhängigen Vernunftgebrauchs verpflichtet.

Seinen Entwurf beginnt Schiller mit dem Verweis auf die Ergebnisse einer Disziplin, die wir heute als Ethnologie kennen. Reisen in die neue Welt hätten den Europäer mit dem bekannt gemacht, was er selbst in der „Kindheit der Menschheit" gewesen sei. Dieser Anfangszustand der Menschheit ist nun in Schillers Darstellung kein goldenes Zeitalter des Friedens und der kindlichen Unschuld. Stattdessen herrscht hier der Mangel:

> „Was erzählen uns die Reisebeschreiber nun von diesen Wilden? Manche fanden sie ohne Bekanntschaft mit den unentbehrlichsten Künsten, ohne das Eisen, ohne den Pflug, einige sogar ohne den Besitz des Feuers. Manche rangen noch mit wilden Tieren um Speise und Wohnung, bei vielen hatte sich die Sprache noch kaum von tierischen Tönen zu verständlichen Zeichen erhoben. Hier war nicht einmal das so einfache Band der Ehe, dort noch keine Kenntnis des Eigentums. [...] Krieg hingegen war bei allen, und das Fleisch des überwundenen Feindes nicht selten der Preis des Sieges. Bei andern, die [...] schon eine höhere Stufe der Bildung erstiegen hatten, zeigten Knechtschaft und Despotismus ein schauderhaftes Bild" (ebd., S. 417).

Keine Werkzeuge, keine Rechtsformen, kein Friede – dies ist kurz gefasst die Gleichung, die Schiller hier aufmacht. Hier klingt die Version des Naturzustandes an, wie Thomas Hobbes ihn skizziert hat. Der Naturzustand sei nichts anderes als ein Krieg aller gegen alle, der laut Hobbes erst durch den Gesellschaftsvertrag beendet werden kann, durch den jeder sein individuelles Gewaltrecht aufgibt und das Gewaltmonopol an den Staat in Gestalt eines absoluten Souveräns übergeht.

Diese düstere Version des Naturzustands bildet bei Schiller den Auftakt für das utopisch getönte Bild der Gegenwart, in der alles schon vollendet ist, worauf die Aufklärung hinaus wollte: Man hat nun „weise Gesetze", „sanftere Herrschaft der Verträge", und vor allem: eine neue Form des Weltbürgertums: „Die Schranken sind durchbrochen, welche Staaten und Nationen in feindseligem Egoismus absonderten. Alle denkenden Köpfe verknüpft jetzt ein weltbürgerliches Band, und alles Licht seines Jahrhunderts kann nunmehr den Geist eines neuen Galilei und Erasmus bescheinen" (Schiller FA 6, S. 419). In dieser Darstellung wird das **Projekt der Aufklärung** als grenzüberschreitender, die gesamte Menschheit einschließender Fortschritt zum Wissen, zur Freiheit und zum Weltfrieden für fast vollendet erklärt.

Anders als Thomas Hobbes denkt Schiller allerdings keinen starken Souverän, sondern eine weltbürgerliche Gemeinschaft als Ziel der Geschichte. Damit steht Schillers Geschichtsbild in der Tradition der aufklärerischen Geschichtsschreibung, wie sie zuerst in Voltaires *Essai sur l'Histoire universelle* (1754/1758), dann in der schottischen Aufklärungsphilosophie (David Hume, Adam Ferguson, Adam Smith), aber auch in der Göttinger Schule (Johann

Christoph Gatterer, August Ludwig Schlözer) entwickelt worden ist. Gatterers *Handbuch der Universalgeschichte* (1761) und Schlözers *Vorstellung seiner Universal-Historie* (1772) hat der junge Schiller bei seiner Ausbildung in der Hohen Karlsschule kennengelernt. **Universalgeschichte** wird in diesem Zusammenhang verstanden als Geschichte der Menschheit, die als Geschichte einer fortschreitenden Entwicklung interpretiert wird.

Prägend für Schiller war aber vor allem Kants Aufsatz *Idee zu einer allgemeinen Geschichte in weltbürgerlicher Absicht* (1784). Kant entwickelt hier die philosophischen Voraussetzungen für eine Geschichtsschreibung, die nicht nur Ereignisse darstellt, sondern diese an einem idealen Ziel ausrichtet. Dieses Ziel liegt nach Kant „in der Einrichtung von Rechtsstaaten und einem rechtsförmigen (gerechten) Zusammenleben der Staaten untereinander, im ständigen Rechtsfortschritt der ganzen Menschheit, bis sich schließlich im Rahmen des Völkerbundes eine weltumspannende Friedensgemeinschaft gebildet hat" (Höffe 2014, S. 224). Diesen Fluchtpunkt teilt Schillers Darstellung mit dem kantischen Entwurf. *Historia magistra vitae* – aus der Geschichte lässt sich bei Schiller durchaus lernen, allerdings nicht so, dass das vergangene Handeln Richtmaß und Regel für gegenwärtiges Handeln sein könnte. Vielmehr lässt sich beim Blick in die Geschichte sehen, wie weit man schon gekommen ist, wie weit man sich distanziert hat von den eigenen rohen und kindischen Anfängen.

Was also heißt nun Universalgeschichte? Sie ist universal, weil sie

- alle Menschen, nicht nur einzelne Nationen und Staaten betrifft
- die Geschichte dieser Menschheit in allen ihren Stadien schreiben will, also von einem rekonstruierten Anfang bis zu ihrem utopisch vorweggenommenen Ende
- die Zielrichtung und die Gesetze dieser Entwicklung anzugeben versucht, indem sie nach dem Sinn der Geschichte ebenso wie nach ihren Triebkräften fragt.

Modern ist an diesem Entwurf, dass diese Geschichte nicht von einer göttlichen Instanz gesteuert wird. Stattdessen erscheinen historische Verläufe bei Schiller eigenartig unbewusst und ungeregelt: „Unser *menschliches* Jahrhundert herbei zu führen, haben sich – ohne es zu wissen oder zu erzielen – alle vorhergehenden Zeitalter angestrengt" (Schiller FA 6, S. 430). Ähnlich hatte es auch Kant gesehen:

> „Einzelne Menschen und selbst ganze Völker denken wenig daran, daß, indem sie, ein jedes nach seinem Sinne und einer oft wider den andern, ihre eigene Absicht verfolgen, sie unbemerkt an der Naturabsicht, die ihnen selbst unbekannt ist, als an einem Leitfaden fortgehen, und an derselben Beförderung arbeiten, an welcher, selbst wenn sie ihnen bekannt würde, ihnen doch wenig gelegen sein würde" (Kant WA 11, S. 34).

Eine Entwicklung zum Guten, die sich ohne Wissen und ohne Absicht ihrer Akteure verwirklicht – wie ist das zu denken? Tatsächlich gibt es in diesem Entwurf eine heimliche Agentin, und das ist die Natur. Denn, so lautet der erste Grundsatz in Kants Geschichte der Menschheit:

> „Alle Naturanlagen eines Geschöpfes sind bestimmt, sich einmal vollständig und zweckmäßig auszuwickeln. Bei allen Tieren bestätigt dieses die äußere sowohl, als innere oder zergliedernde, Beobachtung. Ein Organ, das nicht gebraucht werden soll, eine Anordnung, die ihren Zweck nicht erreicht, ist ein Widerspruch in der teleologischen Naturlehre. Denn, wenn wir von jenem Grundsatze abgehen, so haben wir nicht mehr eine gesetzmäßige, sondern eine zwecklos spielende Natur; und das trostlose Ungefähr tritt an die Stelle des Leitfadens der Vernunft" (ebd., S. 35).

Es gibt also ein *telos,* ein Ziel oder einen Zweck der Geschichte – und dieses *telos* besteht darin, dass sich die Natur des Menschen in der Geschichte verwirklichen soll. Genau so sieht es auch Schiller, der zeigen will, wie „die stille Hand der Natur schon seit dem Anfang der Welt die Kräfte des Menschen planvoll entwickelt, und mit Genauigkeit andeutet, was in jedem Zeitraume für diesen großen Naturplan gewonnen worden ist" (Schiller FA 6, S. 430). Dieser Entwurf einer Geschichte, die sich unter der heimlichen Regie einer gutwilligen Natur langsam zum Besseren wendet, könnte naiv anmuten, hätte er nicht seine Abgründe. Denn Kant wie auch Schiller finden durchaus, dass die Weltgeschichte auf den ersten Blick eher trostlos anmutet:

> „Man kann sich eines gewissen Unwillens nicht erwehren, wenn man ihr Tun und Lassen auf der großen Weltbühne aufgestellt sieht; und, bei hin und wieder anscheinender Weisheit im einzelnen, doch endlich alles im großen aus Torheit, kindischer Eitelkeit, oft auch aus kindischer Bosheit und Zerstörungssucht zusammengewebt findet: wobei man am Ende nicht weiß, was man sich von unserer auf ihre Vorzüge so eingebildeten Gattung für einen Begriff machen soll" (Kant WA 11, S. 34).

Dummheit, Eitelkeit, Bosheit und Lust an der Zerstörung – das ist das Bild der Geschichte, aus dem Kant dann Sinn gewinnen möchte. Wie in Schillers Antrittsvorlesung klar wird, ist dies eine Frage der Optik. Unter dem „geliehenen Lichte des Verstandes" beginnt nämlich „heitre Gestalt zu gewinnen", was vorher „dem blinden Ohngefähr" geschuldet zu sein schien (Schiller FA 6, S. 428). Der Versuch, Geschichte als sinnvollen Vorgang zu begreifen, hat offenbar **Projektionscharakter:** Es ist erst der Universalhistoriker, der dem Gestaltlosen eine Gestalt ‚leiht'. Der universalhistorisch deutende Zugriff ist dem kreativen, künstlerischen Akt verwandt. Und so ist es vielleicht kein Zufall, dass sich Schiller in den ersten Absätzen seiner Antrittsvorlesung an das junge „Genie" gewandt hatte, an den „Schöpfer" einer „bessere[n] Kultur" (ebd., S. 414), der „immer neue und immer schönere Gedanken-Formen" (ebd., S. 415) bilden solle. Wenn der Geschichtsforscher ein genialer Schöpfer schöner Formen sein soll, dann verschwimmen die Grenzen zwischen Wissenschaft und Kunst.

In Schillers spätem Text *Über das Erhabene* wird der Bezug zwischen Geschichte und Ästhetik noch enger geknüpft, nun aber nicht mehr im Zeichen des Schönen, sondern des Erhabenen. Der Text ist wahrscheinlich 1794/1795 konzipiert worden, publiziert hat Schiller ihn erst 1801. Die Rede ist nun von einer Welt, „[w]o mehr der tolle Zufall als ein weiser Plan zu regieren scheint", wo das „gesetzlose Chaos von Erscheinungen" herrscht (Schiller FA 8, S. 833).

„Die Welt, als historischer Gegenstand, ist im Grunde nichts andere als der Konflikt der Naturkräfte unter einander selbst und mit der Freiheit des Menschen und den Erfolg dieses Kampfes berichtet uns die Geschichte. [...] Nähert man sich nur der Geschichte mit großen Erwartungen von Licht und Erkenntnis – wie sehr findet man sich getäuscht!" (Schiller FA 8, S. 835)

Die Vorstellung von einem sinnvollen Gang der Geschichte scheint hier als Täuschung entlarvt. Die Geschichte, so sieht es Schiller, ist nicht schön und geordnet, sondern chaotisch und unbegreiflich. Und auch die Natur tritt nicht als heimlich ordnende Hand, sondern in Gestalt konfliktuöser Naturkräfte auf. Steht diese **Verdunkelung des Geschichtsbilds** womöglich im Zusammenhang mit einer Enttäuschung über das ,Scheitern' der Französischen Revolution? Oder zeigt sie den Schrecken über die Revolution selbst, den Schiller in seinen publizierten Texten kaum thematisiert?

Ulrich Karthaus hat darauf hingewiesen, dass sich in Schillers Briefen nach 1792 zahlreiche kritische Bemerkungen zum Revolutionsgeschehen und den sich anschließenden Wirren finden. Eine begeisterte Aufnahme der Ereignisse von 1789 hingegen lässt sich nirgends belegen (Karthaus 1989). Präziser formuliert ist Schiller durchaus mit den Zielen und Idealen der Freiheit, Gleichheit und Brüderlichkeit einverstanden, nicht aber mit der Revolution als Mittel, diese Ziele zu erreichen (Müller-Seidel 2009). Als ihm am 27.08.1792 von der Pariser Nationalversammlung das französische Bürgerrecht erteilt wird, verzichtet er auf spontane Dankesbekundungen. Denn für ihn ist offen, was er in den *Briefen über die ästhetische Erziehung des Menschen* als Grundgedanken entwickeln wird: Wird es nach der Aktivierung revolutionärer Kräfte gelingen, einen Staat der Vernunft und Freiheit zu organisieren? Spätestens nach der Hinrichtung des Königs 1793 hat sich diese Hoffnung enttäuscht. Schiller reagiert darauf mit einer öffentlichen Erklärung, sich zu politischen Dingen nicht öffentlich äußern zu wollen.

In der Einladung zu seiner neu gegründeten Zeitschrift *Die Horen* formuliert er: „Sich all Beziehung auf den *jetzigen* Weltlauf und die *nächsten* Erwartungen der Menschheit verbietend" sollen hier Texte publiziert werden, die „dem durch den Anblick der Zeitbegebenheiten ermüdeten Leser eine fröhliche Zerstreuung" bieten können (Schiller FA 8, S. 1006). Ob Schillers nach 1794 verfasste ästhetische Schriften und dramatische Texte deshalb aber unpolitisch sind, darf bezweifelt werden. Hans-Jürgen Schings hat die Französische Revolution jüngst noch einmal als das Zentralereignis beschrieben, an dem und gegen das sich die ,Weimarer Klassik' in einer Geste der entschiedenen Absetzung formiert: „Wenn aber Separation bestimmte Negation heißt, wenn künstlerische Radikalität es mit der politischen aufnimmt, dann kommt ein Verhältnis der Konkurrenz zum Zuge, das dem Weimarer Projekt seine eigentliche Spannung verleiht" (Schings 2017, S. 21).

Schillers Aufsatz *Über das Erhabene* trägt diese Spannung aus. Der Text markiert den Abschied von der optimistischen Geschichtsphilosophie der Aufklärung und die neue Tendenz zu einer „pessimistischen Geschichtsdeutung" (Janz 1990, S. 151), die im Zeichen der politischen Ereignisse der 1790er Jahre steht. *Über das Erhabene* bezeichnet aber auch den werkbiografischen Übergang von der Geschichtsschreibung zu einer Dramentheorie, die Schiller ins **Zei-**

chen des Erhabenen stellt. „Die Weltgeschichte", so schreibt Schiller in *Über das Erhabene,* ist „ein erhabenes Objekt" (Schiller FA 8, S. 835), und zwar ist sie das Objekt einer Erfahrung, die das Subjekt im Theater machen kann. Denn wie noch genauer zu zeigen sein wird, ist das Erhabene keine Eigenschaft der Geschichte, sondern meint eine im Theater einzuübende ethische Haltung, die man angesichts des sinnlosen Chaos der Geschichte einnehmen sollte (s. Abschn. 4.2.1). Damit ist der Übergang von der Geschichtsphilosophie zur Ästhetik gebahnt.

1.3.3 Empirie, Prozessualität, Objektivität: Goethe und die Natur

Ein kritisches Verhältnis zur Französischen Revolution hatte auch Goethe. Eckermann hält aus seinen späten Gesprächen mit Goethe die Aussage fest: „Jedes Gewaltsame, Sprunghafte, ist mir in der Seele zuwider, *denn es ist nicht naturgemäß*" (Goethe mit Eckermann, 27.04.1825, FA 39, S. 559). Man hat diese Stelle als Kommentar zum Revolutionsgeschehen in Frankreich gelesen. Aus Goethes Sicht haben auch historische Veränderungen am Gang der Natur Maß zu nehmen, und die Natur macht eben keine Sprünge – *natura non facit saltus*. Mit dieser Überzeugung hat Goethe auch im Streit der Geologen Position bezogen. So kritisierte er zeitlebens die These der Vulkanisten, die Gestalt der Erdoberfläche sei durch eine Serie von Eruptionen entstanden, und bezieht stattdessen eher Position für die **Neptunisten,** die davon ausgehen, dass die Gebirgsformationen durch Sedimentierung beim Absenken eines Urozeans entstanden seien. Noch der *Faust II* und Goethes letzter Roman *Wilhelm Meisters Wanderjahre* werden diese Positionen thematisieren.

Goethes Beschäftigung mit Geologie und Mineralogie reicht zurück ins erste Weimarer Jahrzehnt und ist nicht zuletzt angestoßen durch die Verwaltungstätigkeiten im Rahmen der Neugründung des Bergwerks zu Ilmenau. Prägend ist hier die Auseinandersetzung mit Abraham Gottlob Werner, einem Professor an der Bergakademie zu Freiberg in Sachsen. In dem Aufsatz *Über den Granit* (1785) argumentiert Goethe dafür, dass die sichtbare Gestalt des ‚Urgesteins' Granit nicht durch Zertrümmerung, sondern durch Kristallisation im Wasser entstanden sein. Hier wird also im Rahmen der Naturlehre von plötzlichen Katastrophen abgesehen, um stattdessen langfristige Prozesse der Ablagerung zur Erklärung heranzuziehen. Die Bedeutung der Naturwissenschaften für Goethes Selbstverständnis ist kaum zu überschätzen. Eckermann hat Goethes späte Selbsteinschätzung festgehalten:

> „Auf alles was ich als Poet geleistet habe, pflegte der wiederholt zu sagen, bilde ich mir gar nichts ein. Es haben treffliche Dichter mit mir gelebt, es lebten noch Trefflichere vor mir, und es werden ihrer nach mir sein. Dass ich aber in meinem Jahrhundert in der schwierigen Wissenschaft der Farbenlehre der Einzige bin, der das Rechte weiß, darauf tue ich mir etwas zu gute, und ich habe daher ein Bewusstsein der Superiorität über viele" (Goethe mit Eckermann, 19.02.1829, FA 39, S. 320).

Diese Selbsteinschätzung erscheint aus heutiger Sicht doppelt merkwürdig. Nicht nur ist Goethe der Nachwelt als Autor und nicht als Wissenschaftler bekannt geworden, vor allem stand Goethe mit seinem Kampf gegen **Newtons Farbenlehre** wissenschaftsgeschichtlich auf verlorenem Posten. Dennoch will er die *Beyträge zur Optik* (1791) und die Erscheinung seines Buchs *Die Farbenlehre* (1810) für wichtiger gehalten haben als die gesamte poetische Produktion dieser beiden Jahrzehnte.

Die Experimente und Publikationen zur Optik bilden ihrerseits nur einen Teil seiner regen naturwissenschaftlichen Forschungen. Parallel zu den Farbstudien verfasst Goethe den *Versuch die Metamorphose der Pflanzen zu erklären* (1790) und forscht zur Morphologie der Wirbeltiere. Bedeutsam ist hier sein ‚Fund' des Zwischenkieferknochens beim Menschen 1784, dessen Fehlen bis dahin als wesentliche Differenz zwischen der Anatomie des Menschen und der Menschenaffen (Orang-Utan) interpretiert worden war. Goethe freut sich insbesondere über diese Entdeckung, weil sie dem Freund Herder in die Hände spielt, der in seinen *Ideen zur Philosophie der Geschichte der Menschheit* gerade die Analogien zwischen Organismen hervorhebt. Die morphologischen Studien führt Goethe zwischen 1817 und 1824 in der Herausgabe der Hefte *Zur Naturwissenschaft* sowie der Reihe *Zur Morphologie* zusammen. Im Rahmen dieser Hefte treten auch die Meteorologie und die Wolkenstudien hinzu.

Bemerkenswert ist Goethes Naturforschung nicht nur wegen ihrer breit ausgespannten Interessen, sondern vor allem wegen ihrer epistemischen Modelle, also wegen der Überlegungen zu Voraussetzungen der Erkenntnis, zur Ordnung des Wissens und zu den Übergängen zwischen Naturlehre und Ästhetik. Drei Punkte sollen hier herausgegriffen werden: 1) Goethes Vorstellung vom Urphänomen als Begriff einer Beobachtungswissenschaft, die zugleich Ideen liefern soll; 2) das Interesse nicht an statisch Feststellbarem, sondern an Prozessen und Reihenbildungen; 3) ein Ethos der Objektivität, in dem sich Naturforschung und klassische Poetik treffen.

1. Empirie An mehreren Stellen seiner Schriften inszeniert Goethe herausgehobene Momente des Sehens: Der Schafsschädel am Lido, bei dem ihm auffällt, dass der Schädelknochen womöglich aus umgebildeten Wirbeln besteht; die Urpflanze im botanischen Garten in Palermo, bei der er sieht, dass alles Blatt ist; der Blick durchs Prisma, bei dem er ganz plötzlich gesehen haben will, dass das Licht weiß sei – diese Augenblicke der spontanen Einsicht in ein Naturgesetz sind zentral für Goethes Wissenschaftsverständnis. Denn Goethe ist überzeugt, dass sich allgemeine Gesetze und Prinzipien in der Natur intuitiv und vor allem durch den Einsatz der Sinne aufdecken lassen. Im Rahmen der *Farbenlehre* prägt Goethe für diesen Grundsatz den Begriff des Urphänomens. Urphänomene definiert er hier als „höhere Regeln und Gesetze, die sich aber nicht durch Worte und Hypothesen dem Verstande, sondern gleichfalls durch Phänomene dem Anschauen offenbaren" (Goethe FA 23.1, S. 81). Im **Urphänomen** soll das Wesen einer Sache in der Erscheinung anschaulich und mit den Sinnen (be-)greifbar werden.

1.3 Wissensordnungen im Umbruch

Goethe besteht darauf, dass eine Erkenntnis der Natur in ihren sichtbaren Gestaltungen und nicht nur in den empirisch erhobenen, die Naturerscheinungen analytisch zerlegenden Daten möglich ist. Im Rahmen der Trennung von empirischer Wissenschaft und metaphysischer Erkenntnis, die Kant in seiner kritischen Philosophie gezogen hat (s. Abschn. 2.2.1), ist eine derartige Vorstellung natürlich ein Anachronismus, wenn nicht sogar ein Skandalon. Dem Kantianer Schiller haben Goethes Ausführungen zur Urpflanze in ihren ersten Gesprächen denn auch nicht ganz eingeleuchtet. So erklärt sich Schillers Reaktion auf Goethes spontane Zeichnung der Urpflanze am Abend des 20.07.1794, an die sich Goethe noch 1817 erinnert: ‚Das ist eine Idee', soll Schiller gesagt haben, worauf Goethe gekontert haben will, es könne ihm lieb sein, Ideen mit Augen zu sehen (Goethe FA 24, S. 437).

Klar ist, dass Goethes Denken der ‚ganzen Natur' und seine Verweigerung der disziplinären Raster quer zur Wissenschaftsentwicklung des 19. und 20. Jahrhunderts stehen. Genau dies hat Goethes Naturlehre für Versuche attraktiv gemacht, einen alternativen, ganzheitlichen Zugang zu Natur zu denken. Dies gilt nicht nur für Rudolf Steiner, den Begründer der Anthroposophie, sondern auch für die **Lebensphilosophie um 1900,** allen voran für Georg Simmel, der Goethes Lehre vom Urphänomen als Alternative zu Kant wiederentdeckt hat. Simmels Goethe-Deutung hat ihrerseits auf die Goethe-Forschung des beginnenden 20. Jahrhunderts gewirkt, etwa auf Oskar Walzel, Fritz Strich oder Hermann August Korff. Im Zentrum dieser Goetheaneignungen stehen die miteinander verwandten Konzepte von Gestalt, Urphänomen und Symbol, in denen sich, so entwickelt es Georg Simmel, die gegen Kant gerichtete Erkenntnislehre Goethes verdichte. „Für Goethe kommt alles darauf an, dass die Einheit der Dinge nicht jenseits der Dinge selbst liegt" (Simmel [1906] 1995, S. 132).

Während Annette Simonis Goethes holistisches Gestaltdenken als antimodern und reaktionär beschrieben hat (Simonis 2001), sind von literaturwissenschaftlicher, philosophischer wie wissenschaftsgeschichtlicher Seite jüngst einige Aktualisierungsvorschläge gemacht worden, die sich nicht mehr nur auf den Begriff der Gestalt konzentrieren. Nicht zuletzt mit Verweis auf die Goethe-Rezeption Werner Heisenbergs und Carl Friedrich von Weizsäckers reklamiert Jost Hermand Goethe als Vordenker für ein ökologisches, „als ‚nachhaltig' verstandene[s] Wirklichkeitsverständnis" (Hermand 2016, S. 11). Georg Förster deutet Goethes Epistemologie als ernst zu nehmenden philosophischen Versuch, die von Kant ausgeschlossene ‚intuitive Erkenntnis' im Rekurs auf Spinoza neu zu begründen (Förster 2011, S. 253–276). Olaf Breidbach hat Goethes Naturverständnis im wissensgeschichtlichen Kontext um 1800 verortet und gezeigt, dass Goethes Naturkonzept wesentlich durch Vorstellungen des Prozessualen bestimmt ist (Breidbach 2011, bes. S. 34–41). Wichtige Chiffre für diese in Bewegung befindliche Natur ist Goethes Rede vom ‚Schwanken', in dem Regel und Ausnahme in ein komplexes Verhältnis treten (Geulen 2016, S. 65–85).

2. Prozessualität „Ihr naht Ihr Euch wieder, schwankenden Gestalten" so heißt es in der Zueignung zum *Faust I* (Goethe FA 7.1, S. 11). Die Rede von schwankenden

Gestalten findet sich nicht zufällig an vielen Stellen von Goethes naturwissenschaftlichen Schriften, ist sie für seine Naturforschung doch zentral. Goethe interessiert sich für die Natur weniger als gestaltete *natura naturata*, sondern vielmehr als Gestaltungsprinzip, als *natura naturans*. Er fragt deshalb nach den Gesetzen der Entwicklung, Bewegung und Veränderung, nach der Gestaltung und ‚Entstaltung' von Naturerscheinungen. Goethes Theorie der Urpflanze ist hier exemplarisch. Denn mit Urpflanze meint Goethe nicht eine fiktive allererste Pflanze, von der sich alle anderen Pflanzen ableiten lassen, sondern das Bildungsprinzip einer jeden Pflanze. Als Gesetz, das sich in der Metamorphose der Pflanzen geltend macht, soll die Urpflanze nicht weniger als das „Geheimnis der Pflanzenzeugung und Organisation" lüften (Goethe FA 15.1, S. 346). Goethes Grundidee lautet,

> „daß in demjenigen Organ der Pflanze, welches wir als Blatt gewöhnlich anzusprechen pflegen, der wahre Proteus verborgen liege, der sich in allen Gestaltungen verstecken und offenbaren könne. Vorwärts und rückwärts ist die Pflanze immer nur Blatt, mit dem künftigen Keime so unzertrennlich vereint, daß man eins ohne das andere nicht denken darf" (ebd.).

Vorwärts und Rückwärts, Vergangenes und Künftiges – Naturerscheinungen sind für Goethe nicht statisch und fixierbar, sondern radikal ‚verzeitlicht' (Matussek 1998). Wie Eva Geulen gezeigt hat, assoziiert sich das Schwanken in Goethes Texten allerdings nicht nur mit den regelförmigen Entwicklungsdynamiken wie der Metamorphose, sondern auch mit Erfahrungen des Sprunghaften und Unsteten, des nur schwer Erfass- und Darstellbaren, das für den Naturforscher zur „Quelle der Beunruhigung (des *Wahnsinns*) wird" (Geulen 2016, S. 77). Goethes Skizzen zeugen von dem mitunter verwirrenden Versuch, an unterschiedlichen Pflanzenarten das sich dynamisch vollziehende „zu und wieder Abnehmen der Teile" (Goethe FA 24, S. 103) zu erfassen (Abb. 1.2).

Als Reaktion auf die Herausforderung, in steter Bewegung befindliche und in komplexer Weise ineinander verwobene Naturerscheinungen zu beobachten, skizziert Goethe die Reihenbildung als Verfahrensprinzip. In dem kurzen Text *Der Versuch als Vermittler zwischen Subjekt und Objekt* (1793), einer programmatischen Vorverständigung zur Farbenlehre, versucht sich Goethe über den Status seiner optischen Versuchsanordnungen klar zu werden. Die Gefahr besteht darin, dass ein einzelnes Phänomen von einem einzigen Forschenden zu schnell auf subjektive, gleichsam schon mitgebrachte Begriffe gebracht werden könnte. Goethe weiß zwei Lösungen. Zum einen sollen Forschende die beobachteten Phänomene nicht isolieren, sondern „in Verhältnis mit andern betrachten" und die „Gegenstände unter einander verknüpfen" (Goethe FA 25, S. 27). Zum anderen soll sich der Einzelne mit Anderen zusammentun, die seine Versuche wiederholen und ihre Beobachtungen zusammentragen können. Wiederholung und Mitteilung an Andere, die Multiplikation also des Versuchs in einer Reihe angrenzender Versuche kann erst die einzelne Erfahrung zu ‚Erfahrungen der höheren Art' gruppieren (ebd., S. 34). Auf diese Weise könne so etwas wie Objektivität erreicht werden. Dies gilt umso mehr, als in Zeiten der sich ausdifferenzierenden Wissensfelder und des beschleunigten Wissensfortschritts kein Einzelner mehr alles überblicken kann: „Schon ist eine Wissenschaft an und für sich selbst eine so große

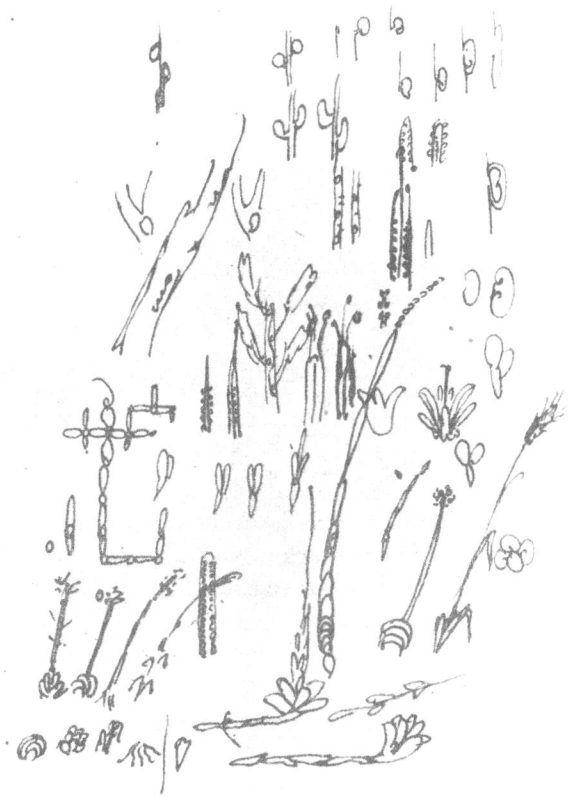

Abb. 1.2 Johann Wolfgang von Goethe, Skizzenblatt, *Schriften zur Morphologie,* Goethe FA 24, S. 103

Masse, dass sie viele Menschen trägt, wenn sie gleich kein Mensch tragen kann" (ebd., S. 29). Die „Methode mit Mehreren zu arbeiten" (ebd., S. 28) wird Goethe ab 1817 in den Heften zur Morphologie umzusetzen versuchen.

3. Ethos der Objektivität Das in dem Text *Der Versuch als Vermittler zwischen Subjekt und Objekt* entwickelte Wissenschaftsverständnis berührt sich mit dem klassischen Kunstideal, das Goethe bereits 1788 in seinem kunsttheoretischen Aufsatz *Über einfache Nachahmung der Natur, Manier, Styl* entfaltet hatte. Beide Texte fragen nach den Möglichkeiten, sich forschend oder aber kreativ auf die Natur zu beziehen, und beide Texte antworten mit dem Verweis auf die ‚Objektivität' als Haltung und als Stilideal. Objektivierung als Ideal neuzeitlicher Naturwissenschaft (Daston/Galison 2007) ist bei Goethe nicht an Mathematisierbarkeit, sondern an ein besonderes Ethos geknüpft, das Goethe der Spinozalektüre entnommen hat. Naturforscher sollen „als gleichgültige und gleichsam göttliche Wesen suchen und untersuchen was ist und nicht was behagt" (Goethe FA 25, S. 26). Gelungene Naturbeobachtung beruht deshalb auf Selbstkontrolle. Ein „geübter Denker" (ebd.) ist ein in Leidenschaftslosigkeit eingeübter Denker, der in der Beobachtung der Natur immer ruhig, entsagend, gleichgültig und mäßig bleibt. Das Ideal der ‚Entsagung' lässt sich in diesem Sinn als ‚epistemische Tugend' begreifen (Zumbusch 2019).

Genau dies bildet auch die Voraussetzung für den Stil, den Goethe in dem kleinen Aufsatz *Einfache Nachahmung der Natur, Manier, Styl* bereits als Ziel der künstlerischen Selbstausbildung gesetzt hatte. In der im Titel angesprochenen Stufenreihe nimmt die einfache Nachahmung die unterste Stufe ein. Sie ist an die direkte und konkrete Beobachtung von einzelnen Phänomenen gebunden und leistet dabei nicht mehr, als die Natur in ihren Einzelheiten nachzuahmen. Die subjektive Manier buchstabiert Natur nicht einfach nach, sondern erfindet eine „eigne bezeichnende Form" (Goethe FA 18, S. 226). Die Manier versieht das Dargestellte mit einem subjektiven Ausdruck und generiert eine eigene Zeichensprache. Die Manier wird aber noch übertroffen durch den **Stil** als der höchsten Stufe künstlerischer Tätigkeit, in der die subjektive Manier zugunsten einer überlegenen Objektivität überschritten sein soll. Dieser Stil fußt auf der Einsicht in die „Reihe der Gestalten" (ebd., S. 227), die dem Künstler Überblick über die in der Natur herrschenden Verbindungen und Verwandtschaften verschafft.

Wie die im *Versuch als Vermittler* geforderte Naturbeobachtung ist die Voraussetzung für den Stil eine selbstkontrollierte, reine und ruhige Beobachtung: „Je treuer, sorgfältiger, reiner sie zu Werke geht, je ruhiger sie das, was sie erblickt, empfindet, je gelassener sie es nachahmt, je mehr sie sich dabei zu *denken* gewöhnt, […] und einzelne Gegenstände unter allgemeine Begriffe zu ordnen lernt: desto würdiger wird sie sich machen die Schwelle des Heiligtums selbst zu betreten" (ebd., S. 229). Hier wird die Wissenschaft zum Vorhof der Kunst. Im Rahmen dieses Entwurfs wird der Unterschied zwischen Kunst und Wissenschaft zwar nicht nivelliert: Die Wissenschaft bietet nur das Propädeutikum der Kunst, statt sie zu ersetzen. Dennoch zeigt sich eine wichtige Parallele zwischen dem naturwissenschaftlichen Erkenntnisprinzip und der künstlerischen Arbeit, insofern im Stil die Forderung nach Ruhe, Mäßigung und Zurückhaltung des beobachtenden Wissenschaftlers wie Künstlers enthalten ist. Damit sind zugleich wichtige Stichworte der im Kontext der Klassik formulierten Autonomieästhetik angedeutet.

Weiterführende Literatur

Breidbach, Olaf: *Goethes Naturverständnis*. München 2011.
Brüning, Gerrit: *Ungleiche Gleichgesinnte. Die Beziehung zwischen Goethe und Schiller 1794–1798*. Göttingen 2015.
Burger, Heinz Otto (Hg.): *Begriffsbestimmung der Klassik und des Klassischen*. Darmstadt 1972.
Matussek, Peter (Hg.): *Goethe und die Verzeitlichung der Natur*. München 1998.
Müller-Seidel, Walter: *Friedrich Schiller und die Politik. Nicht das Große, nur das Menschliche geschehe*. München 2009.
Rothe, Wolfgang: *Der politische Goethe*. Göttingen 1998.
Schings, Hans-Jürgen: *Klassik in Zeiten der Revolution*. Würzburg 2017.
Voßkamp, Wilhelm (Hg.): *Klassik im Vergleich. Normativität und Historizität europäischer Klassiken*. Stuttgart/Weimar 1993.

Programme 2

2.1 Klassizismus, Neoklassizismus, Philhellenismus

2.1.1 Klassizistische Kultur: Architektur, Mode, Zeitschriften

Klassik, so viel hat sich schon gezeigt, ist kein einfacher Begriff. Der Begriff ‚Klassizismus' ist es noch weniger. Im Begriffspaar ‚Klassik' und ‚Klassizismus' klingt zunächst an, dass es sich beim Klassizismus um eine sekundäre Ableitung handelt. Während die Rede vom Klassischen impliziert, dass man es mit einem zeitlosen Ideal zu tun hat, bezeichnet ‚klassizistisch' den historisch späteren Versuch, sich am Klassischen zu orientieren. Das angehängte Suffix *-zismus* hat dabei einen leicht pejorativen Beiklang. Klassi*zismus* scheint nur das Echo, die Nachahmung eines ‚klassischen' Originals zu sein. Als Epochenbegriff ist Klassizismus fast noch schwerer zu fassen als der Begriff der Klassik. So hat Gerhard Schulz darauf hingewiesen, dass die europäische Kunst der Neuzeit seit der Renaissance klassizistisch sei, insofern sie die **Antike als Orientierungsmaßstab** begreift (Schulz/Doering 2003, S. 45). Dabei lassen sich gewisse Konjunkturen eines solchen Antikebezugs ausmachen.

Im ausgehenden 18. und frühen 19. Jahrhundert etwa erfasst der klassizistische Rückbezug auf die Antike fast alle künstlerischen und kulturellen Bereiche. Für dieses Phänomen hat sich in England, Frankreich und Italien der Begriff ‚Neoklassizismus' durchgesetzt. Im Präfix ‚neo-' soll angedeutet sein, dass es sich nicht um den ersten, sondern um einen erneuten Rückgriff auf die Antike handelt – und auch dieser Rückgriff ist nicht einheitlich. Der *néoclassicisme* in Frankreich, der sich schon unter Louis XVI. ausprägt, wird in den 1790er Jahren zum Stil der Revolution, die sich an der Römischen Republik orientiert, und durchläuft dann unter dem zum Kaiser gekrönten Napoleon als Empirestil neue Gestalten. Der **Neoklassizismus** zeigt sich nicht zuletzt in Kleidermoden, Einrichtungsstilen und

Abb. 2.1 Manufaktur Wedgwood, Vorlage von John Flaxman, Doppelhenkelschale mit Relief Tanzende Horen um 1800, Black-Basalt-Ware, H 23,6 cm, D 36 cm. (© Klassik Stiftung Weimar)

Dekoration. Die Schnürkorsette und Reifröcke werden abgelegt, die Taillen der nun fließenden Gewänder werden höhergesetzt, die Haare in losen Locken hochgesteckt.

Während sich Frankreich im Zeichen seiner revolutionären und postrevolutionären Imagination für die römische Antike interessiert, geht von England eine Welle der Graecomanie aus. 1762 publizieren die englischen Architekten James Stuart und Nicholas Revett das Werk *The Antiquities of Athens.* Josiah Wedgwood legt eine Porzellankollektion auf, die er von dem Künstler John Flaxman mit Reliefs nach antikisierenden Umrisszeichnungen bzw. mit eigenen Homerillustrationen versehen lässt (Abb. 2.1). Wedgwood trifft damit den Geschmack der *upper middle class,* des gehobenen Bürgertums. Die Graecomanie führt im 19. Jahrhundert zum sogenannten Philhellenismus bis hin zum Engagement für den griechischen Befreiungskampf.

Für Deutschland, das im 16. und 17. Jahrhundert kein vergleichbares Interesse an der Antike aufgebracht hatte, spricht man ab der Mitte des 18. Jahrhunderts nicht von Neoklassizismus, sondern schlicht von Klassizismus. Dieser ist besonders in Architektur und Bildhauerei sichtbar. Johann Gottfried Schadow schafft antikisierende Plastiken, darunter die sogenannte Prinzessinnengruppe von 1795, welche die preußischen Prinzessinnen Luise und Friederike in antikisierenden Gewändern zeigt. Architekten wie Carl Gotthard Langhans, Karl Friedrich Schinkel und Leo von Klenze bauen öffentliche Gebäude und private Herrenhäuser mit antikem Portikus, komplett mit korinthischer oder dorischer Säulenordnung und ausgestaltetem Tympanon. Friedrich Wilhelm von Erdmannsdorff legt in Wörlitz-Dessau einen Park mit Ruinen von Tempeln und Triumphbögen an. Die **Gestaltung des Antiken als Ruine** ist symptomatisch für den Antikebezug um 1800 (Abb. 2.2). Denn der europäische (Neo-)Klassizismus zielt nicht unbedingt auf die Erneuerung und Vergegenwärtigung des Antiken, sondern begreift Antikes als kulturhistorisch Vergangenes, das sich der Gegenwart nur in Resten und Ruinen erhalten hat. Damit ist ein Abstand zwischen der Antike und der Moderne markiert, der sich nur mit einiger Anstrengung – und womöglich auch gar nicht – überbrücken lässt.

Die Aneignung der nur lückenhaft überlieferten Antike steht im Zeichen ihrer wissenschaftlichen Erschließung. Dies gilt allen voran für die Beschäftigung mit

2.1 Klassizismus, Neoklassizismus, Philhellenismus

Abb. 2.2 Ilmpark, Künstliche Ruine, 1784 auf Anregung von Goethe in Schloßpark an der Ilm integriert. (Foto: Jens Hauspurg, © Klassik Stiftung Weimar)

der antiken Kunst, die sich mit dem Namen Johann Joachim Winckelmann verbindet. 1764 veröffentlicht Winckelmann seine *Geschichte der Kunst des Altertums.* Dort heißt es auf den letzten Seiten:

> „Wären die Alten ärmer gewesen, so hätten sie besser von der Kunst geschrieben: wir sind gegen sie wie schlecht abgefundene Erben; aber wir kehren jeden Stein um, und durch Schlüsse von vielen einzelnen, gelangen wir wenigstens zu einer muthmaßlichen Versicherung, die lehrreicher werden kann, als die uns von den Alten hinterlassenen Nachrichten, die, außer einigen Anzeigen von Einsicht, bloß historisch sind" (Winckelmann [1764] 2002, S. 431).

Die Antike hat sich also selbst nicht begriffen, denn sie hatte keine Einsicht in die Regeln ihrer eigenen Kunst. Das Altertum gilt Winckelmann deshalb aber nicht als rückständig, sondern vielmehr als beneidenswerte Zeit einer sich selbst unbewussten, von Reflexionen und Problematisierungen ungestörten Kunstproduktion. Demgegenüber können und müssen sich die armen Erben der Gegenwart nun noch wissenschaftlich, erklärend und erläuternd auf die Antike beziehen.

Das Bewusstsein der historischen Distanz, die es intellektuell zu überbrücken gilt, äußert sich auch in literarischen Projekten. Christoph Martin Wieland publiziert 1766/1767 die *Geschichte des Agathon,* in der er den Helden nach dem Vorbild des spätantiken Abenteuerromans durch die großgriechische Welt, *magna graecia,* irren lässt. Der Autor meldet sich dabei immer wieder mit ironischen Bemerkungen zu Wort, die den historischen Abstand zwischen Antike und Gegenwart bewusst halten. Johann Heinrich Voß, der von 1802 bis 1805 auch in Weimar lebte, schreibt nicht nur antikisierende Epen im zeitgenössisch bürgerlichen Setting (*Die Leibeigenen* und *Die Freigelassenen* von 1785, *Luise* von 1795), sondern macht sich vor allem mit seinen Übersetzungen und Kommentaren von Homer, Horaz, Vergil und Ovid einen Namen. Hier wird der Versuch, antike Gattungen nachzuahmen, von der intellektuellen Auseinandersetzung mit der antiken Dichtung flankiert. Die Vorstellung von einer Moderne, die selbst nicht mehr antik sein kann, sondern sich reflexiv auf die Antike bezieht, wird Schiller in seiner großen Abhandlung *Über naive und sentimentalische Dichtung* ausbuchstabieren.

Der deutsche literarische Klassizismus steht damit im Schatten einer Debatte, die etwa hundert Jahre zuvor in Frankreich angestoßen worden war: der **Querelle des Anciens et des Modernes** (Jauß 1997). Ausgelöst wurde dieser Streit durch ein Lobgedicht auf Louis XIV. von Charles Perrault, einem Mitglied der Académie française. Darin zeigt Perrault, dass die Autorität der Antike nicht gelten könne, wenn man den Wissensfortschritt der Neuzeit in Betracht zieht. Im Blick auf die Wissenschaften, insbesondere auf die Fortschritte in der Astronomie, der Technik oder der Medizin seien die Alten von der Moderne längst überholt worden. Daraus entspinnt sich ein Streit, der vor allem in der französischen Akademie geführt wird. Während Nicolas Boileau die Antike als verbindlichen Maßstab hochhält, bringt Perrault die Vorstellung von der Antike als einem überzeitlichen Ideal selbst ins Schwanken.

Damit sind Probleme aufgeworfen, über die sich das 18. Jahrhundert nicht so bald beruhigen wird. Wenn die Vorstellung von dem, was das Schöne sei, historischen und kulturellen Veränderungen unterliegt – kann die antike Kunst dann noch ein Formvorbild sein oder ist sie historisch überholt? Und hat die antike Kunst als überzeitliches Ideal womöglich selbst eine Geschichte? Diese Probleme bestimmen auch noch die Auseinandersetzung mit der Antike im Rahmen der ‚Weimarer Klassik'. Zeigen lässt sich dies besonders gut an einem frühen Schlüsseltext des deutschen Klassizismus: Johann Joachim Winckelmanns *Gedanken über die Nachahmung der griechischen Werke in der Malerei und Bildhauerkunst* (1755/1756).

2.1.2 Imaginationen der Antike: Winckelmann, *Gedanken über die Nachahmung*

Winckelmann hat seine *Gedanken über die Nachahmung der griechischen Werke in der Malerei und Bildhauerkunst* zuerst 1755 veröffentlicht und in der bereits 1756 erfolgten zweiten Auflage um ein „Sendschreiben" und eine „Erläuterung" ergänzt. Als er die erste Fassung publiziert, hat er noch eine Stellung als Antiquar und Bibliothekar beim Grafen von Bünau auf Schloss Nöthnitz bei Dresden inne, wo er an dem Katalog der 40.000 Bände umfassenden Bünauschen Bibliothek mitarbeitet. Im Herbst 1755 siedelt Winckelmann auf Einladung des päpstlichen Nuntius in Sachsen nach Rom über. Er besichtigt Ruinen und Galerien, besucht Neapel und Pompeij und sieht die antike Kunst nicht als Gipsabguss oder Zeichnung, sondern in Originalen – oder zumindest dem, was sich davon erhalten hat. Der Text über die *Nachahmung der griechischen Werke* steht also werkbiografisch auf der Grenze zwischen einer aus Büchern und Nachbildungen bekannten und einer in ihren konkreten Resten aufgesuchten Antike.

Ergebnis dieser vertieften Auseinandersetzung mit der Antike ist Winckelmanns 1764 erschienenes Hauptwerk *Geschichte der Kunst des Altertums,* in der er die antike Kunst in stilgeschichtliche Epochen einzuteilen versucht. Dieser groß angelegte Periodisierungsversuch der antiken Kunst verdankt sich zweifellos der glücklichen Gelegenheit, den antiken Kunstwerken endlich im Original gegenüberzutreten. Allerdings sind auch die Studien an den antiken Stätten zu einem großen Teil Studien vor dislozierten **Resten und Ruinen.** Winckelmann ist nur in Rom, nicht in Griechenland, dort findet er nur den allerkleinsten Teil von dem wieder, was in der griechische Antike hervorgebracht worden sein muss, und dieses wenige ist kaum je ganz erhalten: Er sieht Torsi und Trümmer, versehrte Statuen ohne Füße und Hände, teils sogar ohne Arme und Beine. Wie der Kunsthistoriker Peter Geimer argumentiert hat, lässt sich dieser Verlust aber nicht als Verhinderung, sondern als Voraussetzung der Erfindung einer Kunstgeschichte deuten, die vom Versuch der imaginativen Schließung dieser Lücken angetrieben ist (Geimer 2002). Die Regeln dieser Imagination der Antike lassen sich bereits in Winckelmanns *Gedanken über die Nachahmung der griechischen Werke in der Malerei und Bildhauerkunst* ablesen.

Winckelmanns Antike: ‚Mehr als Natur'
Die Grundthese der *Gedanken über die Nachahmung der griechischen Werke* wird klar formuliert. Die Kunst der Gegenwart kann nur gut werden, wenn sie der Antike nacheifert. Oder mit Winckelmann: „Der einzige Weg für uns, groß, ja, wenn es möglich ist, unnachahmlich zu werden, ist die Nachahmung der Alten, und was jemand vom Homer gesagt, daß derjenige ihn bewundern lernet, der ihn wohl verstehen gelernet, gilt auch von den Kunst-Wercken der Alten, sonderlich der Griechen" (Winckelmann [1756] 2002, S. 29). Diese scheinbar unmissverständliche Verpflichtung auf eine Nachahmung der Alten wirft jedoch bei genauerer Betrachtung Fragen auf. Wenn Größe darin besteht, selbst unnachahmlich zu sein, dann müsste gerade die Kunst der Antike unwiederholbar sein. Dann aber würde die Aufforderung, die Antiken nachzuahmen, die Gegenwart zu einer nicht lösbaren Aufgabe zwingen. Wenn es der Kunst der Gegenwart dennoch gelingen sollte, selbst unnachahmlich zu werden, dann hätte sie die Antike, die man ja offenbar nachahmen kann, übertroffen. Dann hätte sich der Leitsatz selbst abgeschafft. Wie diese **Paradoxierungen** zeigen, bildet Winckelmanns auf den ersten Blick so einfaches Gesetz das gesamte Streitpotenzial der *Querelle des Anciens et des Modernes* in sich ab.

Interessant ist aber vor allem die zweite Hälfte des zitierten Satzes, in dem Winckelmann die Bewunderung der Alten an die Bedingung knüpft, sie zu verstehen. Die Bewunderung der Alten ergibt sich nicht von selbst, sie verdankt sich keinem intuitiven Kunstgenuss, sondern will gelernt sein. Wenn sich also die Gegenwärtigen an der Nachahmung der Alten versuchen wollen, so müssen sie dies auf dem Umweg der analytischen Durchdringung und Explikation der antiken Werke tun. Diesen Weg versucht Winckelmann im nachfolgenden Text einzuzeichnen. Winckelmann tut dies, indem er nicht einzelne Kunstwerke bespricht, sondern eine **Kulturgeschichte der antiken Kunst** entwirft.

Er erzählt eine Geschichte von Aufstieg, Blüte und Verfall, die ihre Parameter den Klimatheorien des 18. Jahrhunderts entnimmt. Winckelmann beginnt im ersten Satz des Textes mit „dem Griechischen Himmel", unter dem sich „der gute Geschmack" gebildet habe (ebd., S. 30). Die Sonne Griechenlands hat für ein gemäßigtes Klima gesorgt, das optimale Bedingungen für die Natur und damit auch für die Kunst der Griechen bereit gestellt habe: „Der Einfluß eines sanften und reinen Himmels würckte bey der ersten Bildung der Griechen, die frühzeitigen Leibes-Uebungen aber gaben dieser Bildung die edle Form" (ebd., S. 30 f.). Wenn Winckelmann hier von einer ‚edlen Form' spricht, dann meint er nicht die Form der künstlerischen Gestaltung, sondern eine Eigenschaft der Natur. Die Antike ist in Winckelmanns Augen selbst eine „höhere Natur" (Miller 1983, S. 322), sie ist, so heißt es bei Winckelmann, „mehr als Natur" (Winckelmann [1756] 2002, S. 30), weil sie eine „schönere, vollkommenere Natur" (ebd., S. 35) darstellt.

Dieses ‚mehr' gilt allerdings nur für eine bereits **bearbeitete Natur** in Gestalt von Körpern, die durch besondere erzieherische Maßnahmen, durch Sport und Übung ‚gebildet' worden sind. Während sich die nachantiken Künstler nur deformierten, zivilisatorisch entstellten Körpern gegenüber sehen – etwa weil es im Nordeuropa des 18. Jahrhunderts zu kalt ist für ständigen Sport unter freiem Himmel, weil Säuglinge zu eng ‚gewickelt' werden, weil Seuchen wie etwa die Pocken die Gesichter entstellen, und weil die Zivilisation auch die traurige Neigung zum Fettansatz mit sich gebracht hat –, hatte man im griechischen Klima die Gelegenheit zu einer Reihe von kulturellen Praktiken: „man nehme einen jungen Spartaner, den ein Held mit einer Heldin gezeuget, der in der Kindheit niehmals in Windeln eingeschrenckt gewesen, der von dem siebenden Jahre an auf der Erde geschlafen, und im Ringen und Schwimmen von Kindes-beinen an war geübet worden" (ebd., S. 31). Winckelmann beschreibt in großer Ausführlichkeit die sportliche Betätigung der Athleten, die Olympischen Spiele und die strenge Diät insbesondere bei den Spartanern, bis hin zu den Bemühungen, besonders „schöne Kinder zu zeugen" (ebd., S. 32). Der Grieche gerät dabei in die Nähe zum edlen Wilden: Winckelmann spricht vom „schnellen Indianer" (ebd., S. 31). Was Winckelmann ‚Natur' nennt, ist genau besehen also eine streng selektierte, erzogene und gestählte Natur.

Die durchaus befremdliche Kopplung von Schönheit und Gesundheit, Diätetik und Eugenik, Zucht und Züchtung schöner Körper ist zentral für Winckelmanns Begriff des Kunstschönen. Denn was die schönen Körper und die schönen Skulpturen verbindet, ist ihr klarer Kontur, die deutlich gezogene Umrisslinie: „Die Körper erhielten durch diese Uebungen den grossen und männlichen Contour, welchen die griechischen Meister ihren Bildsäulen gegeben, ohne Dunst und überflüßigen Ansatz. Die jungen Spartaner mußten sich alle zehn Tage vor den Ephoren nackend zeigen, die denjenigen, welche anfiengen fett zu werden, eine strengere Diät auferlegten" (ebd.). Mit dieser **Hochschätzung des Konturs** steht Winckelmann in einer kunsttheoretischen Tradition seit der Renaissance. Wie Erwin Panofsky in seinem Buch *Idea* gezeigt hat, steht die Favorisierung von Kontur, *disegno* und *concetto* im Zentrum der neuplatonischen Kunstphilosophie der Renaissance (Panofsky [1924] 1993). Kontur als klarer Umriss assoziiert sich hier mit der linearen Zeichnung *(disegno)* als dem Träger des *concetto*, der Idee des Kunstwerks. Dagegen verbindet sich *colore*, die formauflösende und emotionalisierende Farbe, mit der venezianischen Malerei. Winckelmanns Klassizismus, der auf feste Körperformen, auf klare Umrisse und klare Gedanken zielt, steht in dieser Tradition einer neuplatonischen, idealistischen Kunsttheorie (Kurbjuhn 2014).

Dies mündet bei Winckelmann in eine **allegorische Kunstkonzeption** von eigenartiger Prägung. Kunst ist die Versinnlichung von Ideen und Begriffen, die nur der Verständige entschlüsseln kann. Deshalb plädiert Winckelmann im letzten Absatz seines Textes *über die Nachahmung* auch für die Arbeit an einem umfassenden ikonografischen Werk, in dem angehende Künstler visuelle Allegorien für alle möglichen mythologischen, religiösen und philosophischen Inhalte der Menschheitsgeschichte finden könnten. Bei der Ausführung dieses Gedankens bewegt sich Winckelmann allerdings auf der Schwelle zur Ästhetik, wie sie von und nach Kant formuliert wird:

„Der Pinsel, den der Künstler führet, soll im Verstand getunkt seyn, wie jemand von dem Schreibe-Griffel des Aristoteles gesaget hat: Er soll mehr zu dencken hinterlassen, als was er dem Auge gezeiget, und dieses wird der Künstler erhalten, wenn er seine Gedancken in Allegorien nicht zu verstecken, sondern einzukleiden gelernet hat. Hat er einen Vorwurf, den er selbst gewählet, oder der ihm gegeben worden, welcher dichterisch gemacht, oder zu machen ist, so wird ihn seine Kunst begeistern, und wird das Feuer, welches Prometheus den Göttern raubete, in ihm erwecken. Der Kenner wird zu dencken haben, und der bloße Liebhaber wird es lernen" (Winckelmann [1756] 2002, S. 59).

Der Pinsel des Malers soll „mehr zu denken hinterlassen, als was er dem Auge gezeiget" – die sinnliche Darstellung der Idee ist also nicht unbedingt in rationale Begriffe aufzulösen, sondern regt zum Denken an. Kant wird von der ästhetischen Idee sprechen, die zwar viel zu denken gibt, selbst aber nicht auf den Begriff zu bringen ist. Winckelmann betont diese nicht abzuschließende Denkbewegung noch in der Rede von der ‚Begeisterung' und dem Bild vom prometheischen Feuer, das die Kunst entzünden solle.

Die Auffassung vom Kunstwerk als Verkörperung einer Idee beruht auf einer konsequenten Aufhebung all dessen, was an den dargestellten Körpern tatsächlich körperlich, sinnlich, physisch, real sein könnte. Winfried Menninghaus hat in seinem Buch über den Ekel gezeigt, dass sich Winckelmanns Ästhetik einer sorgfältigen **Vermeidung von allem Ekelerregenden** verdankt. Immer wieder betont Winckelmann die glatten und geschlossenen Oberflächen der griechischen Skulpturen, in denen keine Falten und Runzeln, keine Narben und Grübchen und vor allem keine potenziell ekelerregenden Köperöffnungen gezeigt werden. Ein wiederkehrendes Wort der Winckelmannschen Statuenbeschreibungen und ihrer polierten Oberflächen, das sanft ‚Verblasene', deutet Menninghaus als Derivat des griechischen *pneuma*, zu übersetzen als Atem und Seele (Menninghaus 2002, S. 85 f.). Diese zu Marmor gewordene Seele beruht auf der konsequenten Sublimierung des Körperlichen.

Winckelmanns Laokoon-Deutung

Dies führt auf einen weiteren wichtigen Punkt des Winckelmannschen Entwurfs, der neben dem ästhetischen vor allem auch ein ethisches Ideal entfaltet. Die Formel von der ‚edlen Einfalt' und der ‚stillen Größe', die Winckelmann mit Verweis auf die Laokoon-Gruppe geprägt hat, ist weithin bekannt. Winckelmann expliziert sie folgendermaßen: „Das allgemeine vorzügliche Kennzeichen der griechischen Meisterstücke ist endlich eine edle Einfalt, und eine stille Grösse, sowohl in der Stellung als im Ausdruck. So wie die Tiefe des Meers allezeit ruhig bleibt, die Oberfläche mag noch so wüten, eben so zeiget der Ausdruck in den Figuren der Griechen bei allen Leidenschaften eine grosse und gesetzte Seele" (Winckelmann [1756] 2002, S. 43).

Prägend für dieses ethische Ideal der großen Seele, die nicht zerrissen, sondern ‚einfältig', also mit sich eins sein soll, ist die Philosophie der antiken Stoa, wie sie auch dem barocken Stoizismus noch vertraut war. Ihr Ziel ist die *apatheia* oder *tranquilitas animi*, die Freiheit von den Leidenschaften und Ruhe der Seele. Die stille Größe zeigt sich in Winckelmanns *Laokoon*-Deutung aber nicht als souveräne Haltung, sondern als fortdauernder Kampf. Die Skulptur zeigt mithin keine Ruhe, sondern etwas mühsam Beruhigtes (Abb. 2.3); sie ist gewissermaßen ein Schauplatz, auf dem sich Leiden und Überwindung des Leidens abspielen:

Abb. 2.3 Laokoon-Gruppe (1. Jh. n. Chr.), Druckgraphik aus Bartolomeo Marliani, *Urbis Romae topographia*, 1544. (Foto: Olaf Mokansky, © Klassik Stiftung Weimar)

2.1 Klassizismus, Neoklassizismus, Philhellenismus

„Diese Seele schildert sich in dem Gesicht des Laocoons, und nicht in dem Gesicht allein, bey dem heftigsten Leiden. Der Schmertz, welcher sich in allen Muskeln und Sehnen des Cörpers entdecket, und den man gantz allein, ohne das Gesicht und andere Theile zu betrachten, an den schmertzlich eingezogenen Unter-Leib beynahe selbst zu empfinden glaubet; dieser Schmertz, sage ich, äussert sich dennoch mit keiner Wuth in dem Gesichte und in der gantzen Stellung. Er erhebet kein schreckliches Geschrey, wie Virgil von seinem Laocoon singet: Die Oeffnung des Mundes gestattet es nicht; es ist vielmehr ein ängstliches und beklemmtes Seufzen, wie es Sadolet beschreibet. Der Schmertz des Cörpers und die Grösse der Seele sind durch den gantzen Bau der Figur mit gleicher Stärcke ausgetheilet, und gleichsam abgewogen. Laocoon leidet, aber er leidet wie des Sophocles Philoctetes: sein Elend gehet uns bis an die Seele; aber wir wünschten, wie dieser grosse Mann, das Elend ertragen zu können" (Winckelmann [1756] 2002, S. 43).

Winckelmanns Laokon schreit nicht, er seufzt – diese Deutung von Laokoons Mund provoziert nicht nur Lessings Replik in *Laokoon oder über die Grenzen der Mahlerey und Poesie* aus dem Jahr 1766. Winckelmanns Laokoon-Deutung wird gerade im Weimarer Kontext der 1790er intensiv rezipiert. Dies gilt für Schillers Texte über das Erhabene um 1795, für die Laokoon-Deutung von Aloys Hirt, die Schiller 1797 in den *Horen* veröffentlicht und zuletzt noch für Goethes ebenfalls 1797 publizierten Aufsatz *Über Laokoon*. Womit man sich in diesen Texten befasst, ist nicht zuletzt die Frage nach **Ausgleich und Balance,** die für Winckelmann zentral ist: „Der Schmertz des Cörpers und die Grösse der Seele sind durch den gantzen Bau der Figur mit gleicher Stärcke ausgetheilet, und gleichsam abgewogen" (ebd.). Dieses gleichmäßige Austeilen und Abwiegen von Schmerz und Größe ist zentral für die in diesem Zusammenhang entwickelten Vorstellungen von ethischem wie ästhetischem Gleichgewicht. Winckelmann stellt ein Modell bereit, demzufolge künstlerische Balance und Harmonie nicht mehr auf mathematisierbaren Richtwerten wie etwa dem Goldenen Schnitt beruhen, sondern auf der Verteilung von dynamischen, aufeinander einwirkenden Kräften. Wie Irmela Marei Krüger-Fürhoff oder Martin Dönike gezeigt haben, werden in der Rezeption Winckelmanns dem Schmerz und dem Leiden, der Leidenschaft und der Versehrung Raum gegeben (Krüger-Fürhoff 2001; Dönike 2005).

Winckelmann formuliert um die Jahrhundertmitte das Programm eines Klassizismus, auf dessen Grundlage sich das **Kunstverständnis der Klassik** herausbildet. Die Modernen werden auf die Nachahmung der Alten verpflichtet, weil sie in der griechischen Kunst eine idealschöne Natur zu sehen bekommen. Nachahmung der Antiken erscheint aber weniger als *aemulatio*, also als eine Nachahmung im Sinne des Nacheiferns, sondern meint in erster Linie die *mimesis*, also die Nachahmung als kopierende Abbildung einer antiken Idealnatur. Dies klingt noch in Schillers Einschätzung im Geburtstagsbrief an Goethe an, wenn er schreibt, der im Norden geborene Goethe habe sich mit dürftigen Gestalten abgeben müssen. Winckelmann ist aber zugleich einer der ersten, der mit dem Projekt einer *Geschichte der Kunst des Altertums* das historische Gewordensein und die kulturellen Bedingtheiten von Kunst hervorhebt. Mit dieser Historisierung der Antike ist bereits Winckelmann kein ungebrochener Klassizist, sondern manövriert sich in einen gewissen Widerspruch. Einerseits setzt er die Kunst der Antike als überzeitliche Vorgabe, andererseits leitet er sie – und ihre unterschiedlichen Ausprägungen – aus kulturhistorisch unwiederholbaren Konstellationen her. Die bei Winckelmann angelegte Spannung zwischen normativer und historischer Kunstauffassung bietet den Weimarern reichlichen Anlass zur weiteren Auseinandersetzung. Hier wird Schiller mit seiner Abhandlung *Über naive und sentimentalische Dichtung* ansetzen.

2.1.3 Die Antike der Moderne: Schiller, *Über naive und sentimentalische Dichtung*

Am 10.05.1784 besucht Friedrich Schiller den Antikensaal in Mannheim. 1767 vom Kurfürsten Karl Theodor eingerichtet, enthielt dieser Saal eine umfangreiche Sammlung von Repliken antiker Plastiken, darunter auch die für die Antikenrezeption so wichtige Laokoon-Gruppe, die Goethe dort 1768, Lessing 1777 sah. In seiner Auseinandersetzung mit den bildenden Künsten der Antike, für die er nach eigener Einschätzung kein Auge gehabt hat, gilt Schiller als epigonal. Schillers 1785 publizierter kurzer Text *Brief eines reisenden Dänen (Der Antikensaal zu Mannheim)* zeugt, dies hat Kaiser hervorgehoben, von der „Zeittendenz zum Imaginativen, das faktisch Gegebene Überfliegenden der Antikenrezeption" (Kaiser 2001, S. 153). Alles andere als epigonal ist aber Schillers Auseinandersetzung mit dem Verhältnis zwischen antiker und moderner Dichtung mithilfe der von ihm geprägten Begriffe des Naiven und des Sentimentalischen. Denn anders als für Winckelmann ist die Antike für Schiller **kein unumstrittenes Vorbild** mehr, sondern steht in einem überaus komplexen Verhältnis zur Moderne.

Der Aufsatz *Über naive und sentimentalische Dichtung* gilt als Schillers Beitrag zur *Querelle des Anciens et des Modernes* (Jauß [1970] 1997, S. 67–106). Bevor Schiller diesen Text unter dem heute bekannten Titel in seine eigene Werkausgabe integriert (*Kleinere Prosaische Schriften* von 1800), publiziert er ihn in drei Teilen in seiner eigenen Zeitschrift *Die Horen*. 1795 erscheint im 11. Stück der *Horen* erst *Ueber das Naive*, dann im 12. Stück *Die sentimentalischen Dichter*, schließlich 1796 im 1. Stück des 2. Jahrgangs der *Beschluß der Abhandlung über naive und sentimentalische Dichter, nebst einigen Bemerkungen einen charakteristischen Unterschied unter den Menschen betreffend*. Wie die Titel andeuten, operieren die drei separat publizierten Teile auf unterschiedlichen Ebenen. *Über das Naive* bemüht sich um die Herleitung einer allgemeinen kunst- und kulturtheoretischen Kategorie, der zweite Teil etabliert den Begriff einer sentimentalischen Dichtung, während der letzte Teil zwei Dichtertypen abgrenzt und auf eine anthropologische Grundunterscheidung – *einen charakteristischen Unterschied unter den Menschen* – zurückzuführen versucht. Daraus ergeben sich **drei unterschiedliche Argumentationsebenen:**

- Die geschichtsphilosophische Frage nach dem Verhältnis von Antike und Moderne
- Die kunsttheoretische Frage nach dem Verhältnis der Kunst der Gegenwart zur Antike, insbesondere im Blick auf poetische Gattungen
- Die anthropologisch gefasste Frage nach Dichtertypen

Während der Text mit der Gegenüberstellung von Natur und Kultur sowie von Antike und Moderne beginnt, endet er mit dem Versuch einer Verhältnisbestimmung von naivem und sentimentalischem Dichter, die sich auch als Rollenaufteilung zwischen einem naiven Goethe und einem sentimentalischen Schiller lesen lässt. Was sich dabei zuletzt abspielt, ist die Verwandlung des Wettstreits der Modernen mit den Antiken in einen Wettstreit zwischen Schiller und seinem Freund, dem Mit- und Gegenspieler Goethe. Der Text ist deshalb nicht nur zentral für den infrage stehenden Klassizismus der Klassik, sondern auch für den durchaus spannungsreichen Entwurf des klassischen Produktionsverbunds Schiller und Goethe (vgl. Barner 1993). Für eine Darstellung des Aufsatzes ist es hilfreich, die nacheinander entfalteten Argumentationsebenen getrennt voneinander vorzustellen: zuerst also die Kontrastierung von Naivem und Sentimentalischem, Antikem und Modernem; danach die Charakteristik naiver und sentimentalischer Dichtung respektive Dichter.

Naiv versus sentimentalisch

Die für diese Unterscheidung entscheidenden Argumente finden sich bereits in den ersten beiden Sätzen:

> „Es gibt Augenblicke in unsrem Leben, wo wir der Natur in Pflanzen, Mineralen, Tieren, Landschaften, so wie der menschlichen Natur in Kindern, in den Sitten des Landvolks und der Urwelt, nicht weil sie unsern Sinnen wohltut, auch nicht weil sie unsern Verstand oder Geschmack befriedigt […] sondern bloß *weil sie Natur* ist, eine Art von Liebe und von rührender Achtung widmen. Jeder feinere Mensch, dem es nicht ganz und gar an Empfindung fehlt, erfährt dieses, wenn er im Freien wandelt, wenn er auf dem Lande lebt, oder sich bei den Denkmälern der alten Zeiten verweilet, kurz, wenn er in künstlichen Verhältnissen und Situationen mit dem Anblick der einfältigen Natur überrascht wird" (Schiller FA 8, S. 706).

Schiller beschreibt hier das Verhältnis des modernen Menschen zur Natur. Die Antike, kurz angesprochen in den „Denkmälern der alten Zeiten", wird dabei wie die Kindheit umstandslos zu den Naturgegenständen gezählt. Diese Phase des Natürlichen, sei es als Kindheit des Menschen oder Anfangszustand der Menschheit, werde von den Modernen als naiv wahrgenommen. ‚Naiv' soll dabei keineswegs den etwas herablassenden Beiklang haben, den wir damit heute vielleicht verbinden. Vielmehr bezeichnet Schiller mit ‚naiv' einen höchst beneidenswerten Zustand der **Unschuld, der Einfachheit und inneren Harmonie** – oder in Schillers Worten: „das stille schaffende Leben, das ruhige Wirken aus sich selbst, das Dasein nach eignen Gesetzen, die innere Notwendigkeit, die ewige Einheit mit sich selbst" (ebd., S. 707). Der singende Vogel und das spielende Kind sind für Schiller Bilder des Naiven, in denen man sich die zweckfreie Selbstvergessenheit vorstellen kann.

Sentimentalisch hingegen ist dasjenige, was zur Empfindung des Naiven disponiert und auf diese Weise die Wahrnehmung von etwas *als* naiv erst möglich macht. Sentimentalisch meint dabei eine besondere Gefühlslage. Es ist ein wehmütiges sich Sehnen nach der Natur, nach natürlichen und einfachen

Verhältnissen. Das Sentimentalische gehört zu den im 18. Jahrhundert entdeckten ‚gemischten Gefühlen', insofern sich ein Gefühl der Überlegenheit, womöglich sogar des leicht spöttischen Belächelns mit einer gewissen Wehmut verbindet, selbst nicht mehr so einfach und mit sich eins zu sein. Dabei führt Schiller die Vokabel sentimentalisch zunächst in eher abwertender Bedeutung ein. Er spricht von der „Allgemeinheit dieses sentimentalischen Geschmacks zu unsern Zeiten, welcher sich besonders seit der Erscheinung gewisser Schriften, in empfindsamen Reisen, dergleichen Gärten, Spaziergängen, und andere Liebhabereien dieser Art äußert" (ebd., S. 709). Worauf Schiller hier anspielt, sind die **Strömungen der Empfindsamkeit** und des englischen *sentimentalism* mit ihrem an Rousseau anschließenden modischen Kult des Ländlichen, Einfachen und Natürlichen. Aus dieser polemischen Analyse der eigenen ‚sentimentalischen' Gegenwart erscheint die Rückwendung zum Naiven als einzige Lösung: „Sie *sind*, was wir *waren;* sie sind, was wir wieder *werden sollen*" (ebd., S. 708).

In diesem Sinne entwickelt Schiller auch das Winckelmannsche Lob der schönen Natur der Griechen weiter:

> „Wenn man sich der schönen Natur erinnert, welche die alten *Griechen* umgab, wenn man nachdenkt, wie vertraut dieses Volk unter seinem glücklichen Himmel mit der freien Natur leben konnte, wie sehr viel näher seine Vorstellungsart, seine Empfindungsweise, seine Sitten der einfältigen Natur lagen, und welch ein treuer Abdruck derselben seine Dichterwerke sind, so muß die Bemerkung befremden, daß man so wenige Spuren von dem *sentimentalischen* Interesse, mit welchem wir Neuere an Naturszenen und an Naturcharaktere hangen können, bei demselben antrifft. Der Grieche ist zwar im höchsten Grade genau, treu, umständlich in Beschreibung derselben, aber doch gerade nicht mehr und mit keinem vorzüglicheren Herzensanteil, als er es auch in Beschreibung eines Anzuges, eines Schildes, einer Rüstung, eines Hausgerätes oder irgend eines mechanischen Produktes ist" (ebd., S. 724).

Die Griechen waren nicht einfach von einer schöneren Natur umgeben, sondern hatten auch ein ganz anderes Verhältnis zu dieser Natur. Wenn die Griechen Natürliches darstellten, dann ohne besonderen Gefühlsaufwand: „er hängt nicht mit Innigkeit, mit Empfindsamkeit, mit süßer Wehmut an derselben, wie wir Neuern" (ebd., S. 725). Schiller erklärt diese reduzierte, gefühlskalte und ungerührte Aufmerksamkeit auf die Natur aus der Tatsache, dass sich „der Grieche" noch im Einklang mit der Natur befand, aus dem der Moderne ausgetreten ist. Diesen Gegensatz pointiert Schiller aphoristisch zum gut zitierbaren Satz: „Sie empfanden natürlich; wir empfinden das natürliche" (ebd., S. 727). Diese **emotionshistorische Diagnose** ist insofern besonders interessant, als sie ein Vorurteil aufzuklären hilft. Schiller denkt die Moderne nicht nur als Zeit der Rationalisierung, sondern auch als Phase der Überemotionalisierung. Vernunft und Gefühl scheinen sich je für sich in ein ungutes Extrem gesteigert zu haben. Die Moderne ist so besehen eine Zeit der Differenzierung und hypertrophen Ausbildung von objektiver Vernunft einerseits, von subjektiviertem Gefühl andererseits.

Auf den ersten Blick scheint es dabei, als sei das Naive die einzige Garantie für eine Dichtung, die diesen Namen verdient – denn: „Naiv muß jedes wahre Genie sein, oder es ist keines. Seine Naivetät allein macht es zum Genie" (ebd., S. 718). In der Erläuterung dieses Satzes klingt der Geniediskurs durch, wie ihn das 18. Jahrhundert von Shaftesbury bis Kant entwickelt hat: Das Genie folgt keinen Regeln, sondern gibt sie qua seines naturgegebenen Talents (eben seines ‚Genies') selbst. In diesem Sinn formuliert Schiller: „Unbekannt mit den Regeln, den Krücken der Schwachheit und den Zuchtmeistern der Verkehrtheit, bloß von der Natur oder dem Instinkt, seinem schützenden Engel, geleitet, geht es ruhig und sicher durch alle Schlingen des falschen Geschmackes, in welchen, wenn es nicht so klug ist, sie schon von weitem zu vermeiden, das Nichtgenie unausbleiblich verstrickt wird" (ebd., S. 719). Wenn aber jedes Genie naiv, das Naive seinerseits der Antike vorbehalten ist, dann kann es in der Moderne keine Kunst von vergleichbarem Wert geben.

Diesen Argumentationsweg schlägt Schiller allerdings nicht ein. Denn Schillers Begriffspaar des Naiven und des Sentimentalischen geht nicht in der Unterscheidung zwischen Antike und Moderne auf: „Wir haben auch in neuern ja sogar in neuesten Zeiten naive Dichtungen in allen Klassen wenn gleich nicht mehr ganz reiner Art und unter den alten lateinischen ja selbst griechischen Dichtern fehlt es nicht an sentimentalischen" (ebd., S. 734). Nicht alles Antike ist naiv, vielmehr sind einige Antike sogar sentimentalisch, wie etwa Horaz. Umgekehrt kann es auch in neuerer Zeit noch naive Dichtung geben: Schiller nennt hier Shakespeare. Naive Dichter sind allerdings Fremdkörper in moderner Zeit, denn sie sind „nicht so recht mehr an ihrer Stelle" und sind „Fremdlinge die man anstaunt" oder aber „ungezogene Söhne der Natur, an denen man sich ärgert" (ebd., S. 732). Diese Beschreibung des naiven Dichters unter den Bedingungen der Moderne ist Indiz einer schleichenden **Problematisierung des Naiven**. Damit steht die geschichtsphilosophische Zielrichtung des Aufsatzes infrage: Ist die Anordnung von Naivem und Sentimentalischem als Verfallsgeschichte gedacht? Oder durchkreuzt die Unterscheidung von Naivem und Sentimentalischem die vermeintlich stringente Entwicklungslinie von der Antike zur Moderne?

Die dichotome Anordnung der Begriffe ‚naiv' und ‚sentimentalisch' verrät von Anfang an, dass es sich um Verhältnisbegriffe handelt, die es ohne einander nicht geben würde. Wenn naiv dasjenige ist, was in den Modernen Rührung auslöst, dann ist eine Sache nicht an sich selbst naiv, sondern erscheint nur aus dem kulturell und historisch distanzierten Blick heraus so. Das Naive, dies hat Peter Szondi hervorgehoben, existiert nur aus der Perspektive des Sentimentalen (Szondi 1973, S. 166). Allerdings ist dieses Naive selbst nicht das Ideal, sondern nur seine Repräsentation, sein Zeichen, sein Symbol: Das Kind sei „eine Vergegenwärtigung des Ideals, nicht zwar des erfüllten, aber des aufgegebenen" (Schiller FA 8, S. 710). Geht es bei Schillers Lob des Naiven also wirklich um ein Zurück, um eine Rückkehr in einen verlorenen Zustand? Oder gibt es das Naive womöglich nur als Wunschbild, als rückwärtsgerichtete Projektion? Ist das Naive überhaupt schon einmal da gewesen, oder wird es sich erst in der Zukunft realisieren lassen?

Das Naive ist das Sentimentalische?

Tatsächlich scheint Schiller die Rückkehr zu einem naiven Ursprung gar nicht für möglich und auch gar nicht für wünschenswert zu halten. So heißt es hier über die naive Einheit mit der Natur: „Sie liegt hinter dir, sie muß ewig hinter dir liegen" (ebd., S. 723). Er will also nicht im Zeichen des Naiven zurück zu einem unwiderruflich vergangenen Zustand vor der Kultur und vor der Vernunft. Vielmehr beharrt er auf dem Vorsprung der Kultur vor der Natur und polemisiert gegen alle, die „das Prärogativ unserer Vernunft für einen Fluch und für ein Übel halten" (ebd., S. 722). Statt einer Restitution des Naiven fordert Schiller eine neue **Synthese von Naivität und Vernunft.** Und damit ist das Sentimentalische auf einmal nicht mehr der schlechte Gegensatz zum Naiven, sondern meint eine Wiedergewinnung der Einheit des Naiven auf der höheren Ebene der Kultur, der Reflexion und der Vernunft:

> „Dieser Weg, den die neueren Dichter gehen, ist übrigens derselbe, den der Mensch überhaupt sowohl im Einzelnen als im Ganzen einschlagen muß. Die Natur macht ihn mit sich Eins, die Kunst trennt und entzweit ihn, durch das Ideal kehrt er zur Einheit zurück" (ebd., S. 735).

An dieser Stelle scheint der Pfad der Dialektik eingezeichnet: Der Mensch war mit sich eins, hat diese Harmonie aber verloren und muss sie nun auf einer höheren, durch Reflexion erreichten Ebene wiedergewinnen. Peter Szondi hat hier die entscheidende strategische Volte des Textes gesehen. Szondi zufolge handelt es sich beim Naiven und Sentimentalischen nicht um antithetische Begriffe: „wird doch in dem Aufsatz gerade versucht, den Gegensatz naiv-sentimentalisch nicht als Antithese festzuhalten, sondern dialektisch zu überwinden, so daß sentimentalisch aufhört, Gegenbegriff zu naiv zu sein" (Szondi 1973, S. 171). Indem Schiller den Begriff der Reflexion als eigentliche Antithese zum Naiven setzt, wird der Begriff des Sentimentalischen frei für eine neue Verwendung und kann an die Stelle des zu erreichenden Ideals rücken. Daraus schließt Szondi: „Hinter der schroffen Gegenüberstellung des Naiven und Sentimentalischen, sei's als der Epochen Antike – Moderne, sei's als der Dichter Goethe und Schiller, verbirgt sich eine Begriffsdialektik, die [...] der noch gar nicht entwickelten Logik Hegels Genüge tut" (ebd., S. 175).

Schiller bezieht in der *Querelle,* dem Wettstreit zwischen Antike und Moderne, also eine grundsätzlich andere Position als Winckelmann oder auch Wilhelm von Humboldt, dessen 1793 verfassten Aufsatz *Über das Studium des Alterthums, und des Griechischen insbesondre* Schiller bei der Lektüre mit einer aufschlussreichen Randbemerkung versehen hat. Laut Humboldt bildet die Kenntnis der Antike die Voraussetzung dafür, „das einzelne Bestreben zu Einem Ganzen und gerade zu der Einheit des edelsten Zwecks, der höchsten, proportionierlichsten Ausbildung des Menschen zu vereinen". Schiller, an den Humboldt seinen noch nicht veröffentlichten Text sendet, unterscheidet in seinem Kommentar zu dieser Stelle „3 Momente":

> „1. Der Gegenstand steht ganz vor uns, aber verworren und ineinander fließend.
> 2. Wir trennen einzelne Merkmale und unterscheiden. Unsere Erkenntnis ist *deutlich* aber vereinzelt und borniert.

2.1 Klassizismus, Neoklassizismus, Philhellenismus

3. Wir verbinden das Getrennte und das Ganze steht abermals vor uns, aber jetzt nicht mehr verworren sondern von allen Seiten beleuchtet.
In der ersten Periode waren die Griechen.
In der zweiten stehen wir.
Die dritte ist also noch zu hoffen, und dann wird man die Griechen auch nicht mehr zurück wünschen" (Schiller FA 8, S. 1075).

Bereits 1793 skizziert Schiller also den geschichtsphilosophischen Dreischritt, dem der Aufsatz *Über naive und sentimentalische Dichtung* folgen wird. Im philosophischen Vokabular des 18. Jahrhunderts formuliert, folgt auf die sinnlich-verworrene Erkenntnis der Griechen die Zeit der rational-deutlichen Erkenntnis der Gegenwart (zur Kategorie der Deutlichkeit vgl. Giuriato 2015). Beides gilt es in einer erhofften Kunst der Zukunft zu vereinen. Statt sich in die sinnlich-konkrete Antike zurückzuwünschen, ist ein sinnlich-rationales Ideal anzustreben. Schiller geht also nicht von der unbedingten Vorbildhaftigkeit der antiken Kunst aus, sondern gibt der Gegenwart die Zusammenführung der getrennten Vermögen des Menschen in einer idealen Kunst auf. Den **utopischen Charakter dieser anvisierten Synthese** wird Schiller in seinen *Briefen über die ästhetische Erziehung des Menschen* ausbuchstabieren.

Schiller plausibilisiert die nur noch begrenzte Vorbildhaftigkeit der Antike nicht zuletzt über eine strengere Unterscheidung zwischen Kunstformen. Schiller gibt zwar zu, dass die antike Bildhauerkunst unübertroffen sei. Allerdings sei die bildende Kunst eine Kunst für das Auge, die durch die begrenzte Linie wirke, und in ihrer Erscheinung deshalb beschränkt auf das Sinnliche und Körperliche. Dichtung hingegen wirke auf die Einbildungskraft und könne deshalb das Unendliche, Unbegrenzte, den Geist zumindest indirekt und andeutungsweise erfassen. Deshalb hält Schiller die Dichtung für das eigentliche Feld, auf dem man sich dem in der Antike nicht erreichten Ideal einer Versöhnung von Naivem und Sentimentalischem widmen könne (Schiller FA 8, S. 737). Anders als Hegel hält Schiller diese **Synthese für unerreichbar:** „Weil aber das Ideal ein unendliches ist, das er niemals erreicht, so kann der kultivierte Mensch in *seiner* Art niemals vollkommen werden, wie doch der natürliche Mensch es in der seinige zu werden vermag" (ebd., S. 735). Hier scheint Schiller vorformuliert zu haben, was Friedrich Schlegel im 166. Athenäumsfragment als ‚progressive Universalpoesie' bestimmen wird. Schlegel bewegt sich überdies in seinem nur ein Jahr später publizierten Aufsatz *Über das Studium der griechischen Kunst* (1795/1796), in dem er die Kunst der Moderne auf den Begriff des Interessanten bringt, in größter Nähe zu Schillers Entwurf des Sentimentalischen (Jauß [1970] 1997, S. 87).

Die Vorstellung von einem noch ausstehenden Ideal prägt auch Schillers typologische Erfassung verschiedener Gattungen; Schiller nennt sie ‚Dichtungsarten'. Er stellt eine gattungspoetische Kategorientafel auf, in die er Satire, Elegie, Tragödie und Komödie sowie die Idylle einordnet. Satire und Elegie seien in erster Linie durch ihre Distanz zur Natur bzw. zur Wirklichkeit geprägt. Die Satire zeichne sich dabei durch ein Übergewicht des Wirklichen aus, die Elegie hingegen durch ein Übergewicht des Ideals. Beide gebe es jeweils in einer pathoslastigen, zum Erhabenen tendierenden sowie in einer komischen, zum Schönen tendierenden Variante. Die Satire wird dabei entlang der jeweiligen Affektdispositionen Trauer und Freude in eine strafende und eine lachende Satire unterteilt. Auch die Elegie gebe es in einer weinenden und einer lachenden Form, wobei die weinende Elegie die Elegie im engeren Sinn, die lachende Elegie streng genommen Idylle zu nennen sei.

Diese Idylle, die Schiller von der rückwärtsgewandten Schäferdichtung absetzt, wird zuletzt zum Inbegriff des Ideals, das Schiller folgendermaßen beschreibt: „*Ruhe* wäre also der herrschende Eindruck dieser Dichtungsart, aber Ruhe der Vollendung, nicht der Trägheit; eine Ruhe, die aus dem Gleichgewicht nicht aus dem Stillstand der Kräfte, die aus der Fülle nicht aus der Leerheit fließt" (Schiller FA 8, S. 775 f.). Schiller beginnt mit der Polarisierung und Differenzierung durch die Gegenüberstellung von zwei Gegensätzen, die dann aber, sozusagen am Maximum der Ausdifferenzierung, wieder zusammengeführt werden sollen. So wird die Idylle von einer Unterart der Elegie auf einmal zum Ideal der Dichtung überhaupt – ein Ideal, das wiederum im Modus des Potenzialis (,*Ruhe* wäre also der herrschende Eindruck [...]') als eine anzustrebende, aber vielleicht niemals erreichbare Möglichkeit artikuliert wird.

Aufhebung oder Balance der Gegensätze
Dies führt auf die Frage, ob Schillers Gedanke einer Versöhnung von Naivem und Sentimentalischem tatsächlich so dialektisch gedacht ist, wie Szondi es gedeutet hat. In Schillers Beschreibung des Ideals der Idylle ist das Wort „Gleichgewicht" besonders hervorzuheben, insofern der Wunsch nach Balance von Gegensätzen auch das Ende des Aufsatzes *Über naive und sentimentalische Dichtung* prägt. Der Text endet mit dem Modell eines Gleichgewichts zwischen zwei Positionen, die durch die Zusammenarbeit von naivem und sentimentalischem Dichter gelingen würde. So solle der sentimentalische Dichter vom naiven Dichter lernen, während umgekehrt der naive Dichter in moderner Zeit sentimentalischer werden müsse. Die ,Vereinigung' von Naivem und Sentimentalischen als der utopischen Schlussvision des Textes ist die einer gegenseitigen Hilfestellung:

> „würde sich der naive Charakter mit dem sentimentalischen also vereinigen, daß jeder den andern vor seinem Extreme bewahrte, und indem der erste das Gemüt vor Überspannung schützte, der andere es vor Erschlaffung sicher stellte. Denn endlich müssen wir es doch gestehen, daß weder der naive noch der sentimentalische Charakter für sich allein betrachtet, das Ideal schöner Menschlichkeit ganz erschöpfen, das nur aus der innigen Verbindung beider hervorgehen kann" (ebd., S. 796).

Was Schiller hier ,endlich gesteht', ist eine Verhältnisbestimmung, die wohl kaum dialektisch zu nennen ist. Eher erscheinen Sentimentalisches und Naives als wechselseitige Ausgleichsmittel gegen ihre jeweiligen Schwächen: Das Naive könne das Sentimentalische vor der Überspannung schützen, das Sentimentalische den naiven Erschlaffungsphänomenen vorbeugen. Naives und Sentimentalisches sind zuletzt weniger als Antithesen, sondern vielmehr als wechselseitig wirksame Gegenmittel gedacht (Zumbusch 2011a, S. 158). Diese Fassung des Verhältnisses zwischen Naivem und Sentimentalischem ergibt im Grunde erst Sinn, wenn man sie als **Beschreibung der Produktionsgemeinschaft Goethe/Schiller** liest. Beide stehen für unterschiedliche Charaktere oder Dichtertypen, in deren wechselseitiger Auf- und Abwertung Schiller hochambivalent bleibt. Lösen kann er den Konflikt erst dort, wo er die ‚Verbindung' von naivem und sentimentalischem Dichter als wechselseitige Therapeutik deutet. Damit aber gibt es keinen zwischen den Polen vermittelnden dritten Begriff: Die Position der Synthese bleibt leer.

Schiller durchläuft in seinem Essay unterschiedliche Paragonemodelle, also Szenarien des Wettstreits. Zuerst wird die moderne (sentimentalische) Kultur der antiken (naiven) Kultur entgegengesetzt. Aus dieser Sicht erscheint das Naive zunächst als das verlorene Wunschbild, das wieder zu erreichen ist. In einem zweiten Schritt wird der sentimentalische Dichter mit dem naiven Dichter verglichen, wobei das Sentimentalische zum eigentlich Zielbegriff wird. Sentimentalisch ist nicht nur der Name für eine Moderne, in der Vernunft und Gefühl auseinandergetreten sind. Im Zeichen des Sentimentalischen soll auch die pathologisch entzweite Moderne wieder zur Synthese gebracht werden. Im dritten Schritt wird schließlich die geschichtsphilosophische Perspektive mit einer synchronen Typologie überblendet, auf der sich der idealistisch-sentimentalische Dichter Schiller nicht nur in einen Wettstreit zum realistisch-naiven Genie Goethe begibt, sondern ihm zudem eine produktive, wechselseitig heilsame Kooperation anbietet. Mit diesem Schluss ist auch ein Vorschlag gemacht, wie das Naive und das Sentimentalische in eine Balance zu bringen wären.

Aus Schillers Aufsatz *Über naive und sentimentalische Dichtung* lassen sich zwei wichtige Schlüsse für das Projekt der Weimarer Klassik ziehen. Erstens ist die Antike, anders als für Winckelmann, keinesfalls mehr das unumstrittene Richtmaß. Gerade im Bereich der Dichtung findet die Moderne in der **Antike kein unbestrittenes Ideal** vor, sondern muss darüber hinausgehen. Mit dieser Abwendung von der Antike als einem überzeitlichen Maßstab ist die ‚Weimarer Klassik' in ihren poetologischen Positionen nur sehr bedingt klassizistisch. Zweitens markiert die Formel von der naiven und der sentimentalischen Dichtung das Spannungsfeld, auf dem sich Schiller seine Zusammenarbeit mit Goethe denkt. Das Begriffspaar dient dabei einerseits der **strategischen Abgrenzung von Goethe,** andererseits entwirft es eine Rollenverteilung, mit der das Projekt der Klassik aus Schillers Sicht gelingen könnte. Während Schiller sich selbst zum sentimentalen im Sinne eines reflektierenden Dichters erklärt, soll Goethe der naive Dichter in sentimentalischer Zeit sein und, so hatte Schiller es ja in seinem Geburtstagsbrief formuliert, ‚ein Griechenland neu gebären'.

2.1.4 Historisierung der Antike: Goethe über Winckelmann

Von Goethe hat sich Schiller also eine Neugeburt – eine *renaissance* – der Antike versprochen. Manchen Zeitgenossen mag Goethe gar „als Statthalter des griechischen Geistes auf Erden" gegolten haben, wie Klaus Gille mit Blick nicht nur auf Schiller, sondern auch auf Friedrich Schlegel und Wilhelm von Humboldt formuliert hat (Gille 1998, S. 231 f.). Gemessen an Schiller, Schlegel oder W. v.

Humboldt hat Goethe selbst zwar keinen vergleichbar gewichtigen Text zur Frage nach dem Verhältnis von Antike und Moderne vorgelegt. Seine Auseinandersetzung mit der Antike ist indes nicht weniger intensiv und sie beschränkt sich auch nicht auf seine ‚klassische Phase'. Schon Goethes Sturm und Drang-Dichtung ist wesentlich durch die Lektüre antiker Dichtung und Mythologie geprägt: Man denke an seine frühen Hymnen und Oden, darunter *Prometheus* und *Ganymed*, die sich der mit Herder geteilten Begeisterung für Homer und Pindar verdanken. Die italienische Reise ergänzt die frühe Rezeption antiker Dichtung durch die Auseinandersetzung mit antiker Skulptur und Architektur, so an den antiken Stätten in Herculaneum, Pompeji oder Paestum. Diese Erfahrung der Antike, wie Goethe sie in der *Italienischen Reise* (1813–1817) beschreiben wird, ist in die Wahrnehmung der mediterranen Natur, ihrer Vegetation und ihres Klimas, eingebettet. Auf seinem Abstecher nach Sizilien scheint Goethe „das Mediterrane gleichsam als Offenbarung" erlebt zu haben (Linder 2003, S. 90). Hier klingt Winckelmanns zentrale Formulierung vom ‚heiteren Himmel', unter dem sich die Kunst der Antike gebildet habe, unverkennbar nach.

Goethes (mehr oder weniger) klassizistische Positionen der 1790er Jahre kommen in den Interventionen zum Ausdruck, die er in der gemeinsam mit Johann Heinrich Meyer herausgegeben Zeitschrift *Die Propyläen* publiziert. Die Titelgebung *Propyläen* – in der antiken Architektur die Vorhalle zu Tempelbauten – begründet Goethe in seiner Einleitung nicht zuletzt mit der Absicht, sich „so wenig als möglich vom klassischen Boden entfernen" (Goethe FA 18, S. 458) zu wollen. Denn ihm erscheinen die Griechen als ein Volk, „dem eine Vollkommenheit, die wir wünschen, und nie erreichen, natürlich war, bei dem in einer Folge von Zeit und Leben sich eine Bildung in schöner und stetiger Reihe entwickelt, die bei uns, nur als Stückwerk vorübergehend, erscheint" (ebd., S. 457). Zwar soll den Antiken eine ‚natürliche Vollkommenheit' eignen. Wenn zugleich aber von einer Entwicklung der antiken Kunst ‚in einer Folge von Zeit und Leben' die Rede ist, dann ist die Antike selbst historischen Verläufen unterworfen. In der *Einleitung zu den Propyläen* wird damit die Auffassung von der unnachahmlichen Überlegenheit der antiken Kunst von der Einsicht in die **Geschichtlichkeit der griechischen Kunst** überlagert.

Zudem ist die Antike für die ‚neueren Nationen' zwar Mittel zur „Kunstbildung" (ebd.) – davon zeugen insbesondere die mit Meyer formulierten Preisaufgaben, in denen der künstlerische Nachwuchs auf Themen der griechischen Mythologie verpflichtet wird (Osterkamp 1994, S. 313). Ob ein gräzisierender Stil aber auch das Ziel der zeitgenössischen bildenden Kunst ist, bleibt fraglich. Wie Goethes Kritik an dem englischen Zeichner und Bildhauer John Flaxman andeutet, birgt die Orientierung an der Antike die **Gefahr der Epigonalität.** In *Über die Flaxmanischen Werke* (1799) schreibt Goethe: „Indem er die griechischen Gegenstände behandelt, sieht man, daß er vorzüglich den Eindruck von den Vasengemälden empfangen hat; in diesem Sinne hat er einige recht lobenswürdige Sachen gemacht, wenn sie anders von ihm herstammen und man ihm nicht allzu entschiedne Nachahmungen oder Reminiszenzen nachweisen kann" (Goethe FA 18, S. 651).

2.1 Klassizismus, Neoklassizismus, Philhellenismus

Hier ist die Aporie des Klassizismus ausgesprochen: Die Nachahmung der Antike in ihren mythologischen Sujets (‚griechische Gegenstände') wie auch in ihren künstlerischen Lösungen (Umrisszeichnungen der ‚Vasengemälde') bringt keine neuen Ideale, sondern lediglich ‚Nachahmungen und Reminiszenzen' hervor. Die in der Einleitung zu den *Propyläen* angedeuteten ästhetischen Positionen beziehen sich denn auch weit deutlicher auf die Nachahmung der Natur, statt auf die Nachahmung der Antike: „Die vornehmste Forderung, die an den Künstler gemacht wird, bleibt immer die: daß er sich an die Natur halten, sie studieren, sie nachbilden, etwas, das ihren Erscheinungen ähnlich ist, hervorbringen solle" (ebd., S. 461). Wie Gérard Raulet argumentiert hat, kann die Antike für Goethe schon in der *Propyläen*-Zeit nicht als „ungebrochener Maßstab" gelten, da er längst die „*Einsicht in die Geschichtlichkeit der Kunst"* (Raulet 1997, S. 132 und 137) gewonnen habe. Vielmehr ist Goethes Antikebild wesentlich von der Spannung „zwischen ästhetischem Klassizismus und wissenschaftlichem Historismus" (Dönike 2012, S. 71) geprägt. Von dieser Spannung zeugt insbesondere die Schrift *Winckelmann und sein Jahrhundert,* eine von Goethe gemeinsam mit den ‚Weimarischen Kunstfreunden' Johann Heinrich Meyer, Friedrich August Wolf, Carl Gustav Fernow und Wilhelm von Humboldt vorgelegte Edition von Briefen Winckelmanns.

Zentrales Stück der Publikation von 1805 sind die von Goethe beigesteuerten *Skizzen zu einer Schilderung Winckelmanns.* Zwar teilt Goethe mit Winckelmann die Auffassung von der Antike als einem ‚Mehr als Natur', oder wie Gerhard Neumann formuliert hat, als „der höchsten Präsenz von Natur" (Neumann 2005, S. 155). Goethe lobt aber insbesondere den historisierenden Zugang zur Kunst der Antike, den Winckelmann als erster eingeschlagen habe:

> „Wie man aber nicht lange mit Kunstwerken aufmerksam umgehen kann, ohne zu finden, daß sie nicht allein von verschiedenen Künstlern, sondern auch aus verschiedenen Zeiten herrühren, und daß sämtliche Betrachtungen des Ortes, des Zeitalters, des individuellen Verdienstes zugleich angestellt werden müssen; also fand auch Winckelmann mit seinem Geradsinne, daß hier die Achse der ganzen Kunstkenntnis befestigt sei" (Goethe FA 19, S. 191).

Und so „erhob er sich über die Einzelheiten zu der Idee einer Geschichte der Kunst" (ebd.). In der *Italienischen Reise* wird Goethe schreiben: „Durch Winkelmann sind wir dringend aufgeregt die Epochen zu sondern, den verschiedenen Styl zu erkennen dessen sich die Völker bedienten, den sie, in Folge der Zeiten, nach und nach ausgebildet und zuletzt wieder verbildet" (Goethe FA 15.1, S. 178 f.). Diese bereits von Winckelmann angeregte Historisierung der antiken Kunst rückt für Goethe in den Vordergrund.

Die Publikation *Winckelmann und sein Jahrhundert* bildet den Auftakt für die ab 1808 betriebene, von Goethe wesentlich angeregte Herausgabe der gesamten Winckelmannschen Schriften erst durch Fernow, dann durch Meyer. Die wissenschaftliche Aufarbeitung von Winckelmanns Positionen rückt den Klassizismus des 18. Jahrhunderts in eine historische Perspektive. Der von Goethe energisch vorangetriebene Rückbezug auf Winckelmann lässt sich dabei nicht zuletzt als

Reaktion auf zeitgenössische Tendenzen in der Kunst verstehen, die Fernow in der Anzeige des Winckelmann-Buchs in der *Jenaischen Allgemeinen Literaturzeitung* als „mystische, frömmelnde Schwärmerei" bezeichnet hat (zit. n. Irmscher 1978, S. 108). Goethes ‚Klassizismus' ist womöglich insofern ein strategischer, als er seine Dringlichkeit aus der kunstpolitischen **Opposition zur Romantik** gewinnt. Wie Goethe in einem Brief an Johann Heinrich Meyer formuliert, versuche man mit den *Weimarischen Kunstfreunden* gegen „das neu-katholische Künstlerwesen" das „Altheidnischgesinnte" in Erinnerung zu bringen (Goethe an Meyer, 22.07.1805, Goethe FA II/6, S. 18). Goethes Lob der Antike erscheint aus dieser Sicht als ein Umweg, um die Kunst auf den richtigen Umgang mit der Natur zu verpflichten. Die wiederkehrenden Kennzeichnungen der antiken Kunst – heiter, zierlich, frei – erschließen sich womöglich nicht nur über die Auseinandersetzung mit antiker Kunst, sondern auch über die ästhetischen Positionen, die Karl Philipp Moritz und Friedrich Schiller im Vor- und Rückgriff auf Immanuel Kant formuliert haben.

2.2 Ästhetische Positionen

2.2.1 Zum Begriff der ‚Autonomieästhetik'

Die ästhetischen Positionen der Weimarer Klassik verbindet man in der Forschung meist mit dem Begriff der Kunstautonomie. Unter ‚Autonomieästhetik' versteht man die im Verlauf des 18. Jahrhunderts entwickelte Vorstellung, die Kunst bilde einen Bereich mit eigenen Bildungs- und Wirkungsgesetzen. Man fasst unter diesem Begriff unterschiedliche Tendenzen.

1. **Lockerung des Nachahmungsgebots:** Kunst wird nicht daran gemessen, wie genau sie die Natur nachgeahmt hat. Stattdessen soll sie gerade nicht mit Natur verwechselt werden und selbstbewusst zeigen, dass sie Kunst ist und nicht Natur.
2. **Emanzipation vom Nützlichkeitsgebot:** Kunst soll nicht mehr bestimmten Zwecken dienen. Damit wird die Kunst freigestellt von dem, was man seit Horaz von ihr erwartet hat: dem *prodesse* aus der Formel des *delectare et prodesse* (lat. unterhalten und nützen). Ob sie noch unterhalten soll und darf *(delectare)*, wäre eine genauer zu betrachtende Frage.
3. **Freistellung von Moral und Religion:** Kunst soll nicht, wie noch in der Frühaufklärung etwa bei Johann Christoph Gottsched verbindlich, philosophische oder religiöse Grundsätze und Regeln illustrieren.
4. **Entkopplung von der politisch-sozialen Sphäre:** Kunst soll nicht im Herrscherlob oder in anderen politischen Meinungen aufgehen und zu politischen Zwecken verwendet werden. Sie bildet eine eigene Sphäre.

Die Ausdifferenzierung eines solchen eigenen Bereichs der Kunst vollzieht sich über das gesamte 18. Jahrhundert hinweg und wird in der „Kunsttheorie der

2.2 Ästhetische Positionen

deutschen Klassik" sowie der „Ästhetik des deutschen Idealismus" lediglich begrifflich fixiert (Wolfzettel 2000, S. 440). Wie Hans Freier formuliert hat, neigt die „Verwendung des Autonomiebegriffs im Bereich der Ästhetik" allerdings „zur Unkontrollierbarkeit" (Freier 1974, S. 330). Tatsächlich wird unter dem Begriff der Autonomie sehr Heterogenes gefasst: Kunst wird einmal in ihrem Verhältnis zur Natur (Kunst bildet nicht ab, sondern schafft ihre eigenen Welten), einmal zur Erkenntnis (Kunst bringt auf nichtbegriffliche Weise ihre eigenen Wahrheiten zur Darstellung), und einmal zur Ethik (Kunst ist unabhängig von moralischen Normen) oder zu Politik und gesellschaftlicher Praxis (Kunst ist nicht an soziale und politische Gegebenheiten gebunden) beschrieben. Wie konsistent kann eine solche Begriffsverwendung sein?

Abgeleitet von den griechischen Worten *auto* (selbst) und *nomos* (Gesetz) ist ‚Autonomie' ein politisch-rechtlicher Begriff, der in der antiken und frühneuzeitlichen Philosophie eine besondere Beziehung zwischen Einzelnem und Allgemeinem beschreibt. Autonomie bezeichnet dabei nicht die Freiheit des Individuums von jeglicher Herrschaft, Autonomie meint auch nicht die unbedingte Souveränität eines Einzelnen, sondern beschreibt eine „innere Selbständigkeit im Rahmen eines übergeordneten Machtbereichs" (Feil 1982, S. 400). Wenn Kant diesen **politischen Begriff der Autonomie** in der *Grundlegung zur Metaphysik der Sitten* 1785 in einen moralphilosophischen Begriff transformiert, dann nimmt er mit der ‚Autonomie des Willens' die Freiheit des Einzelnen in den Blick, im Rahmen eines „übergeordneten Sittengesetzes" zu entscheiden und zu handeln (ebd., S. 441). Von Autonomie ist in Kants *Kritik der Urteilskraft* zwar im Bezug auf das Subjekt und seine Vermögen die Rede, etwa als ‚Autonomie' der Erkenntnisvermögen (Kant WA 10, S. 108) und als Autonomie der Urteilskraft (ebd., S. 294), von einer Autonomie der Kunst oder des Schönen spricht Kant aber nicht.

Die Begriffe der Kunstautonomie und Autonomieästhetik sind erst in der rückblickenden Einschätzung in den Vordergrund getreten. Die Rede von der ‚Kunstautonomie' scheint besonders dazu geeignet zu sein, das Verhältnis von Kunst und Gesellschaft zu beschreiben. In den autonomieästhetischen Positionen artikuliere sich die „Abstinenz von jeder Praxis" (Grimminger 1974, S. 594) oder gar die „Gesellschaftsfremdheit" des Genies als „notwendige Bedingung" des poetischen Werks (Wölfel 1974, S. 574). In seinem Band *Revolution und Autonomie* (1990) hat Wolfgang Wittkowski die Herausbildung autonomieästhetischer Positionen erneut zur Debatte gestellt. Trotz Wittkowskis einleitender Einschränkungen, der Gedanke der Kunstautonomie sei weder um 1790 in Weimar erfunden worden, noch habe er für alle Weimarer verbindlich gegolten (Wittkowski 1990, S. 2–5), versammelt der Band Beiträge, die dem Begriffstransfer aus der politischen in die ästhetische Sphäre nachgehen, sei es als „Überführung des politisch-rechtlichen Begriffs Autonomie in die ästhetische Theorie durch Kant und Schiller" (Bräutigam 1990, S. 246–250), sei es in der Frage danach, wie „die Zielvorstellungen der Mündigkeit, Emanzipation, Autonomie in die Ästhetik hinüberwirken, ja wie sich die Autonomieästhetik als Resultat des aufklärerischen Autonomiedenkens im allgemeinen darstellt" (Borchmeyer 1990, S. 279). Auch bei ihren Verteidigern bestimmt sich die ‚Autonomie der Kunst' also wesentlich in ihrem gegenbildlichen Verhältnis zur politischen Autonomie.

Historisch lässt sich die zugrunde liegende Vorstellung von einer Autonomisierung der Kunst durchaus belegen. Der Soziologe Niklas Luhmann hat eine entsprechende Analyse der Ausdifferenzierung der Kunst zu einem eigenen gesellschaftlichen Funktionssystem vorgelegt (Luhmann 1995, S. 215–300). Zur Beschreibung der in den 1790er Jahren entfalteten kunsttheoretischen Positionen reicht die **soziologische Vorstellung** von der Autonomisierung der Kunst aber nicht aus. Tatsächlich lassen sich die unterschiedlichen Vorstellungen und Begrifflichkeiten, die in den ‚Gründungstexten' der Autonomieästhetik entwickelt werden, kaum auf den Begriff der Autonomie reduzieren. Vielmehr bewegen sich die dort entfalteten kunsttheoretischen und poetologischen Positionen im breiteren Kontext einer um die Mitte des 18. Jahrhunderts neu begründeten philosophischen Disziplin: der Ästhetik.

Bevor man unter Ästhetik eine Theorie des Schönen oder der Kunst verstehen konnte, hat sie sich, dem griechischen Wort *aisthesis* für Wahrnehmung, Empfindung getreu, als Lehre von der sinnlichen Wahrnehmung konstituiert (zur Geschichte der Ästhetik vgl. Hart Nibbrig 1978; Schneider 2010). In der *Aesthetica* (1750–1758) definiert Alexander Gottlieb Baumgarten **Ästhetik als Wissenschaft von der sinnlichen Erkenntnis.** Diese sinnliche Erkenntnis leistet es, einen Gegenstand nicht abstrakt, sondern „in seiner mannigfaltigen Einzigartigkeit intuitiv vollständig zu erfassen" (Giuriato 2015, S. 109). Eine solche Erkenntnis muss zwar nach den erkenntnistheoretischen Standards des 17. und 18. Jahrhunderts zunächst als ‚undeutlich' gelten. Als Ort eines irreduziblen, sinnlich wahrnehmbaren Merkmalsreichtums traut Baumgarten ihr aber eine eigene, ‚extensive' Deutlichkeit zu. Auf diese Weise wird das ästhetische Wissen zur Herausforderung an eine logische Wahrheit, die den untersuchten Gegenstand notwendigerweise reduzieren muss (ebd., S. 99–113). Mit seiner Untersuchung dieser *cognitio sensitiva* stellt Baumgarten die Lehre von der Kunst, insbesondere vom Gedicht *(poema),* vom „vernünftigen Kopf auf die sinnlichen Füße": Er setzt „an den unbegrifflichen Stellen literarischer Texte" an und macht auf die Leistung sinnlicher Zeichen aufmerksam (Berndt 2011, S. 2).

Diese Innovation gelangt bereits in den 1770er Jahren in den Bereich des handbuchförmigen Wissens. So hält Johann Georg Sulzer in seiner *Allgemeinen Theorie der schönen Künste* unter dem Stichwort „Ästhetik" fest:

> „Die Philosophie der schönen Künste oder die Wissenschaft, welche sowohl die allgemeine Theorie, als die Regeln der schönen Künste aus der Natur des Geschmacks herleitet. Das Wort bedeutet eigentlich die Wissenschaft der Empfindungen, welche in der griechischen Sprache Aisthesis genannt werden. Die Hauptabsicht der schönen Künste geht auf die Erwekung eines lebhaften Gefühls des Wahren und des Guten, also muß die Theorie derselben auf die Theorie der undeutlichen Erkenntnis und der Empfindungen gegründet sein" (Sulzer 1771, S. 21).

An die Stelle der ‚Regel' treten der als sinnliche Urteilsinstanz gedachte ‚Geschmack' sowie die ‚lebhaften' Gefühlswirkungen, die zugleich auch erkenntnisaffin sein sollen. Die Möglichkeiten, Voraussetzungen und die Reichweite einer solchen **sinnlichen Erkenntnis** in der und durch die Kunst werden in der Folge

2.2 Ästhetische Positionen

zum Gegenstand der Debatte. Kann Kunst überhaupt Erkenntnisse hervorbringen und wenn ja: in welcher Form? Wie verhält sich das Schöne zum Guten? Wie lassen sich die eigentümlichen (Gefühls-)Wirkungen der Kunst genauer beschreiben? Und was hat es in diesem Zusammenhang mit der ‚Lebhaftigkeit' der ausgelösten Gefühle auf sich? Wie sich in diesen Fragen andeutet, lotet das Nachdenken über Kunst im ausgehenden 18. Jahrhundert insbesondere die Bezüge der Ästhetik zur Erkenntnistheorie, zur Psychologie und zur Ethik, aber auch zur Biologie als Lehre vom Lebendigen aus. Diese Fäden gilt es in der Analyse der sogenannten ‚autonomieästhetischen' Gründungstexte – Karl Philipp Moritz' *Über die bildende Nachahmung des Schönen* (1788), Immanuel Kants *Kritik der Urteilskraft* von 1790 und Schillers Briefe *Über die ästhetische Erziehung des Menschen* (1794) – aufzunehmen.

2.2.2 Bildungstrieb: *Moritz, Über die bildende Nachahmung des Schönen*

1788 erscheint in Braunschweig eine Schrift mit dem Titel *Über die bildende Nachahmung des Schönen*, ihr Verfasser ist Karl Philipp Moritz. Goethe hatte Moritz auf seiner Italienreise in Rom kennengelernt, wo er, so berichtet er in der *Italienischen Reise,* tage- und wochenlang an Moritz' Krankenbett gesessen und mit ihm debattiert habe. Goethe publiziert nach seiner Rückkehr aus Italien 1789 im *Teutschen Merkur* einen kurzen Auszug, eigentlich ein paraphrasierendes Referat der Kerngedanken aus Moritz' Abhandlung *Über die bildende Nachahmung des Schönen,* und er rückt ihn später noch einmal in die *Italienischen Reise* ein. Goethe kommentiert den Moritzschen Text dabei in einer Mischung aus Anerkennung und Irritation:

> „Man erkennt in diesen wenigen Bogen den Tief- und Scharfsinn des Verfassers, den er schon in so manchen Schriften gezeigt; wir finden ihn jenen Grundsätzen getreu, zu welchen er sich schon ehemals bekannt. Nur schadet die Gedrängtheit der Methode und des Stils dem wohl durchdachten und bei mehrerer Beleuchtung auch wohlgeordneten Inhalt.
> Er schrieb diese Blätter in Rom, in der Nähe so manches Schönen, das Natur und Kunst hervorbrachte; er schrieb gleichsam aus der Seele und in die Seele des Künstlers, und er scheint bei seinen Lesern auch diese Nähe, diese Bekanntschaft mit dem Gegenstande seiner Betrachtung voraus zu setzen; notwendig muß daher sein Vortrag dunkel scheinen, und manchen unbefriediget lassen" (Goethe FA 18, S. 259).

Dunkel und gedrängt ist Moritz' Text in der Tat. In den dichten Passagen mit ihren nur angedeuteten und nicht immer ausgeführten Thesen und Ideen zeichnet sich dennoch ab, auf welchen Prämissen sich die ästhetischen Programme im Weimarer Kreis errichten.

Kernthese des Textes bildet die Vorstellung vom Schönen als einem in sich selbst Vollendeten. Diese Definition gewinnt Moritz aus dem Vergleich des Schönen einerseits mit dem Nützlichen, andererseits mit dem Guten. Gut ist eine Handlung, die in ihren Ursachen und Folgen, also den Beweggründen und Konsequenzen interessiert. Auch das Nützliche wird immer als Teil eines Wirkungsgefüges betrachtet. Das Schöne ist hingegen eher mit dem Unnützen verwandt: „Der Begriff vom Unnützen nehmlich, in so fern es gar keinen Zweck, keine Absicht außer sich hat, warum es da ist, schließt sich am willigsten und nächsten an den Begriff des Schönen an, insofern dasselbe auch keines Endzwecks, keiner Absicht warum es da ist, außer sich *bedarf*, sondern seinen ganzen Wert und den Endzweck seines Daseins in sich selber hat" (Moritz FA 2, S. 964). Das Schöne bestimmt sich darüber, sich selbst Ziel und Zweck zu sein. Das Schöne kann seinen **Zweck in sich selbst** haben, weil es „in sich so vollkommen ist" (ebd., S. 965), dass es überhaupt keine Verbindungen und Bezüge nach Außen unterhält. Es ist in sich gegliedertes Ganzes, für das gilt: „Jeder Teil eines Ganzen muß auf die Weise mehr oder weniger Beziehung auf das Ganze selbst haben: das Ganze, als Ganzes betrachtet, hingegen, braucht weiter keine Beziehung auf irgend etwas außer sich zu haben" (ebd., S. 967).

Diese Beschreibung des Schönen als einem in sich gegliederten Ganzen erweist sich als Übertragung einer Naturvorstellung auf den Begriff des Schönen – und sie ist in eminenter Weise an die Vorstellung einer ästhetischen Erkenntnis gebunden. Die Natur ist laut Moritz ein großer „Zusammenhang der Dinge", oder auch eine „unauflösliche Verkettung der Dinge", wie er in Anlehnung an die Leitmetapher der *great chain of being* (Lovejoy 1936), der großen Kette der Wesen formuliert. Das Schöne kann nur ein in sich geschlossenes Ganzes sein, insofern es „nach eben den ewigen, festen Regeln" hervorgebracht ist, die auch in dem harmonisch geordneten Ganzen der Natur gelten. Kunstwerke sollen die Welt also nicht in ihren zufälligen Einzelheiten zeigen, sondern die Natur in ihrer inneren Ordnung sichtbar machen. Die Kunst bringt Werke hervor, die es in der Natur nicht gibt, die aber der Natur im Ganzen insofern ähnlich sind, als auch sie ein in sich gegliedertes, nach Außen abgeschlossenes Ganzes bilden:

> „Jedes schöne Ganze aus der Hand des bildenden Künstlers ist daher im Kleinen ein Abdruck des höchsten Schönen im großen Ganzen der Natur, welche das noch mittelbar durch die bildende Hand des Künstlers nacherschafft, was unmittelbar nicht in ihren großen Plan gehörte.
> Wem also von der Natur selbst der Sinn für ihre Schöpfungskraft in sein ganzes Wesen und das Maß des Schönen in Aug und Seele gedrückt ward, der begnügt sich nicht, sie anzuschauen; er muß ihr nachahmen, ihr nachstreben, in ihrer geheimen Werkstatt sie belauschen und mit der lodernden Flamm im Busen bilden und schaffen, so wie sie" (Moritz FA 2, S. 969).

Schaffen so wie die Natur – hier knüpft Moritz an die von Shaftesbury zu Beginn des 18. Jahrhunderts ins Spiel gebrachte Vorstellung vom Künstler als *second maker*, als zweitem Schöpfer an. Künstler sollen nicht *die* Natur in ihren Erzeugnissen nachahmen, sondern *der* Natur in ihrer schöpferischen Potenz nacheifern. Diesen **Nachahmungsbegriff** hatte Moritz zu Beginn seines Textes aus der Beschreibung von Alltagspraktiken abgeleitet, wo er zwischen dem Nachäffen als der Parodie eines Individuellen im schlechten Sinne einerseits, sowie andererseits dem Nachstreben eines allgemeinen Vorbilds im moralischen Sinn unterscheidet.

2.2 Ästhetische Positionen

Dass ein solches Nachstreben eines Allgemeinen höher zu bewerten sei als das Nachäffen etwas Partikularem, liegt für Moritz auf der Hand. Von hier aus profiliert er dann das Konzept einer künstlerischen Nachahmung, um das es ihm geht: Das Genie soll die Natur nicht in ihren zufälligen Erscheinungen imitieren, sondern ihr die allgemeine Regel des Erzeugens abschauen.

Eine Klammer in diesem neu gedachten Ähnlichkeitsverhältnis zwischen Natur und Kunst bietet der Begriff der ‚Bildungskraft', den sich Moritz aus der zeitgenössischen Naturwissenschaft borgt. Wie bereits gesehen (s. Abschn. 1.3.3) tritt mit dem im letzten Drittel des 18. Jahrhunderts vollzogenen Übergang von einem mechanistischen zu einem biologischen Naturbegriff die Frage nach der Bildung und Entwicklung lebendiger Organismen in den Vordergrund. Natur interessiert mehr und mehr als Reich eines Lebendigen, das sich nach inneren Bauplänen selbst organisiert, selbst erzeugt und bei Beschädigungen auch regeneriert. Symptomatisch für diesen neuen Blick auf die Natur ist die Debatte um **Präformation** versus **Epigenesis** als zwei konkurrierenden Theorien zur Entstehung von Organismen. Anders als die Präformationisten, denen zufolge alle Organismen von Gott bereits am Tag der Schöpfung mitgeschaffen worden sind, entwickeln Epigenesis-Theoretiker wie Caspar Friedrich Wolff oder Johann Friedrich Blumenbach erste Zeugungsmodelle. Während die Präformationisten also davon ausgehen, dass alle lebendigen Organismen schon als Samen (wahlweise bei Adam oder bei Eva) eingelagert wurden, werden sie den Epigenetikern zufolge erst durch Zeugung, also unabhängig vom göttlichen Schöpfungsgeschehen hervorgebracht. Hier leitet sich die Rede von der Epigenesis ab (*epi*, zu deutsch: nach; *genesis*, die Schöpfung). Mit der Epigenesis-Lehre wird – übrigens im Anschluss an die aristotelische Naturlehre – die Autopoiesis als Selbsterzeugung lebendiger Wesen gedacht (Müller-Sievers 1997).

Der Bildungstrieb oder *nisus formativus* übernimmt hier eine wichtige Begründungsfunktion. Johann Friedrich Blumenbach definiert ihn 1791 als „allen belebten Geschöpfen [...] besonderer, eingebohrner, [...] lebenslang thätiger würksamer Trieb", der dafür sorgt, „ihre bestimmte Gestalt anfangs anzunehmen, dann zu erhalten, und wenn sie ja zerstört worden, wo möglich wieder herzustellen" (Blumenbach 1791, S. 31). Der **nisus formativus** betreibt also von der Zeugung über den Metabolismus bis zur Selbstheilung alles, was ein Organismus zum (Über-)Leben braucht. In der lateinischen Bezeichnung *nisus formativus* klingt zudem an, dass sich die Biologie des ausgehenden 18. Jahrhundert für Formen und Gestalten interessiert. Bildung meint hier also die Herstellung einer besonderen äußeren und inneren Organisationsform. Diese Herkunft des Bildungsbegriffs aus der Biologie ist umso erhellender, als der Begriff der Bildung in der Klassikrezeption so stark besetzt wurde. Denn Bildung heißt in der frühen Formulierung von Karl Philipp Moritz nicht Ausbildung der Fähigkeiten eines Individuums, schon gar nicht Erziehung zu irgendwelchen Werten, sondern meint die formstiftende Selbstorganisation des Lebendigen.

So gefasst, kann die Bildungskraft zur Regel für die künstlerische Kreativität des Menschen werden. Laut Moritz verfügt das Genie wie die schöpferische Natur über „Bildungskraft": „Und obgleich auch der Mensch an seinem Platze in der Reihe der Dinge so beschränkt wie möglich ist, [...] so gab ihm dennoch die Natur, damit er in seiner Art so vollkommen wie möglich sei, außer dem Genuß noch die Bildungskraft" (Moritz FA 2, S. 970). Die Bildungskraft ist also eine Gabe der Natur, die den Menschen in den Stand versetzt hat, die Naturerscheinungen nicht nur passiv zu genießen und die ihnen zugrunde liegenden Regeln und Verhältnisse ‚dunkel zu ahnen' (ebd., S. 972), sondern diese Empfindungen und Einsichten in sinnlich wahrnehmbarer Weise aus sich heraus zu setzen und sich so „eine eigne Welt" (ebd., S. 971) zu schaffen. Diesen Vorgang, der nur dem Genie gelingt, vergleicht Moritz mit der zweigeschlechtlichen **Zeugung**: „Bildungskraft und Empfindungsfähigkeit verhalten sich zueinander wie Mann und Weib. Denn auch die Bildungskraft ist bei der ersten Entstehung ihres Werks, im Moment des höchsten Genusses, zugleich Empfindungsfähigkeit und erzeugt wie die Natur den Abdruck ihres Wesens aus sich selber" (Moritz FA 2, S. 978). Im Genie verbinden sich Empfindung und Bildung, Spontaneität und Rezeptivität, so wie sich bei der Schöpfung zwei Geschlechter verbinden, um ein neues Wesen hervorzubringen. Ästhetische Kreativität wird hier gleichsam als biologische Prokreation konzipiert.

Rüdiger Campe und Helmut Pfotenhauer haben diesen Transfer von der Biologie in die Ästhetik in dem von Christian Begemann und David Wellbery herausgegebenen Band *Kunst als Zeugung* (2002) ausführlich herausgearbeitet. Wie Helmut Pfotenhauer argumentiert hat, dient die Analogisierung von Ästhetik und Biologie dazu, „Vorstellungen von Originalität, Eigenständigkeit, von Immanenz und Autonomie der Kunst" zu plausibilisieren (Pfotenhauer 2002, S. 205). Zu den nicht unproblematischen Konsequenzen gehöre allerdings, dass der nun als autonom gedachte „ästhetische Zeugungsakt" zugleich „aus der Schöpfungsordnung entlassen" werde und damit unweigerlich in die Nähe des **Zufalls** rücke. Pfotenhauer spricht vom „Spannungsvollen dieses avancierten klassizistischen Autonomiekonzepts: Die Harmonie des schönen Ganzen enthält immer als ihre Kehrseite das leidvoll Disharmonische mit" (Pfotenhauer 1991b, S. 77).

Schmerz, Zerstörung, Tod
Ein Nebenprodukt der Moritzschen Engführung von Kunstschöpfen und Lebendigkeit ist die im zweiten Teil des Aufsatzes in den Vordergrund tretende Beschäftigung mit Tod und Zerstörung als einem notwendigen Bestandteil natürlicher, aber auch künstlerischer Prozesse. Alle Lebewesen können nur wachsen und gedeihen, indem sie andere Teile der organischen wie unorganischen Natur in sich aufnehmen und verzehren. Laut Moritz sind Zerstörung und Tod aber nicht nur in der Natur anzutreffen, sondern müssen auch als Voraussetzung jeder künstlerischen Bildung gelten. Jede Bildung errichtet sich auf unzähligen Akten der Zerstörung:

> „In diesem Punkte treffen also Zerstörung und Bildung in eins zusammen. – Denn das höchste Schöne der bildenden Künste faßt dieselbe Summe der Zerstörung ineinandergehüllt auf einmal in sich, welche die erhabenste Dichtkunst, nach dem Maß des Schönen, auseinandergehüllt in furchtbarer Folge uns vor Augen legt.

2.2 Ästhetische Positionen

Ist es nicht die immerwährende Zerstörung des Einzelnen, wodurch die Gattung in ewiger Jugend und Schönheit sich erhält?

Und ist es nicht die durch die reinste Imagination zum Gott verkörperte Jugend und Schönheit selbst, welche mit sanftem Geschoß die Menschen tötet oder mit Köcher und Bogen zürnend einhertritt, düster und furchtbar wie Schrecken der Nächte – den silbernen Bogen spannt – und die verderbenden Pfeile in das Lager der Griechen sendet?" (Moritz FA 2, S. 989).

Jede Transformation ins Schöne muss etwas vernichten, wenn es sich selbst konstituieren und erhalten will. Insofern beruht jedes Schöne auf einem im bogenschießenden Apoll prägnant ins Bild gesetzten Tötungsakt.

Thomas Saine und Alo Allkemper haben mit dem Konzept der ‚ästhetischen Theodizee' einen Vorschlag zur Einhegung dieser verstörenden Präsenz des Leidens und des Tods gemacht (Saine 1971; Allkemper 1990). In der *Theodizee* (1701) hatte Gottfried Wilhelm Leibniz zu Beginn des 18. Jahrhunderts ja danach gefragt, wie sich die Auffassung von einem guten und allmächtigen Gott gegen die offensichtliche Existenz von Leiden und Übel in der Welt verteidigen lässt. Leibniz argumentiert, dass die Welt trotz oder wegen des existierenden Übels die ‚beste aller möglichen Welten' sei, weil jedes Übel durch ein noch größeres Gut aufgewogen würde. Diese sinnvolle Einrichtung entziehe sich aber den Blicken des Menschen und sei nur aus der überlegenen Perspektive Gottes erfassbar. Die aufklärerische Geschichtsphilosophie knüpft hier an, wenn sie die Perfektibilisierung der Menschengattung von dem nur sehr begrenzten Fortschritt trennt, den jeder Einzelne in seiner Lebenszeit beobachten kann.

Dieser Optimismus scheint sich am Ende des 18. Jahrhunderts nur noch auf die Kunst projizieren zu lassen, in der Zerstörung und Tod der Herstellung einer höheren Harmonie im Schönen dienen sollen. Bei Moritz seien „die gescheiterten Rechtfertigungsversuche der Metaphysik [...] in der ästhetischen Theodizee aufbewahrt, die Theorie des Schönen steht unter dem Anspruch einer metaphysischen Legitimation der Welt" (Allkemper 1990, S. 228). Tatsächlich argumentiert Moritz fast durchgehend im Verweis auf die ‚Veredelung' und Verbesserung der Menschengattung, die eben um den Preis des Leidens Einzelner erkauft sei: „Allein die Qualen sind nur dem Individuum schrecklich, und werden in der Gattung schön – sobald daher die Gattung in dem Individuum sich vollendet, löst sein Leiden sich von ihm ab" (Moritz FA 2, S. 988). Hier ist das geschichtsphilosophische Argument der Aufklärung, wie es noch Lessing und Kant gebrauchen, zur ästhetischen Denkfigur umgebaut. Sabine Schneider hat in ihren Überlegungen zu einer „Semiotik des Todes" bei Moritz von einer „Gewalt des Schönen" gesprochen (Schneider 1999, S. 170), die es gerade nicht im „Modus ästhetischer Versöhnung" (ebd., S. 173) aufzuheben gelte. Stattdessen ziehe Moritz die Konsequenz aus den Neuordnungen im Denken der Natur, die nicht mehr als statisches Reich taxonomisch erfassbarer Formen beschrieben, sondern als Problem der Erzeugung und Zerstörung von Organismen gefasst wird. Diese „dynamisierte Natur", so schliesst Schneider, bildet nun die „dunkle Folie" der Kunst (ebd., S. 181).

Zieht man andere Texte von Karl Philipp Moritz heran, dann gibt sich ein weiterer Hintergrund für die immer wieder heraufbeschworenen Momente und Szenen von Gewalt, Verletzung und Schmerz zu erkennen. Die Gewaltassoziationen des Schönen weisen auch darauf hin, dass Moritz auf Formen der ästhetischen **Intensivierung** zielt, für die man in der antiken Rhetorik die Begriffe der *enárgeia* und *evidentia*, des eindrücklichen Vor-Augen-Stellens, geprägt hat. In einem Text mit dem Titel *Über die Signatur des Schönen* stellt sich Moritz die Frage, wie man über Kunst sprechen kann. Dieser Text hat einen sehr eigenartigen Einstieg:

> „Als Philomele ihrer Zunge beraubt war, webte sie die Geschichte ihrer Leiden in ein Gewand und schickte es ihrer Schwester, welche, es auseinanderhüllend, mit furchtbarem Stillschweigen die gräßliche Erzählung las. Die stummen Charaktere sprachen lauter als Töne, die das Ohr erschüttern, weil schon ihr bloßes Dasein von dem schändlichen Frevel zeugte, der sie veranlaßt hatte. Die Beschreibung war hier mit dem Beschriebenen eins geworden – die abgelöste Zunge sprach durch das redende Gewebe. Jeder mühsam eingewürkte Zug schrie laut um Rache und machte bei der mitbeleidigten Schwester das mütterliche Herz zum Stein. Keine rührende Schilderung aus dem Munde irgendeines Lebendigen konnte so wie dieser stumme Zeuge würken. Denn nichts lag ja dem Unglück der weinenden Unschuld näher und war so innig damit verwandt als eben dies mühsame Werk ihrer Hände, wodurch sie allein ihr Dasein kundtun und ihre Leiden offenbaren konnte. Eben darum konnte es seiner schrecklichen Wirkung nicht verfehlen" (Moritz FA 2, S. 992).

Philomele, diese Geschichte erzählt Ovid in seinen *Metamorphosen,* wird von dem Mann ihrer Schwester vergewaltigt. Damit sie ihren Schwager nicht verraten kann, schneidet er ihr die Zunge aus dem Mund. Um der Schwester doch von ihrer Gewalterfahrung zu erzählen, webt Philomele ihre Geschichte in ein Tuch und gibt es der Schwester zu lesen. Damit ist ihre Erzählung nicht in abstrakten, sondern in natürlichen Zeichen verfertigt, die umso intensiver sprechen. Denn dass Philomele nicht mehr reden kann, sondern weben muss, zeugt ja unmittelbar von der fürchterlichen **Gewalt,** mit der ihr die Rede genommen wurde. Wenn Moritz diese Szene als Gleichnis für die dichterische Sprache einführt, dann entwirft er ein Konzept der Dichtung als Verwandlung von Schmerz und Verletzung in eine vertextete Rede. Dabei ist hervorzuheben, dass sich diese von Verletzung zeugende Rede insbesondere durch ihre Wirkung auszeichnet. Insofern Moritz die ästhetische Qualität des Gegenstandes in den spezifischen Modus seiner Wahrnehmung verlegt, formuliert er eine subjektivistische, rezeptionsorientierte Fassung des Schönen (Simonis 1994, S. 492).

Für die von Moritz 1788 skizzierte Kunsttheorie sind damit zwei Punkte besonders hervorzuheben, an denen die Ko-Emergenz der Ästhetik mit den modernen Disziplinen der Biologie und der Psychologie besonders deutlich hervortritt.

1. **Ästhetik und Biologie:** Die im ausgehenden 18. Jahrhundert formulierte Vorstellung einer ‚autonomen' Kunst hat ihr Vor- und Gegenbild in einer Natur, die als Reich des Lebendigen und damit als Bereich selbsttätiger Kräfte gedacht wird. Die Vorstellung von einer Nachahmung der Natur wird im Rekurs auf den biologischen Begriff der Bildungskraft neu konzeptualisiert. Nachahmung bedeutet nicht mehr die verdoppelnde Kopie der Natur in ihren einzelnen Erscheinungen, sondern eine auf Einsichten in die Regeln der Natur fußende

Hervorbringung eines in sich geschlossenen Ganzen. Zugleich wird die menschliche Kreativität mit dem in der Natur beobachtbaren Prinzip der Zeugung und Hervorbringung in Analogie gesetzt.
2. **Ästhetik und Psychologie:** Schönheit ist für Moritz nicht als Eigenschaft des Dargestellten, sondern als Eigenschaft der Darstellung zu begreifen. Dass Philomele die Zunge herausgeschnitten wurde, ist alles andere als schön. In der Kunst können aber Gewalt und Zerstörung zu einer als ‚schön' empfundenen künstlerischen Form werden. Damit verbindet sich der Umstand, dass sich die ästhetische Qualität nicht an den dargestellten Ideen, sondern an der Intensität der sinnlichen Wirkungen bemisst. Während etwa Winckelmann darauf besteht, dass der Pinsel des Malers in Vernunft getunkt sei, ruft Moritz bewegende Bilder verletzter Körper auf. Die dabei auch implizierte Vorstellung, dass Dichtung zumindest affektiv verletzen muss, um Wirkung zu zeigen, wird in den Theoretisierungen des Erhabenen noch klarer hervortreten.

2.2.3 Gemütskräfte: Kant, *Kritik der Urteilskraft*

Während Karl Philipp Moritz im engen Dialog mit Goethe über die Eigenschaften des Schönen nachdenkt, prägt Immanuel Kant ästhetische Begriffe, die Schiller bei der Ausbildung seiner ästhetischen Positionen entscheidende Stichwörter liefern. Der bereits von Moritz unternommene Versuch, das Schöne über die Struktur seiner Wahrnehmung und Wirkung zu beschreiben, wird in Immanuel Kants *Die Kritik der Urteilskraft* (1790) zum systematischen Einsatzpunkt. Kant geht es um die **Modalitäten ästhetischer Urteile,** oder genauer: um die Art und Weise, wie die sogenannte ‚Urteilskraft' des Menschen verfährt. Der Hintergrund dieser Fragestellung erschließt sich aus den Denkgefügen des 18. Jahrhunderts. Die Philosophie des 17. und 18. Jahrhunderts arbeitet mit der Vorstellung unterschiedlicher menschlicher Vermögen, die seit der Antike als Grundkräfte der Seele *(facultates animae)* gedacht werden. Dazu gehört einerseits das Denken, andererseits die sinnliche Wahrnehmung. Dazwischen stehen die Einbildungskraft oder die Erinnerung als diejenigen Kräfte, von denen die sinnlichen Eindrücke verwaltet werden.

Der Rationalismus mit und nach Descartes behauptet, dass sich Erkenntnisse allein durch das Vermögen der Vernunft hervorbringen lassen. Der Sensualismus oder Empirismus hingegen hält die Leistung der sinnlichen Wahrnehmung für zentral. Kant bezieht in diesem Streit eine mittlere Position. Einerseits geht er wie die Rationalisten davon aus, dass es erfahrungsunabhängige, ‚reine Vernunftideen' geben könne. Allerdings bestimmt er diese ‚reinen Vernunftideen' als ‚regulative Ideen', die das Wirkliche verfehlen, wenn sie nicht durch sinnliche Wahrnehmungen gedeckt sind. Andererseits scheint er den Empiristen Recht zu geben, wenn er alles theoretische Erkennen mit der sinnlichen Wahrnehmung und Erfahrung beginnen lässt. Allerdings macht Kant auch hier eine Einschränkung, wenn er festhält, dass wir die sinnlich-empirischen Daten ohne Kategorien der Vernunft nicht zu Erkenntnissen verknüpfen können. Um allgemeine Begriffe und Regeln zu formulieren zu können, müssen wir auf vernünftige Prinzipien wie Kausalität zurückgreifen. Für diese enge Verzahnung von empirischer Erfahrung und Vernunftbegriffen prägt Kant die berühmte Formel, Anschauungen ohne Begriffe seien blind, Begriffe ohne Anschauungen seien leer.

Von hier aus verteilt Kant die Aufgaben, die er in der *Kritik der reinen Vernunft* (1781) und dann in der *Kritik der praktischen Vernunft* (1788) bearbeitet. Die *Kritik der reinen Vernunft* bietet eine Theorie der Mathematik und der Naturwissenschaften (Was können wir wissen?), die *Kritik der praktischen Vernunft* die Grundlegung der Ethik (Was sollen wir tun?). Dabei ist die Wissenschaft von der Natur Sache des Verstandes, die Frage nach der Willensfreiheit und der richtigen Praxis, also des ethischen Handelns, Sache der Vernunft. Mit dieser Arbeitsteilung sind die Reiche der Natur und der Freiheit auseinanderdividiert. Genau hier soll die *Kritik der Urteilskraft* (1790) einspringen. Sie hat insofern **systemschließende Funktion,** als sie die Lücke zwischen theoretischer Philosophie der Natur und praktischer Philosophie des Handelns füllen soll. Sie tut dies, indem sie sich auf die sogenannte Urteilskraft konzentriert, die zwischen den beiden Vermögen Verstand und Vernunft angesiedelt ist.

Der erste Teil der *Kritik der Urteilskraft* untersucht die ästhetische Urteilskraft und stellt die Frage, wie Gegenstände beschaffen sein müssen, damit wir sie als schön beurteilen. Hier formuliert Kant die zentralen Kennzeichen dessen, was wir schön nennen: 1) Das interesselose Wohlgefallen, 2) Die Begriffslosigkeit, 3) Die Zweckmäßigkeit ohne Zweck, 4) Die subjektive Allgemeinheit und Notwendigkeit.

1. **Interesseloses Wohlgefallen:** Wie Kant im § 5 formuliert, ruft das Schöne ein ‚interesseloses Wohlgefallen' hervor. Darin unterscheidet es sich von Dingen, die wir bloß ‚angenehm' finden oder die wir für ‚gut' und ‚nützlich' halten. An angenehmen Dingen wie warmem Wetter oder gutem Essen haben wir ein unmittelbares Interesse: Es ist uns nicht egal, ob diese Dinge da sind oder ausbleiben. Am Guten und Nützlichen im Sinne tugendhafter Handlungen haben wir ein ebenso berechtigtes Interesse: Es ist ebenfalls nicht egal, ob sich unsere Mitmenschen uns und anderen gegenüber ethisch angemessen verhalten oder nicht. Bei Dingen, die wir für schön halten, ist dies laut Kant grundsätzlich anders. Wir können etwas schön finden, ohne es haben oder benutzen zu wollen. Wir empfinden zwar eine spontane Lust, diese Lust aktiviert aber nicht unser ‚Begehrungsvermögen'. Dies mag bei passionierten Kunstsammlern im Einzelfall anders sein und leuchtet womöglich im Bezug auf Gegenstände des Naturschönen eher ein: Der Anblick eines Sonnenuntergangs ruft ästhetische Lust hervor, obwohl wir daraus keinen unmittelbaren Nutzen für uns ableiten und die Erscheinung auch nicht in unseren Besitz bringen können.
2. **Begriffslosigkeit:** Im § 9 fasst Kant das zweite Kennzeichen des Schönen zusammen: „Schön ist das, was ohne Begriff allgemein gefällt" (Kant WA 10, S. 134). Zu diesem Kriterium kommt Kant, indem er den Gemütszustand genauer zu beschreiben versucht, in dem wir uns angesichts des Schönen befinden. Denn: Wie kann eine Lust beschaffen sein, die sich damit zufrieden

gibt, die Sache nicht zu haben? Kants Antwort lautet, dass diese Lust eigentlich eine Lust an unserer eigenen Erkenntnisaktivität ist. Bei der Betrachtung des Schönen befinden sich Sinnlichkeit und Verstand in gleichmäßiger Weise angesprochen – Kant sagt: belebt. Die Lust, die wir empfinden, ist eine Lust an der „Harmonie der Erkenntnisvermögen". Wir genießen das „Gefühl des freien Spiels der Vorstellungskräfte" (ebd., S. 132). Mit der Einsicht in die Begriffslosigkeit des ästhetischen Urteils ist auch impliziert, dass man den Sinn eines Kunstwerks nicht diskursiv fixieren kann.
3. **Zweckmäßigkeit ohne Zweck:** Als drittes Kriterium des Schönen bestimmt Kant die ‚Zweckmäßigkeit ohne Zweck': Darunter versteht Kant, dass ein für uns schöner Gegenstand so wirkt, als wäre er in sich zweckmäßig eingerichtet, ohne dass man ihn in einer eindeutigen Zweckgebundenheit wahrnehmen würde. Es ist eine „Zweckmäßigkeit der Form nach" (ebd., S. 135). Auch hier liefert der Rekurs auf die im Subjekt in Gang gesetzten Prozesse die entscheidende Beschreibung: Es ist „nichts als die subjektive Zweckmäßigkeit der Vorstellungen im Gemüte des Anschauenden" (ebd., S. 144).
4. **Subjektive Allgemeinheit und Notwendigkeit:** Das von Kant zuletzt herausgearbeitete vierte Moment des Schönen bildet in gewisser Weise ein Korrektiv der ersten drei Aspekte, die ja um das subjektive Erleben kreisen. Die Beurteilung als schön muss sich mitteilen lassen, sie muss von anderen geteilt werden können und muss daher den Status eines subjektiv-allgemeinen Urteils haben. Dieser von Kant eingeführte *sensus communis* (Gemeinsinn) soll garantieren, dass ästhetische Urteile nicht kontingent, sondern „notwendig" sind (ebd., S. 160). Etwas als schön zu bezeichnen, darf also nicht Ergebnis persönlicher Idiosynkrasien oder momentaner Befindlichkeiten sein.

Eine Pointe dieser Beschreibungen liegt darin, dass die angesichts des Schönen wahrgenommene Aktivierung der Gemütskräfte ziellos und deshalb auch potenziell endlos ist, insofern sie nicht in der begrifflichen Fixierung des Gegenstandes endet. Im § 49 führt Kant dies zur Definition der ästhetischen Idee als Vorstellungen, die „mehr denken lassen, als man in einem durch Worte bestimmten Begriff ausdrücken kann" (ebd., S. 251). Wenn hier die **ästhetische Idee** und die Vernunftidee voneinander unterschieden werden, dann sind die Sphären der Ästhetik und der Ethik abgegrenzt. Sie werden aber auf höherer Ebene aufeinander bezogen. Kant spricht wiederholt von einer Verwandtschaft oder Affinität des Schönen und des Guten und führt dies im § 59 schließlich zu der Definition, das Schöne sei „Symbol der Sittlichkeit" (ebd., S. 294). Sie ist dies aber nicht, weil sie symbolische Bilder für moralische Leitideen liefern würde, sondern weil sich in dem Umstand ihrer Autonomie, also in der Tatsache, dass sie „ihr selbst das Gesetz" (ebd., S. 294) gibt, eine Analogie zur Autonomie des Willens erfahren lässt: Die menschliche Willensfreiheit, die ja die Voraussetzung jeden ethischen Handelns bildet, gewinnt in der ästhetischen Erfahrung „emotionale Evidenz" (Recki 2001, S. 176).

Kant denkt in der *Kritik der Urteilskraft* in erster Linie über die Kennzeichen ästhetischer Erfahrung nach. Dies wird noch greifbarer in dem ästhetischen

Komplementärbegriff, durch den Kant die Bestimmung des Schönen ergänzt. In den Paragrafen 23 bis 29 folgt auf die Analytik des Schönen eine **Analytik des Erhabenen,** die Schiller in seinen Überlegungen zur Wirkungsweise der Tragödie aufgreifen wird. Die Erfahrung des Erhabenen stellt sich laut Kant dann ein, wenn sich unsere Erkenntnisvermögen gerade nicht im harmonischen Spiel, sondern im schmerzhaften Widerstreit befinden. Ausgelöst wird diese Erfahrung, wenn wir uns mit Erscheinungen konfrontiert sehen, die wir mit unseren Sinnen nicht erfassen können, oder die uns womöglich sogar existenziell bedrohen: Dies können hohe Berge, die unendliche Weite des Meers oder des Kosmos, ausbrechende Vulkane oder Seestürme sein. Hier ist es nicht der Verstand, sondern die Vernunft, die schließlich eingreifen muss, um die als unangenehm empfundene sinnliche Überforderung durch allzu große oder gewaltsame Gegenstände zu überwinden (Zum Erhabenen s. Abschn. 4.1.2).

Obwohl die Analytiken des Schönen und des Erhabenen Vorgänge im Subjekt und damit Wirkungsweisen des Schönen und Erhabenen in Kunst und Natur beschreiben, beschränkt sich Kants Entwurf nicht auf rezeptionsästhetische Phänomene, sondern formuliert auch produktionsästhetische Thesen. Und wie Moritz beruft sich auch Kant auf einen Modebegriff seiner Zeit: das **Genie.** Um Gegenstände herzustellen, die wir als schön beurteilen, kann man keinen festgelegten Regeln folgen. Vielmehr muss man ein naturgegebenes Talent besitzen, das sich nicht nur über Regeln hinwegsetzt, sondern selbst neue Regeln setzt. Oder in Kants Worten:

> „Die musterhafte Originalität der Naturgabe eines Subjekts im freien Gebrauche seiner Erkenntnisvermögen. Auf solche Weise ist das Produkt eines Genies [...] ein Beispiel nicht der Nachahmung [...], sondern der Nachfolge für ein anderes Genie, welches dadurch zum Gefühl seiner eigenen Originalität aufgeweckt wird, Zwangsfreiheit von Regeln so in der Kunst auszuüben, daß diese dadurch selbst eine neue Regel bekommt, wodurch das Talent sich als musterhaft zeigt" (Kant WA 10, S. 255).

Das Genie folgt also keinen Regeln, sondern bringt Regeln hervor. Dies geschieht allerdings nicht direkt in Form von abstraktem Regelwissen, sondern nur indirekt in Gestalt des Kunstwerks selbst. Hier wird den frühaufklärerischen Regelpoetiken, die seit der Jahrhundertmitte in der Kritik stehen, endgültig die Gefolgschaft aufgekündigt. Im Zuge dessen verändert sich bei Kant wie auch bei Karl Philipp Moritz der Nachahmungsbegriff. Kant hält das Genie für derart produktiv, dass es nicht mehr auf die verdoppelnde Nachahmung der Natur verpflichtet werden muss und kann. Stattdessen traut Kant ihm zu, eine zweite Natur zu schaffen: „Die Einbildungskraft (als produktives Erkenntnisvermögen) ist nämlich sehr mächtig in Schaffung gleichsam einer andern Natur, aus dem Stoffe, den ihr die wirkliche gibt" (ebd., S. 250). Eine Klammer zwischen den rezeptions- und den produktionsästhetischen Aspekten bildet die Dimension des Lebendigen, die sich sowohl in der Vorstellung von der ästhetischen Erfahrung als ‚Belebung der Gemütskräfte', in der Beschreibung der ästhetischen Idee als ‚Belebung der Erkenntniskräfte', als auch in der Genielehre findet: Genie sei eine besondere Form des Geistreichen, wobei „Geist, in ästhetischer Bedeutung" nichts anderes sei als „das belebende Prinzip im Gemüte" (ebd., S. 249).

Wie Winfried Menninghaus gezeigt hat, transformiert Kant in der *Kritik der Urteilskraft* die *enárgeia*-Lehre der Rhetorik, die seit der Renaissance die eindrückliche Darstellung als eine besonders ‚lebhafte' oder ‚lebendige' Darstellung beschreibt, und passt sie an eine **Psychologie des Lebensgefühls** an, die ihrerseits die biologische Vorstellung von der Autopoiesis des Lebens integriert. Die ästhetische Lust wird, analog zur Ausbildung des Lebendigen, von einer sich selbst erzeugenden und selbst erhaltenden Kraft angetrieben (Menninghaus 2009, bes. S. 86–88). Während Moritz die Bildungskraft auf der Ebene der künstlerischen Produktivität ansetzt und damit eine Analogie zwischen Kunstwerk und lebendigem Organismus nahelegt, hebt Kants Engführung von ästhetischem Urteil und biologischem Organismusbegriff die **Dynamisierung** des ästhetischen Erlebens hervor. Geist bezeichnet dasjenige, was die Vorstellungskräfte in „Bewegung" und in „Schwung" (Kant WA 10, S. 251; 252) bringt. Einig sind sich beide allerdings über die Intensität ästhetischer Zustände, um deren Beschreibung sich nur wenig später auch Schiller bemüht.

2.2.4 Spieltrieb: Schiller, *Briefe über die ästhetische Erziehung*

‚Interesseloses Wohlgefallen', ‚Zweckmäßigkeit ohne Zweck', Kunst als Schöpfung einer ‚andern Natur', ‚Belebung der Gemütskräfte' – in diesen Begriffen fixiert Kant Einsichten, die sich Schiller in seiner Kant-Lektüre aneignet. In der Rekonvaleszenz-Phase nach seiner schweren Erkrankung 1790 liest Schiller die gerade erschienene *Kritik der Urteilskraft* und durchdenkt das Gelesene im Medium des (dialogischen) Schreibens. In den ersten Monaten des Jahres 1793 verfasst er die *Kallias*-Briefe, die er an den Freund Körner adressiert. Im selben Jahr beginnt er die sogenannten Augustenburger Briefe, finanziert durch ein Stipendium des Fürsten zu Augustenburg und auch an diesen gerichtet. Als die Originalbriefe 1794 beim Brand des Kopenhagener Schlosses vernichtet werden, hat Schiller nur noch die überarbeiteten Textstücke in Händen, die er selbst in den *Horen* veröffentlicht hatte. Um den Verlust zu kompensieren, setzt er mit den 1795 ebenfalls in den *Horen* publizierten Briefen *Über die ästhetische Erziehung des Menschen* noch einmal neu an.

In der Forschung hat man darüber diskutiert, ob Schiller die bei Kant konsequent gedachte Subjektivität des ästhetischen Urteils in objektive Kriterien des Schönen umdeutet. Tatsächlich prägt Schiller in den *Kallias*-Briefen eine Formel, in der Kants komplexe Konstruktion eines nur symbolischen Verhältnisses von Ethik und Ästhetik substanzialisiert erscheint: Schönheit sei ‚Freiheit in der Erscheinung'. Man hat in dieser Formel den „Übergang vom transzendentalen zum objektiven Idealismus" gesehen (Düsing 1975, S. 79, im Anschluss an Henrich 1957). Hier sei ein objektives Kriterium des Schönen angegeben, das die konsequent subjekttheoretischen Formulierungen Kants unterlaufe und die Ästhetik darauf verpflichte, die praktische Freiheit zur Erscheinung zu bringen. Diese Formel ist in den Briefen *Über die ästhetische Erziehung* allerdings getilgt: Schiller ist hier „an dem Begriff der – ästhetischen – Freiheit interessiert", der aber „von der moralischen Freiheit ausdrücklich unterschieden wird" (Hansen 1992, S. 170).

Erst in den Briefen *Über die ästhetische Erziehung* erhält Schillers Nachdenken über ästhetische Freiheit diejenige Kontur, die man mit dem Begriff ‚Kunstautonomie' verbunden hat. Denn anders als Moritz und Kant nutzt Schiller die Vorstellungen eines sich selbst regulierenden und sich selbst legitimierenden Schönen unter anderem dazu, das Verhältnis von **Kunst und Politik** zu bestimmen. Darin erschöpft sich der Ansatz der ästhetischen Erziehung aber keineswegs: Vielmehr entfaltet Schiller hier ein **medizinisch-anthropologisches** sowie **ethisch-diätetisches Programm,** das die kantische Vorgabe auf neue Ziele ausrichtet.

Schiller kündigt die Briefe *Über die ästhetische Erziehung des Menschen* als seinen Kommentar zur politischen Gegenwart an, wenn er am 20.10.1794 an Goethe schreibt: „Ich habe über den politischen Jammer noch nie eine Feder angesetzt, und was ich in diesen Briefen davon sagte, geschah bloß um in alle Ewigkeit nichts mehr davon zu sagen; aber ich glaube, daß das Bekenntniß, das ich darinn ablege, nicht ganz überflüßig ist" (Schiller FA 11, S. 743). Seine kritische **Gegenwartsdiagnose** entfaltet Schiller in den ersten acht Briefen. An der Antrittsvorlesung über Universalgeschichte gemessen, ist die Bestandsaufnahme erstaunlich pessimistisch, und sie ist radikal. Zwar habe man einen gewissen Fortschritt durch die Aufklärung und dadurch auch in der Aufklärung gemacht – man sei durchaus vernünftiger geworden. Ein Symptom dafür sei, dass die Menschen tatsächlich eine Revolution gewagt und die Forderung des Menschen auf „die Wiederherstellung in seine unverlierbaren Rechte" (Schiller FA 8, S. 567) gestellt haben.

Die Einschränkung folgt aber auf dem Fuß. Denn offenbar sei die Menschheit für die Gründung eines neuen, auf vernünftigen Gesetzen gegründeten Staats noch nicht bereit: „die moralische Möglichkeit fehlt, und der freigebige Augenblick findet ein unempfängliches Geschlecht" (ebd., S. 568). Hier ist gesagt, dass Schiller die theoretische Aufklärung, also den Fortschritt in der naturwissenschaftlichen Erkenntnis, noch lange nicht für gleichbedeutend hält mit der praktischen Aufklärung, im Sinne einer Ausbildung des moralischen Bewusstseins. Schillers Diagnose ist dabei schichtenspezifisch. In den niederen Klassen regieren noch „rohe gesetzlose Triebe", die, sobald die absolutistische Gewaltherrschaft gelockert wurde, „in das Elementarreich zurück" gefallen sind. Was Schiller hier vor Augen steht, ist der Revolutionsmob, wohl nicht zuletzt das Bild der bewaffneten Frauen, die bis Versailles gezogen sind, um das Königspaar zur Rechenschaft zu ziehen. Gescheitert ist die Revolution aber auch an den gebildeten Klassen, in denen eine der Kultur selbst zuzuschreibende „Schlaffheit" und „Depravation des Charakters" herrschen.

Diese beiden unterschiedlichen Symptome bringt Schiller auf die Begriffe des **Wilden** und des **Barbaren.** Wilde sind die, die in einem vorvernünftigen Naturzustand stecken geblieben sind. Barbaren hingegen sind diejenigen, die auf dem Höhepunkt ihres Vernunftgebrauchs verroht sind, weil ihnen die natürlichen Impulse abhandengekommen sind. Mit seinem Begriff der Barbarei fällt Schiller das Urteil über die Radikalisierung der Französischen Revolution, über die Schreckensherrschaft und die Terreur. In der Vorstellung vom Barbaren klingt aber bereits eine Dialektik der Aufklärung an, wie Theodor W. Adorno und Max

2.2 Ästhetische Positionen

Horkheimer sie viel später beschreiben werden. Ein Stoßseufzer fasst die Analysen zusammen: „Hier Verwilderung, dort Erschlaffung: die zwei Äußersten des menschlichen Verfalls, und beide in Einem Zeitraum vereinigt!" (ebd., S. 568).

An vielen Stellen der Gegenwartsdiagnose der ersten acht Briefe hört man den **Rousseau-Leser** Schiller heraus (vgl. Bräutigam 1987). Der Mensch im Naturzustand, so zeichnet Rousseau das Bild des *homme sauvage,* ist ein selbstgenügsames, spartanisch abgehärtetes, prinzipiell aber mitleidiges Wesen. Rousseaus Analyse des Mitleids *(pitié)* als einem vorreflexiven, gleichsam instinktiven moralischen Gefühl ist für Schillers Unterscheidung zwischen Wilden und Barbaren grundlegend. Der Barbar habe jedes natürliche moralische Gefühl, jeden sympathetischen, also mitleidigen Impuls verloren: Er habe kein „Herz", „das in dem rohen Naturmenschen noch oft sympathetisch schlägt" (Schiller FA 8, S. 569). Paradoxerweise hat gerade die Vergesellschaftung diesen natürlichen Altruismus zerstört: „Mitten im Schoße der raffiniertesten Geselligkeit hat der Egoism sein System gegründet, und ohne ein geselliges Herz mit heraus zu bringen, erfahren wir alle Ansteckungen und alle Drangsale der Gesellschaft" (ebd., S. 569).

Auch die Rechnung zwischen Antike und Moderne, die Schiller im Vorgriff auf seine große Abhandlung *Über naive und sentimentalische Dichtung* aufmacht, ist von Rousseau inspiriert. Während sich in der Antike jeder Einzelne ganz habe ausbilden können, sei der moderne Mensch in der arbeitsteiligen Gesellschaft zur einseitigen Entwicklung einzelner Fähigkeiten gezwungen. Schiller prägt hier das Bild von der „Polypennatur" (ebd., S. 572) der Alten, die er von dem „kunstreiche[n] Uhrwerk" der modernen Vergesellschaftung absetzt, das zu „verkrüppelten Gewächsen" (ebd., S. 571) führt. An Rousseau erinnert vor allem die Rede von der Wunde der Kultur: „Die Kultur selbst war es, welche der neuern Menschheit diese Wunde schlug" (ebd., S. 572). Nicht rousseauistisch ist aber die Konsequenz, die Schiller aus diesen Diagnosen zieht. Für Schiller gibt es nämlich kein ‚Zurück zur Natur', so wenig wie es in *Über naive und sentimentalische Dichtung* ein ‚Zurück zur Antike' geben kann. Die Antike hat zwar größere Individuen vorzuweisen, in ihren kollektiven Leistungen übertrifft die Moderne allerdings die Antike: „Gerne will ich Ihnen eingestehen, daß so wenig es auch den Individuen bei dieser Zerstückelung ihres Wesens wohl werden kann, doch die Gattung auf keine andere Art hätte Fortschritte machen können" (ebd., S. 575). Durch die moderne Spezialisierung ist ein Wissensfortschritt gewonnen, hinter den man nicht mehr zurückfallen sollte.

Wie aber ist das Dilemma einer unvollkommenen Aufklärung (unvernünftige Wilde) und der in ihr Gegenteil umschlagenden Aufklärung (herzlose Barbaren) zu lösen? Schillers Antwort lautet, dass die von der Kultur geschlagene Wunde auch nur durch die Kultur zu heilen sei. Es müsse das Ziel sein, „diese Totalität in unsrer Natur, welche die Kunst zerstört hat, durch eine höhere Kunst wieder herzustellen" (ebd., S. 578). Therapeutisch könne hier nur eine **höhere Kultur** wirken, die Schiller sogleich Kunst nennt. Die Kunst solle den Übergang vom Naturstaat, also dem absolutistischen Gewaltstaat, zu einem Vernunftstaat, also zu einem auf vernünftigen Gesetzen gegründeten republikanischen Staat, bahnen können. Die Begründung liefert Schiller im neunten Brief, in dem er die Formel nicht von der

Autonomie, sondern von der **Immunität der Kunst** prägt: „Von allem, [...] was menschliche Konventionen einführten, ist die Kunst, wie die Wissenschaft losgesprochen, und beide erfreuen sich einer absoluten Immunität von der Willkür der Menschen. Der politische Gesetzgeber kann ihr Gebiet sperren, aber darin herrschen kann er nicht" (ebd., S. 583). Kunst, so die geläufige Deutung dieser Stelle, ist immun im juristischen Sinn. Sie bildet einen unantastbaren Bereich, vergleichbar der diplomatischen Immunität oder der Kirchenfreiheit. Kunst, so lässt sich die Metapher in dieser Auslegung verstehen, situiert sich zwar in den Grenzen des Staates, ist seinen Gesetzen aber entzogen. In diesem Sinn wäre sie dann tatsächlich auto-nomos: sie gibt sich selbst ihre Gesetze. Damit ist der Sinn der Rede von der Immunität aber keineswegs erschöpft.

Um der Kunst ihre Immunität zu sichern, so argumentiert Schiller weiter, müsse sich der Künstler vom herrschenden Geschmack fernhalten. Nur so könne er „unangesteckt" von der „Verderbnissen" der eigenen Zeit bleiben (ebd., S. 584). Mit der Metapher von der Ansteckung aktiviert Schiller die im 18. Jahrhundert sprachhistorisch neue, heute dafür umso vertrautere medizinische Bedeutung der Immunität. ‚Immun' heißt im heutigen Sinn ja vor allem, unempfindlich gegen ansteckende Krankheiten zu sein. Die Kunst genießt in Schillers Entwurf nun nicht nur politische Immunität, insofern ihr die Politik nicht hineinreden kann. Der Künstler hat auch immun gegen die in den ersten acht Briefen ausführlich beschriebenen Krankheiten der eigenen Zeit zu sein: Er darf gerade nicht zu sehr am Geist der Zeit partizipieren. Indem er die moderne medizinische Bedeutung der Immunität aktiviert, die bereits im 18. Jahrhundert als ‚Freiheit von Kontagien' definiert wird, stimmt Schiller die Lösung auf die Problembeschreibung einer kranken und therapiebedürftigen Gegenwart ab. Dabei aktivieren die folgenden Briefe Semantiken von Reinheit, Schutz und Ungerührtheit, in der die angestrebte politische Freiheit mehr und mehr von Vorstellungen einer ethischen Freiheit von Affekten überlagert wird (Zumbusch 2011a, S. 130–136).

Auf die **ethisch-diätetische Dimension** verweist Schiller im 14. Brief ausdrücklich, wenn er seinen Theorieentwurf als „Gebäude der ästhetischen Kunst und der noch schwürigern Lebenskunst" beschreibt (Schiller FA 8, S. 614). Dieses Gebäude soll getragen werden von dem aus der Kant-Lektüre importierten Spielbegriff. Im 14. Brief versucht Schiller zu plausibilisieren, warum eine von allen anderen gesellschaftlichen Bereichen und Vollzügen abgegrenzte und vor schlechten Einflüssen geschützte Kunst heilsam sein kann. Dies geschieht auf der Grundlage einer erweiterten Analyse. Die Spaltung in ein Zuviel an Sinnlichkeit und ein Zuviel an Vernunft gehe nicht nur durch eine in Wilde und Barbaren aufgeteilte Menschheit, sie gehe auch als schmerzhafter Riss durch den Menschen, der aufgrund seiner sinnlich-geistigen Doppelnatur immer in sich gespalten sei.

Hier kommt ein Denkmodell zum Tragen, das dem Mediziner Schiller aus der **Anthropologie des 18. Jahrhunderts** vertraut ist. Im Denken des 18. Jahrhunderts teilt sich der Mensch in einen Körper und einen Geist, die nur recht notdürftig aufeinander abgestimmt sind. Der Körper treibt uns womöglich zu Dingen, die wir vernünftigerweise nicht wollen können, sodass Verstand und Vernunft mit schmerzhaften Regulierungen gegensteuern müssen. In den meisten kulturellen

Vollzügen ist eine der beiden Seiten des Menschen stärker angesprochen. Nur in der Kunst, so lautet Schillers Gedanke, seien die sinnliche und die geistige Seite des Menschen gleichermaßen engagiert.

Der ästhetische Zustand, wie Schiller ihn nennt, ist einer der „Fälle, wo er [der Mensch] diese doppelte Erfahrung zugleich machte, wo er sich zugleich seiner Freiheit bewußt würde, und sein Dasein empfände, wo er sich zugleich als Materie fühlte, und als Geist kennen lernte" (ebd., S. 607). Die Kunst führt den Menschen in seine verlorene Mitte, indem sie ihn die Harmonie zwischen Sinnlichkeit und Verstand erfahren lässt. Kants Rede vom ‚freien Spiel der Gemütskräfte' im ästhetischen Zustand gewinnt bei Schiller also eine anthropologische Konkretion: „Denn, um es endlich auf einmal herauszusagen, der Mensch spielt nur, wo er in voller Bedeutung des Worts Mensch ist, und er ist nur da ganz Mensch, wo er spielt" (ebd., S. 614). Dass der Mensch nur im **Spiel ‚ganz Mensch'** sei, heißt, dass er nur hier alle seine Vermögen und Kräfte gleichermaßen zum Einsatz bringen und in Tätigkeit versetzen kann.

Wie Teresa Cadete argumentiert hat, findet in dieser Beschreibung auch das geschichtsphilosophische Denkmodell einer Synthese von Naivem und Sentimentalischem als Harmonisierung von Sinnlichkeit und Verstand seine utopische Erfüllung (Cadete 1991). Die Vorstellung von einer Harmonie der Kräfte erklärt sich ebenfalls aus dem medizinischen Denken des 18. Jahrhunderts, das im Anschluss an die antike Humoralpathologie Gesundheit als Gleichgewicht der Säfte bestimmt. Denn auch Schillers ästhetische Therapeutik zielt auf die Erzeugung von Ausgleichs- und Mittellagen: „Da sich das Gemüt bei Anschauung des Schönen in einer glücklichen Mitte zwischen dem Gesetz und Bedürfnis befindet, so ist es eben darum, weil es sich zwischen beiden teilt, dem Zwange sowohl des einen als des andern entzogen" (Schiller FA 8, S. 577). Weil die Kunst jedem einzelnen hilft, seine glückliche Mitte zu finden, kann sie die doppelte Vereinseitigung der Zeit heilen. Sie bringt die Vermögen in Einklang und führt so den sinnlichen Wilden zur Vernunft, während sie den rationalen Barbaren an sein Herz erinnert. Der mit Harmonie und Gleichgewicht assoziierte Begriff des Schönen zieht indes eine Reihe von Spaltungen nach sich. Wie Carsten Zelle gezeigt hat, handelt sich Schiller mit seiner doppelten Problemstellung auch einen **doppelten Begriff des Schönen** ein: Um den beiden unterschiedlichen Pathologien entgegentreten zu können, bedürfe es einmal einer ‚schmelzenden Schönheit', einmal einer ‚energischen Schönheit'. Damit wiederholt sich die Unterscheidung zwischen Schönem und Erhabenen noch im Schönen selbst (Zelle 1995, S. 170–184).

Zur Immunität der Kunst gehört nicht nur die Freiheit von äußeren Zwängen und die gesunde Harmonie innerer Kräfte, sondern auch ihre besondere **Indifferenz** gegenüber den Sphären der Logik und der Ethik:

„Daher muß man denjenigen vollkommen Recht geben, welche das Schöne und die Stimmung, in die es unser Gemüt versetzt, in Rücksicht auf *Erkenntnis* und *Gesinnung* für völlig indifferent und unfruchtbar erklären. Sie haben vollkommen Recht, denn die Schönheit gibt schlechterdings kein einziges Resultat weder für den Verstand noch für den Willen, sie führt keinen einzelnen weder intellektuellen, noch moralischen Zweck aus, sie findet keine einzige Wahrheit, hilft uns keine einzige Pflicht erfüllen" (Schiller FA 8, S. 636).

In seiner Beschreibung des ästhetischen Zustands, die Kants Kriterium der ‚Zweckmäßigkeit ohne Zweck' in sich aufgenommen hat, attestiert Schiller der scheinbaren Zwecklosigkeit einen umso höheren Zweck: Gerade durch die Absenz konkreter Einsichten und Erkenntnisse ist der ästhetische Zustand extrem produktiv, disponiert er den Menschen doch zu nichts Bestimmtem, dafür aber zu allem Möglichen.

Ein Kernstück von Schillers Lehre vom Schönen bildet seine Rede von der ‚lebenden Gestalt', die er im 15. Brief einführt, um das Zusammenspiel von sinnlichem Stofftrieb und intellektuellem Formtrieb zu charakterisieren. Der sinnliche Stofftrieb ziele auf das „*Leben,* in weitester Bedeutung", der Gegenstand des Formtriebes hingegen sei die „*Gestalt,* sowohl in uneigentlicher als in eigentlicher Bedeutung" (ebd., S. 609). Aus dem Zusammenspiel von Leben und Gestalt, von Rezeptivität und Spontaneität, ergibt sich nun die „*lebende* Gestalt", die, wie Schiller anschließt, nur ein anderer Begriff für Schönheit ist: Sie sei „ein Begriff, der allen ästhetischen Beschaffenheiten der Erscheinungen und mit einem Worte dem, was man in weitster Bedeutung *Schönheit* nennt, zu Bezeichnung dient" (ebd.). Damit scheint Schiller die Schönheit, die Kant im freien Spiel von Einbildungskraft und Verstand aufgesucht hatte, zu objektivieren. Allerdings behält Schiller auch hier die auf Wirkungen gerichtete Perspektive auf das Kunstwerk bei: „Solange wir über seine Gestalt bloß denken, ist sie leblos, bloße Abstraktion; solange wir sein Leben bloß fühlen, ist es gestaltlos, bloße Impression" (ebd., S. 610). Auf der Grundlage der Unterscheidung von Denken und Fühlen formuliert er ein Kriterium ästhetischer Urteile: „Nur indem seine Form in unsrer Empfindung lebt und sein Leben in unserm Verstande sich formt, ist er lebende Gestalt, und dies wird überall der Fall sein, wo wir ihn als schön beurteilen" (ebd.). In der Rede vom der ‚lebenden Gestalt' greift Schiller die bereits bei Moritz prägende biologische Vorstellung von einem Bildungstrieb auf, um diesen, wie auch Kant, wahrnehmungstheoretisch zu wenden (Welsh 2003, S. 145–154). Die ‚lebende Gestalt' bezeichnet einen Erfahrungsmodus, der sich durch eine irreduzible, dem Verstand gleichwohl zugängliche Merkmalsfülle auszeichnet.

In den letzten drei Briefen entfaltet Schiller schließlich den Begriff des ästhetischen Scheins, den er über die Rezeptionshaltung einer „uninteressierten freien Schätzung des reinen Scheins" (Schiller FA 8, S. 668) einführt. Unser Interesse am ästhetischen Schein fuße auf einer „Gleichgültigkeit gegen Realität", die „eine wahre Erweiterung der Menschheit und ein entschiedener Schritt zur Kultur" sei. Kultur zeige sich hier, weil das Interesse am **ästhetischen Schein** das Indiz einer „innern Freiheit" ist, mit der es gelingt, „die andringende Materie von sich zu halten" (ebd., S. 661). Der Schein ist also nicht so sehr eine Gegenstandsbestimmung (Kunst ist Schein), sondern bezeichnet eine Einstellung, in die sich der Mensch einüben muss. In den Beschreibungen dieser Einstellung bedient sich Schiller einer Reihe von Kennzeichnungen, die aus der stoizistischen Ethik vertraut sind: „Eine schöne Kunst der Leidenschaft gibt es, aber eine schöne leidenschaftliche Kunst ist ein Widerspruch, denn der unausbleibliche Effekt des Schönen ist Freiheit von Leidenschaften" (ebd., S. 642). Die hier aufgerufene innere Freiheit von Affekten und Begierden gehört wie die Gleichgültigkeit, Gelassenheit und

2.2 Ästhetische Positionen

Indifferenz ins Inventar einer antiken Lebenskunst, die im Zeichen der Klassik aufgegriffen und neu konturiert wird (Zumbusch 2011a, S. 21–35).

Schillers Beschreibung des ästhetischen Scheins ist einerseits abgestimmt auf das, was Kant ‚interesseloses Wohlgefallen' nennt, andererseits wird die Fähigkeit, Reales als Schein wahrzunehmen, zum Ziel einer nicht nur ästhetischen, sondern auch ethisch-politischen Erziehung. Was bei Kant lediglich zur Beschreibung des ästhetischen Urteils gehört, kann deshalb in Schillers Version zuletzt zur Utopie eines eigenen Reichs der Kunst werden: Schiller nennt es den **‚ästhetischen Staat'**: „Mitten in dem furchtbaren Reich der Kräfte und mitten in dem heiligen Reich der Gesetze baut der ästhetische Bildungstrieb unvermerkt an einem dritten fröhlichen Reiche des Spiels und des Scheins, worin er dem Menschen die Fesseln aller Verhältnisse abnimmt, und ihn von allem, was Zwang heißt, sowohl im physischen als im moralischen entbindet" (Schiller FA 8, S. 673). Damit hat Schiller das Ende der Briefe auf die Problemstellung des Anfangs zurückgebunden. Im Reich der Kunst kann der Mensch seine Freiheit üben, indem er sie spielend erlebt.

Diese Schlusswendung hat man im Zuge der ideologiekritischen Ansätze der 1970er kritisiert. Die aufeinander abgestimmten Begriffe des ästhetischen Scheins und des ästhetischen Staates schienen genügend Angriffsfläche zu bieten, um Schiller die Verfehlung seiner zeitgenössischen Realität zu attestieren. Wie insbesondere Peter und Christa Bürger argumentiert haben, trete Schiller die Flucht vor einer politischen Realität an, die es doch eigentlich zu durchdenken und aktiv mitzugestalten gelte (P. Bürger 1974; Chr. Bürger 1977). Aus sozialgeschichtlicher Sicht mögen autonomieästhetische Konzepte tatsächlich keine Lösungen, sondern lediglich Symptome eines Problems darstellen. Allerdings erobert sich die Kunst im 18. Jahrhundert nicht unbedingt einen autonomen Bereich, sondern wird sukzessive aus gesellschaftlichen Vollzügen entlassen – etwa dadurch, dass Künstler immer seltener in enge kirchliche oder feudale Mäzenatenverhältnisse eingebunden sind. Goethe bildet hier nicht unbedingt eine Ausnahme, insofern er in Weimar nicht als Hofdichter, sondern als hochrangiger Verwaltungsbeamter fungiert hat. Stattdessen müssen sich Dichter als Autoren auf den Markt begeben und ihre Erzeugnisse verkaufen. Das Programm einer ‚autonomen' Kunst ist so gesehen eine Flucht nach vorne, die aus einer realhistorischen Not eine theoretische Tugend zu machen versucht.

Und doch enthalten die Entwürfe von Moritz, Kant und Schiller durchaus mehr, als diese soziohistorischen Erklärungen im Blick haben. Alle drei Autoren entwickeln Konzepte der Kreativität, in denen die schöpferische Tätigkeit als Analogon zur schöpferischen Natur gedacht wird, und sie leisten eine psychologische, wahrnehmungstheoretische – und damit im ursprünglichen Sinn *aisthetische* – Beschreibung der Wirkung von Kunstwerken. Der produktionsästhetische Ertrag liegt bei Moritz, Kant wie auch bei Schiller darin, die künstlerische Tätigkeit nicht mehr als regelgeleitet zu begreifen und auch nicht auf die mimetische Kopie der Wirklichkeit festzulegen. Die sogenannte Autonomie der Kunst lässt sich vor diesem Hintergrund auf die in der Biologie entwickelten Begriffe der ‚self-generation' (Müller-Sievers 1997) und **‚Autopoiesis'** (Menninghaus 2009) bringen.

Die rezeptionsästhetische Perspektive geht von der Beschreibung des intensiven (Moritz), die Gemütskräfte belebenden (Kant) und harmonisierenden (Schiller) Charakters der Kunsterfahrung aus und weist ihr von hier aus ein neues Verhältnis zu den Sphären der Ethik und der Erkenntnis an: Kunst veranschaulicht keine sittlichen oder theoretischen Begriffe, sondern provoziert ‚ästhetische Ideen', die sich durch ihre irreduzible Fülle an Anregungen und Andeutungen auszeichnen. In Schillers Deutung befördert Kunst zudem eine **Lebenskunst,** insofern sie hilft, sich in ethisch vorteilhafte Haltungen der Indifferenz, Gleichgültigkeit und inneren Freiheit einzuüben.

Aus diesen Positionen lassen sich zuletzt auch zwei Konsequenzen für den interpretatorischen Umgang mit literarischen Texten ableiten. Wenn Kunstwerke nichtbegriffliche, und deshalb auch nicht restlos in die Begriffssprache übersetzbare Erkenntnisse provozieren, dann lassen sich Kunstwerke nicht auf simple Lehrsätze reduzieren. Sie sind, anders als in der Poetik der Frühaufklärung, nicht als Mittel zur Tugend-Didaxe gedacht. Diese Einsicht warnt davor, literarische Texte auf einfache moralische Bedeutungen zu fixieren. Mit Kants Beschreibung der ästhetischen Idee als einem nicht abzuschließenden Ausprobieren passender Begriffe ist zugleich „das (hermeneutische) Geschäft der unendlichen Lektüre" (Menninghaus 2009, S. 90), die **Unabschließbarkeit** der Interpretation begründet. Wenn am Kunstwerk nicht das Dargestellte, sondern die Form der Darstellung entscheidend sein soll, dann ist auch dies beim eigenen Interpretieren nicht zu vernachlässigen: Die Beschreibung der literarischen Formen und Verfahren weist den Deutungsbemühungen den womöglich wichtigsten Weg.

Weiterführende Literatur

Allkemper, Alo: *Ästhetische Lösungen. Studien zu Karl Philipp Moritz.* München 1990.
Begemann, Christian/David E. Wellbery (Hg.): *Kunst – Zeugung – Geburt. Theorien und Metaphern ästhetischer Produktion in der Neuzeit.* Freiburg i. Br. 2002.
Dönike, Martin: *Pathos, Ausdruck und Bewegung. Zur Ästhetik des Weimarer Klassizismus 1796–1806.* Berlin 2005.
Menninghaus, Winfried: „‚Ein Gefühl der Beförderung des Lebens'. Kants Reformulierung des Topos ‚lebhafter Vorstellung'". In: Armen Avanessian/Jan Völkers/ders. (Hg.): *Vita aesthetica. Szenarien ästhetischer Lebendigkeit.* Berlin 2009, S. 77–94.
Miller, Norbert: „Europäischer Philhellenismus zwischen Winckelmann und Byron". In: *Propyläen Geschichte der Literatur. Literatur und Gesellschaft der westlichen Welt*, Bd. 4, *Aufklärung und Romantik. 1700–1830.* Frankfurt a. M./Berlin/Wien 1983, S. 315–366.
Müller-Sievers, Helmut: *Self-Generation. Biology, Philosophy and Literature around 1800.* Stanford University Press 1997.
Schneider, Sabine M.: *Die schwierige Sprache des Schönen. Moritz' und Schillers Semiotik der Sinnlichkeit.* Würzburg 1998.
Szondi, Peter: „Das Naive ist das Sentimentalische. Zur Begriffsdialektik in Schillers Abhandlung". In: ders.: *Lektüre und Lektion.* Frankfurt a. M. 1973, S. 47–99.
Wittkowski, Wolfgang (Hg.): *Revolution und Autonomie. Deutsche Autonomieästhetik im Zeitalter der Französischen Revolution.* Tübingen 1990.

Lyrik 3

3.1 Schiller und Goethe im Vergleich

3.1.1 ‚Erlebnislyrik' oder ‚Ideengedichte'

Mit Schillers Gedichten hat sich die Forschung schwer getan. Die Bezeichnungen „Gedankenlyrik" (Falkenstein 1963) und „Ideenlyrik" (Hamburger 1972, S. 329) lassen durchblicken, dass man es mit dem Sonderfall einer weniger auf Gefühl und Empfindung als vielmehr auf den philosophischen Gedanken gerichteten Dichtung zu tun hat. Damit aber handelt es sich aus der Sicht einiger gar nicht um Lyrik. Hannelore Schlaffer etwa spricht angesichts des Übergewichts theoretischer Gehalte in Schillers Gedichten von der „Ausweisung des Lyrischen aus der Lyrik" (Schlaffer 1990, S. 522). Dieses Verdikt kollidiert allerdings mit der Tatsache, dass Schiller – gerade in seiner ‚klassischen Phase' – sehr viele Gedichte publiziert hat: Neben den Ideengedichten *Die Götter Griechenlandes, Der Spaziergang, Die Künstler* oder *Die Ideale* gehören dazu auch die kanonisch gewordenen Balladen *Die Kraniche des Ibycus, Der Ring des Polykrates, Der Taucher, Die Bürgschaft* oder *Das Lied von der Glocke*. Bei genauerer Betrachtung dieser Urteile zeigt sich, dass Schillers Gedichte an einem um 1900 formulierten Konzept der Erlebnislyrik gemessen werden, das Käte Hamburgers Lehrer Oskar Walzel im Rückgriff auf Wilhelm Diltheys Goethe-Deutung erarbeitet hat. Die Provenienz dieses lebensphilosophisch grundierten Konzepts der ‚Erlebnislyrik' ist insofern aufschlussreich, als es in erster Linie an Goethes lyrischer Produktion vor allem der 1770er Jahre gewonnen worden ist.

Wilhelm Dilthey, bekannt als Mitbegründer der Hermeneutik und Vertreter der sogenannten Lebensphilosophie des ausgehenden 19. Jahrhunderts, publiziert 1905 eine Studie mit dem Titel *Das Erlebnis und die Dichtung*. Seine Ausführungen zu Goethe, die das Herzstück des Buchs bilden, haben die Goethe-Rezeption des frühen 20. Jahrhunderts maßgeblich beeinflusst. Goethe habe sich von der Vernunftfixierung der Aufklärung losgerissen, sodass man ihm die „Befreiung der dichterischen Phantasie von der Herrschaft des abstrakten Geschmacks" (Dilthey [1905] 1985, S. 124) zu verdanken habe. Diltheys Schlüsselbegriff ist das ‚**Erlebnis**': Goethe habe immer aus dem intensiven persönlichen Gefühlserlebnis heraus gedichtet. Dabei zeige sich in Goethe das allgemeine Gesetz der ‚dichterischen Phantasie': „Der Ausgangspunkt des poetischen Schaffens ist immer die Lebenserfahrung, als persönliches Erlebnis oder als Verstehen anderer Menschen" (Dilthey [1905] 1985, S. 139). Oskar Walzel hat diese Vorstellung aufgegriffen und in seinem kurzen Band *Leben, Erleben, und Dichten* (1912) zur Definition von Lyrik erhoben. „Reine Lyrik", so formuliert er schließlich 1923 in seinem Hauptwerk *Gehalt und Gestalt im Kunstwerk des Dichters*, solle dieser Auffassung gemäß stets geformtes, ins Überpersönliche gesteigertes Erleben sein: „Der bedeutendste Gedankengehalt aber, und sei er in den wohlgebautesten Versen eingeschlossen, habe in der Poesie keine Berechtigung und werde als toter Schatz am Wegrand liegenbleiben, wenn er nicht zuvor durch das Gemüt und die Phantasie des Dichters genommen habe" (Walzel 1923, S. 372). Weder ein ‚bedeutender' Gedanke noch eine kunstvolle Form können also aufwiegen, wenn es dem Dichter an der Intensität subjektiven Empfindens gefehlt hat.

Diese Höchstschätzung Goethes als Maßstab deutschsprachiger Lyrik hat sich lange, wenn nicht sogar bis heute, gehalten. „Goethe ist in der deutschen Literatur der Lyriker schlechthin" (Reed 1996, S. 1), schreibt etwa Terence Reed. Die für diese Einschätzung gelieferten Gründe betreffen die reichhaltige Produktion und die vielfältigen, dabei erstaunlich unkonventionellen Formen, die insgesamt für den Eindruck des Ungekünstelten und Unmittelbaren sorgen. Goethes Lyrik habe, so argumentiert Reed weiter, dem Begriff ‚**Gelegenheitsgedicht**' zu einem neuen Sinn verholfen, insofern Gelegenheit hier nicht mehr den höfisch-festlichen Anlass, sondern den besonderen Augenblick des Lebens, oft den Moment der dichterischen Inspiration meine. Goethe hat die Datierung dieser herausgehobenen Momente, in dem ihm die erste Zeile oder gar ein ganzes Gedicht zugeflogen sei, nicht selten im Paratext fixiert: „*Wandrers Nachtlied*, 1780 an eine Hüttenwand auf dem Gickelhahn gekritzelt"; „Den 15. Juni 1775. Donnerstags morgen aufm Zürchersee", oder „in der Postchaise", wo „d 10 Oktbe 1774" *An Schwager Kronos* gedichtet worden sei. Beim Wandern, auf dem Boot, in der Kutsche – Goethes Lyrik beweist eine starke Affinität zu rhythmischen Fortbewegungsformen, die sich oft auch im Metrum der Gedichte nachvollziehen lassen. In dieser Charakteristik der Goetheschen Lyrik wird evident, wo der Begriff der Erlebnislyrik ansetzen konnte: Die Literaturwissenschaft hat ihren Begriff der (Erlebnis-)Lyrik an Goethes sehr besonderen Produktionsgewohnheiten entwickelt, die den Ursprung des Gedichts in der konkreten Situation und im unmittelbaren Erleben sei es der Natur, sei es der Liebe verorten.

Vor dem Hintergrund dieser Auffassung von Lyrik als einem Ausdruck subjektiver Gefühlserlebnisse müssen Schillers Gedichte tatsächlich befremdlich wirken. Bestenfalls erscheinen sie als Anachronismus. Gert Ueding etwa ordnet Schillers Gedichte in die Gattung des **Lehrgedichts** ein, die er als eine um 1800 überholte Form der aufklärerischen Wissensvermittlung präsentiert (Ueding 1990, S. 74), und auch Wilhelm Voßkamps Nachweis von emblematischen Bildstrukturen zielt darauf, Schillers Gedichte über Techniken und Verfahren des 16. und 17. Jahrhunderts zu erschließen (Voßkamp 1974). Allerdings ist fraglich, ob die an Goethes Dichtung entwickelte Vorstellung von einer an subjektive Erlebnisqualitäten gebundenen Lyrik zu einer allgemeinen Definition von Lyrik taugt.

Für Dieter Lamping ist offenkundig, dass der Begriff der Erlebnislyrik „im wesentlichen auf die (Genie-)Lyrik des 18. und 19. Jahrhunderts zugeschnitten ist und einen Großteil der europäischen Lyriktradition ausblendet. Er erfasst weder die artistische Lyrik der Moderne noch die manieristische Lyrik des Barock noch die gesamte Casualyrik bis zum 18. Jahrhundert" (Lamping 2000, S. 102). Erlebnislyrik nach dem Vorbild von Goethes früher Lyrik bildet also eher die Ausnahme, nicht die Regel. Dies gilt sogar für Goethes eigene Produktion: *Goetheforscher* wie Friedrich Gundolf oder Erich Trunz haben etwa die *Venezianischen Epigramme* der 1790er Jahre nur als Verlegenheits- und Nebenprodukte des Lyrikers Goethe deuten wollen (Willems 1997, S. 91).

Für eine Diskussion der ‚klassischen' Gedichte Goethes und Schillers ergibt sich daraus ein doppeltes Programm. Im Blick auf Schillers Gedichte gilt es, ihr produktives Prinzip auszumachen, statt sie schlicht als unlyrisch zu verwerfen. Es besteht weitgehend Konsens darüber, dass Schiller in vielen seiner Gedichte Thesen seiner ästhetischen Schriften entweder antizipiert oder in poetischer Form nachgereicht hat (Alt 1995, S. 622; Hofmann 2003, S. 134). Die produktive Verbindung zwischen Schillers poetologischen Positionen und seinen Gedichten der klassischen Phase soll in der Lektüre von drei Texten exemplarisch vorgeführt werden. Vorgestellt werden die 1800 publizierte *Nänie*, das 1788 entstandene, 1793 umgeschriebene Gedicht *Die Götter Griechenlands* und ein Gedicht mit drei verschiedenen Titeln, das 1795 zuerst in den *Horen* unter dem Titel *Das Reich der Schatten*, dann 1800 unter dem Titel *Das Reich der Formen*, schließlich 1804 als *Das Ideal und das Leben* erschienen ist. Vor dem Hintergrund der Tatsache, dass schon Schillers theoretische Abhandlungen kaum stilistische Ähnlichkeiten mit der philosophischen Prosa eines Kant oder Hegel aufweisen (Düsing 1997), hat man für seine theoretischen wie lyrischen Entwürfe ein „Denken in Bildern" (Koopmann 1986, S. 218) geltend gemacht. Was aber unterscheidet Schillers philosophische Abhandlungen dann noch von seinen philosophischen Gedichten? Ziel der im Folgenden angestellten Überlegungen ist es, ein Konzept des Lyrischen als **Gesang und Klang** zu umreißen, das Schillers Gedichte selbst implizieren.

Wenn daran anschließend Goethes *Römische Elegien* vorgestellt werden, dann geschieht dies durchaus mit Blick auf das in ihnen thematisierte Verhältnis von Erlebnis und Dichtung. Goethes Gedichte sind aber nicht als biografische ‚Erlebnis'-Dokumente zu lesen, deren Deutung dort endet, wo man die biografische Situation des jeweiligen ‚Erlebens' ermittelt hat. Vielmehr ist das von Goethe miterzeugte Bild vom spontan Inspirierten in der Form der Gedichte aufzusuchen. Durch welche Verfahren wird die in der Wirkungsdimension durchaus greifbare Spontaneität evoziert? Dabei ist auch zu eruieren, welche impliziten poetologischen Modelle die Gedichte entwerfen, während sie von Naturerlebnissen und Liebesbegegnungen sprechen.

3.1.2 Schillers klassische Lyrik: Kunst als Mortifikation

Drei Umstände machen die *Nänie* zu einem geeigneten Gedicht, um sich die Umrisse von Schillers klassischer Lyrik zu vergegenwärtigen. Das Gedicht bezieht sich 1) in Form und Inhalt auf die antike Dichtung und Mythologie, sodass sich die Frage nach dem Klassizismus der Klassik erneut stellen lässt. Es handelt es sich 2) um ein metapoetisches Gedicht, das die Bedingungen von Dichtung thematisiert. Die *Nänie* ist 3) charakteristisch für eine Reihe von Gedichten, die sich fast schon obsessiv mit den Themen Tod und Sterben beschäftigen. Alle drei Aspekte werden bereits im Titel greifbar. *Nänie* meint im Lateinischen die Göttin der Totenklage, metonymisch verschoben heißt *Nänie* dann die an diese Göttin gerichtete Totenklage. *Nänie* bezeichnet, entsprechend dem griechischen *threnos*, den Gesang, mit dem im antiken Rom die Leichenzüge begleitet wurden. Damit bezieht sich der Titel nicht nur auf eine antike kulturelle Praxis, sondern auch auf den Gesang als Ursprung der dichterisch geformten Rede.

In seiner Versform greift Schiller in der *Nänie* das metrische Schema der antiken Elegie auf. Elegien sind aus Distichen (Zweizeilern) gebaut, die aus einem sechshebigen Hexameter und einem Pentameter-Vers bestehen. Der Name *Penta*meter (griech.: fünf) mag insofern verwirren, als auch der zweite Vers des Distichons über sechs Hebungen verfügt; allerdings treffen durch einen verkürzten Versfuß zwei dieser Hebungen in einem Hebungsprall in der Mitte des Verses zusammen und bilden hier eine Zäsur. Wer die *Nänie* nach der Maßgabe dieser metrischen Regel laut liest, wird feststellen, wie kunstgerecht Schiller die antike Prosodie mit ihrer strengen Verteilung von Hebungen und Senkungen (antik: Längen und Kürzen) durchgehalten hat. Auch die Gattungsspezifika der Elegie sind vorbildlich versammelt.

Seit der Antike gilt die Elegie als **Ausdruck der Klage,** wie sie sich etwa in der römischen Elegiendichtung des letzten vorchristlichen Jahrhunderts findet. Im Laufe des 18. Jahrhunderts wird die Elegie auf neu entdeckte Gefühlslagen umgerüstet. Thomas Abbt bestimmt die Elegie als Gedicht, das insofern einer vermischten Empfindung entspringt, als es neben der Klage über einen Verlust auch das Glück der Erinnerung an das Verlorene zum Ausdruck bringen kann. In *Über naive und sentimentalische Dichtung* beschreibt Schiller die Elegie deshalb als das sentimentalische Genre *par excellence*. Elegien erinnern an etwas Vergangenes und Verlorenes und lösen durch die Erinnerung an das genossene Gut eine sanfte Rührung aus.

Um sich die in der *Nänie* verhandelten Gegenstände dieser Rührung zu erschließen, bedarf es allerdings solider mythologischer Kenntnisse, wird doch kaum eine der Figuren mit Namen genannt. Bereits in den ersten Versen wird das rhetorische Grundverfahren kenntlich:

> Auch das Schöne muß sterben! Das Menschen und Götter bezwinget,
>   Nicht die eherne Brust rührt es des stygischen Zeus.
> Einmal nur erweichte die Liebe den Schattenbeherrscher,
>   Und an der Schwelle noch, streng, rief er zurück sein Geschenk.
> (Schiller FA 1, S. 182)

3.1 Schiller und Goethe im Vergleich

Mit ‚Stygischer Zeus' ist Hades gemeint, der nicht wie sein Bruder Zeus über den Olymp, sondern über das mit dem Totenfluss Styx assoziierte Reich der Toten herrscht. Die im nächsten Vers anschließende Rede vom ‚Schattenbeherrscher' ist leichter zu entschlüsseln. Die Verse 2–4 spielen auf die Erzählung vom antiken Dichter Orpheus an, der seine Geliebte Eurydike aus der Unterwelt holen will und den Totengott Hades mit seinem Gesang tatsächlich erweichen kann. Allerdings dreht sich Orpheus beim Gang aus der Unterwelt nach der Geliebten um, weil er ihre Schritte nicht mehr hört, und Eurydike muss im Hades bleiben.

Auch die folgenden Verse rufen Szenen des Verlusts von geliebten Personen auf. Die Verse 5 und 6 („Nicht stillt Afrodite dem schönen Knaben die Wunde, / Die in den zierlichen Leib grausam der Eber geritzt", ebd.) meinen Adonis – der Antike als der schönste aller jungen Männer bekannt –, in den sich Aphrodite, selbst die Göttin der Liebe, verliebt. Der eifersüchtige Ares verwandelt sich daraufhin in einen Eber und bringt Adonis um. Das dritte Mythologem in Vers 7–9 („Nicht errettet den göttlichen Held die unsterbliche Mutter, / Wann er, am skäischen Tor fallend, sein Schicksal erfüllt", ebd.) lässt sich über das in Troja befindliche ‚skäische Tor' entschlüsseln. Es ist Achill, um den seine göttliche Mutter, die Meernymphe Thetis trauert, nachdem ihr Sohn beim Krieg um Troja gefallen ist.

Das Gedicht bewegt sich ab dem ersten Vers im Modus der Andeutung und der gelehrten Anspielung. Wie Wolfram Groddeck gezeigt hat, ist die vorherrschende Stilfigur der *Nänie* die **Synekdoche** mit ihren Unterformen der Periphrase und Antonomasie, mithin die rhetorische Umschreibung eines Namens oder Begriffs, der selbst nicht ausgesprochen werden soll (Groddeck 1995, S. 216–218). Was die nicht mit Namen genannten mythologischen Figuren Eurydike, Adonis und Achill verbindet, ist ihre Vergänglichkeit: Sie alle mussten sterben, ohne dass die Liebe sie ins Leben zurückholen konnte. Wie die erste Hälfte des ersten Verses – „Auch das Schöne muss sterben" – bereits ankündigt, ist das Thema des Gedichts die Hinfälligkeit des irdischen Schönen. Dieses barock anmutende Thema wird anders durchgeführt als in den *vanitas*-Dichtungen des 17. Jahrhunderts. Schillers Gedicht macht zuletzt eine Wendung, die zwar an die Appellstruktur barocker Sonette erinnert, die aber etwas grundsätzlich anderes zu denken gibt, als dies aus der barocken *memento mori*-Topik vertraut ist:

> Aber sie steigt aus dem Meer mit allen Töchtern des Nereus,
>   Und die Klage hebt an um den verherrlichten Sohn.
> Siehe! Da weinen die Götter, es weinen die Göttinnen alle,
>   Daß das Schöne vergeht, daß das Vollkommene stirbt.
> Auch ein Klaglied zu sein im Mund der Geliebten ist herrlich,
>   Denn das Gemeine geht klanglos zum Orkus hinab.
> (Schiller FA 1, S. 183)

Das adversative ‚Aber' leitet eine doppelte Wendung ein. Es signalisiert eine Umwendung der Bewegungsrichtungen von Fall und Abstieg in die Unterwelt, die durch eine aufwärts gerichtete Erhebung abgelöst werden. Damit verbindet sich eine inhaltliche Wendung, die eine trostreiche Transformation der beschriebenen

Verluste in Aussicht stellt. Wenn sich Thetis in der Trauer um ihren Sohn Achill erhebt, um eine Klage anzustimmen, dann ist der verlorene Tote in eine klingende Form verwandelt. Auf diese Verwandlung lenkt der Aufruf „Siehe!" die besondere Aufmerksamkeit. Der Verlust wird in den letzten beiden Versen weder mit dem barocken *carpe diem* noch mit dem Verweis auf eine das vergängliche Diesseits transzendierende Dimension beantwortet, sondern auf die Vorstellung von der ‚Herrlichkeit' des Klagelieds bezogen. Trost soll die Vorstellung spenden, dass das sterbliche Schöne im Medium des Gesangs – und damit der Dichtung – überleben kann.

Damit ist zweierlei angedeutet. Zum einen wird dem Tod durch den Gedanken an die Verewigung in der Kunst der Stachel genommen. In diesem Sinn hat Wolfgang Düsing die *Nänie* emphatisch als dichterische Aufhebung der Zeit, als „Triumph über die Zeit, die Vergänglichkeit und den Tod" gedeutet (Düsing 1997, S. 113). Zum anderen aber werden Vergänglichkeit, Tod und Trauer zur Voraussetzung des Dichtens erklärt: Ohne das Absterben des irdischen Schönen gäbe es kein Nachleben des Schönen im Mund der Geliebten. Dies hat man als „Poeten-Metaphysik" gedeutet, „die den eigenen Idealismus als Nihilismus kenntlich macht" (Groddeck 1995, S. 219). Auch wenn er den reflexiven Gehalt des Gedichts nicht kritisiert, beschreibt Ernst Osterkamp doch deutlich, dass die „Empfindung" in der *Nänie* „nie aus dem Griff des reflektierenden Verstandes entlassen" wird (Osterkamp 1996, S. 287). In dieser **Reflexionsstruktur** mag die *Nänie* dem Epigramm und damit dem barocken Sonett enger verwandt sein als der Elegie, zu der sie erst im Blick auf Schillers eigenes Konzept des Elegischen als „geschichtsphilosophische Desillusionierung", als „Verlust der Hoffnung auf eine diesseitige Verschmelzung des Wirklichen mit dem Idealen" wird (ebd., S. 294).

Im Anschluss an diese metapoetischen Deutungen lässt sich auch das interessante Verhältnis von artikulierter Idee und poetischer Form genauer beschreiben. Denn die Verwandlung von lebendigen Personen in eine schöne Kunstform ist nicht nur das Thema, sondern auch Verfahren des Gedichts. Die Anspielungen der ersten Verse, die Periphrasen und Antonomasien, lassen das Konkrete verschwinden und verschieben es in den Raum des Uneigentlichen: Aus Personennamen werden rhetorische Figuren. Die ausgeprägte rhetorische Struktur lässt sich als **performatives Element** deuten, insofern das Gedicht hier dasjenige selbst betreibt, wovon es spricht. Dabei ist hervorzuheben, dass das Gedicht die Transformation des Lebendigen nicht nur in kunstvoll geformte Sprache, sondern in Gesang beschreibt. Die *Nänie* als Klagelied besingt also ihre eigene Entstehung. Auf diesen Schluss, der den Ursprung der Dichtung in den singenden Mund verlegt, arbeiten auch Schillers kunstphilosophische Gedichte *Die Götter Griechenlandes* und *Das Ideal und das Leben* hin.

Kritik der Aufklärung: *Die Götter Griechenlandes*

„Was unsterblich im Gesang soll leben / Muß im Leben untergehn" (Schiller FA 1, S. 165). Diese auf die *Nänie* vorausweisende Formel setzt Schiller als Schlusspunkt unter die zweite Fassung von *Die Götter Griechenlandes*. Das Gedicht entwirft das Bild der Antike als Sehnsuchtsort einer in sich selbst gespaltenen

3.1 Schiller und Goethe im Vergleich

Moderne und skizziert im Medium der Dichtung, was Schiller in der Abhandlung *Über naive und sentimentalische Dichtung* argumentativ entfaltet. Das Gedicht illustriert damit aber keineswegs die bereits theoretisch fixierten Thesen. Vielmehr arbeitet das Gedicht der Abhandlung vor: Schiller hatte das Gedicht *Die Götter Griechenlandes* bereits 1788 im *Teutschen Merkur* publiziert, bevor er es in gekürzter Form in die Ausgabe seiner Gedichte 1800 einrückt. Von den ursprünglich 25 Strophen übernimmt er bei der wohl bereits 1793 vorgenommenen Überarbeitung nur 14 Strophen und fügt zwei weitere Strophen hinzu. Erst die neu geschriebene Strophe 16 liefert die Pointe, mit der auch die ebenfalls 1800 publizierte *Nänie* endet. Damit setzt Schiller einen erstaunlichen Schlusspunkt unter die geschichtsphilosophische Erzählung der frühen Gedichtfassung. Wie also fügen sich die Vorstellungen von der Unsterblichkeit des Schönen in der Kunst und umgekehrt vom Tod als Voraussetzung der Kunst in das geschichtsphilosophische Narrativ ein?

Das Gedicht *Die Götter Griechenlandes* beginnt in beiden Fassungen mit einer Entgegensetzung von Antike und Moderne, genauer gesagt von antiker und moderner Lebenspraxis und Kultur, aber vor allem: von antiker und moderner Religion.

> Da ihr noch die schöne Welt regieret,
> An der Freude leichtem Gängelband
> Selige Geschlechter noch geführet,
> Schöne Wesen aus dem Fabelland!
> Ach, da euer Wonnedienst noch glänzte,
> Wie ganz anders, anders war es da!
> Da man deine Tempel noch bekränzte,
> Venus Amathusia!
>
> Da der Dichtung zauberische Hülle
> Sich noch lieblich um die Wahrheit wand –
> Durch die Schöpfung floß da Lebensfülle,
> Und was nie empfinden wird, empfand.
> An der Liebe Busen sie zu drücken,
> Gab man höhern Adel der Natur,
> Alles wies den eingeweihten Blicken
> Alles eines Gottes Spur.
> (Ebd., S. 162)

Das Gedicht ist nicht in seiner metrischen Form, wohl aber seiner Sprechhaltung nach elegisch. Angesprochen werden die Götter, die früher einmal die Welt regiert haben. Die Bewertung dieses ‚Früher' im Gegensatz zur Gegenwart des Sprechers ist deutlich: Damals herrschten noch Freude und Seligkeit, alles stand im Zeichen der Schönheit sowie, so impliziert die Venus-Anrufung, im Zeichen der Liebe. Unter Liebe ist nicht nur die familiale oder erotische Beziehung zwischen den Menschen gemeint. Liebe ist vielmehr eine Chiffre für das Gesetz der Sympathie und der Attraktion, das den Menschen an die Natur bindet: „An der Liebe Busen sie zu drücken, / Gab man höhern Adel der Natur" (ebd). Liebe bezeichnet das Verhältnis des Menschen zu einer Natur, die noch nicht zum bloßen Objekt der wissenschaftlichen Beschreibung oder der praktischen Bearbeitung und Beherrschung geworden ist. Der Natur kommt insofern Subjektstatus zu, als sie den Antiken noch als belebt und beseelt, selbst mit Gefühl begabt galt: „was nie empfinden wird, empfand". Begründet wird dies über die **naturreligiöse Einstellung der Antike,** in der Flüsse, Bäume und Berge von Göttern und Nymphen bewohnt sind: „Alles wies den eingeweihten Blicken / Alles eines Gottes Spur" (ebd).

Angedeutet ist in den beiden ersten Strophen aber auch, dass es sich beim Leben des Menschen in einer ihm ähnlichen, mithin einer empfindenden, belebten und beseelten Natur um einen Anfangszustand handelt, aus dem der Mensch notwendigerweise herausgewachsen ist. Das ‚leichte Gängelband', von dem im zweiten Vers die Rede ist, bezeichnet die im 18. Jahrhundert verbreitete Praxis, Kleinkindern beim Laufenlernen mit einem Band zu helfen und sie zu kontrollieren. Damit ist zugleich gesagt, dass der Zustand der Seligkeit ein der Kindheit vergleichbarer Zustand ist, aus dem die Menschheit im Laufe ihrer Entwicklungsgeschichte herausgetreten ist. Das drei Mal wiederholte Wort ‚noch' unterstreicht den Eindruck, dass diese kindlich-antike Seligkeit nur transitorisch ist. Die Götter herrschen zwar gerade ‚noch', aber sie werden dies nicht mehr lange tun. Wie die dritte Strophe verdeutlicht, wird der selige Zustand einer liebenden Einheit mit der Natur durch den Einsatz der Vernunft beendet. Die in die Beschreibung der Vergangenheit einmontierte Gegenwartsdiagnose lautet:

> Wo jetzt nur, wie unsre Weisen sagen,
> Seelenlos ein Feuerball sich dreht,
> Lenkte damals seinen gold'nen Wagen
> Helios in stiller Majestät.
> Diese Höhen füllten Oreaden,
> Eine Dryas lebt' in jedem Baum,
> Aus den Urnen lieblicher Najaden
> Sprang der Ströme Silberschaum.
> (Ebd.)

Die moderne Welt sei seelenlos, weil der Mensch durch den Gebrauch der Vernunft von einer mythisch-anthropomorphisierenden zu einer wissenschaftlich-mathematischen Beschreibung der Natur übergegangen ist. Aus der neuzeitlichen Perspektive gibt es weder Helios noch Naturgeister wie die Oreaden, Dryaden oder Najaden. Stattdessen ist die Sonne ein ‚Feuerball', der sich entlang astronomisch kalkulierbarer Bahnen bewegt. Auch die Erde wird durch mechanische Gesetze berechenbar. Wie man nun weiß, wird sie durch physikalisch durchschaute Kräfte in Gang gehalten: „Gleich dem toten Schlag der Pendeluhr, / Dient sie knechtisch dem Gesetz der Schwere, / Die entgötterte Natur" (ebd.). Newtons Gesetz der Gravitation hat die Welt zu einem bloßen Funktionsmechanismus degradiert. In diesen Strophen rechnet Schiller der Moderne ihre Verluste vor. Die hier vollzogene kulturkritische Wendung gegen die aufgeklärte **Entzauberung der Welt** durch Vernunft, Naturwissenschaft und Technik wird zu einem Topos der Romantiker, die mit dem Wunsch nach einer ‚Neuen Mythologie' reagieren (Klinger 1995, S. 143). Anders Schiller, dem es weniger um eine aufklärungskritische, als vielmehr um eine religionskritische Pointe zu tun ist.

Religionskritik: das entseelte Wort
Entzaubert ist die Natur nicht nur durch ihre wissenschaftliche Erschließung, sondern vor allem durch den Rückzug des Göttlichen, der sich der Erfindung des christlichen Gottes verdankt. In dem von Schiller angestrengten Wettstreit treten nicht nur Moderne und Antike, Aufklärung und Mythos, sondern insbesondere der christliche Monotheismus und der antike Polytheismus gegeneinander an. So heißt es in der 13. (in der ersten Fassung der 20.) Strophe:

> Alle jene Blüten sind gefallen
> Von des Nordes schauerlichem Weh'n,
> Einen zu bereichern unter allen
> Mußte diese Götterwelt vergehn.
> (Schiller FA 1, S. 165)

Der Reichtum der antiken Götterwelt ist verarmt, weil sich nun alle Verehrung auf einen christlichen Gott zu richten hat, der sich aber im Diesseits der Natur nicht auffinden lässt. Es ist der protestantische *deus absconditus,* den Schiller zugleich als Gott des *logos,* also als nicht mehr in sinnlichen Bildern und Symbolen repräsentierten Gott des Geistes und des Wortes interpretiert. Aus dieser Absenz der sinnlichen Darstellung des Göttlichen in der christlich-protestantischen Praxis kann Schiller die Folgerung ziehen, dass mit den antiken Göttern auch das Schöne die Welt verlassen hat. Es verwundert nicht, dass diese Strophen von Zeitgenossen als **Bekenntnis zum paganen Pantheismus** wahrgenommen und entsprechend zum Skandal werden konnten (vgl. Frühwald 1969; Dahnke 1989). Erschwerend kam wohl hinzu, dass das Gedicht zur Rückkehr in antike Weltverhältnisse aufzufordern scheint. Die oft zitierte Schlüsselstrophe 12, in der ersten Fassung Strophe 19, spricht den Wunsch nach einer Wiederkehr des Verlorenen aus: „Schöne Welt, wo bist du? Kehre wieder / Holdes Blütenalter der Natur!" (Schiller FA 1, S. 164).

Allerdings ruft Schiller hier nicht zur religiösen Wende und zur Bekehrung zum Pantheismus antiker Prägung auf, sondern bestimmt die Kunst zum Medium eines Nachlebens der Antike. Während in der Antike das gesamte kulturelle Leben auf das Schöne gerichtet war – Schiller beschreibt die Festkultur, die Spiele und sportlichen Wettkämpfe, die Kulte und Rituale bis hin zu den Dionysien, hat sich die Moderne die schöne Welt der Antike in der Dichtung bewahrt: „Ach nur in dem Feenland der Lieder / Lebt noch deine fabelhafte Spur" (ebd.). Diese Diagnose ist mit einem Seufzer versehen: Die Gegenwart der Götter wird nicht mehr gelebt und gefühlt, sondern nur noch ersatzweise in der Kunst besungen, sie sind nicht mehr Wirklichkeit, sondern lediglich ‚fabelhafte' Dichtung. Dichtung ist in diesem Verständnis **Residuum und Surrogat** der einstmals lebendigen Götterwelt.

Dies spricht die zweite Fassung noch deutlicher aus als die erste. So heißt es in der ersten Fassung der letzten Strophen von 1788, die Schiller 1805 *Für die*

Freunde der ersten Ausgabe noch einmal in seiner Ausgabe der *Gedichte. Zweiter Teil* einrückt:

> Dessen Strahlen mich darnieder schlagen,
> Werk und Schöpfer des Verstandes! dir
> Nachzuringen, gib mir Flügel, Waagen
> Dich zu wägen – oder nimm von mir,
> Nimm die ernste strenge Göttin wieder,
> Die den Spiegel blendend vor mir hält,
> Ihre sanft're Schwester sende nieder,
> Spare jene für die andre Welt.
> (Ebd., S. 291)

Die erste Fassung endet mit der Kritik an einem Gott, der den Menschen zwar mit Verstand ausgestattet, ihm aber die göttliche Einsicht vorenthalten hat. Das verzweifelte Ich bittet als Sprecher des Gedichts wenigstens um die sanftere Schwester, meist als Kunst interpretiert (Berghahn 1985, S. 1816), die hier ersatzweise einspringen soll. Die für die zweite Fassung neu geschriebene letzte Strophe konzentriert sich hingegen auf die poetologische Konsequenz aus der Verlustdiagnose. Das Schöne in der Welt ist zwar mit den Göttern verschwunden, es wird aber im Gesang unsterblich.

> Aus der Zeitflut weggerissen schweben
> Sie gerettet auf des Pindus Höhn,
> Was unsterblich im Gesang soll leben
> Muß im Leben untergehn.
> (Schiller FA 1, S. 165)

Das die Strophe einleitende ‚Ja sie kehrten heim' unterstreicht die Diagnose einer irreversiblen Entwicklung, welcher dann in den zitierten letzten vier Versen eine positive Wendung abgewonnen wird. Indem die auf den Musenberg Pindus abgewanderten antiken Götter der Zeit entzogen und unsterblich geworden sind, sind sie nicht verloren, sondern in der Kunst ‚gerettet'. Ihre Unsterblichkeit manifestiert sich darin, dass sie im Medium des Gesangs weiterleben. Damit ist Schiller bei der Denkbewegung der *Nänie* angekommen. Das Schöne muss zwar sterben, es hat aber im Mund der Hinterbliebenen ein Nachleben. Die griechischen Götter überdauern in der Form einer elegischen Klage, die den Verlust betrauert, das Verlorene aber zugleich bewahrt.

Nachleben der Toten im Gesang

Dieser Zusammenhang zwischen Sterben und Überleben im ‚Gesang' ist dem Gedicht aber nicht als fremder Schluss angeheftet, sondern prägt schon die Beschreibung des antiken Lebens in einer von göttlichen Wesen durchwalteten Natur. Die Verbindung von Tod und Wiederkehr gewinnt bereits im ersten Drittel des Gedichts Gestalt. Die vierte Strophe beschreibt die beseelte Natur der Antiken:

> Jener Lorbeer wand sich einst um Hilfe,
> Tantals Tochter schweigt in diesem Stein,
> Syrinx Klage tönt' aus jenem Schilfe,

3.1 Schiller und Goethe im Vergleich

Philomelas Schmerz aus diesem Hain.
Jener Bach empfing Demeters Zähre,
die sie um Persephonen geweint,
und von diesem Hügel rief Cythere
Ach umsonst! dem schönen Freund.
(Ebd., S. 162)

Wie in der *Nänie* ist auch hier ein wenig Entschlüsselungsarbeit nötig. Der sich um Hilfe ‚windende' Lorbeer spielt auf die Erzählung aus Ovids *Metamorphosen* an, in der Apoll die Nymphe Daphne verfolgt, die sich nur durch die Verwandlung in einen Lorbeerbusch retten kann. Tantals Tochter ist Niobe, die so stolz auf ihre vielen Kinder war, dass sie vor den Göttern davor prahlt. Artemis und Apollon strecken die Kinder der Niobe mit Pfeilen nieder, woraufhin Niobe vor Schmerz zu Stein wird. Syrinx ist eine Nymphe, die vom Gott Pan verfolgt und auf der Flucht zu einem Schilfrohr wird, das bekanntlich das Material zu der nach Pan benannten Panflöte bildet. Philomele wird in eine Nachtigall verwandelt, nachdem sie von ihrem Schwager Tereus vergewaltigt und ihr die Zunge herausgeschnitten wurde. Demeters Tochter Persephone wird von Hades geraubt und in die Unterwelt verschleppt. Cythere ist ein Beiname der Aphrodite, die hier wohl um Adonis trauert. Zwei trauernde Mütter, zwei junge Frauen, die in **Verfolgungsszenarien** verwandelt worden sind, und eine Göttin, die ihren Geliebten verloren hat: Die mythologischen Namen verweisen allesamt auf Erzählungen verfolgter, verletzter oder trauernder Frauen. Die von Apoll verfolgte und in einen Lorbeerbaum verwandelte Daphne, die in Trauer über den Verlust ihrer Kinder versteinerte Niobe, die von Pan verfolgte Syrinx, die von Vergewaltigern verstümmelte und in eine Nachtigall verwandelte Philomele, die von Pluto geraubte Persephone – die angeblich von Göttern bewohnte Natur ist von den Geistern ihrer weiblichen Opfer bevölkert.

Schillers Freund Körner hat in einem Brief vom 25.4.1788 zu den „Beyspiele[n]" dieser Strophe diskret angemerkt, dass sie ihm „keine begeisternde Idee zu enthalten" scheinen (zit. n. Schiller FA 1, S. 1081). Tatsächlich verdunkeln die grausamen Mythologeme das Bild der seligen Antike beträchtlich. Zwar beschwört Schiller in den folgenden Strophen die Vision eines harmonischen Liebesbundes „[z]wischen Menschen, Göttern und Heroen" (ebd., S. 163). Die mythologischen Referenzen unterwandern aber die harmonische Vision durch die Konnotationen von Raub, Vergewaltigung und Tod. Wenn es die Geister der Verstorbenen sind, die als weinende, klagende oder rufende Steine, Büsche und Bäume weiterleben, dann muss schon die Natur der Antiken eine vom Tod geprägte gewesen sein. In Trauer ist damit nicht erst die Moderne, sondern bereits die Antike. Hier bestätigt sich nicht nur der Verdacht, den Irmela Marei Krüger-Fürhoff in ihrer Moritz-Deutung formuliert hat, dass nämlich der „Gründungsmythos der Kunstautonomie gerade auf die mehrfache Variation verletzter Weiblichkeit angewiesen ist" (Krüger-Fürhoff 2000, S. 96). Schillers Dichtung hat wohl auch, so hat Dorothea von Mücke im Bezug auf Schillers Gedicht *Das Reich der Schatten* formuliert, weit stärkere Affinitäten zur **„Trauerarbeit"** als zur immer wieder unterstellten „Triebsublimation" (von Mücke 2005, S. 231–232).

Das Reich der Schatten oder *Das Ideal und das Leben*

Die Affinität der Schillerschen Poetik zu Tod und Trauer tritt in dem großen kunstphilosophischen Gedicht, an dem Schiller 1795 nach Abschluss der ästhetischen Essays zu arbeiten beginnt, in den Mittelpunkt. In seiner ersten Fassung gibt Schiller ihm den Titel *Das Reich der Schatten* und provoziert damit ein Missverständnis, mit dem er selbst offenbar nicht gerechnet hatte. So lobt August Wilhelm Schlegel in seiner Rezension die vorzügliche Darstellung des antiken Reichs der Toten. Schiller aber ging es, das schreibt er an seinen Freund Körner, um die Darstellung des Reichs der Kunst (vgl. Kommentar in Schiller FA 1, S. 939). Für die Ausgaben seiner Gedichte von 1800 und 1804 benennt Schiller das Gedicht um und retuschiert auch einige Verse. Zuerst überschreibt er es *Das Reich der Formen,* 1804 nennt er es dann *Das Ideal und das Leben.* In dieser späteren Fassung gibt Schiller auf das Problem „Wollt ihr schon auf Erden Göttern gleichen, / Frei sein in des Todes Reichen" (ebd., S. 425) die Antwort: „Fliehet aus dem engen dumpfen Leben / In des Ideales Reich" (ebd., S. 152). Das klappernde Metrum des Verses ‚In des Ideales Reich' ist also eine Umschrift, mit der die metrisch und rhythmisch passendere, nebenbei auch alliterierende Fügung der ersten Fassung „[i]n der Schönheit Schattenreich" (ebd., S. 426) ersetzt wird. Offensichtlich wollte Schiller den falschen Lesarten sogar auf Kosten der metrischen und lautlichen Gestaltung vorbeugen und verdeutlichen, dass sein Gegenstand nicht das Reich der Toten, sondern das Reich der idealen schönen Formen sei.

Und doch haben die Toten auch in der bereinigten Version mehr als eine Spur hinterlassen. Der Anfang des Gedichts kontrastiert ein Leben auf dem Olymp mit der Existenz auf der Erde. So heißt es in den ersten Versen: „Ewigklar und spiegelrein und eben / Fließt das zephyrleichte Leben / Im Olymp den Seligen dahin" (ebd., S. 152). Im Gegensatz dazu müssen die Menschen wählen „[z]wischen Sinnenglück und Seelenfrieden" (ebd.), weil sie entweder ihren sinnlichen Bedürfnissen oder ihren dazu offenbar im Widerspruch stehenden sittlichen Vorstellungen gehorchen können. Die **Antithese von Ideal und Leben** wird im mythologisch bebilderten Gegensatz vom Olymp und der Erde nicht nur als topologische Differenz von oben und unten, sondern auch als semantischer Kontrast von Unsterblichkeit und Sterblichkeit eingeführt. Dabei verbinden sich Sexualität und Tod zu einer unheilvollen Mischung.

Wie bereits die zweite Strophe verrät, kann der Mensch nur dann göttergleich und damit unsterblich werden, wenn er noch im Diesseits auf den „Körper" verzichtet, denn „[n]ur der Körper eignet jenen Mächten, / die das dunkle Schicksal flechten" (ebd.). Die Rettung ins Reich des Ideals setzt deshalb die Entsagung voraus: „Brechet nicht von seines Garten Frucht" (ebd.). Was sich auf den Paradiesapfel zu beziehen scheint, erklärt sich am Ende der Strophe als Verweis auf „Ceres' Tochter", die erst durch den Biss in den Granatapfel endgültig dem Totenreich verfällt. In der Anspielung auf Ceres'/Demeters Tochter Proserpina/Persephone eröffnet sich wiederum das Bild des Hades als Reich der Toten. In der vierten Strophe werden die Schatten der Toten schließlich ausdrücklich zum Gleichnis erklärt:

3.1 Schiller und Goethe im Vergleich

Jugendlich, von allen Erdenmalen
Frei, in der Vollendung Strahlen
Schwebet hier der Menschheit Götterbild,
Wie des Lebens schweigende Phantome
Glänzend wandeln an dem styg'schen Strome
(Ebd., S. 153)

Nicht nur durch den Styx als mythologische Referenz, sondern auch durch den Vergleich der zum Gott transfigurierten Menschen mit ‚schweigenden Phantomen', in denen die am Styx wandelnden Schatten der Toten benannt sind, wird das Land des Schönen mit dem Land der Toten überblendet.

Seine kunsttheoretische These formuliert Schiller schließlich in den Strophen acht und neun, mit denen die zweite Hälfte des Gedichts beginnt.

Wenn, das Tote bildend zu beseelen,
Mit dem Stoff sich zu vermählen
Tatenvoll der Genius entbrennt,
Da, da spanne sich des Fleißes Nerve,
Und beharrlich ringend unterwerfe
Der Gedanke sich das Element.
Nur dem Ernst, den keine Mühe bleichet,
Rauscht der Wahrheit tief versteckter Born,
Nur des Meißels schwerem Schlag erweichet
Sich des Marmors sprödes Korn.

Aber dringt bis in der Schönheit Sphäre,
Und im Staube bleibt die Schwere
Mit dem Stoff, den sie beherrscht, zurück.
Nicht der Masse qualvoll abgerungen,
Schlank und leicht, wie aus dem Nichts gesprungen,
Steht das Bild vor dem entzückten Blick.
Alle Zweifel, alle Kämpfe schweigen
In des Sieges hoher Sicherheit,
Ausgestoßen hat es jeden Zeugen
Menschlicher Bedürftigkeit.
(Ebd., S. 154)

Beide Strophen sind mit einer adversativen ‚Wenn'-, ‚Aber'-Konstruktion zugleich auseinandergehalten und aufeinander bezogen. Kontrastiert werden zwei Modi künstlerischer Gestaltung, wobei die erste derart verfährt, dass sie ‚das Tote bildend zu beseelen' versucht. Dabei aber ist die ‚Wahrheit' der stofflichen Materie ‚qualvoll' abzuringen. Der mühevollen Arbeit an ‚des Marmors spröde[m] Korn' wird die **künstlerische Phantasie** entgegen gestellt, die sich dem Künstler wie von selbst, ‚wie aus dem Nichts gesprungen' präsentiert. Diese Gegenüberstellung folgt der These aus *Über naive und sentimentalische Dichtung,* derzufolge die antike Skulptur zwar unübertroffen bleiben werde, eine ideale Kunst als Versöhnung von Verstand und Natur aber nur der Dichtung gelingen könnte, weil diese der immateriellen Einbildungskraft entspringt und sich nicht am Material abarbeiten muss.

Für diese Loslösung der Einbildungskraft von der Materie findet das Gedicht am Ende wieder ein Bild aus der antiken Mythologie. Es ist die Verklärung des Herakles, der nach der Erfüllung der ihm auferlegten Mühen und Arbeiten in den Olymp aufgenommen und in einen Gott verwandelt wird. Seine Geschichte wird in den beiden letzten Strophen erzählt, nachdem erst die Aufgaben aufgezählt und zuletzt die Aufnahme in den Olymp beschrieben wird:

> Bis der Gott, des Irdischen entkleidet,
> Flammend sich vom Menschen scheidet,
> Und des Äthers leichte Lüfte trinkt.
> Froh des neuen ungewohnten Schwebens
> Fließt er aufwärts und des Erdenlebens
> Schweres Traumbild sinkt und sinkt und sinkt.
> Des Olimpus Harmonien empfangen
> Den Verklärten in Kronions Saal,
> Und die Göttin mit den Rosenwangen
> Reicht ihm lächelnd den Pokal.
> (Ebd., S. 156)

Diese letzte Strophe bringt die Entstehung der Kunst als einem immateriellen, gleichsam schwerelosen Fantasiebild („schlank und leicht", ebd., S. 154) mit der Transfiguration des Herakles in Verbindung, die den Helden von seiner irdischen Existenz befreit und ihn in einen unsterblichen Gott verwandelt. Wie die Transformation des Toten in das herrliche Klagelied der *Nänie* realisiert sich auch diese Abtrennung des Göttlichen vom Irdischen in einer sorgfältig austarierten Doppelbewegung von Aufsteigen und Versinken. In der *Nänie* steigt Thetis aus dem Meer auf, und die Klage ‚hebt an', während das Nichtschöne unbegleitet zum Orkus ‚hinab'-geht. In der Verklärung des Herakles trennt sich ein paradoxerweise aufwärtsfließender Herkules von einem herabsinkenden, ebenfalls kontraintuitiv als ‚schwer' gekennzeichneten ‚Traumbild'.

Der Vers vom schweren Traumbild, das für den Leser in eindeutiger Weise „sinkt und sinkt und sinkt", lässt für jemanden, der das Gedicht hört oder selbst laut liest, ein anderes Wort anklingen: nämlich ‚singt und singt und singt'. Rudolf Helmstetter deutet dies als „eine freie Selbsthandlung der Sprache in den Fesseln der Gedanken" und argumentiert, dass hier die „‚Ideen' des Gedichts" vom „idealischen Kopf auf die sprachlichen Füße" gestellt werden (Helmstetter 2010, S. 116). In der **Klangassoziation sinken/singen** ist die Performanz der Sprache dergestalt am Werk, dass sie die Grenzen des idealistischen Denkens sprengt. Aber damit nicht genug: Indem die Sinkbewegung ein zweites Wort mitklingen lässt, bekommt der sinkende Körper des Buchstaben im aufsteigenden Klang gleichsam ein geisterhaftes Double. Mit der Doppeldeutigkeit zwischen Sinken und Singen, zwischen verfallender Materie und aufsteigendem Klang, führt das Gedicht *Das Ideal und das Leben* genau diejenige Transformation des herabsinkenden Körpers in körperlosen Klang vor, von der die klassischen Gedichte sprechen (Zumbusch 2011). Tatsächlich bilden Klang und Gesang Leitmotive der Schillerschen Dichtung.

Lyrik als Gesang

Schon in *Die Götter Griechenlandes* stellen nicht der Sänger Orpheus, sondern die in Klang verwandelten Toten selbst die Referenzerzählung für Schillers These von einer den Tod besiegenden Kunst dar. Es sind Syrinx' Klage aus dem Schilf, die in eine Nachtigall verwandelte Philomele, Ceres' Klage um ihre in den Hades entführte Tochter und das Klagelied der aus dem Meer aufsteigenden Thetis, in denen die Toten weiterleben. Fast alle der genannten Szenen sind nicht nur Szenen des gewaltsamen Todes, sondern auch Szenen der Transformation von Körpern in Klänge. Die singende Thetis, die weinende Demeter und die rufende Cythere, das Schilfrohr und die Nachtigall – bis auf diejenigen Daphnes und Niobes werden alle genannten **Frauenkörper zu Klangkörpern:** Die trauernden Frauen werden zu Klagenden, die verstümmelten, verletzten und getöteten Frauen werden zu tönender Natur. Wenn Schiller die Transformation von Lebendigem in Gesang und Musik zum Exempel für die beseelte Welt der Antike wählt, dann hat die in seinen kunstphilosophischen Gedichten beharrlich betrauerte Antike in erster Linie ein akustisches Nachleben.

Diese starke Affinität zum Singen und Klingen lässt sich zuletzt als Hinweis darauf deuten, in welchem Sinne man es bei Schillers Gedichten tatsächlich mit ‚Lyrik' zu tun hat. Geht man auf die Etymologie zurück, dann bedeutet Lyrik etwas, was zur *lyra* gesungen wurde. Am Ursprung der Definition des Lyrischen steht somit weder eine psychologische Erfahrungsdimension noch eine gesteigerte Subjektivität. Im Kern ist vielmehr die Möglichkeit angesprochen, sich als Gesang zu Gehör zu bringen. Lyrik bezeichnet also ein **Klangphänomen.** Von dieser Grundbedeutung ist der an Dilthey anknüpfende Begriff der Erlebnislyrik weit entfernt – Schillers Sing- und Klangszenarien hingegen nicht. Gerhard Storz hat das Spezifikum der Schillerschen Gedichte in ihrem „Abzielen auf musikalische Wirkung", insbesondere in ihren durch Metrum und Reim erreichten Klangeffekten ausgemacht und in diesem Zusammenhang auf Schillers Selbstaussage verwiesen: „Das Musikalische eines Gedichtes schwebt mir weit öfter vor der Seele, wenn ich mich hinsetze es zu machen, als der klare Begriff vom Inhalt, über den ich kaum mit mir einig bin" (zit. n. Storz 1968, S. 263). Statt der nachträglichen Veranschaulichung bereits gewonnener Begriffe beschreibt Schiller seine lyrische Produktion als einen Prozess, der bei einem sinnlich-klanglichen Eindruck ansetzt.

Mit Blick auf die hier betrachteten Gedichte ließe sich sagen, dass Schillers Gedichte nicht nur Gedanken verdichten, sondern Klangfiguren erzeugen wollen. Diese Klangebene erschöpft sich nicht in emotionalisierenden, bewegenden Aspekten wie Metrum und Rhythmus, sondern hat semantische Qualitäten. In einer Klangfigur wie der vom singen/sinken wird ein Doppelsinn generiert, der sich in der Diskrepanz zwischen Geschriebenem und Gesprochenem, Gelesenem und Gehörtem auftut. An einer Stelle wie dieser erweist sich Schillers Lyrik als Modus der Sprachverwendung, der akustisch wahrzunehmen ist, wenn man den im Klang versteckten Sinn erfassen will.

Diese Auffassung deckt sich genau mit dem, was Schiller offenbar selbst für Lyrik in einem starken Sinn hielt. In einer Rezension zu den Gedichten Friedrich von Matthisons fordert Schiller, in der Lyrik solle „der tote Buchstabe der Natur zu einer lebendigen Geistersprache" (Schiller FA 8, S. 1025) werden. Diese **lebendige Geistersprache** lässt sich als Verweis auf den Klang deuten, der sich vom geschriebenen Buchstaben lösen kann, wenn man ihn ausspricht und laut erklingen lässt. Diese unter allen Todesassoziationen freizulegende Fantasie von einer Verlebendigung des Verlorenen im Medium der Dichtung berührt sich mit Goethes Gedichtzyklus der *Römischen Elegien*.

3.1.3 Goethes *Römische Elegien*: Kunst und Leben

Als Goethes *Römische Elegien* 1796 im sechsten Stück der *Horen* erscheinen, lösen sie einen kleinen Skandal aus. Die Weimarer Gesellschaft nimmt Anstoß an der erotischen Natur der Gedichte. Gerne zitiert wird in diesem Zusammenhang Herders Bonmot, die *Horen* müssten ab jetzt mit „u" gedruckt werden (Goethe FA 1, S. 1092). Und dabei hat Goethe für die Publikation schon einige der expliziteren Gedichte unterdrückt und gar nicht zum Druck gegeben. Anstößig finden Goethes Weimarer Bekannte wohl vor allem die Tatsache, dass sie zu wissen meinen, um welche Frau es in den Gedichten geht. Die Geliebte der *Römischen Elegien* soll Christiane Vulpius sein, die Goethe nach seiner Rückkehr aus Italien kennenlernt und mit der er seit 1789 einen Sohn hat. Anstoß erregt also nicht nur die Darstellung von Sexualität, sondern vor allem der Rückschluss, den die Zeitgenossen von Goethes Lyrik auf Goethes Leben machen.

Allerdings thematisieren die *Römischen Elegien* keine authentischen, datierbaren Gefühlserlebnisse, sondern entwerfen Szenen eines mehrfach überformten Lebens. Der Titel *Römische Elegien* verweist zunächst auf den Kontext der *Italienische Reise*. Der Gedichtzyklus entstand aber nicht in Rom, sondern erst mit und nach Goethes Rückkehr ab etwa 1788 in Weimar. Hier verschwimmt der biografische Bezug, der nun zwischen der Erinnerung an die Zeit in Italien und den Erfahrungen in der mit **Christiane Vulpius** eingegangenen Beziehung schwankt. Goethe gibt seinem Elegienzyklus erst den Titel *Erotica Romana*, diesen streicht er aber und ersetzt ihn zunächst durch die Doppelüberschrift *Elegien. Rom 1788*, bis er dann für die 1795 publizierte *Horen*-Fassung den Titel *Römische Elegien* wählt. Hier vollzieht sich die Transformation eines datierbaren Erlebnisses *(Rom 1788)* in eine Gedichtform, die sich selbst in eine antike Dichtungstradition stellt. Beides ist in dem Titel kunstvoll in der Schwebe gehalten, kann *Römische Elegien* doch zweierlei heißen: Elegien, die in Rom geschrieben sind, aber auch: Elegien, die nach römischem Vorbild geschrieben sind. Diese Doppeldeutigkeit ist den Elegien als komplexe Zeitstruktur eingeschrieben.

Zeit der Antike: *Erste Elegie*

> Saget Steine mir an, o! sprecht, ihr hohen Paläste.
>   Straßen redet ein Wort! Genius regst du dich nicht?

Ja es ist alles beseelt in deinen heiligen Mauern
    Ewige Roma, nur mir schweiget noch alles so still.
O! wer flüstert mir zu, an welchem Fenster erblick ich
    Einst das holde Geschöpf, das mich versengt und erquickt?
Ahnd' ich die Wege noch nicht, durch die ich immer und immer,
    Zu ihr und von ihr zu gehn, opfre die köstliche Zeit.
Noch betracht' ich Päläst und Kirchen, Ruinen und Säulen,
    Wie ein bedächtiger Mann sich auf der Reise beträgt.
Doch bald ist es vorbei, dann wird ein einziger Tempel,
    Amors Tempel nur sein, der den Geweihten empfängt.
Eine Welt zwar bist du, o Rom, doch ohne die Liebe
    Wäre die Welt nicht die Welt, wäre denn Rom auch nicht Rom.
(Goethe FA 1, S. 393)

Der Rückbezug auf die Antike wird bereits im ersten Vers evident. Der erste Halbvers „Saget Steine mir an" zitiert die erste Zeile der homerischen *Odyssee,* die in der zeitgenössischen Übersetzung von Voß lautet: ‚Sage mir, Muse, die Taten des vielgewanderten Mannes'. Damit greift Goethe eine zentrale Formel des antiken Dichtungsverständnisses auf, derzufolge das Dichten eine von den göttlichen Musen eingegebene Rede sei. Den **Musenanruf** des homerischen Epos, der meist die Richtigkeit des anschließend Erzählten verbürgen soll, wandelt Goethe in eigenartiger Weise ab. Sprechen sollen hier keine göttlichen Musen, sondern unbelebte Materie und von Menschen hergestellte Gegenstände: ‚Steine, Paläste und Straßen'. Denkt man sich den Titel dazu, dann sind hier die Steine, Paläste und Straßen Roms und damit die Antike in ihren Überlieferungsformen als steinerne Überreste aufgerufen.

Der im zweiten Vers angesprochene ‚Genius' könnte vor diesem Hintergrund einen *genius loci* im Sinne des Schutzgeistes eines Ortes meinen, an den die Antiken geglaubt haben. Zieht man die Funktion des Musenanrufs in Betracht, mit dem ein Dichter um göttliche Inspiration bittet, dann könnte sich die Rede vom Genius auch auf das Genie des Dichters beziehen. Führt man beide Lesarten zusammen, dann fungieren die Reste und Ruinen der Antike als Auslöser einer dichterischen Inspiration, die aber ‚noch' nicht recht in Gang gekommen zu sein scheint. Die Zeitordnung ist damit eine entschieden andere als in Schillers Elegie *Nänie* oder in seinem elegisch anmutenden Gedicht *Die Götter Griechenlandes.*

Die *Erste Elegie* spricht nicht von einem vergangenen Glück, sondern von einer vergangenen Ahnung und von einer erinnerten Erwartung. Auffällig ist die Wiederholung des Worts ‚noch': „nur mir schweiget noch alles so still", „Ahnd' ich die Wege noch nicht", „Noch betracht' ich" (ebd.). Die erste Elegie artikuliert die **Antizipation eines Künftigen:** Es wird etwas erwartet, das kommen wird, zum Sprechzeitpunkt des Gedichts aber noch nicht eingetreten ist. Statt des wehmütigen Zurückblickens auf ein vergangenes Glück führt die erste Elegie in den Zustand der Erwartung eines künftigen Glücks: „Doch bald ist es vorbei, dann wird ein einziger Tempel, / Amors Tempel nur sein, der den Geweihten empfängt" (ebd.). Das ‚noch nicht' der unerfüllten Zeit impliziert eine Zeit der Erfüllung, die ‚bald' kommen soll. Das Gedicht folgt damit der Struktur der *prospectio,* die ein Versprechen, eine Verheißung, eine Hoffnung oder Erwartung formuliert.

Der Zeitbezug in Goethes Erster Elegie ist aber noch vielschichtiger. Die im Vers 6 eingeführte Zukunftsdimension – „an welchem Fenster erblick ich / Einst das holde Geschöpf, das mich versengt und erquickt?" (ebd.) – evoziert zugleich eine gewisse Zeitlosigkeit. Denn im Sprachgebrauch des 18. Jahrhunderts kann ‚einst' sowohl ein vergangenes als auch ein zukünftiges Ereignis bezeichnen. Ähnlich wie das lateinische *altus,* das sowohl hoch als auch tief meinen kann, vereint die Vokabel ‚einst' zwei gegensätzliche semantische Möglichkeiten. Mit dieser Zweideutigkeit führt das ‚einst' eine zeitliche Unbestimmbarkeit ein, die sich in weiteren Temporalbestimmungen verstärkt. Die Formel ‚immer und immer' verwandelt die Zeit der Erfüllung in eine Zeit der unterschiedslosen Wiederholung, die sich ebenfalls nicht datieren lässt. Die Anrufung ‚Ewige Roma' weist diese Zeitlosigkeit schließlich als **Zeit der Ewigkeit** aus. Die Zeit der Antike, in der alles beseelt gewesen war, ist also nicht vergangen, sondern ist unter besonderen Umständen auch immer noch da: Die Antike lässt sich im doppelten Sinne wieder-holen. Umgekehrt meint Gegenwart keinen konkret datierbaren, sondern einen imaginären, aus der Zeit gehobenen Augenblick: mithin den Augenblick einer zeitlosen Zeitgenossenschaft mit der ‚ewigen' Antike.

Die auffällige Fülle der Anreden, Anrufungen und Invokationen zeugt von dem Versuch, von einer vergangenen Gegenwart aus in einen Dialog mit der Vorvergangenheit der Antike zu treten. Antikes wird zunächst in den unbelebten, stummen Resten der Antike angesprochen. Weitere Elegien rufen auch die römischen Elegiendichter Catull, Tibull, Properz an. Thomas Althaus hat hier von einer „Rekapitulation der Antike" gesprochen, die als Aufzählen mythologischer Bezüge verfährt (Althaus 1994, S. 61). Wo sich das sprechende Ich zuerst an die Steine, die Paläste, die Straßen, den Genius wendet, erscheint zuletzt Rom selbst als Adressatin. Im Text taucht die Stadt in der lateinischen Form als Roma, als fremdsprachliches Element auf. Dies geschieht nicht nur aus metrischen Gründen, vielmehr ist das lateinische Wort Roma die Grundlage eines Wortspiels, das die Leitthematik des Elegien-Zyklus in dem Anagramm ROMA – AMOR verklammert.

Roma ist einerseits die Stätte der Antike, der ruinösen und stummen Vergangenheit. Richtig gewendet springt aus der Lektüre aber Amor, die Liebe als belebende und beseelende Kraft, heraus (Witte 2000). Erst die Liebe, dies verdeutlicht die erste Elegie mit ihrer Dynamik vom Defizit des noch nicht zur Erfüllung gelangten ‚einst', macht Rom zum Ort einer lebendigen Erfahrung der Antike. Das abschließende elegische Distichon liefert diese Erkenntnis als griffige Sentenz: „Eine Welt zwar bist du, o Rom, doch ohne die Liebe / Wäre die Welt nicht die Welt, wäre denn Rom auch nicht Rom" (ebd.). In der Entbergung von AMOR in ROMA wird die Liebe als eigentliches Thema der Elegien greifbar. Dies hat gattungspoetologische Konsequenzen, insofern Goethe die dem 18. Jahrhundert vertraute trauernde, sentimentalische, klagende Elegie mit der in der Antike ebenso bekannten erotischen Liebeselegie verbindet.

Liebe und Dichtung: *Fünfte Elegie*

Die *Römischen Elegien* entfalten kein Konzept einer platonischen, sorgfältig sublimierten oder ‚reinen' Liebe, wie sie in Goethes privaten Aufzeichnungen des ersten Weimarer Jahrzehnts auftritt, sondern stilisieren **Erotik und Sexualität** zu einem besonderen Erlebnismodus. In der ersten handschriftlichen Fassung findet sich gleich an zweiter Stelle eine Elegie, die mit den expliziten Versen endet: „Uns ergötzen die Freuden des echten nacketen Amors / Und des geschaukelten Betts lieblicher knarrender Ton" (Goethe FA 1, S. 394). Die in die Druckfassung übernommenen Elegien operieren versteckter und anspielungsreicher, aber auch sie haben meist zwei Adressaten: einerseits Amor, der immer deutlicher zum römischen Liebesgott Cupido wird; andererseits die Geliebte, mit der das sprechende Ich seine Zeit in Rom verbringt. Dabei ist auch noch den erotisch explizitesten Gedichten eine poetologische Reflexionsebene eingezogen. Exemplarisch ist hier die *Fünfte Elegie:*

> Froh empfind' ich mich nun auf klassischem Boden begeistert,
>   Lauter und reizender spricht Vorwelt und Mitwelt zu mir.
> Ich befolge den Rat, durchblättre die Werke der Alten
>   Mit geschäftiger Hand täglich mit neuem Genuß.
> Aber die Nächte hindurch hält Amor mich anders beschäftigt,
>   Werd ich auch halb nur gelehrt, bin ich doch doppelt beglückt.
> Und belehr ich mich nicht? wenn ich des lieblichen Busens
>   Formen spähe, die Hand leite die Hüften hinab.
> Dann versteh ich erst recht den Marmor, ich denk' und vergleiche,
>   Sehe mit fühlendem Aug', fühle mit sehender Hand.
> Raubt die Liebste denn gleich mir einige Stunden des Tages;
>   Gibt sie Stunden der Nacht mir zur Entschädigung hin.
> Wird doch nicht immer geküßt, es wird vernünftig gesprochen,
>   Überfällt sie der Schlaf, lieg ich und denke mir viel.
> Oftmals hab ich auch schon in ihren Armen gedichtet
>   Und des Hexameters Maß, leise, mit fingernder Hand,
> Ihr auf den Rücken gezählt, sie atmet in lieblichem Schlummer,
>   Und es durchglühet ihr Hauch mir bis ins tiefste die Brust.
> Amor schüret indes die Lampe und denket der Zeiten,
>   Da er den nämlichen Dienst seinen Triumvirn getan.
> (Ebd., S. 405 und 407)

Das Gedicht wird von Inspirationsmetaphern zusammengehalten. Die Rede von der Begeisterung im ersten Vers verweist auf den Enthusiasmus, die Begeisterung, die Platons Dialog *Ion* zufolge als göttliche Kraft dem Dichter und den Rhapsoden verliehen wird. Die Inspiration soll sich in Goethes Szenario zu gleichen Teilen aus der Vorwelt, der Antike, wie auch aus der Mitwelt, also aus der gelebten Gegenwart herleiten. Statt der Betonung der Trennung und des Hiatus zwischen Antike und Moderne vollzieht das Gedicht eine Annäherung von Vorwelt und Mitwelt, die in der syntaktischen Fügung gleichgeordnet werden. Nimmt man die Schlussverse hinzu, dann ist auch die Quelle der gegenwärtigen Inspiration benannt. Es ist der Atem der Geliebten, ‚ihr Hauch', der dem Sprecher-Ich das Gedicht im Wortsinn in-spiriert. Der römische Liebesgott Amor hat dabei zwei Aufgaben. Er entzündet die Lampe und damit wohl auch das Begehren, und er unterhält die Verbindung zu den antiken Dichtern, in deren Nachfolge sich das Ich stellt. Die Liebe, so wird hier suggeriert, aktiviert ein an der antiken Liebes-

und Dichtungspraxis orientiertes Inspirationsgeschehen, das aber nicht nur an das Lesen und Wissen, sondern ganz wesentlich auch an **sinnliche Erfahrungsdimensionen** gebunden ist.

Das Gedicht fasst diesen doppelten Antikebezug in das Bild von dem Doppelleben, das sich zwischen Tag und Nacht und dem dabei immer neu eingeschlagenen Weg vom Buch zum Bett, vom Bücherwissen zum sexuellen Erlebnis abspielt. Verbunden werden die beiden Erfahrungsmodi des Lesens und des Liebens durch die Hand als dem Medium der sinnlichen Erfahrung: Mit ‚geschäftiger Hand' werden nicht nur die Bücher durchblättert, sondern auch die Formen des Körpers der Geliebten erfasst. Wenn es dabei heißt, das Ich ‚durchblättre die Werke der Alten' immer ‚mit neuem Genuß', dann ist das Lesen hier womöglich deshalb ein Genießen, weil es nicht an das Sehen und Denken der reinen *theoria*, sondern an das Greifen und Hantieren gebunden ist. Umgekehrt soll die fühlende Hand des Liebhabers aber nicht nur Genuss, sondern auch einen Erkenntnisgewinn hervorbringen.

Der Chiasmus ‚fühlendes Auge, sehende Hand' verbindet die beiden Dimensionen der sinnlichen Erfahrung und der rationalen Erkenntnis, über deren Zusammenwirken in der Philosophie des 18. Jahrhunderts intensiv nachgedacht wird. Goethes Modell eines chiastischen Ineinanderwirkens von Sinnlichkeit und Verstand greift Positionen auf, die **Johann Gottfried Herder** bereits 1778 in seinem Werk *Plastik: Einige Wahrnehmungen über Form und Gestalt aus Pygmalions bildendem Traume* entwickelt. Herder leitet hier das begriffliche Denken aus dem taktilen Empfinden her und kommt zu der These, dass gerade das Schöne nur zu begreifen sei, weil beim Sehen sinnliche Erfahrungen des Betastens aktiviert werden: ‚Begriff' kommt von ‚Begreifen' (Herder FA 4, S. 243–326). Goethes Bild von der Hand, die Formen fühlen und auf diese Weise erkennen kann, was das Schöne sei, lässt sich als direkte Anspielung auf Herders Erkenntnislehre beziehen (Gilman 1988, S. 7). Goethe überführt diese Erkenntnistheorie, die Herder an der Wahrnehmung der dreidimensionalen Plastik entfaltet, in eine Dichtungslehre: „Oftmals hab' ich auch schon in ihren Armen gedichtet / Und des Hexameters Maß leise mit fingernder Hand / Ihr auf den Rücken gezählt" (Goethe FA 1, S. 407). Das antike Metrum des Hexameters wird hier am Körper der Geliebten ausprobiert. Die fingernde Hand zählt das Metrum und tastet dabei zugleich den lebendig atmenden Körper der Geliebten ab. In der Inszenierung der Entstehung dieser metrischen Form aus der Erfahrung des atmenden Körpers thematisiert sich die in Hexameter-Pentameter-Fügungen gedichtete Elegie.

Auf der Grundlage dieser Poetik des Sinnlichen gehen **Dichtung und antike Lebenskunst** eine enge Verbindung ein. Antike wird nicht nur einfach rezipiert, sie wird im Sinne eines quasi theatralischen, performativen Aktes wieder aktualisiert (Ter Horst 2012). Diese lebendige Erfahrung der Antike wird in den Rahmen eines ebenfalls aus der Antike gewonnenen Ethos des Glücks gestellt. So heißt es in der 13. Elegie: „die Antike war neu da jene Glücklichen lebten, / Lebe glücklich und so lebe die Vorzeit in dir" (Goethe FA 1, S. 419). Wolfgang Riedel hat diese Verse als Anleitung zu einem guten Leben gelesen, die den Gegenstand der antiken Ethik nach Aristoteles bilden. Es ist ein Ethos der Lebensfreundlichkeit und der Heiterkeit, die im Zeichen der antiken Haltungen der *laetitia* und der *hilaritas* stehen (Riedel 1996, S. 175).

Flüchtiges Glück: Präsenz und Wiederholung
Dass sich die antike (Lebens-)Kunst wiederholen lasse, bildet das große Versprechen der *Römischen Elegien*. Aber auch Goethes Poetik des Sinnlichen und sein darauf gegründetes Ethos des Glücks haben ihre Kehrseiten. Denn in einzelnen Gedichten erweist sich die Wiederholung nicht nur als Möglichkeit, sondern auch als Problem. Eine immer wieder aufgerufene mythologische Figur ist die *occasio,* die Gelegenheit. Aus der Ikonografie ist sie bekannt als laufende Frau mit einem Haarschopf, den man ergreifen muss, wenn man das flüchtige Glück nicht verpassen möchte. Gerade der Liebende ist immer darauf angewiesen, die sich zufällig bietende Gelegenheit beim Schopf zu packen. Das Bild von der laufenden Göttin *occasio* impliziert aber auch, dass das Gelegenheitsglück endlich ist – es geht vorbei.

Genau diese Erfahrung wird am Ende der *Vierten Elegie* formuliert: „O wie war ich beglückt! – Doch stille, die Zeit ist vorüber". Die *Vierte Elegie* enthält eine Invokation dieser „Göttin Gelegenheit", die Goethe in eine Tochter des Meergottes Proteus umdeutet, der beständig die Form wandeln konnte und deshalb nie zu fassen war. Wie ihr Vater erscheint auch die Göttin Gelegenheit „oft immer in andrer Gestalt" (Goethe FA 1, S. 405). Die *fortuna occasio* als Göttin einer sich in immer neuen Formen bietenden Gelegenheit realisiert sich in der Handschrift des Gedichts dergestalt, dass anfangs von einem braunhaarigen, am Ende dann von einem blonden Mädchen die Rede ist (ebd., S. 404). Das Glück der Liebe scheint sich nur durch die Aneinanderreihung und stete Folge unterschiedlicher Liebesbegegnungen auf Dauer stellen zu lassen: **Serialität und Wiederholung** sind die notwendigen Komplemente einer Erfahrung, die sich durch ihren Gelegenheits- und Augenblickscharakter auszeichnet.

In den Elegien findet sich dieses Wiederholungsprinzip in eine Rhythmik von Aufstieg und Abstieg überführt, die mal einen mythologisch verschlüsselten, mal einen explizit sexuellen Sinn erhält. Die *Neunte Elegie* evoziert mit dem ersten Wort „Herbstlich" die Vorstellung vom Vergehen und Absterben als dem Kennzeichen zyklischer Naturzeit:

> Herbstlich leuchtet die Flamme vom ländlich geselligen Herde,
>   Knistert und glänzend wie rasch, sausend vom Reisig empor!
> Diesen Abend erfreut sie mich mehr, denn eh noch zur Kohle
>   Sich das Bündel verzehrt, unter die Asche sich neigt
> Kommt mein liebliches Mädchen. Dann flammen Reisig und Scheite,
>   Und die erwärmte Nacht wird uns ein glänzendes Fest.
> Morgen frühe geschäftig verläßt sie das Lager der Liebe,
>   Weckt aus der Asche behend Flammen aufs neue hervor.
> Denn das gab ihr Amor vor vielen andern, die Freude
>   Wieder zu wecken, wenn sie still wie zu Asche versank.
> (Ebd., S. 413)

Das „wie" in der letzten Zeile legt nahe, das Gedicht als erotisches Gleichnis zu lesen. Das Emporsausen und sich Neigen, das Wiederaufwecken und Versinken des herbstlichen Herdfeuers bezeichnet dann die Rhythmik der sexuellen Lust. Die Lehre lautet, dass sich diese Lust nicht auf Dauer stellen lässt, dass aber in der Wiedererweckung, also im Modus der Wiederholung, dem flüchtigen Erleben so etwas wie Dauer zu verschaffen ist: Immer wieder „aufs neue", so verspricht es das Gedicht.

Ernster klingt dieses Heben und Sinken, Auf und Ab, das die *Siebente Elegie* dort andeutet, wo sie den Göttervater Jupiter anspricht. Er solle den Dichter zum Gastmahl auf dem Olymp zulassen, wohin ihn Fortuna, die Göttin des Glücks, ganz zufällig gebracht habe:

> Bist du der wirtliche Gott? O so verstoße den Gastfreund
>   Nicht von Deinem Olymp wieder zu Erde hinab.
> „Dichter! wo versteigst du dich hin?" – Vergib mir, der hohe
>   Capitolinische Berg ist dir ein zweiter Olymp.
> Dulde mich Jupiter hier und Hermes führe mich später,
>   Cestius Denkmal vorbei, leise zum Orcus hinab.
> (Ebd., S. 411)

Mit dem hohen Capitolinischen Berg ist zunächst die konkrete landschaftliche Lage Roms aufgerufen, die zugleich mit der antiken Topografie des Olymps als Sitz der Götter überblendet wird. Hier möchte der Sprecher zumindest für die Zeit seines irdischen Lebens verweilen dürfen, bevor er in das Reich des Todes hinabgeführt werde. Hermes ist hier in seiner mythologischen Rolle als Hermes Psychopompos, als Seelenführer angesprochen, der die Seelen der Toten ins Totenreich geleitet. Diese **Todeskonnotation** unterstreicht der Verweis auf ‚Cestius Denkmal'. In ihren Schlusszeilen konfrontiert die *Siebente Elegie* die für den Zyklus so bezeichnende Fixierung auf das Leben mit ihrem Gegenteil: dem so wortreich ausgeschlossenen Tod. Und wie später in Schillers *Nänie* geht hier etwas zwar nicht ganz ‚klanglos', aber zumindest ‚leise' zum Orkus hinab. Was in Goethes Elegie in der Unterwelt versinkt, ist aber nicht das Gemeine und nicht Kunstfähige, wie dies in Schillers Version der Fall ist, sondern der Dichter selbst. Roma und Amor mögen ewig sein, der Dichter hingegen ist es nicht. Der Sterbliche wird nicht in transfigurierter Wiese in den Olymp aufgenommen, sondern unweigerlich in den Orkus abgeführt werden – wenn es für ihn einen Olymp gibt, dann ist dieser nicht im Jenseits, sondern im Diesseits aufzufinden.

Diese kurz artikulierte Einsicht in die eigene Sterblichkeit, die durch keine Aussicht auf ein Überleben in der Kunst gemildert wird, bestärkt den Sprecher aber gerade in seiner epikureischen Haltung. So prahlt er in der *Zehnten Elegie*:

> Alexander und Cäsar und Heinrich und Friedrich die Großen
>   Gäben die Hälfte mir gern ihres erworbenen Ruhms,
> Wenn ich ihnen dies Lager auf eine Nacht nur vergönnte;
>   Aber die Armen, sie hält strenge des Orcus Gewalt.
> Freue dich also Lebendger der lieberwärmten Stätte,
>   Ehe den fliehenden Fuß schauerlich Lethe dir netzt.
> (Ebd., S. 413)

Das Auf und Ab im Zweitakt von Aufnahme in den Olymp und Abgang in den Orkus ist hier auf die Rede von „des Orcus Gewalt" reduziert. Vor diesem dunklen Hintergrund soll sich das, was der Dichter im Diesseits genießen kann, umso glanzvoller abheben. Die toten Helden und Kaiser, die ehemals Mächtigen der Welt, würden gerne die Hälfte ihres Ruhms für das aufgeben, was der Sprecher des Gedichts stolz als sein Eigenes rühmt. Die beiden letzten Verse, die das Gedicht mit dem Hinweis auf Lethe, einen der Flüsse der Unterwelt, enden lassen, schreiben der flüchtigen Liebeserfahrung ein beinahe barock anmutendes *carpe diem* ein: Die Liebe ist nicht unsterblich, vielmehr ist die flüchtige Erfahrung der Liebe stets vom Vergessen (Lethe) bedroht.

Ökonomie der Dichtung: *Zwanzigste Elegie*

Was die *Zehnte Elegie* ebenfalls thematisiert, ist die Konkurrenz von Privatem und Öffentlichem. Die in den *Römischen Elegien* beschworene Liebe ist eine gesellschaftlich nicht geduldete – wahrscheinlich käufliche – Liebe, die sich in einem radikal privaten, vor den Augen der Öffentlichkeit diskret verborgenen Raum abspielt. Einige der Elegien befassen sich mit den unangenehmen Begleiterscheinungen dieses versteckten Liebeslebens und den konkreten Praktiken der Geheimhaltung, wie etwa der verdeckten Kommunikation in geselliger Runde mit anderen, dem Hin- und Herschleichen im Schutz der Nacht, oder dem Bellen des Hundes, das den nächtlichen Besuch ankündigt. Die Dialektik von Verheimlichen und Selbstaussprache im Gedicht birgt dabei beträchtliches poetologisches Potenzial. Denn wie die letzte Elegie ausführt, speist sich die private Liebesdichtung aus dem **Drang zum erotischen Bekenntnis**. Die *Römischen Elegien* verdanken sich einem Verraten des geteilten Geheimnisses, das an den Verrat der Geliebten grenzt.

Am Anfang dieses thematischen Fadens steht das in der *Neunzehnten Elegie* beschriebene antagonistische Verhältnis von Amor und Fama, Liebe und Gerücht: „denn Fama / Steht mit Amorn, ich weiß, meinem Gebieter im Streit" (ebd., S. 431; zu fama/amor vgl. auch Glockhamer 1986; Herwig 2007). Es folgt in der *Zwanzigsten Elegie* als erste Konsequenz das Lob der männlich entschiedenen Verschwiegenheit: „Zieret Stärke den Mann, und freies mutiges Wesen, / O, so ziemet ihm fast tiefes Geheimnis noch mehr" (Goethe FA 1, S. 437). Diese tugendhafte Verschwiegenheit wird aber vom „Schalk" Amor hintertrieben. Was nun passiert, fasst die *Zwanzigste Elegie* in ein eigenartiges Gleichnis. Sie resümiert die in Ovids *Metamorphosen* erzählte Geschichte vom König Midas und dessen Diener, der das höchst peinliche Geheimnis der Eselsohren des Midas nicht verraten darf, zur eigenen Erleichterung aber dem Boden verrät. Bei Ovid führt dieser Verrat zu einem der bekannten Verwandlungsgeschehen: „Rohre sprießen hervor und rauschen und lispeln im Winde; / ‚Midas! Midas, der Fürst, trägt ein verlängertes Ohr!'" (Ebd.). Das Geheimnis lässt sich nicht begraben, denn die Natur plaudert das Geheimnis von den Eselsohren des Königs in den rauschenden Schilfrohren ungeniert aus. Von hier aus schließt der Sprecher auf sich selbst:

> Schwerer wird es nun mir ein schönes Geheimnis zu wahren
> Ach den Lippen entquillt Fülle des Herzens so leicht!

> Keiner Freundin darf ichs vertrauen, sie möchte mich schelten,
> Keinem Freunde, vielleicht brächte der Freund mir Gefahr.
> Mein Entzücken dem Hain, dem schallenden Felsen zu sagen
> Bin ich endlich nicht jung, bin ich nicht einsam genug.
> Dir, Hexameter, dir, Pentameter sei es vertrauet
> Wie sie des Tags mich erfreut, wie sie des Nachts mich beglückt.
> (Ebd.)

Hier legt der Zyklus das Gesetz seiner Genese offen. Dem Liebenden ist zwar nichts dringender aufgegeben, als sein Geheimnis zu bewahren. Aber so wenig es dem Diener des mythologischen Königs Midas gelang, das Geheimnis von den Eselsohren seines Königs zu hüten, so wenig kann der Sprecher der Gedichte das Geheimnis seines Liebesglücks für sich behalten. Was hier aufhorchen lässt, ist die scherzhaft burleske Parallelisierung von sexueller Liebe und den tierischen Eselsohren als einem Zeichen, in dem sich die animalische Natur des Menschen hervordrängt. Erstaunlich ist im Rahmen der *Römischen Elegien* auch deren indirekte Charakterisierung als eine den Eselsohren vergleichbare ‚Schande'.

Interessant ist aber vor allem die Frage, wem dieses Geheimnis anzuvertrauen ist. Wenn sich der Sprecher als zu alt dafür bezeichnet, die Gefühle in die Natur zu tragen, dann ist hier eine ironische **Distanz zu vorklassischen Formen der Naturlyrik** und einem mit der Figur des Werthers assoziierten vermeintlich unmittelbaren Naturbezug angedeutet. Das gereifte Ich vertraut seine Liebe nicht der Natur, sondern der Kunst, mithin dem Hexameter und dem Pentameter als der metrischen Form des elegischen Gedichts an. Entscheidend ist schließlich die poetologische Gleichung, die das Gedicht am Ende, das zugleich das Ende des gesamten Gedichtzyklus bildet, macht:

> Rausche Lüftchen durchs Laub, niemand vernehme den Tritt.
> Und ihr, wachset und blüht, geliebte Lieder und wieget
> Euch im leisesten Hauch lauer und liebender Luft,
> Und, wie jenes Rohr geschwätzig, entdeckt den Quiriten
> Eines glücklichen Paars schönes Geheimnis zuletzt.
> (Ebd., S. 437 und 439)

Was zunächst als Übertragung der Geschichte von Midas und den sprechenden Schilfrohren angelegt ist, potenziert deren Aussage. Die kunstvollen Lieder werden hier zum Analogon der Natur selbst, weil sie wie diese wachsen und blühen können. Dabei wird die Liebe zur Geliebten auf die Lieder übertragen, die nun als „geliebte Lieder" auftreten. Die Alliteration des L, (geliebte Lieder […] wieget / Euch im leisesten Hauch lauer und liebender Luft), des weichen Lispel- und Lalllauts verankert die Dichtung dabei nicht nur im gesungenen Lied, sondern auch im unartikulierten Laut. Wenn sich diese geliebten Lieder wiegen lassen, dann erscheinen sie als Ersatz für gemeinsame Kinder, die aus der Liebesverbindung hervorgehen könnten.

Das Schlussgedicht verlegt also die Entstehung der Dichtung in den Verrat erotischer Geheimnisse. Die Liebe, personifiziert im schalkhaften Amor, inspiriert den Dichter nicht, sie löst ihm vielmehr die Zunge und zwingt ihn zu sagen, was eigentlich niemand wissen darf. Anders als das Gerede und Geschwätz der anderen wird aber aus dem vom Dichter veröffentlichten Geheimnis Dichtung. Wenn die Dichtung ein Geheimnis bewahren soll, das der Verliebte nicht für sich behalten kann, dann geht Dichtung aus einem Überschuss, einem Surplus der Erfahrung hervor, die ins Gedicht übergeht, um dort Form zu gewinnen. Andreas Ammer hat den Verdacht geäußert, dass die Verwandlung von Leben in den poetischen Text womöglich auch einen **Verrat am Leben um der Dichtung willen** impliziert. Der liebende Dichter bleibt eben nicht bei der liebenden Selbstverschwendung, sondern macht die erotische Erfahrung zum Instrument der Inspiration, die ihn erst zum Dichter macht (Ammer 1991, S. 235–246).

Damit ist zuletzt die Frage nach der Verbindung von männlicher Potenz und künstlerischer Kreativität angedeutet, die den gesamten Elegienzyklus durchzieht – mitunter in Varianten, die im Rahmen einer heiteren antiken Lebenskunst verwundern müssen. Den Elegien ist als Motto ein Zitat aus Ovids *ars amatoria* vorangestellt: „Nos venerem tutam concessaque furta canemus / Inque me nullum carmine crimen erit". In der Übersetzung von R. Helm heißt dies: „Sicheren Liebesgenuß und gestatteten Raub nur besing' ich; / Nirgends in meinem Gedicht wird ein Verbrechen gelehrt" (Goethe FA 1, S. 393 und S. 1099). Welche Funktion soll diese vorsichtige Unterscheidung zwischen ‚Verbrechen' und ‚gestattetem Raub' haben? Von Verbrechen und Raub erzählen die Ovidschen *Metamorphosen* mit ihrem wiederkehrenden Handlungsschema der erotischen Verfolgung und Entführung sterblicher Frauen durch Götter. Wenn Goethe seinen Elegien diese **Raptus-Motivik** voranstellt, dann gewinnt die ROMA-AMOR Spiegelung einen dunklen Subtext. Denn gerade die mythische Genealogie Roms gründet ja nicht so sehr auf einem Liebes-, sondern vielmehr auf einem Raubgeschehen. Dieses Geschehen spricht die *Dritte Elegie* explizit an:

> Rhea Sylvia wandelt, die fürstliche Jungfrau, der Tyber
>   Wasser zu schöpfen hinab, und sie ergreifet der Gott.
> So erzeugte sich Mars zwei Söhne! – die Zwillinge tränket
>   Eine Wölfin, und Rom nennt sich die Fürstin der Welt.
> (Ebd., S. 399)

Rhea Silvia, Tochter des Anchises, wurde vom römischen Kriegsgott Mars ‚ergriffen' und geschwängert, das Ergebnis waren die Zwillinge Romulus und Remus, die bekanntlich Rom gegründet haben. Bei Ovid heißt es in den *Fasti* III,21: „Mars videt hanc visamque cupit potituque cupita". In Goethes Elegie findet sich ein Vers, der diese Ovidzeile fast wörtlich zitiert: „In der heroischen Zeit, da Götter und Göttinnen liebten" so heißt es, „Folgte Begierde dem Blick, folgte Genuß der Begier" (Goethe FA 1, S. 399). Diese schnelle Folge von Begehren und dem, was bei Goethe ‚Genuß' heißt, rückt auch das in den *Römischen Elegien* verdichtete Liebesgeschehen in die Nähe zu einem aggressiven Eroberungsgeschehen.

Damit steht das aufgerufene Mythologem aber in eigenartigem Gegensatz zu dem „Rechtfertigungsanspruch", den die *Dritte Elegie* eigentlich begründen möchte (Richter 2013, S. 135): Im Verweis auf die Aktivität liebender

Frauengestalten wie Aphrodite, Luna und Hero möchte das Sprecher-Ich die angesprochene Geliebte davon überzeugen, es nicht zu bereuen, dass sie „so schnell [s]ich ergeben" (Goethe FA 1, S. 399). Der Verweis auf Rhea Silvias Vergewaltigung entstellt dieses zu Beginn gesetzte Argument aber bis zur Unkenntlichkeit. So endet die *Dritte Elegie* keineswegs mit der Selbstermächtigung eines weiblichen Begehrens, sondern mit der **Selbstbegründung des Dichters** aus einer erotischen Begegnung, deren Prätext die auf dem Frauenraub basierende Entstehung Roms bildet. Wenn der Kriegsgott Mars „sich" in Goethes Darstellung scheinbar ganz allein zwei Söhne „erzeugt" hat, dann setzt die sexuelle Begegnung durchaus „die Schöpferkraft frei, allerdings nur beim Mann" (Herwig 2007, S. 155). Was Goethe zwischen *Dritter* und *Zwanzigster Elegie* entwirft, ist ein exklusiv männliches, untergründig ‚martialisches' Prinzip der dichterischen Kreativität.

Vor diesem Hintergrund findet sich zuletzt eine erstaunliche Parallele zwischen Schillers klassischen kunstphilosophischen Gedichten und Goethes *Römischen Elegien,* so diametral die beiden Unternehmen angelegt sein mögen. Goethe formuliert Handlungsanweisungen für eine geglückte Wiederholung der Antike, während Schiller ein sentimentalisches, also reflexives und zugleich nostalgisches Verhältnis zu einer Antike theoretisiert, die ihm unwiederbringlich zu sein scheint. Goethes Bild der Antike steht dabei im Zeichen der „Libertinage" und der Freizügigkeiten antiker Lebens- und Liebeslehren, Schillers Konzept der Antike betont den „Polytheismus" der griechischen Götterwelt, der sich in die Kunst gerettet hat (Immer 2013, S. 116–118). Wie bei Schiller beruht aber auch Goethes klassische Lyrik auf der mitunter **gewaltsamen Transformation des Lebens in Dichtung**. In Schillers Gedicht *Die Götter Griechenlandes* sind es die Klagelaute der verfolgten und verwandelten Frauen, die einerseits von der Beseeltheit der antiken Natur zeugen, andererseits das Modell für eine Lyrik als Klang abgeben. In Goethes Elegienzyklus ist den Ovidschen *Metamorphosen* mit ihren gewaltsam geraubten Frauen nicht nur das Grundnarrativ entlehnt. Die *Römischen Elegien* enden auch mit der Übertragung eines von Ovid erzählten Verwandlungsgeschehens, das die sprechende Natur und das sprechende Gedicht aufeinander abbildet: Die *Römischen Elegien* sind wie die Schilfrohre, die das Geheimnis der erotischen Begegnung ausplaudern und damit die Geliebte – und vielleicht auch das Leben – im doppelten Sinn verraten.

3.2 Schiller mit Goethe: Gemeinsame Projekte

3.2.1 Interventionen: *Xenien*

Aus dem ‚glücklichen Ereignis' 1794 ergeben sich nicht nur Gespräche und wechselseitige Unterstützung und Kritik, sondern auch gemeinsame Arbeits- und Publikationsprojekte. Allen voran sind hier die *Xenien* zu nennen, die Goethe und Schiller vom Winter 1795 bis zum Herbst 1796 verfassen. Formal handelt es sich um kurze und prägnante Zwei- oder Mehrzeiler nach dem metrischen Vorbild des

Distichons, aus dem auch die Elegie gebaut ist. Schillers und Goethes *Xenien* präsentieren sich nicht als weise Sentenzen, sondern werden als provokante Eingriffe in das zeitgenössische kulturelle Leben platziert. Wie Frieder von Ammon gezeigt hat, leisten sie mit diesen *Xenien* die Neubegründung einer antiken Gattung, die im Verlauf des 19. und 20. Jahrhunderts zur Form der **Intervention in den literarischen Betrieb** wird. Mal mehr, mal weniger verschlüsselt, mal zur Verteidigung, mal als Angriff, immer polemisch und oft beleidigend, etabliert sich das Xenion mit und nach Goethe und Schiller als „aggressives und subversives Element im literarischen Diskurs" (von Ammon 2005, S. 8).

Die Idee zu den *Xenien* entsteht nicht zuletzt als Reaktion auf die Kritik an Schillers Zeitschrift *Die Horen,* die einigen Zeitgenossen als zu elitär und vor allem als zu unpolitisch erschien. Goethe macht den Vorschlag, in Form von kleinen Epigrammen zum Gegenangriff überzugehen. Schiller schwenkt nach erster Zurückhaltung begeistert ein: „Welchen Stoff bietet uns nicht die Stolbergische Sippschaft, Racknitz, Ramdohr, die metaphysische Welt, mit ihren Ichs und Nicht-Ichs, Freund Nicolai, unser geschworener Feind, die Leipziger Geschmacksherberge, Thümmel, Göschen als sein Stallmeister, u. d. gl. dar" (Schiller an Goethe, 29.12.1795, Staiger/Dewitz 2005, S. 178). Obwohl – oder vielleicht auch weil – sie sich gegen fast alle Literaten, Publizisten, Dichter, Philosophen und Kritiker ihrer Zeit wenden, sind die *Xenien* ein durchschlagender Publikationserfolg. Die Auflage des von Schiller herausgegebenen und von Cotta verlegten *Musen-Almanachs* schnellt in die Höhe: Der Verleger Cotta verkauft über 1500 Exemplare des *Musen-Almanachs für das Jahr 1797,* der in der Forschung auch gern als ‚Xenien-Almanach' bezeichnet wird.

Xenien sind in der antiken Praxis eigentlich kurze Gedichte, die als Aufschriften für die im Rahmen der Saturnalien an Gastgeber oder Gäste ausgegebenen Geschenke gedacht waren. Darauf spielen Schiller und Goethe an: Unter dem Titel „Übersetzung" verweisen sie auf die antike Bedeutung ihres Titels: „Xenien? ruft ihr. O greifet doch zu, und fraget nicht lange, / Gastliche Gaben sinds, wenns ja ein Name muß sein" (Goethe FA 1, S. 491). Inspiriert sind diese Gaben von den extrem satirisch-bissigen *Epigrammata* des Martial (40 bis ca. 104 n. Chr.). Auch darüber lassen die beiden keinen Zweifel. Das vierte Xenion lautet: „Unser Vorgänger / Martial, wenn ihrs nicht wißt, bewirtete einst so die Römer, / Viel mehr geben wir nicht – aber die Meinung ist gut" (ebd.).

Ob sie ‚gut gemeint' sind, mag dahingestellt bleiben, handelt sich es doch in gut ‚martialischer Tradition' um ‚scharf treffende Epigramme', ‚argutis epigrammaton' (Martial I.1). Schiller und Goethe selbst beschreiben ihre Xenien als Pfeile, die abgeschossen werden. Dabei stellen sie sich bereits im ersten Xenion in die durchaus prominente Traditionsreihe des göttlichen Sängergotts und Schützen Apoll. Unter der Überschrift „Das doppelte Amt" heißt es: „Saiten rühret Apoll, doch er spannt auch den tötenden Bogen, / Wie er die Hirtin entzückt, streckt den Python in Staub" (ebd.). Apoll lässt als Kunstgott die Saiten der Lyra klingen, er kann aber auch tödliche Pfeile abschießen. Die vermeintlich **‚gastlichen'** sind wohl eher **‚giftige' Gaben.**

In weniger als einem Jahr produzieren Schiller und Goethe etwa 900 dieser Xenien. Schiller ruft in einem Brief an Goethe gar die Devise aus: „nulla dies sine Epigrammate" – kein Tag ohne Epigramm (Schiller an Goethe, 29.12.1795, Staiger/Dewitz 2005, S. 179). Nicht wenige Xenien entstehen bei wechselseitigen Besuchen. Dabei war für die zeitgenössische Rezeption die jeweilige Autorschaft der einzelnen Xenien nicht zuzurechnen. Viele der Epigramme sind gemeinsam verfasst, und wo sie es nicht sind, haben Schiller und Goethe die eigene Autorschaft verschleiert, um eine **kollektive Autorschaft** behaupten zu können: „Wem die Verse gehören? Ihr werdet es schwerlich erraten / Sondert, wenn ihr nun könnt, o Chorizonten, auch hier" (Schiller FA 1, S. 588). Chorizonten wurden in der griechischen Antike diejenigen genannt, die für *Ilias* und *Odyssee* zwei unterschiedliche Autoren angenommen haben. In den *Xenien* treten Schiller und Goethe also bewusst als Produktionsgemeinschaft auf, die sich zusammengeschlossen hat, um gegen den Rest der literarischen Welt vorzugehen. Dass sie sich dabei sozusagen zu einem neuen Homer vereinigen, ist durchaus beachtlich. An Wilhelm von Humboldt schreibt Schiller noch im Februar 1796:

> „Bei aller ungeheuren Verschiedenheit zwischen Goethe und mir wird es selbst Ihnen öfters schwer und manchmal gewiß unmöglich sein, unsern Anteil an dem Werke zu sortieren. [...] Es ist auch zwischen Goethe und mir förmlich beschlossen, unsere Eigentumsrecht an die einzelnen Epigramme niemals auseinander zu setzen" (Schiller an Humboldt, 1.2.1796, Schiller FA 1, S. 1235).

Nur vier Jahre später scheinen sie übrigens durchaus gewusst zu haben, wem welches Gedicht ‚gehört': In ihre jeweiligen Werkausgaben von 1800 (Goethe) und 1800 sowie 1803 (Schiller) nehmen sie jeweils einige ihrer Xenien auf und legen damit ihre Autorschaft offen. Offenbar hat die Intervention bereits ihren Zweck erfüllt und Schiller und Goethe wissen sich als **Doppelautorität des intellektuellen Lebens** etabliert. So haben Franz Schwarzbauer und Reiner Wild argumentiert, die das Xenien-Projekt als Mittel der Bildung und Konsolidierung einer eigenen literarischen Formation (Schwarzbauer 1992) deuten und als „Versuch einer Positionierung im literarischen Feld" (Wild 1999, S. 142) analysieren.

Dabei geht es vielleicht auch darum, sich nach Innen als Einheit zu konsolidieren. Karl Eibl spricht vom „Aggressionsrausch" (Kommentar, Goethe FA 1, S. 1162), in den Schiller und Goethe verfallen seien, um die aggressiven Anteile ihrer Hassliebe zueinander zu bündeln und gemeinsam nach Außen zu richten. Angesichts der Ambivalenz, die Goethes und Schillers Beziehung gekennzeichnet hat, ist diese These durchaus nicht von der Hand zu weisen. Allerdings verfliegt dieser Aggressionsrausch recht schnell: Bereits im Herbst 1796 kehren beide zu einer friedlicheren Stimmung zurück. Goethe schreibt am 15.11.1796 an Schiller:

> „Das Angenehmste, was Sie mir aber melden können, ist ihre Beharrlichkeit am Wallenstein; denn nach dem tollen Wagestück mit den Xenien müssen wir uns bloß größer und würdiger Kunstwerke befleissigen und unsere proteische Natur, zur Beschämung der Gegner, in die Gestalten des Edlen und Guten umwandeln" (Goethe an Schiller, 15.11.1796, Staiger/Dewitz 2005, S. 310).

Ein Rückzug von der Xenien-Front also, aber keine Einstellung der Kampfhandlungen. Dank einer mythisch anmutenden Vielseitigkeit – Proteus galt der Antike als Gott des beständigen Gestaltwandels – will Goethe die Strategie ändern und nun durch die herausragende Qualität der eigenen Produktion beschämen statt verletzen. Gemeint sind hier allen voran Schillers *Wallenstein*-Trilogie und Goethes *Herrmann und Dorothea*, über die sie sich intensiv austauschen. Ergebnis dieser Rückkehr zur Normalität ist aber auch der sogenannte Balladen-Almanach, der auf den Xenien-Almanach von 1797 folgt.

3.2.2 Popularisierungen: Die Balladen

Hat man das Jahr 1796 mit den Xenien verbracht, so wird das Jahr 1797 zum „Balladenjahr" (Schiller an Goethe, 22.9.1797, Staiger/Dewitz 2005, S. 471). Während sich die *Xenien* auf die satirische Tradition der lateinischen Antike beziehen und sich vor allem in intellektuelle Diskussionen einschalten, möchten sich die an volkstümliche Traditionen anschließenden Balladen an ein breiteres Publikum wenden. Schiller und Goethe wollen hier offenbar nicht polemisieren und polarisieren, sondern versuchen, Leser und Leserinnen für sich zu gewinnen. Schiller und Goethe produzieren in diesem und den folgenden Jahren einige ihrer bekanntesten Balladen. Schiller schreibt *Der Taucher, Der Handschuh, Der Ring des Polykrates* und *Die Kraniche des Ibycus*. Publiziert werden viele dieser Balladen im Musenalmanach für das Jahr 1798, der im Oktober 1797 erscheint; diese Nummer wird auch gern der Balladen-Almanach genannt. Im *Musen-Almanach für das Jahr 1799* folgen *Der Kampf mit dem Drachen* und *Die Bürgschaft*.

Goethe veröffentlicht 1797 die Balladen *Der Schatzgräber, Der Zauberlehrling, Die Braut von Corinth* sowie *Der Gott und die Bajadere,* und 1798 folgt das sogenannte *Müllerinnen*-Ensemble. Goethe hatte schon vorher Balladen publiziert, etwa *Der Erlkönig* oder *Der König in Thule*. Nun schreibt er sie im engen Zusammenhang einer ebenfalls veröffentlichten **Gattungsreflexion.** Deren Fragen und Ergebnisse sind nicht nur im Briefwechsel als Verständigung über die eigene Produktion nachzulesen, die Goethe dem Gedicht „Ballade" im *Musen-Almanach für 1798* beigegeben hat. Goethe hat die hier angestellten Überlegungen später unter dem Titel *Ballade. Betrachtung und Auslegung* gebündelt und 1821 in seiner Zeitschrift *Über Kunst und Altertum* publiziert:

> „Die Ballade hat etwas mysteriöses ohne mystisch zu seyn; diese letzte Eigenschaft eines Gedichts liegt im Stoff, jene in der Behandlung. Das Geheimnißvolle der Ballade entspringt aus der Vortragsweise. Der Sänger nämlich hat seinen prägnanten Gegenstand, seine Figuren, deren Thaten und Bewegung, so tief im Sinne daß er nicht weiß wie er ihn ans Tageslicht fordern will. Er bedient sich daher aller drey Grundarten der Poesie, um zunächst auszudrücken was die Einbildungskraft erregen, den Geist beschäftigen soll; er kann lyrisch, episch, dramatisch beginnen, und, nach Belieben die Formen wechselnd, fortfahren, zum Ende hineilen, oder es weit hinausschieben. Der Refrain, das Wiederkehren ebendesselben Schlußklanges, giebt dieser Dichtart den entschiedenen lyrischen Charakter.

Hat man sich mit ihr vollkommen befreundet, wie es bey uns Deutschen wohl der Fall ist, so sind die Balladen aller Völker verständlich, weil die Geister in gewissen Zeitaltern, entweder contemporan oder successiv, bey gleichem Geschäft immer gleichartig verfahren. Uebrigens ließe sich an einer Auswahl solcher Gedichte die ganze Poetik gar wohl vortragen, weil hier die Elemente noch nicht getrennt, sondern, wie in einem lebendigen Ur-Ey, zusammen sind, das nur bebrütet werden darf, um, als herrlichstes Phänomen, auf Goldflügeln in die Lüfte zu steigen" (Goethe FA 21, S. 39).

Diese Auffassung ist nicht nur paradigmatisch für die Poetik der Ballade im frühen 19. Jahrhundert, sondern prägt auch noch aktuelle literaturwissenschaftliche Einschätzungen. Die Ballade gilt als dramatisches Erzählgedicht, das der Lyrik zuzuordnen ist, obwohl es eigentlich eine Geschichte zu erzählen hat und dies in dramatisch verdichteter Form tut. Diese Gattungsmischung wird aber, so legt es Goethes Rede vom ‚**Urei**' nahe, nicht als Mischung, sondern als Hinweis auf eine ursprüngliche Einheit der drei Großformen Lyrik, Dramatik und Epik wahrgenommen. Die Ballade erscheint als Gattung vor der Ausdifferenzierung der Gattungen.

Wie Wolfgang Braungart gezeigt hat, steht Goethes Auffassung von der Ballade im Kontext des Versuchs, das heute geläufige dreigliedrige Gattungssystem zu etablieren (Braungart 2005, S. 3). In diesem Prozess spielt Goethe eine nicht unwesentliche Rolle, fasst er Epik, Dramatik und Lyrik doch als die drei gleichsam natürlichen Grundformen der Dichtung. Die Ballade hat hier eine besondere Funktion. Goethe begreift sie als die organische Einheit, die erst in der Entwicklung der literarischen Gattungen analytisch auseinandergelegt wird. Braungart hat diese Doppelbewegung von Ausdifferenzierung und Zurücknahme der Differenzen in einer vermeintlichen Urform auf seine soziokulturellen Implikationen hin befragt. Die Definition der Ballade als „Urei der Dichtung" hat er als den „Versuch" gedeutet, „ein ästhetisches Einheitskonzept zu formulieren angesichts fortschreitender kultureller und sozialer Differenzierung" (ebd., S. 2). Die Ballade sei zunächst eine volkstümliche Gattung, die dann aber von der kulturellen Elite vereinnahmt und zur Kunstballade veredelt werde. Braungart analysiert die doppelte Zielrichtung des klassischen Balladen-Interesses: Während das „Konzept der Natur- und Volkspoesie" einerseits „Poesie popularisieren soll", bedeutet es andererseits auch „eine Erweiterung der poetischen Register für die kulturelle Elite, die nun auch den populären Ton *für sich selbst* entdeckt" (ebd., S. 4). Daraus resultiert ein in sich widersprüchlicher Gestus von **Distinktion und Appropriation:** „Volkspoesie darf nämlich nicht wirklich populäre ‚Pöbelpoesie' sein. Volkspoesie ist eine Idealisierung und selbst ästhetische Inszenierung" (ebd., S. 3).

Dieser präzisierende Blick auf die von Goethes späten Bemerkungen implizierte Gattungstheorie ist insofern wichtig, als die Balladen der späten 1790er Jahre sich in eben diesem Spannungsfeld zwischen Abgrenzung und Vereinnahmung bewegen. Dabei sind sie Kunstprodukte, die ihre besondere Affinität zu ursprünglichen Formen einer Volkspoesie bestenfalls simulieren können. Die Balladenproduktion, so ist in der Forschung wiederholt vermerkt worden, steht in doppelter Hinsicht quer zum klassischen Projekt. Das Interesse an der Ballade entwickelt sich im Zeichen der Vorstellung von einer „Natur- und Volkspoesie",

3.2 Schiller mit Goethe: Gemeinsame Projekte

wie sie von Herder in der Straßburger Sturm und Drang-Zeit konzipiert und dann vor allem von den Romantikern, allen voran Achim von Arnim und Clemens Brentano aufgegriffen wurde. Die Kompilationen von Volksdichtung, etwa die Gedichtsammlung *Des Knaben Wunderhorn* oder die Märchensammlung der Brüder Grimm, gehören in diesen Kontext. Die Ballade als volksmäßige, moritatenhafte und leicht singbare Gattung hätte also eher ein romantisches als ein klassisches Projekt sein müssen. Unklassisch wirkt nicht nur die volkstümlich einfache Form, unklassisch scheinen auch die Themen und Motive der Balladen, die Schiller und Goethe 1797 und 1798 schreiben.

Gert Ueding erklärt den tatsächlichen **Publikumserfolg** der Schiller-Balladen aus einer Stoffwahl, die er als „reißerische Themen mit kriminalistischem oder moritatenhaftem Einschlag" charakterisiert (Ueding 1990, S. 75). Goethe selbst spricht in der oben zitierten Gattungsreflexion vom ,Mysteriosen', das der Gegenstand der Ballade sei. Ihre Balladen kreisen um Eingriffe des Übersinnlichen und Wunderbaren, wie Schiller und Goethe sie aus der zeitgenössischen Literatur – genauer: aus dem nicht mehr antiken Drama – eigentlich verabschiedet haben. Die Balladenproduktion ist vor diesem Hintergrund als Versuch beschrieben worden, den Widerspruch zwischen „Literatur- und Bildungsprogramm" der Weimarer Klassik „und den Leseinteressen des zeitgenössischen Publikums" zu versöhnen (Mecklenburg 1980, S. 187).

Der Ort der Ballade im klassischen Selbstentwurf soll im Folgenden an Goethes *Die Braut von Corinth* und Schillers *Kraniche des Ibycus* genauer bestimmt werden. Mit welchem Ziel sind hier Elemente des Mystischen und Geheimnisvollen, des Grotesken und Schauerlichen eingesetzt? Und verdanken sich die volkstümlich und populär anmutenden Balladen wirklich nur dem Zugeständnis an ein durch Spannung und Nervenkitzel zu gewinnendes Publikum, oder werden hier nicht durchaus dringende poetologische Fragen und Probleme verhandelt? Dirk von Petersdorff versteht Schillers Balladen als „Popularisierung zentraler Aspekte der Weimarer Klassik, als exoterische Form poetologischer Ideen, die in anderen Texten Schillers [...] in esoterischer Form vorliegen" (von Petersdorff 2007, S. 1). Peter-André Alt hat im Bezug auf die Schillerschen Balladen von „psychologische[n] Fallstudien" gesprochen, die „menschliche Selbstüberschätzung und Blindheit an Risikoschwellen verdeutlichen, die durch Erprobungs- und Experimentiersituationen errichtet werden". Dabei exponieren die Balladen einen Begriff des Schicksals, der seine transzendente Stütze eingebüßt hat: „Der Begriff des Schicksals bezeichnet hier nur eine Berufungsinstanz ohne verbindliche Normativität – eine entleerte Kategorie, die darüber täuscht, daß nicht die Götter, sondern die Individuen für die Ordnungen des Zwangs verantwortlich sind, welche die geschichtliche Realität beherrschen" (Alt 2004, S. 84–85). In Schillers Balladen werde also der Einzelne in die moralische Verantwortung für das eigene Leben genommen.

Karl Eibl sieht hier die Differenz zwischen Schillers und Goethes Balladen. Wo Schiller einer Aufklärungspoetik gemäße moralische Lehrstücke schreibe, in denen das Wunderbare nur der ,moralischen Ökonomie' der Welt zuarbeite, bleibe bei Goethe immer ein ,unaufgelöster Rest' (Eibl in Goethe FA 1, S. 1219). Für beide Dichter gilt, dass sie die Figuren ihrer Balladen in Welten agieren lassen, in denen der providentielle Rahmen brüchig geworden ist. Und beide analysieren die **Folgen des aufgeklärten Subjektverständnisses,** das den Einzelnen für seine Handlungen in die Verantwortung nimmt. Damit arbeiten Schillers und Goethes Balladen an durchaus modernen Problemen. Sie tun sie dies im besonderen Fall der beiden ausgewählten Balladen, indem sie moderne, über den Klassizismus Winckelmanns entschieden hinausgehende Bilder der Antike entwerfen.

Goethe, *Die Braut von Corinth*
In Briefen nennt Goethe *Die Braut von Corinth* ein „Vampyrisches Gedicht", ein „Vampyrgedicht" oder eine „Gespensterromanze" (Eibl in Goethe FA 1, S. 1235). Ein junger Mann reist von Athen nach Corinth zu einem Gastfreund seines Vaters. Mit der Tochter des Gastfreundes war er bereits als Kind verlobt worden. Dieses frühe Eheversprechen, das deutet die zweite Strophe an, ist allerdings durchkreuzt worden, da der junge Mann aus Athen „noch eine Heide", die Korinther Gastfamilie hingegen „schon Christen und getauft" seien (ebd., S. 686). In der dritten Strophe langt der junge Athener nachts bei der Familie an und wird nur von der Mutter empfangen. Der Besuch legt sich zu Bett, aber noch bevor er einschlafen kann, öffnet sich seine Tür und ein Mädchen mit weißem Gewand und Schleier erscheint. Eigenartigerweise reagiert nicht der derart heimgesuchte Jüngling, sondern das gespenstisch weißgekleidete Mädchen mit Schrecken und Staunen: „Wie sie ihn erblickt, / Hebt sie, die erschrickt, / Mit Erstaunen eine weiße Hand" (ebd., S. 687). Tatsächlich wendet sie sich aus „Scham" (ebd.) zum Gehen, der junge Mann hält sie aber auf:

> Bleibe, schönes Mädchen! ruft der Knabe,
> Rafft von seinem Lager sich geschwind:
> Hier ist Ceres', hier ist Bacchus' Gabe,
> Und du bringst den Amor, liebes Kind!
> Bist vor Schrecken blaß!
> Liebe, komm und lass',
> Lass' uns sehn, wie froh die Götter sind.
> (Ebd.)

Die Gaben von Ceres und von Bacchus, nach antikem mythologischem Verständnis Brot und Wein, sind zugleich zentrale Requisiten der Agape als Teil der christlichen Liturgie. Agape, der im frühchristlichen Kontext gebräuchliche Name der Abendmahlsfeier und zugleich das neutestamentliche Wort für die Liebe Gottes, hat in Amor, dem griechischen Gott der Liebe, seinen Gegenpart. Diese Doppelung von antikem und christlichem Bezug, hier in der Kopplung von Brot und Wein mit der Liebe (Amor/Agape) angedeutet, führt das Gedicht im Folgenden aus. Die **Konkurrenz von Antikem und Christlichem** hat ihren Grund in der Vorgeschichte der Konversion, in deren Rahmen nicht nur die Familie zum Christentum übergetreten ist, sondern die Mutter ihre eigene Tochter auch auf den Stand der Ehelosigkeit verpflichtet hat.

3.2 Schiller mit Goethe: Gemeinsame Projekte

Wenn dies ihrer Darstellung nach „[d]urch der guten Mutter kranken Wahn" (ebd., S. 688) geschehen sei, dann ist die religiöse Überzeugung mit einem pathologischen Zug versehen. Hier ist der Ansatzpunkt zu einer Religionskritik, wie sie aus Schillers *Die Götter Griechenlandes* vertraut ist (vgl. dazu ausführlich: von Mücke 2008). Denn mit dem Übertritt zum Christentum sind die alten Götter ausgetrieben worden:

> Und der alten Götter bunt Gewimmel
> Hat sogleich das stille Haus geleert.
> Unsichtbar wird Einer nur im Himmel
> Und ein Heiland wird am Kreuz verehrt;
> Opfer fallen hier,
> Weder Lamm noch Stier,
> Aber Menschenopfer unerhört.
> (Goethe FA 1, S. 688)

Schillers Kritik des christlichen Monotheismus als Entleerung des Himmels und Auszug der Götter aus der Natur wird hier noch entschieden verschärft. Wenn statt Lamm und Stier nun Menschen geopfert werden, dann fordert der christliche Gott weit schlimmere Opfer als die archaischen Opferkulte. Von dieser Strophe aus gewinnen die Zutaten Brot, Wein und Liebe eine weitere Sinndimension als Gedenkzeichen des Opfertodes Jesu Christi.

Als der junge Mann nun in dem blassen Mädchen seine versprochene Braut erkennt, erwacht in ihm Widerstand. Er wolle sie mitnehmen „in meines Vaters Haus", oder noch besser: „Feire gleich mit mir / Unerwartet unsern Hochzeitschmaus!" Kaum ist diese Aufforderung ausgesprochen, wandelt sich die Ballade zur Geister- oder Spukballade:

> Eben schlug die dumpfe Geisterstunde,
> Und nun schien es ihr erst wohl zu sein.
> Gierig schlürfte sie, mit blassem Munde,
> Nun den dunkel blutgefärbten Wein;
> Doch vom Weizenbrot,
> Das er freundlich bot,
> Nahm sie nicht den kleinsten Bissen ein.
> (Ebd., S. 689)

Erst mit der Geisterstunde wird dem Mädchen ‚wohl', sie trinkt nur blutroten Wein und isst kein Brot – kein Zweifel, der junge Athener hat es mit einer Vampirerscheinung zu tun. Es schließt sich eine Liebesszene an, in der er die kühle Geliebte mit seiner „Liebe Jugendkraft" zu erwärmen und zu beleben versucht. Der Schrecken stellt sich erst ein, als die beiden von der Mutter ertappt werden. Dies ist insofern bemerkenswert, als sich der Zentralaffekt des Schauergenres hier nicht an die Angst des Lebenden vor der wiederkehrenden Toten, sondern an die Angst vor der christlichen Autorität knüpft: Schrecklich ist offenbar nicht die blutsaugende Tochter, sondern die strafende Mutter. Tatsächlich erscheint die zum Spuk verurteilte Tochter als eigentlich Leidtragende:

> Aus dem Grabe werd' ich ausgetrieben,
> Noch zu suchen das vermißte Gut,
> Noch den schon verlornen Mann zu lieben,
> Und zu saugen seines Herzens Blut.
> Ist's um den geschehn,
> Muß nach andern gehn,
> Und das junge Volk erliegt der Wut!
> (Ebd., S. 691–692)

Die Tochter ist zur Wiedergängerin geworden, weil die Mutter ihr das vorenthalten hat, was nach der alten Religion ihr gutes Recht gewesen wäre: die Liebe zu erleben. Das Gelübde der Mutter hat der Tochter dabei sowohl das Leben als auch einen Übergang ins Jenseits gekostet. Erlösung wünscht sich die Tochter deshalb durch einen Tod im Feuer. Sie möchte verbrannt werden, um ungehindert „den alten Göttern" (ebd., S. 692) zueilen zu können und nicht weiter als Wiedergängerin auftreten zu müssen. Wie Christian Begemann ausgeführt hat, schließt sich in diesem Feuertod die **symbolische Oppositionsreihe** des Gedichts: Enggeführt werden einerseits die Assoziationskette von Antike, Diesseits, Liebe, Leben und Hitze und die gegenstrebige Reihe, die den christlichen Glauben und seine Jenseitsfixiertheit mit Tod und Kälte verbindet (Begemann 2008, S. 325). Der Verweis auf die Antike zielt hier ähnlich wie in den *Römischen Elegien* auf die Freisetzung von Sexualität und Sinnlichkeit, die im Zeichen des Glücks und des Lebens stehen.

Dämonisierte Antike

Der populäre Charakter dieser Schauerballade sollte dabei nicht darüber hinwegtäuschen, dass sie eine präzise religionsgeschichtliche Idee verfolgt. Die Ballade situiert sich in einer Übergangszeit zwischen dem antiken, nun überwundenen Glauben, der den neu bekehrten Christen „wie ein böses Unkraut" (Goethe FA 1, S. 686) erscheint. Der Schauplatz Korinth ist hierfür gut gewählt, war Korinth doch einerseits bekannt für seinen Aphroditekult. Andererseits befand sich in Korinth aber auch eine von Paulus gegründete Christengemeinde (zu beidem vgl. Rahe 1999). Im ersten Brief an die Korinther widmet sich Paulus dem Verhältnis von Ehe und Sexualität, der Frage nach der Regulierung des Abendmahls und dem ganz zentralen christlichen Glaubensstück einer Auferstehung des Fleisches. Die genaue Rezeption der Korintherbriefe hat Konrad Rahe anhand der Lektürespuren in Goethes Bibelexemplar nachgewiesen (Rahe 1999, S. 145–152). Die Grundsätze der **Paulinischen Theologie** kehren in der Ballade in verkehrter Form wieder.

Mehr noch als die Entzauberung der Welt wirft Goethe dem Christentum seine Sinnenfeindlichkeit vor, seinen Hang zur Askese und zu menschenfeindlichen Gelübden wie dem Zölibat. Diese Kritik artikuliert sich in einer drastischen Umdeutung der christlichen Opferkultur. Das Gelübde der Mutter wird in der Ballade deutlich als ‚kranker Wahn' angesprochen. Ihre Entscheidung, das Leben der Tochter dem christlichen Gott zu weihen, rückt in die Nähe eines **Menschenopfers,** aus dem aber kein Heil entsteht. Dieses Opfer ist nämlich ein

Opfer der Natur und der natürlichen Sinnlichkeit – und ihre Verdrängung rächt sich. Die dämonisierte Sexualität kehrt ihrerseits als Dämon, nämlich in Gestalt einer untoten Vampirin, wieder. Wie Harald Neumeyer gezeigt hat, wird die Figur des Vampirs im Verlauf des 18. Jahrhunderts von einer (geglaubten) Realität zur (wissenschaftlich aufgeklärten) Fiktion, die dann in der Spätaufklärung für den Einsatz als poetische Metapher frei wird. In Goethes ‚vampyrischem Gedicht' besagt diese Metapher, dass das christliche Askesegebot den Effekt hat, „aus Menschen lebende Tote zu machen" (Neumeyer 2012, S. 99).

In der Durchführung dieser Metapher arbeitet Goethe mit der geschickten Umwendung christlicher Symbole. Im Blut verbinden sich die christliche Eucharistie und der Glaube an blutsaugende Vampire. Der Liebesakt ist eine Umdeutung der Agape, wobei das christliche Abendmahl in die Nähe zum archaischen Opferkult rückt. Wenn der Opfertod Christi im weiblichen Vampir sein Gegenbild erhält, dann wird zuletzt die Paulinische Lehre von einer Auferstehung im Geiste zum Sich-Erheben eines geisterhaften Vampirs. Indem diese Untote von sich selbst sagt, dass sie durch „ein eigenes Gericht" (Goethe FA 1, S. 691) getrieben sei, erhält ihr Wiedergängertum eine gewisse Berechtigung. In der Gestalt der liebesdurstigen Vampirin rächt sich die ausgetriebene Antike und verhilft sich selbst zu ihrem Recht. Damit ist das Verdikt des christlichen Mittelalters, demzufolge die antiken Götter nichts anderes als Hexen- und Teufelswerk gewesen seien, gegen das Christentum selbst gewandt.

In der Figur der vampirischen Wiedergängerin arbeitet Goethes Ballade mit der Evokation eines Unheimlichen, das auf Sigmund Freuds Konzept vorausweist. Wie Freud in seiner Deutung der spätromantischen Erzählung *Der Sandmann* von E.T.A. Hoffmann entwickelt hat, ist dasjenige unheimlich, was eigentlich zutiefst vertraut ist, aber aus der Verdrängung wiederkehrt. Es ist das heimliche Eigene, von dem niemand, am wenigsten man selbst etwas wissen darf. Wenn in der *Braut von Corinth* die versprochene Braut in dämonisch entstellter Form wiederkehrt, dann weist Goethes Ballade auf die **romantische Schauerästhetik** voraus, wie sie sich nicht nur bei E.T.A. Hoffmann ausprägt. Hartmut Böhme hat darauf hingewiesen, dass Goethe mit der *Braut von Corinth* den Gründungstext einer Vampirästhetik geschrieben hat, von der er sich in den 1830er Jahren deutlich distanziert. In seinen Tagebüchern äußert sich Goethe gegen die „allerneueste ultraromantische Richtung" (zit. n. Böhme 2015, S. 76), die er einer „Ästhetik des Widerwärtigen" (ebd., S. 76/77) zurechnet.

Bekannt sind Figurationen einer geisterhaften Wiederkehr der Antike aber auch abseits der Schwarzen Romantik, etwa aus Joseph von Eichendorffs Erzählungen wie der Novelle *Das Marmorbild* oder dem Roman *Ahnung und Gegenwart*. Hier sind es Venusstatuen, die nachts im Mondschein unversehens zu einem zweifelhaften Leben erwachen und junge Männer mit ihrem Zauber fesseln. Was bei dem katholischen Romantiker Eichendorff als Gegenstand einer in stereotypen Wiederholungen evozierten Angstlust vor der verdrängten Antike erscheint, dient Goethe als **Pointe in einer kulturgeschichtlichen Analyse,** wie sie Heinrich Heine oder Aby Warburg formulieren werden: Die antiken Götter wurden mit der Durchsetzung des Christentums zwar ins Exil gezwungen, sie kehren von dort aber als geisterhafte Wiedergänger ins kulturelle Imaginäre zurück.

Mit der Analyse der Verwerfungen am Übergang zwischen Spätantike und frühem Christentum, so hat Gerhard Schulz vorgeschlagen, stiftet Goethe zugleich einen „Bezug zum kulturellen Übergang von einer klassizistischen Tradition zur Vorstellung eines modernen Europa unter christlichen Vorzeichen" (Schulz 1996, S. 66). Die *Braut von Corinth* ist so gelesen auch eine Reflexion auf die eigene Gegenwart als einer Zeit der kulturellen Umbrüche. Geleistet wird diese Reflexion in einem Text, der selbst nicht am Maßstab des Heiteren, Hellen und Harmonischen zu messen ist, sondern Heterogenes zu einer ‚grotesk' anmutenden Mischung verbindet (Winkler 2012, S. 36). Eine ähnliche Stilmischung prägt auch Schillers Ballade *Die Kraniche des Ibycus*.

Schiller, *Die Kraniche des Ibycus*

Schauplatz der Schiller-Ballade *Die Kraniche des Ibycus* ist ebenfalls Korinth – es ist aber nicht das bereits christianisierte, sondern noch ein klassisch-antik anmutendes Korinth, das als Ort eines Dichterwettstreits eingeführt wird. Der Dichter und Sänger Ibycus begibt sich dorthin, um an diesem Wettkampf teilzunehmen:

> Zum Kampf der Wagen und Gesänge,
> Der auf Corinthus Landesenge
> Der Griechen Stämme froh vereint,
> Zog Ibycus, der Götterfreund.
> Ihm schenkte des Gesanges Gabe,
> Der Lieder süßen Mund Apoll,
> So wandert' er, an leichtem Stabe,
> Aus Rhegium, des Gottes voll.
> (Schiller FA 1, S. 91)

Ibycus wird in dieser ersten Strophe als ein von Apoll gesegneter und begabter Sänger eingeführt, der erfüllt ist von dem, was Platon die *theia de dynamis* genannt hat, von der göttlichen Kraft des *enthousiasmos* also. Der allein wandernde Ibycus hört über sich einen Schwarm ziehender Kraniche, die ihn offenbar schon auf seiner Seereise begleitet haben. Auf einer Anhöhe, schon mit Blick auf Korinth, wird er in einem Wald von Räubern angegriffen und erschlagen. In seinen letzten Worten ruft er die Kraniche dazu auf, die Zeugen seines einsamen Tods zu sein: „Von euch ihr Kraniche dort oben! / Wenn keine andre Stimme spricht, / Sei meines Mordes Klag' erhoben!" (Ebd., S. 92). Die Nachricht von seinem Tod verbreitet sich für antike Verhältnisse erstaunlich schnell. Die Leiche wird gefunden, der Gastfreund erkennt den Sänger, den er schon als Sieger des feierlichen Wettbewerbs bekränzt gesehen hatte, und unverzüglich weiß ‚ganz Griechenland' von dem frevelhaften Mord an dem beliebten Dichter:

> Ganz Griechenland ergreift der Schmerz,
> Verloren hat ihn jedes Herz,
> Und stürmend drängt sich zum Prytanen

3.2 Schiller mit Goethe: Gemeinsame Projekte

Das Volk, es fordert seine Wut,
Zu rächen des Erschlag'nen Manen,
Zu sühnen mit des Mörders Blut.
(Ebd., S. 93)

In einer von heutigem Sprachgebrauch abweichenden Weise fordert das Volk nicht etwas ‚in seiner Wut', sondern „fordert seine Wut". Was in dieser grammatikalisch ungewöhnlichen, archaisierenden Formulierung durchklingt, ist ein Verständnis der **antiken *menis*, des Grolls,** der sowohl den momentanen Affekt der Wut als auch ein berechtigtes Rachebegehren meint. Das Volk fordert also Rache. Wut als ein lang gehegter Groll hört nach antikem Verständnis erst dann auf, wenn der Anlass der Wut gesühnt wurde. Deshalb reimt sich bei Schiller Wut auf Blut: Der Affekt ist aufs Engste an das Zeichen der vollzogenen Rache gebunden, denn nur durch das ‚Blut' lässt sich die ‚Wut' beenden. Dieses Rechtsverständnis ist in einem prominenten Tragödientext der griechischen Antike überliefert. So befasst sich Aischylos' *Oresteia* in ihrem letzten Teil, den *Eumeniden*, mit dem Groll der Rachegöttinnen und der Frage, wie sich dieser Rachedurst beschwichtigen lässt, um die bedrohlichen Erinnyen in wohlmeinende Eumeniden und damit in eine Schutzmacht für die junge Polis Athen zu verwandeln.

Wenn die Wut des Volks in den *Kranichen des Ibycus* besänftigt werden soll, dann müssen die Mörder gefunden werden. Dies gestaltet sich aber nicht leicht in einer Stadt, in der sich Menschenmassen zu den Wettspielen zusammengefunden haben: „Doch wo die Spur, die aus der Menge, / Der Völker flutendem Gedränge, […] Den schwarzen Täter kenntlich macht?" (Schiller FA 1, S. 93). Die folgenden Strophen bieten mächtige Sprachbilder auf, um diese Menschenmenge zu evozieren. Die Rede ist neben „flutendem Gedränge" auch von einer „Menschenwelle, / Die dort sich zum Theater drängt". In diesem Theater fügen sich die versammelten Menschen zu einer dichten Masse: „Bank an Bank gedränget sitzen […] Herbeigeströmt von Fern und Nah, / Der Griechen Völker wartend da" (ebd.). Diese Völker werden in parallel gebauten, durch die Anapher ‚von' rhythmisierten Versen aufgezählt – „Von Theseus Stadt, von Aulis Strand, / Von Phocis, vom Spartanerland, / Von Asiens entlegner Küste" (ebd., S. 94).

Dargestellt wird ein **großgriechisches Theater** als Ort eines nationalen Dichterwettstreits. Die Metaphern von einer ‚flutenden' und ‚herbeiströmenden' ‚Menschenwelle' verdichten sich schließlich in einem Vergleich: „Dumpfbrausend wie des Meeres Wogen, / Von Menschen wimmelnd, wächst der Bau, / In weiter stets geschweiftem Bogen / Hinauf bis in des Himmels Blau" (ebd.). Die griechischen Volksstämme, die sich zu einem Publikum zusammengefunden haben, erscheinen in dieser Beschreibung als elementare Naturkraft. In der sprachmächtigen Evokation der gleichsam naturwüchsigen Zuschauermenge hat Schiller womöglich auch den Popularisierungsanspruch der klassischen Dichtung, die sich ebenfalls gern an eine breite Masse richten würde, in Szene gesetzt.

Diesem Publikum wird ein weiteres Kollektiv gegenübergestellt. Es ist der Chor, der nun „streng und ernst, nach alter Sitte, / Mit langsam abgemeßnem Schritte, / Hervortritt aus dem Hintergrund", und dessen „grauser Melodie" das

Publikum zu lauschen beginnt (ebd.). Was hier „[h]ervortritt", ist eine Gruppe seltsamer Wesen:

> Ein schwarzer Mantel schlägt die Lenden,
> Sie schwingen in entfleischten Händen
> Der Fackel düsterrote Glut,
> In ihren Wangen fließt kein Blut.
> Und wo die Haare lieblich flattern,
> Um Menschenstirnen freundlich wehn,
> Da sieht man Schlangen hier und Nattern
> Die giftgeschwollenen Bäuche blähn.
> (Ebd.)

Riesig, schwarz gekleidet, totengleich, mit Schlangen statt Haaren – Schiller zitiert hier die Erinnyen, die Rachegöttinnen der Antike, herbei. Er führt dabei nicht nur ihr Bild vor Augen, sondern legt ihnen auch Teile eines Textes in den Mund, der die literarische Imagination der Erinnyen wesentlich geprägt hat: den dritten Teil der *Orestie* des Aischylos, die *Eumeniden* (zum Vergleich dieser Passagen mit der Aischylos-Übersetzung Wilhelm von Humboldts vgl. ebd., S. 908):

> ‚Doch wehe wehe, wer verstohlen
> Des Mordes schwere Tat vollbracht,
> Wir heften uns an seine Sohlen,
> Das furchtbare Geschlecht der Nacht!
>
> Und glaubt er fliehend zu entspringen,
> Geflügelt sind wir da, die Schlingen
> Ihm werfend um den flücht'gen Fuß,
> Daß er zu Boden fallen muß.
> So jagen wir ihn, ohn' Ermatten,
> Versöhnen kann uns keine Reu,
> Ihn fort und fort bis zu den Schatten,
> Und geben ihn auch dort nicht frei,'
> (Schiller FA 1, S. 95)

Diese Selbstbeschreibung entspricht dem Bild, das Aischylos in den *Eumeniden* gezeichnet hat: Die Erinnyen sind ihrem Ursprung nach Wesen der Nacht, die als Jägerinnen ihre Netze auswerfen, um alle, die sich eine Blutschuld aufgeladen haben, bis in die Unterwelt hinein zu verfolgen und zur Rechenschaft zu ziehen. In den **Erinnyen/Eumeniden**, lateinisch auch Furien genannt, fällt dreierlei zusammen. Als Verkörperungen des *furor*, des Zorns, sind sie 1) die Instanz der vom Volk artikulierten ‚Wut'. Zugleich werden sie 2) bei Aischylos von mythischen Rachegöttinnen, genannt ‚Erinnyen', zu einer schützenden Kraft, die durch Abschreckung nach Außen und Abwendung von Streit und Bürgerkrieg nach Innen wirkt, nun als ‚Eumeniden' bezeichnet. Indem sie als Chor in das Theaterrund einziehen, sind sie in Schillers Ballade aber 3) keine mythische Realität mehr, sondern sind zu einer Kunstformation geworden.

3.2 Schiller mit Goethe: Gemeinsame Projekte

Nicht nur die Erinnyen bewegen sich im Bereich zwischen Affekt, Recht und Dichtung. Schon die titelgebenden Protagonisten, die Kraniche des Ibycus, hatten vom sterbenden Dichter ja den Auftrag erhalten, als sein Anwalt für ihn ‚Klage' zu führen. Wenn der Schwarm zuletzt den ganzen Himmel verdunkelt und sich die im Theater anwesenden Mörder aus Angst zu erkennen geben, dann hat sich der **Doppelsinn der Klage** zwischen Trauergesang und Anklage in Richtung der juristischen Bedeutungsdimension entschieden. Die Natur hat den Dichter gerächt. Dem Vogelschwarm steht die Menge der entindividualisierten Zuschauer/innen gegenüber, die als Publikum sowohl einer theatralen Aufführung als auch einem gerichtlichen Prozess beiwohnen. In den drei einander zugeordneten Kollektiven der Kraniche als Kläger, der Erinnyen als Rächer und des Theaterpublikums als Zuschauer und Öffentlichkeit greift Schillers Ballade die bereits in der attischen Tragödie zutage tretende Affinität von Theater und Gerichtsverhandlung auf – neben den *Eumeniden* des Aischylos ist hier auch der *König Oedipus* von Sophokles zu nennen.

Das in den *Kranichen des Ibycus* vorgeführte Rechtsverständnis schwankt dabei zwischen archaischen und modernen Vorstellungen. Die Erinnyen treten auf als die „Macht, / Die richtend im Verborg'nen wacht" und die „unerforschlich, unergründet / Des Schicksals dunkeln Knäuel flicht, / Dem tiefen Herzen sich verkündet" (ebd.). Das Wirken im Verborgenen lässt sich sowohl auf die Nacht beziehen, in der sie sich unsichtbar zu machen verstehen, als auch auf den Innenraum des menschlichen Herzens. Dabei ist in den zitierten Versen Widersprüchliches ineinander verwickelt. Einerseits legt die Rede vom ‚tiefen Herzen' die Vorstellung von einer subjektiven Gewissensinstanz nahe. Hier sind Schillers Erinnyen insofern modernisiert, als ihr Wirken psychologisiert ist. Andererseits ist aber von einem Schicksal die Rede, das an einem ‚dunkeln Knäuel flicht'. Das Bild von dem Knäuel ruft die antike Schicksalssemantik mit ihren Textilmetaphern, also dem von den Parzen gesponnenen, gemessenen und abgeschnittenen Schicksalsfaden auf. Mit der Kopplung von Herz und Schicksal enthält sich Schiller also der Antwort auf die Frage, ob sich in den Erinnyen eine **individuelle Psychodynamik** oder aber eine übergeordnete Schicksalsinstanz personifiziert.

Die unwillkürliche Selbstaufdeckung der Mörder spricht zunächst für die moderne, psychologisierte Variante. Insofern beim Anblick der fliegenden, den Himmel verdunkelnden Kraniche einer der Mörder zum anderen sagt: „Sieh da! Sieh da, Timotheus, / Die Kraniche des Ibycus!" (ebd., S. 96), gibt er sich indirekt als Täter zu erkennen. Beim Anblick des Kranichschwarms bezichtigt er sich selbst, bevor Schiller eine göttlich beseelte Natur, hier die Kraniche, sprechen lassen müsste. Modern scheint, dass sich der Täter aus Schuldbewusstsein selbst verrät: „Umsonst, der schreckenbleiche Mund / Macht schnell die Schuldbewußten kund" (ebd.). Die zur Naturmacht stilisierte Menge kommuniziert diesen Ausruf, noch bevor sie die Beweislage erkennt: „So läuft's von Mund zu Munde schnell: / Des Ibycus, den wir beweinen, / Den eine Mörderhand erschlug! / Was ist's mit dem? Was kann er meinen?" (Ebd.). Die Menschenmenge muss erst von Mund zu Mund kommunizieren, bevor sich allen blitzartig die Wahrheit erschließt:

> Und ahnend fliegt's mit Blitzesschlage,
> Durch alle Herzen. ‚Gebet acht!
> Das ist der Eumeniden Macht!
> Der fromme Dichter wird gerochen,
> Der Mörder bietet selbst sich dar!
> Ergreift ihn, der das Wort gesprochen,
> Und ihn, an den's gerichtet war.'
> (Ebd.)

In der Deutung der Menge verdankt sich diese Auflösung den Eumeniden, die den Mörder zum unbeabsichtigten Geständnis getrieben haben. Damit wird die psychologische Gewissensdynamik der überindividuellen Schicksalsmacht untergeordnet. Das Schuldbewusstsein war nicht der Auslöser des Rufs, vielmehr beweist der Ruf erst die Schuld. Dazu kommt, darauf hat Klaus Köhnke hingewiesen, dass der Mörder sich laut Schillers eigenen brieflichen Aussagen nicht durch „sein Gewissen", sondern durch „seine Naivität" verrät (Köhnke 1989, S. 491). Gegen eine das Wirken des Gewissens in den Vordergrund rückende Deutung spricht zuletzt, dass das Rechtshandeln in Schillers Ballade in einer noch **archaischeren Spielart** erscheint als in der attischen Tragödie. Denn was auf die Entlarvung folgt, ist ein erstaunlich zügig vollzogener Racheakt: „Und es gestehn die Bösewichter, / Getroffen von der Rache Strahl" (Schiller FA 1, S. 96). Die schnelle Abfolge von erkannter Schuld und ihrer Vergeltung, die den Schuldigen keine Möglichkeit der Reue, der Umkehr oder der Verzeihung einräumt, befriedigt weder moderne Ansprüche an eine zivilisierte Rechtspraxis noch ein psychologisches Interesse der Literatur an den inneren Dynamiken eines schlechten Gewissens. Was hier zu seinem Recht kommt, ist vielmehr eine antike *nemesis*, in der sich Gerechtigkeit nicht in der Verhandlung, sondern in der unmittelbaren, ganz plötzlich vollzogenen Vergeltung erfüllt: der Schuldige wird sofort ‚getroffen von der Rache Strahl'.

Archaische Antike und das Problem der Tragödie
Eine Reihe von Interpretationen haben die unmittelbare Reaktion Wilhelm von Humboldts aufgegriffen und geltend gemacht, dass die Ballade die ‚Macht der Poesie' (Pestalozzi 1996), insbesondere die Hoffnung auf eine in Zeiten der „Metaphysikkritik" und des „Metaphysikbedarfs" selbst zur Religion gewordenen Kunst (von Petersdorff 2007, S. 7) vorführe. In der Darstellung einer vor großem Publikum vollzogenen, von Instanzen einer naturmagischen (Kraniche) und mythischen (Erinnyen) Kraft getragenen Entlarvung und Bestrafung eines Täters greift Schillers Ballade aber nicht auf irgendeine Kunst, sondern auf einen **Gründungstext der attischen Tragödie** zurück: auf die *Eumeniden* des Aischylos. Schiller tut dies in einer eigenwilligen Wendung. Aischylos führt in den *Eumeniden* nicht nur die Ansprüche, sondern vor allem die Überwindung einer sich auf die Natur berufenden archaischen Rachekultur vor, die durch die Installierung einer demokratischen Anhörung und Abstimmung abgelöst wird und nur so mit der Umbenennung der ‚Erynnien' in die ‚Eumeniden' enden kann.

3.2 Schiller mit Goethe: Gemeinsame Projekte

Schillers Ballade ruft diese Verwandlung der Rachegöttinnen in die Gönnerinnen der athenischen Polis zwar in der Nennung des von Aischylos erfundenen Euphemismus ‚Eumeniden' (die Wohlmeinenden) auf, sie löst sie in ihrer eigenen Ereignisanordnung aber keineswegs ein. Hier ist Schillers Ballade archaischer als die Tragödie des Aischylos. Lässt sich das Ende der Ballade also wirklich als Versuch der moralischen Aufklärung einer breiten Öffentlichkeit, als ein moralisches Lehrstück lesen – als Versuch, „einer breiteren Öffentlichkeit höchste sittliche Ideen", hier den „idealen Grundwert der Gerechtigkeit" zu vermitteln (Segebrecht 1983, S. 201)? Oder erschöpft sich die Ballade womöglich doch darin, den Hang des zeitgenössischen Lesepublikums zum Sensationellen in „Berichten von ebenso ungewöhnlichen wie erregenden Geschehnissen" (Köhnke 1989, S. 482) zu befriedigen? Auch eine dritte Deutungsdimension ist denkbar.

Die *Kraniche des Ibycus* lassen sich als ein Text lesen, in dem sich Schiller mit der Frage nach den **Möglichkeiten der Tragödie** befasst, die ihn 1797 intensiv beschäftigt. 1797 ist nicht nur das Balladenjahr, sondern für Schiller auch ein Jahr der konzentrierten Arbeit am *Wallenstein,* dessen Verhältnis zur antiken Tragödie für Schiller ein dringliches Problem darstellt. Erhält Wallensteins Untergang seine Unausweichlichkeit durch das Zutun des Helden, oder wird er lediglich durch eine Verkettung unglücklicher Umstände zu Fall gebracht? Schuld oder Schicksal: Dieser Frage liegt die Einsicht zugrunde, dass der modernen Tragödie eine dem antiken *fatum* vergleichbare Steuerungsinstanz des tragischen Handlungsablaufs fehlt. Das Theater der griechischen Antike bildet in den *Kranichen des Ibycus* also keinen beliebigen Schauplatz, sondern ermöglicht den Vergleich zwischen antiken und modernen Möglichkeiten dramatischer Gestaltung. Wie Goethes *Braut von Corinth* präsentieren dabei auch Schillers *Kraniche des Ibycus* eine Antike, die von Winckelmanns klassizistischem Idealbild denkbar weit entfernt ist.

Wo Goethe eine heidnische, durch die christliche Überformung dämonisierte Antike skizziert, entwirft Schiller das **Doppelbild einer apollinisch–dionysischen Antike,** wie Friedrich Nietzsche es in *Die Geburt der Tragödie aus dem Geiste der Musik* beschreiben wird. Schillers Ballade lässt sich erstaunlich sauber in einen apollinischen und in einen dionysischen Komplex teilen. In der ersten Hälfte wandert der dem Gott Apoll unterstellte Sänger Ibycus in die Welt des Helios, also der Sonne und des Lichts, die sich wie bei Nietzsche mit dem Gesang und der Dichtung verbindet. In der zweiten Hälfte, markiert durch die drastische Beschreibung der Erinnyen, wird das Theater zum Schauplatz des Grauenerregenden und Schauerlichen. Dunkel ist die Antike also nicht erst durch ihre christliche Abwertung und Einschwärzung; dunkel ist auch die vorklassische Antike, die in den *Eumeniden* des Aischylos als überwunden dargestellt wird und die Nietzsche auf den Begriff des Dionysischen bringen wird. Und wie bei Nietzsche hat diese Diagnose auch bei Schiller eine gattungspoetische Implikation.

Die Erinnyen stehen bei Schiller für eine Kunstform, die der Kunst des Gottes Apoll mit seiner Lyra und dem zur Leier gesungenen Lied radikal entgegengesetzt ist. Dieser Gegensatz organisiert sich entlang den Oppositionen dunkel und hell, Nacht und Sonne, Lied und Tanz. Dabei charakterisiert die tanzende Gangart der Eumeniden, die im Gedicht bei ihrem Abgang „[m]it langsam abgemeßnem

Schritte" thematisiert wird, zugleich das jambische Metrum, das den Versfuß der Ballade bestimmt. Während die Stimme des Ibycus im Gedicht nur in den beiden Sätzen des Sterbenden erklingt und danach an die stumm bleibenden Kraniche delegiert wird, bringt die Ballade nicht das apollinische Lied der Leier, sondern den Hymnus der Eumeniden zu Gehör, und dieser, so heißt es ausdrücklich, „duldet nicht der Leier Klang" (Schiller FA 1, S. 94). Diese dunklen Dimensionen der Dichtung hat Schiller einerseits in der Theorie des Erhabenen konzeptualisiert, andererseits in seinen Tragödien auf die Bühne zu bringen versucht.

Weiterführende Literatur

Alt, Peter-André: *Begriffsbilder. Studien zur literarischen Allegorie zwischen Opitz und Schiller.* Tübingen 1995.
Althaus, Thomas: „Lyrik der Klassik. Goethes ‚Römische Elegien'". In: Thomas Althaus/Stefan Matuschek (Hg.): *Interpretationen zur neueren deutschen Literaturgeschichte.* Münster 1994, S. 43–70.
Ammon, Frieder von: *Ungastliche Gaben. Die ‚Xenien' Goethes und Schillers und ihre literarische Rezeption von 1796 bis in die Gegenwart.* Tübingen 2005.
Hamburger, Käte: „Schiller und die Lyrik". In: *Jahrbuch der Deutschen Schillergesellschaft* 16 (1972), S. 299–329.
Hofmann, Frank: *Goethes Römische Elegien. Erotische Dichtung als gesellschaftliche Erkenntnisform.* Stuttgart 1994.
Mayer, Mathias: *Natur und Reflexion. Studien zu Goethes Lyrik.* Frankfurt a. M. 2009.
Riedel, Wolfgang: „Eros und Ethos. Goethes ‚Römische Elegien' und ‚Das Tagebuch'". In: *Jahrbuch der Deutschen Schillergesellschaft* 40 (1996), S. 147–180.
Schwarzbauer, Franz: *Die Xenien. Studien zur Vorgeschichte der Weimarer Klassik.* Stuttgart/ Weimar 1992.
Zumbusch, Cornelia: „Schillers Schatten. Das Nachleben der Antike in Schillers klassischen Gedichten". In: Uwe Wirth (Hg.): *Bewegen im Zwischenraum.* Berlin 2011, S. 235–253.

Dramatik 4

4.1 Goethes Dramen

4.1.1 Goethe und das Theater

Erscheint Schiller einigen nicht als Lyriker, so gilt Goethe nur wenigen als genuiner Dramatiker. Dies ist umso erstaunlicher, als Goethe sich von der Faszination für das Puppentheater in der Kindheit bis zum Abschluss des *Faust II* kurz vor seinem Tod zeitlebens mit theatralischen Praktiken und Formen befasst hat. In dem weit gespannten biografischen Bogen von der in *Dichtung und Wahrheit* erinnerten frühen Begeisterung für die „kleine Bühne mit ihrem stummen Personal" (Goethe FA 15, S. 20) bis zur Auflösung der dramatischen Formen im Welttheater des *Faust II* deutet sich Goethes besonderer Bezug zum Theater an, der offenbar weit mehr umfasst als die Produktion dramatischer Texte. Goethes Interesse speist sich vielmehr aus der Bekanntschaft mit einer Reihe von **theatralischen Gattungen, Medien und Institutionen,** die von der Puppenbühne, dem Guckkastentheater und dem Fastnachts- und Jahrmarktsspiel über das bürgerliche Liebhabertheater und das Hoftheater bis zum höfischen Maskenzug und zur Oper reichen. Entsprechend fügen sich Goethes eigene dramatische Texte zu einer Art theaterhistorischem Panoptikum. Unter seinen Stücken finden sich neben den als Drama, Schauspiel, Lustspiel oder Trauerspiel ausgewiesenen Sprechstücken auch Melodramen und Opernlibretti, Maskenzüge und Festspiele, Geburtstagsstücke und andere Festgaben.

Die Formenvielfalt der eigenen dramatischen Produktion steht in engem Zusammenhang mit den theaterpraktischen Unternehmen, in die Goethe fast zeitlebens involviert war. Schon in seiner Leipziger Studienzeit übernimmt er Rollen in Liebhabertheatern, die in bürgerlichen Privathäusern zur Aufführung kommen. Kurz nach seiner Ankunft in Weimar 1775 engagiert er sich erst als Schauspieler, dann von 1776 bis 1784 auch als Leiter des Weimarer Liebhabertheaters. Nach seiner Rückkehr aus Italien fungiert er zwischen 1791 und 1817 schließlich als

Direktor des neu gegründeten Weimarer Hoftheaters. In diesem Unternehmen kann man „den Grundstock für die künftige Goethe-Schillersche Theaterklassik und damit auch für das deutsche Nationaltheater" sehen (Huber 1996, S. 24). Der Schritt vom **Weimarer Liebhabertheater zu einem Hoftheater,** das zugleich die Ansprüche an ein ‚Nationaltheater' erfüllen soll, erschließt sich vor dem historischen Hintergrund der Situation des Theaters in der zweiten Hälfte des 18. Jahrhunderts.

Noch um die Mitte des 18. Jahrhunderts war das Theater einerseits die Sache fahrender Spielleute und Wanderbühnen, die auf öffentlichen Plätzen gastierten, um das Volk mit Possen und Pantomimen, in besonderen Fällen auch mit Komödien und komischen Opern zu unterhalten. Andererseits verfügten Fürstenhöfe über feste Spielstätten, an denen italienische Opern, historische oder mythologische Ballette oder hohe Tragödien *(tragédie classique)* gegeben wurden. Die besondere politisch-repräsentative Funktion dieser aus den Festen der Renaissance hervorgegangenen höfischen Theaterformen zeigt sich daran, dass die Grenzen zwischen Bühne und Zuschauerraum im 17. und noch bis ins 18. Jahrhundert hinein durchlässig waren: Louis XIV., Marie Antoinette oder auch Herzog Karl Eugen spielten selbst in Tanzeinlagen oder Theateraufführungen mit. Die Forderung nach ‚stehenden Bühnen' in dafür eigens errichteten öffentlichen Theaterhäusern, die sich mit der **Idee eines ‚Nationaltheaters'** verbindet, führt in der zweiten Hälfte des 18. Jahrhunderts zu wichtigen Unternehmen. Zu nennen ist hier Hamburg, wo man sich in dem 1756 errichteten Comödienhaus seit 1767 mit Lessing als Dramaturgen, ab 1771 unter Friedrich Ludwig Schröder als Intendanten die Installation eines Nationaltheaters vornimmt. In Mannheim wird 1777 die erste sogenannte ‚deutsche Nationalschaubühne' gegründet, die zwar in ihrer Finanzierungs- und Leitungsstruktur ein Hoftheater ist, die ihre Produktionen aber einem breiten Publikum zugänglich macht.

Auch das **Weimarer Hoftheater,** mit vollem Namen das „Fürstlich Sächsische Hoftheater", wird zwar vom Hof subventioniert, finanziert sich aber zu zwei Dritteln aus den Einnahmen durch zahlende Zuschauer/innen. Zu Goethes Verdiensten gehört der Umbau dieses Hoftheaters von einem barocken Repräsentationstheater zu einem öffentlichen Theaterhaus, das sich an ein breiteres Publikum richtet. Die kulturpolitische Dimension dieser Anstrengungen ist nicht zu unterschätzen. Goethes Ziel, so hat es Jutta Linder beschrieben, ist die „grundsätzliche Steuerung des Theaterbetriebs auf Breitenwirkung hin" (Linder 1991, S. 21). Die Situation, die Goethe 1775 in Weimar vorfindet, ist zunächst die einer strikten Sphärentrennung zwischen einem weitgehend geschlossenen Adelszirkel, in dem vor allem französische klassizistische Tragödien in Originalsprache aufgeführt werden, und einem bürgerlichen Laientheater, das von dem Verleger Friedrich Justin Bertuch ins Leben gerufen worden war. Goethe bemüht sich früh, die getrennten Sphären des höfischen Repräsentationstheaters und des bürgerlichen Liebhabertheaters zusammenzuführen. 1776 gelingt es Goethe, die Sängerin und Schauspielerin Corona Schröter zu verpflichten. In der Uraufführung der Prosafassung der *Iphigenie auf Tauris* am 6. April 1779 übernimmt Corona Schröter die Rolle der Iphigenie, Goethe, wie in dem zeitgenössischen Gemälde von Georg Melchior Kraus dokumentiert, spielt den Orest (Abb. 4.1). Die Inszenierung zeichnet sich durch gräzisierende Kostüme, durchchoreografierte, am klassischen Ballett geschulte Bewegungsabläufe und eine regulierte Gestik aus, die keineswegs dem zeitgenössischen Realismus verpflichtet ist.

Nach seiner Rückkehr aus Italien und der Übernahme der Theaterdirektion verfolgt Goethe in der Repertoire-Gestaltung ab 1791 eine doppelte Strategie. Er lässt als schwierig erachtete Stücke etwa von Shakespeare, aber auch von Voltaire oder Jean Racine durchaus einstudieren. Diese werden aber seltener gegeben als die zeitgenössischen **publikumswirksamen Stücke** etwa von August Wilhelm Iffland oder August von Kotzebue, die dem Haus die regelmäßigen Einnahmen sichern. Die meisten Stücke, die Goethe in den 1790er Jahren selbst verfasst hat – darunter *Der Groß-Cophta, Der Bürgergeneral* oder *Die Aufgeregten* –, waren Unterhaltungsstücke zur „Repertoire-Bereicherung" (ebd., S. 27) dieses vielseitigen Theaterbetriebs. Der Spielbetrieb beschränkt sich keineswegs auf das Sprechtheater. In *Was wir bringen* (1802), einem Maskenspiel zur Eröffnung des Lauchstädter Theaters, lässt Goethe die unterschiedlichsten Theatergattungen als allegorische Figuren auftreten. Goethes Anzeige zu *Was wir bringen* fasst dieses metadramatische Defilee zusammen:

Abb. 4.1 Georg Melchior Kraus: Szenenbild aus *Iphigenie auf Tauris,* Goethe als Orest und Corona Schröter als Iphigenie, um 1800, Öl auf Leinwand (76 × 63,5 × 2,5 cm). (Foto: Sigrid Geske, © Klassik Stiftung Weimar)

> „Das Possenspiel, das Familiendrama, die Oper, die Tragödie, das Naive, so wie das Maskenspiel, produzierten sich nach und nach in ihren Eigenheiten, spielten und erklärten sich selbst, oder wurden erklärt, indem die Gestalt eines Merkurs das Ganze zusammenknüpfte, auslegte, deutete" (Goethe FA 18, S. 851).

Walter Hinck sieht in dem abwechslungsreichen Spielplan ein „sinnvolles Wechselspiel" von „Bildung und Vergnügen, Pädagogik und Unterhaltung, Beanspruchung und Entlastung des Intellekts" (Hinck 1982, S. 14). Die Programmgestaltung dient entsprechend nicht nur der Unterhaltung und Zerstreuung, sondern folgt einem pädagogischen Plan. Das Theater sei als „Lehranstalt der Kunst" zu begreifen (Linder 1991, S. 31), wobei das Publikum behutsam an das Theater als Kunstform heranzuführen sei.

Goethes Theaterästhetik
Das Theater dient Goethe dabei nicht nur als Schule des Geschmacks, sondern auch als Reflexionsmedium für die Autonomieästhetik, wie Moritz, Kant oder Schiller sie begrifflich entwickelt haben. In dem programmatischen Text *Über Wahrheit und Wahrscheinlichkeit der Kunstwerke,* den Goethe in der Zeitschrift *Propyläen* publiziert, treffen sich zwei Theaterbesucher in der Loge eines Theaters, auf dem als Bühnenbild ein Amphitheater mit gemalten Zuschauern aufgebaut ist. Es entspinnt sich ein Gespräch zwischen einem irritierten Zuschauer und einem „Anwalt des Künstlers", der den auf theatralische Täuschung, Naturnähe und Realismus fixierten Zuschauer von dem Wert einer ihren **Illusionscharakter** selbstbewusst ausstellenden Kunst zu überzeugen versucht (Goethe FA 18, S. 501). Der Theaterraum wird dabei zum besten Beispiel dafür, dass an der Kunst nicht die „Übereinstimmung" mit der zur Darstellung gebrachten Natur, sondern die formale „Übereinstimmung mit sich selbst" Vergnügen bereitet (ebd., S. 504). Plausibel wird dies dem unbedarften Theaterbesucher am Beispiel der Oper, weil sie ihn entzückt, obwohl sie höchst Unwahrscheinliches zur Vorführung bringt:

> *„Anwalt.* Wenn aber die guten Leute da droben, singend sich begegnen und bekomplimentieren, Billets absingen die sie erhalten, ihre Liebe, ihren Haß, ihre Leidenschaften singend darlegen, sich singend herum schlagen, und singend verscheiden, können Sie sagen, daß die ganze Vorstellung, oder nur ein Teil derselben, wahr scheine?" (Ebd., S. 502)

Wenn also der Oper eine Art der Wahrheit zukäme, so ist dies keine, die sich aus der Übereinstimmung mit der Wirklichkeit ergibt, sondern nur eine, die sich der „innere[n] Wahrheit", der „Konsequenz eines Kunstwerks" verdankt (ebd., S. 504). Das Theater – und hier scheint die autonomieästhetische Prägung des Arguments durch – bildet „eine Welt für sich", die nicht nach den Maßstäben der Alltagswelt, sondern „nach ihren eignen Gesetzen beurteilt" werden will (ebd.). Wie der sokratisch anmutende Dialog zuletzt andeutet, ist das Publikum aus Goethes Sicht von dieser avancierten Kunstauffassung nicht nur zu überzeugen, sondern zu ihr zu erziehen. Am Ende des Textes stellt der Anwalt des Künstlers dem Zuschauer zur Aufgabe, über das Rezeptionsverhalten des „gemeine[n]

Liebhaber[s]" hinauszuwachsen, um „das Geistreiche der Zusammenstellung, das Überirdische der kleinen Kunstwelt" genießen zu lernen (ebd., S. 506).

Voraussetzung für diese Erziehung des Publikums ist eine Ausbildung der Schauspieler/innen, deren Regeln Goethe in den *Grundlinien zu einer Theorie der Schauspielkunst* festhält. Eine gute Haltung auch im „gemeinen Leben", keine Proben in Pantoffeln, mit Handtäschchen oder in „Unterkleidern", gar mit der Hand im „Latz" (ebd., S. 857) – diese bis in kleinste Details eingreifenden Regulierungen richten sich nicht nur gegen einen Naturalismus, wie er sich in den auf psychologische Identifikation gerichteten Dramenpoetiken der Empfindsamkeit und des Sturm und Drang durchgesetzt hat. Vielmehr soll sich der einzelne Schauspieler selbst so zu disziplinieren lernen, dass seine schauspielerische Leistung in einem sorgfältig durchgestalteten Ensembletheater aufgehen kann. Goethe entwickelt hierfür eine **antinaturalistische Choreografie** des Vor- und Zurücktretens, in der nicht die realistische Interaktion von Figuren, sondern der gesprochene Text zur Geltung kommen soll:

> „Der Hauptpunkt aber ist, daß unter zwei zusammen Agierenden der Sprechende sich stets zurück, und der zu reden aufhört, sich ein wenig vor bewege. Bedient man sich dieses Vorteils mit Verstand und weiß durch Übung ganz zwanglos zu verfahren, so entsteht sowohl für das Auge als für die Verständlichkeit der Deklamation die beste Wirkung, und ein Schauspieler, der sich Meister hierin macht, wird mit Gleichgeübten sehr schönen Effekt hervorbringen und über diejenigen, die es nicht beobachten, sehr im Vorteil sein" (ebd., S. 858).

Die hier beschriebene Wirkung ist weit von einem rein artifiziellen Rezitationsstil mit ebenso stereotypem Gestenrepertoire entfernt, wie er sich mit den Inszenierungspraktiken der Barockoper verbindet. Peter-André Alt hat darauf hingewiesen, dass Goethes Bühneninszenierung auf die Verdichtung von Augenblicken zielt: „Die innere Ablaufbewegung des Dramas wird im symbolischen Bild, in der Gebärdensprache der antiken Plastik und im *Tableau vivant* für prägnante Momente angehalten, damit den Zuschauer/innen Gelegenheit zur Reflexion bleibt" (Alt 2008, S. 32). Darüber hinaus ist aber zu betonen, in welchem Maß Goethes Inszenierungstechnik nicht auf die Stillstellung, sondern auf den **Anschein lebendiger Beweglichkeit** zielt. Goethes vermeintliche „Regie mit dem Taktstock" (Hinck 1982, S. 27) möchte Lebendigkeit und Bewegung evozieren. Gelungenes Schauspiel soll dabei zuletzt jede Regelhaftigkeit vergessen lassen: „das Steife muß verschwinden und die Regel nur die geheime Grundlinie des lebendigen Handelns werden" (Goethe FA 18, S. 860). Man habe sich diese Regeln derart „einzuverleiben, daß sie zur zweiten Natur werden" (ebd., S. 870).

Die in 91 Paragrafen ausgeführten Regeln zu Aussprache, Rezitation, Deklamation und Gebärdenspiel zielen, so wird am Ende deutlich gesagt, auf die Darstellung von „edle[n], würdige[n] Charaktere[n]" (ebd., S. 882). Wie der Terminus ‚Würde' andeutet, hat Goethe in seinen Regeln für das Weimarer Theater in erster Linie die hohe Form der Tragödie im Blick. Dass er dieses Projekt selbst später als gescheitert ansieht, sollte nicht verschwiegen werden. Im Gespräch mit Eckermann am 27.3.1825 erinnert er sich eher missmutig:

„Hier in Weimar hat man mir wohl die Ehre erzeigt, meine Iphigenie und meinen Tasso zu geben; allein wie oft? – Kaum alle drei bis vier Jahre einmal. Das Publikum findet sie langweilig. Sehr begreiflich! Die Schauspieler sind nicht geübt, die Stücke zu spielen, und das Publikum ist nicht geübt, sie zu hören. […]

Ich hatte wirklich einmal den Wahn, als sei es möglich, ein deutsches Theater zu bilden. Ja, ich hatte den Wahn, als könne ich selber dazu beitragen und als könne ich zu so einem Bau einige Grundsteine legen. Ich schrieb meine Iphigenie und meinen Tasso und dachte in kindischer Hoffnung, so würde es gehen. Allein es regte sich nicht und rührte sich nicht und blieb alles wie zuvor" (Goethe FA 39, S. 553).

Diesen Projektgedanken, demzufolge gerade der *Torquato Tasso* und die *Iphigenie auf Tauris* Grundsteine zu einem künftigen Bau legen sollen, wollen die folgenden Kapitel aufgreifen und danach fragen, wie sich Goethe in beiden Stücken mit der Formensprache und der antiken aber auch klassizistischen Tradition der Tragödie auseinandersetzt.

Torquato Tasso und *Iphigenie auf Tauris,* die Goethe noch im ersten Weimarer Jahrzehnt in Prosafassungen beginnt und auf seiner Reise durch Italien in Versform bringt, gelten aufgrund ihrer strengen Form als seine klassischsten Dramen. Die Bezeichnung ‚Drama' ist allerdings mit Bedacht gewählt. Denn obwohl *Tasso* und *Iphigenie* tragödientaugliche Stoffe aufgreifen, lassen sie sich kaum als Tragödien bezeichnen. Beide Stücke kommen ohne tragisches Leiden im aristotelischen Sinn, also ohne große Unfälle und Tode aus: Sie nehmen im Prinzip ein gutes, wenn auch durch traurige Verzichtleistungen erkauftes Ende. Aufgrund ihres von tragischen Vorfällen freigehaltenen ruhigen Verlaufs urteilt Schiller über die *Iphigenie,* sie sei „generisch poetisch, nicht tragisch", ja es sei in ihr sogar die „Tragödie, auf epische Art, verfehlt". Dass diese zum Epischen statt zum Tragischen tendierende Ereignisgestaltung, die einem „strengen Begriff der Tragödie" nicht genügt, auch für den *Torquato Tasso* gilt, wird angedeutet: „Von dem Tasso will ich gar nicht reden" (Schiller an Goethe, 26.12.1797, Staiger/Dewitz 2005, S. 526). Wie Juliane Vogel formuliert hat, „widersetzen sich seine [Goethes] im weiteren Umkreis der Tragödie angesiedelten dramatischen Texte der Unausweichlichkeit tragischer Verläufe und streben die Normalisierung menschlicher Verhältnisse an" (Vogel 2018, S. 111). Wie sich die in beiden Dramen auf unterschiedliche Weise geübte **Vermeidung des Tragischen** mit einem klassischen Kunstprogramm verträgt, wird in den folgenden zwei Kapiteln zu zeigen sein.

Auf eine Interpretation des *Faust I* wird in diesem Rahmen verzichtet. Zwar fordert der *Faust*-Stoff, mit dem sich Goethe vom *Urfaust* über den 1808 publizierten, 1829 uraufgeführten *Faust I* bis zum *Faust II* befasst, die Ansprüche an die klassische Tragödie auf interessante Weise heraus. Als Goethe im Sommer 1797 die Arbeit am *Faust* wiederaufnimmt, warnt ihn Schiller im Verweis auf das „Grelle und Formlose" der „Volksfabel", das wohl schwer in einen „poetischen Reif" zu bringen sei (Schiller an Goethe, 23. und 26.6.1797, Staiger/Dewitz 2005, S. 405 und 407). Goethe selbst spricht in seiner Antwort an Schiller von einer „barbarischen Komposition" (Goethe an Schiller, 27.6.1797, Staiger/Dewitz 2005, S. 409). Obwohl Goethes *Faust I* im Vergleich zu *Tasso* und *Iphigenie* nichts weniger als klassizistisch ist, kann er aber doch als deutliche Ausformung einer Tragödie gelten: David Wellbery hat den *Faust I* sogar als „Reflexion der tragischen Form" gedeutet (Wellbery 2016). Wie der zweibändige Forschungsüberblick von Rüdiger Scholz dokumentiert, hat die Forschung zu Goethe *Faust* allerdings einen Komplexitätsgrad erreicht, der im Rahmen eines einführenden Kapitels kaum angemessen dargestellt werden kann (Scholz 2011). Interessierten sei die Einführung von Jochen Schmidt empfohlen (*Goethes Faust. Erster und Zweiter Teil. Grundlagen – Werk – Wirkung*), die einen hervorragenden Zugang zum Text und eine erste Orientierung in den Forschungsdebatten bietet (Schmidt 2018). Bei der eigenen Lektüre können die Kommentare von Albrecht Schöne (Goethe FA 7/2) und Ulrich Gaier (Gaier 2002) unterstützen.

4.1.2 Arbeit an der Tragödie: *Iphigenie auf Tauris*

Goethes Arbeit an der *Iphigenie auf Tauris* reicht werkbiografisch weit zurück. Schon 1779 schreibt Goethe das Stück in einer Prosafassung in der kurzen Zeit von sechs Wochen nieder und bringt es noch im gleichen Jahr in Weimar zur Uraufführung. Nicht zuletzt auf Wielands Anregung beginnt er 1786, das Prosadrama zu überarbeiten und in eine Versfassung zu bringen, die er 1787 auf der italienischen Reise abschließt. Publiziert wird diese versifizierte *Iphigenie* im Juni 1787 im dritten Band der achtbändigen Werkausgabe im Göschen-Verlag, die Herder während Goethes Abwesenheit für ihn vorantreibt. Eine Inszenierung dieser Versfassung lässt allerdings auf sich warten. Als Goethe die *Iphigenie* 1802 an Schiller schickt, damit dieser eine Strichfassung für die Weimarer Bühne anfertigen kann, will Goethe sein „gräzisierende[s] Schauspiel" beim erneuten Querlesen selbst „verteufelt human" gefunden haben (Goethe an Schiller, 19.1.1902, Staiger/Dewitz 2005, S. 929). Wie sich Goethe später erinnert, fand Schiller die *Iphigenie* allerdings „keineswegs so klassisch und im antiken Sinne [...], als man vielleicht glauben möchte". Durch das „Vorwalten der Empfindung" sei es ihm sogar, so spitzt Goethe die Haltung Schillers in der Erinnerung zu, „wider Willen romantisch" erschienen (Gespräche mit Eckermann, 21.3.1830, Goethe FA 39, S. 395). Diese widersprüchlichen Einschätzungen – gräzisierend oder empfindsam-romantisch, **antik oder modern** – gilt es genauer zu bedenken.

Antik ist zweifellos der mythologische Stoff, den Goethe bearbeitet. *Iphigenie auf Tauris* erzählt aus der Geschichte der Atriden oder auch Tantaliden, einer Familie, in der sich Morde unter engen Verwandten über mehrere Generationen hinweg wiederholen. In der Figur der Iphigenie zeichnet sich aber eine Erlösung aus diesem Geschlechterfluch ab. Denn gemäß der Ausgangssituation der *Iphigenie auf Tauris* ist die von ihrem eigenen Vater geopferte Iphigenie nicht getötet, sondern von der Göttin Artemis auf eine ferne Insel entrückt worden, um dort als Priesterin im Artemis-Tempel zu dienen. Bei den Taurern lebt sie nicht nur allein unter Fremden und fern von Zuhause, sondern soll auch Menschenopfer bringen. Diese Praxis konnte sie allerdings vorübergehend aussetzen. Wie bei dem Auftritt von Orest und Pylades deutlich wird, ist das, was am Ende der *Eumeniden* des

Aischylos gelöst ist, am Beginn der *Iphigenie* – und hier hält sich Goethe an die *Iphigenie* des Euripides – immer noch offen. Orest konnte keineswegs den Thron seines Vaters besteigen, sondern hat einen weiteren Götterspruch des Apoll mit auf den Weg bekommen, um die Schuld des Muttermords abzugelten: Er soll die Schwester holen. Gemeinsam mit seinem Freund Pylades landet er auf Tauris, um, ihrer zunächst vertretenen Auslegung dieses rätselhaften Orakelspruchs folgend, das Kultbild von Apolls Schwester Artemis zu holen. Die Geschwister Orest und Iphigenie erkennen einander und Iphigenie wird in den von Pylades entwickelten Raub- und Fluchtplan eingeweiht. Als Iphigenie sich aber weigert, den König Thoas durch eine Lüge zu überlisten und das Kultbild zu rauben, besteht Orests rettender Gedanke zuletzt darin, das Wort ,Schwester' auf die heimzubringende Iphigenie zu beziehen. Ermöglicht durch den entsagenden Verzicht des Königs Thoas können die Geschwister zuletzt nach Griechenland zurückkehren.

Im Verweis auf dieses Ende gehört es zu einem Gemeinplatz der älteren Forschung, die *Iphigenie* als **Musterbild eines ,klassizistischen' Humanitätsideals** zu lesen (Wittkowski 1984). Goethes eigene Rede von der ,verteufelt humanen' Iphigenie bildet für die von Oskar Seidlin oder Arthur Henkel angestellten Überlegungen schon früh auch den Ausgangspunkt einer Problematisierung (Seidlin 1963; Henkel 1965). Insofern sich das gute Ende allein der beherzten Tat Iphigenies zu verdanken scheint, die an mehreren Stellen des Stücks ihre besondere Stellung als (Jung-)Frau reflektiert, hat man auch das in dem Stück entworfene Frauenbild diskutiert (Schönborn 1999). Nun besteht Iphigenies Leistung zunächst darin, als Priesterin für ein neues Verständnis des Diana-Kults geworben zu haben: Ihre Überredungskunst hat dazu geführt, die „blut'gen alten Opfer" (Goethe FA 5, S. 558) auszusetzen. Mit diesem Befund kompliziert sich aber die Vorstellung vom gräzisierenden Klassizismus der *Iphigenie,* ist doch die Thematik des zu überwindenden Menschenopfers an die aufgeklärte Einsicht in den inhumanen Charakter antiker Kultpraxis geknüpft.

Bereits in Racines und Voltaires Bearbeitungen des Iphigenie-Stoffes ist diese rationalistische Wendung, die sich bei Voltaire mit der Polemik gegen Kult und Orakelglaube verbindet, von zentraler Bedeutung – dies zeigen Lektüren der *Iphigenie* im Kontext der europäischen Aufklärung (Jauß 1979; Frick 2002; Lamport 2004). Wolfdietrich Rasch sieht in seiner vielrezipierten Studie diesen aufklärerischen Emanzipationsgedanken in der *Iphigenie* derart realisiert, dass die Begriffe ,Autonomie' und ,Humanität' gekoppelt werden: „Nur insofern, als Goethe zeigt, daß erst der autonome Mensch Humanität verwirklichen kann, ist ,Iphigenie auf Tauris' als Drama der Autonomie auch ein Drama der Humanität" (Rasch 1979, S. 188). Kathryn Brown und Anthony Stephens verweisen hingegen auf die von Adorno hervorgehobene Dialektik einer Aufklärung, die im Moment ihrer Durchsetzung selbst in Mythos umschlägt (Adorno 1974) oder zumindest in einer mythischen Ordnung verbleibt, die sie nur in Nuancen variieren kann (Brown/Stephens 1988, S. 102).

Die hier angedeuteten Verwicklungen zwischen einer Orientierung an der Antike und einer **Distanzierung vom antiken Mythos** gilt es zu entwirren. Dabei scheint es hilfreich, vorab den anzusetzenden Mythosbegriff zu explizieren. Denn

Mythos lässt sich nicht nur im Sinn von Adorno als ‚Schuldzusammenhang' verstehen, sondern auch in dem Goethe durchaus näheren Doppelsinn als Geschichte und Fabel, wie er sich bei Aristoteles findet. Das Wort *mythos* meint in der *Poetik* des Aristoteles 1) ‚Mythologie' im Sinn einer von Göttern und Helden handelnden überlieferten Geschichte. Mit *mythos* bezeichnet Aristoteles aber auch 2) die Zusammenfügung der epischen oder dramatischen Handlung, die in der Literaturwissenschaft heute als Fabel oder Plot bezeichnet wird. Wie sich zeigen lässt, sind beide Aspekte in Goethes Drama eng aufeinander bezogen. Denn Goethes Umdeutung der antiken Mythologie geschieht durch eine Ereignisführung, in der die Nacherzählung des Mythos über weite Strecken an die Stelle der dramatisch fortschreitenden Handlung tritt.

Präsenz des Mythos: Iphigenies dunkle Vorgeschichte
Iphigenies erster Auftritt steht im Zeichen des Dunklen. In ihrem berühmten Eingangsmonolog betont Iphigenie ihre Situation in der Fremde, die sie nicht zur Heimat machen kann und will:

> Heraus in eure Schatten, rege Wipfel
> Des alten heil'gen, dichtbelaubten Haines,
> Wie in der Göttin stilles Heiligtum,
> Tret' ich noch jetzt mit schauderndem Gefühl,
> Als wenn ich sie zum erstenmal beträte,
> Und es gewöhnt sich nicht mein Geist hierher.
> So manches Jahr bewahrt mich hier verborgen
> Ein hoher Wille, dem ich mich ergebe;
> Doch immer bin ich, wie im ersten, fremd.
> Denn ach mich trennt das Meer von den Geliebten,
> Und an dem Ufer steh' ich lange Tage,
> Das Land der Griechen mit der Seele suchend;
> Und gegen meine Seufzer bringt die Welle
> Nur dumpfe Töne brausend mir herüber.
> (Goethe FA 5, S. 555)

Das in der attischen Tragödie topische Anfangsmoment des Heraustretens auf die Skena wird hier in einer metatheatralischen Wendung benannt. Dabei gerät das Heraustreten zu einer paradoxen Entfremdungsbewegung. Denn Iphigenie tritt nicht ins Freie und Offene, sondern ins verbergende Dickicht eines ‚dicht belaubten Hains'. Dieser Hain ist assoziiert mit dem Dunkeln und dem Dumpfen, mit dem Schatten und den unartikulierten Lauten des Meeres und vor allem mit den tragischen Affekten des Schauderns und des Seufzens. Iphigenie tritt aber nicht hinaus in einen Handlungsraum, sondern bleibt auf einer Schwelle. Am Ufer als der Grenze zwischen Meer und Land scheint sie in einer quälenden **Handlungsunfähigkeit und Stagnation** gefangen zu sein: ‚an dem Ufer steh ich lange Tage'. Schon die Syntax des ersten Satzes ist sprechend. Das Prädikat ‚Heraustreten' ist aufgeteilt in ein ‚Heraus' ‚tret ich', das über vier Verse auseinandergezogen und durch eine Reihe von keilartig dazwischengeschobenen Satzgliedern getrennt ist. Dieser wie ein versperrter Ausgang gebaute Satz – mit dem rhetorischen

Fachbegriff ein Hyperbaton (Sperrung) – lässt sich sowohl auf das Abgeschnittensein von Familie und Heimat als auch auf den verkeilten, zur Handlungslosigkeit verurteilten Zustand beziehen, in dem sich Iphigenie zu Beginn des Stücks befindet.

Diese scheinbar lösungslose Situation wird in den folgenden Auftritten dadurch verschärft, dass Iphigenie einen Heiratsantrag erhält und ablehnt. Die Situation der Atridenfamilie spiegelnd, steht am Anfang der *Iphigenie* eine **genealogische Krise**. Thoas, der König der Taurer, hat gerade auf einem Feldzug seinen Sohn verloren. Deshalb, so wird Iphigenie zu Beginn des Stücks von Arkas, dem Vertrauten des Thoas, gewarnt, möchte Thoas um Iphigenies Hand anhalten. Gemäß ihrer eigenen Argumentation kann sie einen „solchen Schritt" nicht „wagen", weil sie der Göttin gehört und deshalb über sich selbst nicht verfügen kann (ebd., S. 567). Brown und Stephens haben die darin enthaltene „Ironie" herausgestellt, dass sich Iphigenie vor der „weiteren Vergegenständlichung ihrer Person" schützt, indem sie sich das Recht auf „autonomes Handeln" selbst abspricht (Brown/Stephens 1988, S. 106). Thoas verlangt daraufhin von ihr, die suspendierte Opferpraxis wieder aufzunehmen und mit den gerade am Ufer gelandeten Fremden zu beginnen. Damit sind Orest und Pylades, die Tauris im zweiten Akt betreten, dem Tod geweiht. Orests erste Worte lauten: „Es ist der Weg des Todes, den wir treten / Mit jedem Schritt wird meine Seele stiller" (Goethe FA 5, S. 571). Orest und Pylades haben bereits gehört, dass auf Tauris alle ankommenden Fremden der Artemis geopfert werden. Orest scheint es nur folgerichtig, dass der Fluch nur durch den eigenen Tod gelöst werden kann: „Und nun erfüllet sich's, daß alle Not / Mit meinem Leben völlig enden soll" (ebd.). Wie bereits in diesen beiden Auftritten greifbar wird, fühlen sich Iphigenie wie Orest von der **Präsenz ihrer katastrophalen Familiengeschichte** erdrückt. Und diese Vorgeschichte des Mythos wird im Drama immer wieder erzählt.

Während Euripides seine *Iphigenie* nach einer kurzen Exposition und einer weit ausgespannten Wiedererkennung vor allem als Intrigenstück konzipiert hat, nimmt die Intrigenhandlung in Goethes *Iphigenie* erstaunlich wenig Raum ein. Maurer hat dies als antiaristotelische Wendung gedeutet, die nicht mehr „vom Vorrang der tragischen Handlung" ausgehe, sondern auf den „Charakter" fokussiert sei (Maurer 2002, S. 205). Allerdings widmet Goethe einen erstaunlich großen Teil seiner *Iphigenie auf Tauris* nicht der Entfaltung des Hauptcharakters, mithin der Iphigenie, sondern der Nacherzählung des Atriden-Mythos von Tantalus und Pelops, Atreus und Thyest bis hin zu Agamemnon, Klytaimestra und Orest. Im dritten Auftritt des ersten Akts verrät Iphigenie dem König Thoas ihre Herkunft, um den befürchteten Heiratsantrag abzuwenden. „Vernimm! Ich bin aus Tantalus' Geschlecht" bemerkt sie kurz und Thoas antwortet mit dem seither gern zitierten Satz „Du sprichst ein großes Wort gelassen aus" (Goethe FA 5, S. 563).

In Vers 305 bis 433 erzählen Thoas und Iphigenie im Dialog von Tantalus, der an der Tafel der Olympier essen durfte, bis „Übermut und Untreu" (ebd., S. 564) ihn stürzen ließen. Was Goethe seine Iphigenie verschweigen lässt, ist die Tatsache, dass Tantalus den Göttern seinen eigenen Sohn Pelops zum Mahl vorgesetzt hatte, um ihre Allwissenheit auf die Probe zu stellen. Damit bleibt der Begründer des Geschlechts von eigener Schuld erstaunlich frei. Iphigenie erzählt hingegen

4.1 Goethes Dramen

von Tantalus' Sohn Pelops, der sich seine Frau Hippodamia nur durch „Verrat und Mord" (ebd.) erwarb, und von Pelops' Söhnen Thyest und Atreus, die einander hassen. Thyest betrügt Atreus, Atreus verbannt ihn, Thyest zieht einen Sohn des Atreus auf und sendet ihn zurück, um den eigenen Vater zu ermorden. Atreus tötet daraufhin die Söhne des Thyest und setzt sie dem Vater als Speise vor.

> Dies sind die Ahnherrn deiner Priesterin;
> Und viel unseliges Geschick der Männer,
> Viel Taten des verworrnen Sinnes deckt
> Die Nacht mit schweren Fittigen und läßt
> Uns nur in grauenvolle Dämmrung sehn.
> (Ebd., S. 566)

Im zweiten Auftritt des zweiten Aktes wird die Vorgeschichte von Orest weiter erzählt. Im Dialog mit Pylades spricht Orest von seiner Herkunft, seiner Kindheit und schließlich von seiner fatalen Tat, dem Muttermord an Klytaimestra. Insofern dieser Mord an der Mörderin seines Vaters ihm als dem erstgeborenen Sohn von den Göttern auferlegt war, interpretiert er ihn als Teil des Fluchs: Die Götter haben ihn zum „Mörder meiner doch verehrten Mutter" gemacht (ebd., S. 575). Dass die Gründe für Klytaimestras doppeltes Verbrechen ihrerseits in einer Verfehlung des Agamemnon bestehen, erklärt das im zweiten Auftritt des zweiten Akts eingefügte Bruchstück der Geschichte.

Pylades informiert Iphigenie hier über den Verlauf des Trojanischen Kriegs (ebd., S. 580), von dem sie als Entrückte nichts wissen kann. Iphigenie fragt insbesondere nach dem Ausgang des Trojanischen Kriegs und der Heimkehr des Agamemnon. Pylades nennt in seiner Darstellung die doppelte Motivation für Klytaimestras Mord an Agamemnon: Es sei nicht nur „böse Lust", sondern auch „einer alten Rache tief Gefühl" (ebd.) gewesen, insofern die Opferung der Iphigenie in Klytaimestra „Widerwillen" gegen ihren Mann Agamemnon erzeugt habe (ebd., S. 581). Im ersten und dritten Auftritt des dritten Akts hört Iphigenie diesen Teil der Vorgeschichte noch einmal von Orest selbst. Orest erzählt von der „brennende[n] Begier des Königs Tod / Zu rächen", dann aber davon, dass diese Rachebegehren in der „Mutter heil'ger Gegenwart / In sich zurückgebrannt war", Elektra habe daraufhin mit „Feuerzunge" (ebd., S. 585) versucht, „der Rache Feuer" in ihm ‚aufzublasen' (ebd., S. 584). Was sich hier andeutet, ist die Möglichkeit, aus der Rachespirale auszutreten und einen von den Göttern gebotenen Mord nicht zu begehen. Orest hätte stattdessen der ‚heiligen Scheu' vor dem Muttermord folgen können. Allerdings habe Elektra ihre rhetorischen Überzeugungskräfte aufgeboten, um die destruktiven Affekte, die im Bildfeld des Feuers und des Brennens artikuliert werden, zu aktivieren. Die unglückliche Familiengeschichte erscheint hier als **Ergebnis allzu starker negativer Affekte.**

Der Geschlechterfluch findet sein zentrales Bild im eisernen Band aus Hass und Wut, das den Tantaliden um die Stirn geschmiedet sei. Hier wird die Disposition zum anhaltenden Groll, die in der Familie vererbte Verdunkelung und Verwirrung der Sinne, zur Ursache der fatalen Verstrickungen. Dieser Logik der Internalisierung und Psychologisierung des Fluchs entspricht die dramaturgische

Entscheidung, die Rachegöttinnen nicht als Figuren auf die Bühne treten zu lassen, sondern nur indirekt als Wahnvorstellungen des kranken Orest zu evozieren. Ulrich Port hat dies zum einen unter einem „theatralen Minimalismus" verbucht, der alle Götter nur „in den Äußerungen der agierenden Menschen greifbar" macht, und zum anderen als „Pointe klassizistischer Dezenz" verstanden, die „Grauen und Ekel auf die Figurenrede" beschränkt (Port 2005, S. 186 und 190). Die vermeintliche Zivilisierung des archaischen Grauens wirkt aber zugleich als Intensivierung, führt sie doch zur Proliferation und Perpetuierung des Fluchs: „In seinen Wolkenkreisen wälzet sich / Die ewige Betrachtung des Gescheh'nen / Verwirrend um des Schuld'gen Haupt umher" (Goethe FA 5, S. 586). Die in ein Schuldgefühl transformierten Rachegöttinnen entlassen den Schuldigen nicht aus der quälenden Imagination: aus der innerpsychischen **Wiederkehr des Vergangenen** bietet sich kein Ausweg.

Goethe schreibt mit seiner *Iphigenie auf Tauris* das letzte Kapitel einer Familiengeschichte, die nicht enden will, und die in der Rede der Figuren bis zuletzt auftaucht. Noch am Ende des viertes Akts fällt Iphigenie die Geschichte ihrer Vorfahren ein, als sie sich an das sogenannte Parzenlied erinnert: „Vor meinen Ohren tönt das alte Lied – / Vergessen hatt' ich's und vergaß es gern – / Das Lied der Parzen, das sie grausend sangen, / Als Tantalus vom gold'nen Stuhle fiel" (ebd., S. 605). Goethe präsentiert den Familienfluch als eine traumatisch anmutende Wiederkehr des Vergangenen, der sich die Figuren nicht entziehen können. Der Fluch macht sich als **Wiederholungszwang** geltend, der einerseits durch die Wiederholungstaten der Figuren, andererseits durch die wiederholte imaginative und narrative Vergegenwärtigung abgebildet wird. Die Geschichte ist nicht vorbei – oder wie Iphigenie in der anaphorisch betonten Negation betont: „Nicht vorüber ist dir das Vergangene" (ebd., S. 570). Und doch findet Goethe in und mit seiner *Iphigenie auf Tauris* ein Ende. Dieses Ende wird eingeleitet durch die Heilung des Orest, der zuletzt auch die rettende Lösung des durch den Orakelspruch aufgegebenen Rätsels liefert.

Orests doppelte Lösung: Katharsis und Erkenntnis
Die Voraussetzung für diese doppelte Lösung ist die Wiederkennungsszene zwischen den Geschwistern in der ersten Szene des dritten Akts, die anders als in Euripides' *Iphigenie* ohne äußere Erkennungszeichen wie Haare, Fußabdrücke oder ein besonders besticktes Gewand auskommt. Es reicht die bloße Rede: „[…] zwischen uns / Sei Wahrheit! / Ich bin Orest!" (Goethe FA 5, S. 586). Iphigenie hingegen appelliert an das Gefühl: „Es zeigt sich dir im tiefsten Herzen an: / Orest, ich bin's! sieh Iphigenien" (ebd., S. 589). Mit dieser absoluten Transparenz der Wahrheitsrede und dem Primat der Intuition als einer Wahrheit des Herzens liegen zugleich die Mittel bereit, über die sich der Konflikt am Ende des Stücks lösen wird. Zunächst führt die Wiedererkennung den leidenden Orest allerdings noch tiefer in die Krise, muss er nun ja davon ausgehen, dass seine Schwester ihn opfern und die Atridentradition, enge Verwandte zu töten, weiterführen wird. Diese quälende Vorstellung entfaltet das oft als ‚Wahnsinnsszene' bezeichnete Ende des ersten Auftritts. Goethe gestaltet diesen Zusammenbruch als

4.1 Goethes Dramen

eine **heilsame Krise,** die zu einer reinigenden Heilung führt. Zwischen dem ersten und dem zweiten Auftritt des dritten Akts fällt Orest in einen Heilsschlaf. Als er aufwacht, wähnt er sich im Reich der Toten:

> OREST aus seiner Betäubung erwachend und sich aufrichtend
> Noch einen! reiche mir aus Lethe's Fluten
> Den letzten kühlen Becher der Erquickung!
> Bald ist der Krampf des Lebens aus dem Busen
> Hinweggespült; bald fließet still mein Geist,
> Der Quelle des Vergessens hingegeben,
> Zu euch, ihr Schatten, in die ew'gen Nebel.
> (Ebd., S. 591)

Während sich Orest die Lösung des Fluchs zunächst nur im Tod vorstellen kann, vollzieht sich im Verlauf des Auftritts eine katharische Löschung und Lösung des Geschehenen. Im Bild vom „lang' erflehten Regen / mit Donnerstimmen und mit Windes-Brausen / In wilden Strömen auf die Erde schüttet" (ebd., S. 594) imaginiert Orest das Ende der fatalen Familiengeschichte:

> Es löset sich der Fluch, mir sagt's das Herz.
> Die Eumeniden ziehn, ich höre sie,
> Zum Tartarus und schlagen hinter sich
> Die ehrnen Tore fernabdonnernd zu.
> (Ebd.)

Indem Orest die Erinnyen als wohlmeinende Eumeniden anspricht, zitiert er die Lösung, die Aischylos in den *Eumeniden* findet. Anders als am Ende der *Eumeniden* sollen die Rachegöttinnen in Orests Vision aber keineswegs in ein neu gestiftetes Gemeinwesen eingebunden, sondern in den untersten Bereich der Unterwelt, den Tartarus, verbannt werden. Vergegenwärtigt werden diese Eumeniden dabei nur noch im Modus des Verschwindens, in dem sie nicht mehr zu sehen, sondern nur noch im akustischen Vorstellungsraum zu hören sind.

Um diese in der Rede vorweggenommene Rettung aus dem Geschlechterfluch nun auch auf der Ebene der dramatischen Ereignisfolge zu vollziehen, müsste sich das Stück in ein **Intrigenstück** verwandeln. Es wäre ein pragmatischer Flucht- und Rettungsplan zu erfinden und umzusetzen. Eine entsprechende Planungsszene unterschlägt Goethe allerdings. Der vierte Akt setzt mit einem Monolog Iphigenies ein, aus dem sich schließen lässt, dass Pylades eine rettende Intrige ersonnen hat. Der Plan erscheint hier aber nicht als Rettung, sondern als Problem: „Und haben kluges Wort mir in den Mund / Gegeben, mich gelehrt was ich dem König' / Antworte" (ebd., S. 596). Hinterhalt, List und Lüge sind ihr aber nicht vertraut, und scheinen ihr auch keine gute Lösung zu sein: „O weh der Lüge!" (ebd.). Wenn sie Arkas erklärt, das Kultbild der Diana müsse im Meer gereinigt werden, weil einer der Ankömmlinge von den Furien verfolgt werde, dann fügt sie sich zunächst in Pylades' Plan und wird Teil der Intrige. Daniel Cuonz sieht hier eine „tragische Ironie des Wortopfers, die eben gerade darin besteht, dass Iphigenie ihre Reinheit opfert, indem sie über Reinheit sagt, was Pylades ihr vorgesagt hat" (Cuonz 2006,

S. 156). Während der vierte Akt die Zweifel entfaltet, die Iphigenie angesichts der ihr zugedachten Rolle im Intrigengeschehen hegt, widmet sich der fünfte Akt ihrer Entscheidung, dem König Thoas alles offenzulegen.

Ihre im dritten Auftritt des fünften Akts entwickelte Argumentation wechselt im Verlauf subtil die Richtung. Der von emanzipatorischem Selbstbewusstsein zeugende Einsatz „Ich bin so frei geboren als ein Mann" (Goethe FA 5, S. 609) führt zunächst zu der rhetorischen Frage: „Hat denn zur unerhörten Tat der Mann / Allein das Recht" (ebd., S. 610). Hier scheint die Jungfrau Iphigenie Handlungsmöglichkeiten einzuklagen, die den Männern vorbehalten sind. Allerdings akzentuiert ihre weitere Rede die Geschlechterdifferenz in diametral entgegengesetzter Weise. Iphigenie besteht keineswegs auf ihrem Recht, dasselbe zu tun wie ein Mann, sondern spricht von ihrem Recht, sich gerade nicht zu verhalten wie ein Mann:

> muß ein zartes Weib
> Sich ihres angebornen Rechts entäußern,
> Wild gegen Wilde sein, wie Amazonen
> Das Recht des Schwerts euch rauben und mit Blute
> Die Unterdrückung rächen? Auf und ab
> Steigt in der Brust ein kühnes Unternehmen:
> Ich werde großem Vorwurf nicht entgehn
> Noch schwerem Übel wenn es mir mißlingt;
> Allein euch leg' ich's auf die Kniee! Wenn
> Ihr wahrhaft seid, wie ihr gepriesen werdet;
> So zeigt's durch euern Beistand und verherrlicht
> Durch mich die Wahrheit! – Ja, vernimm, o König
> Es wird ein heimlicher Betrug geschmiedet;
> (ebd., S. 611)

Wie sich hier zeigt, stehen Frauen grundsätzlich außerhalb pragmatischer Vollzüge. Iphigenie deutet dies aber nicht als Mangel, sondern als das **Privileg der Frauen,** nicht töten und nicht Rache üben zu müssen. Zum Zustand der Frauen hatte Iphigenie bereits im Eingangsmonolog einiges zu sagen: „Der Frauen Zustand ist beklagenswert. / Zu Haus' und in dem Kriege herrscht der Mann / Und in der Fremde weiß er sich zu helfen". Was hier noch als Schwäche erscheint („Wie eng-gebunden ist des Weibes Glück!" ebd., S. 555), wendet sich im fünften Akt zur spezifischen Stärke. Nicht zu täuschen, nicht zu lügen und nicht an der Intrige teilzunehmen, erscheint hier als das wahrhaft ‚kühne Unternehmen'. Damit aber wird fraglich, ob im Bezug auf Iphigenies Verhalten überhaupt von einer Tat zu sprechen ist.

Statt das für die Frau geltende Passivitätsgebot zu überschreiten, erlaubt sich Iphigenie, gegen den klugen Rat der Männer, etwas gerade nicht zu tun. Indem sie nicht lügt, wird sie aber nicht zur Akteurin, sondern gibt das Handlungsmonopol an Thoas weiter:

> Verzeih' mir Bruder; doch mein kindlich Herz
> Hat unser ganz Geschick in seine Hand

Gelegt. Gestanden hab' ich euern Anschlag
Und meine Seele vom Verrat gerettet.
(Ebd., S. 614)

Wenn Iphigenie alles auf Thoas „Kniee" (ebd., S. 611) und in seine „Hand" legen (ebd., S. 614) möchte, dann gibt sie die Entscheidung buchstäblich aus der Hand. Peter-André Alt hat darauf hingewiesen, dass dieses Verhaltensmuster aristokratisch kodiert ist, insofern es an der *contenance,* dem Anstand „als ‚negatives', durch Vermeidung von Extremen determiniertes Verhalten" geschult ist (Alt 2008, S. 97). Zugrunde liegt wohl nicht zuletzt die Einsicht in „die Notwendigkeit des Konnexes von Handeln und Schuld" (Deiters 1999, S. 36), insofern sie impliziert, dass man sich nur durch Nichthandeln unschuldig halten kann.

Die von Wolfdietrich Rasch vertretene These von der „Wendung zur Autonomie", der zufolge Iphigenie zum „Selbsthelfer" werde und sich aus der „,selbstverschuldeten Unmündigkeit' früherer Generationen" löse (Rasch 1979, S. 161), ist vor diesem Hintergrund zu präzisieren. Denn Iphigenie macht keinen Schritt in die männlich besetzte Sphäre eines autonomen, selbstbestimmten Handelns, sondern verzichtet auf jede Aktivität. So wie sie als Priesterin die Opferhandlung suspendiert, so wie sie als Jungfrau die Heirat mit Thoas ablehnt, so schiebt sie auch die Intrigenhandlung auf, indem sie die Intrigenrede verweigert. Ihre unerhörte Tat besteht entsprechend darin, nichts zu tun. Die nur durch **Handlungsverzicht** bewahrte Unschuld wird als Voraussetzung nicht nur für die physische Rettung aus Tauris, sondern für die Lösung des gesamten Geschlechterfluchs genannt: „Laß mich mit reinem Herzen, reiner Hand, / Hinübergehn und unser Haus entsühnen" (Goethe FA 5, S. 613). Die Rede von der reinen Hand setzt diese radikale Handlungsabstinenz treffend ins Bild.

Indem sich Iphigenie aus der politischen Praxis der Lüge und der Täuschung heraushält, bereitet sie den Boden für eine Lösung, die aber nicht von ihr, sondern von Orest erfunden und artikuliert wird. Statt wie Euripides eine *dea ex machina* zu schicken, lässt Goethe seinen Orest einen überraschenden Einfall haben: „Jetzt kennen wir den Irrtum, den ein Gott / Wie einen Schleier um das Haupt uns legte" (ebd., S. 617). Er habe den delphischen Orakelspruch bisher falsch gedeutet: Apoll habe ihn nicht angewiesen, das Götterbild der Diana, sondern die eigene Schwester Iphigenie zu holen. Der in der Vorgeschichte des Dramas präsente und im ständigen Nacherzählen dieser Vorgeschichte auch performierte Wiederholungszwang wird bei Goethe durch eine plötzliche Einsicht gelöst. Die durch nichts vorbereitete Auslegungsidee durchbricht die Kette der fatalen Handlungen in einem Geistesblitz. Die dramatische *lysis,* mithin die Lösung des Konflikts, ist damit als Erkenntnisgewinn konzipiert, der sich auf der Ebene des **Doppelsinns der Rede** abspielt (vgl. Vogel 2008). Goethes *Iphigenie* dramatisiert also eine Rettung der Geschwister aus dem Familienfluch, die durch die konsequente Handlungsverweigerung und die Verschiebung aus dem Reich der Handlung in das der rhetorisch erzeugten Einsicht gelingt.

Auch die letzte Schlusslösung kommt durch rhetorische Mittel zustande. So kann Iphigenie Thoas in den letzten Versen davon überzeugen, die Geschwister ziehen zu lassen. Sein lakonisches „So geht" will sie dabei noch in einen freundlichen Abschied transformiert wissen:

> Nicht so, mein König! Ohne Segen,
> In Widerwillen, scheid' ich nicht von dir.
> Verbann' uns nicht! Ein freundlich Gastrecht walte
> Von dir zu uns: so sind wir nicht auf ewig
> Getrennt und abgeschieden. Wert und teuer
> Wie mir mein Vater war, so bist du's mir,
> (ebd., S. 618 f.)

Wie Ulrich Klingmann argumentiert hat, „steht am Schluß die ‚edle Tat' von Thoas als Verzicht", woraus abzuleiten sei, „daß Recht Verzicht fordert, wenn es angewandt werden soll" (Klingmann 1995, S. 28). Adorno hat an diesem Ende kritisiert, der Humanismus der Griechen gehe auf Kosten eines dem ‚Barbaren' Thoas aufgezwungenen Verzichts, wobei sich der vermeintliche Barbar als eigentlicher Vertreter der Humanität erweise. Es sei, so urteilt Adorno, eine ‚erschlichene Versöhnung' (Adorno 1974, S. 26). Diese Kritik verkennt nicht nur, worauf der Thoas abverlangte Verzicht zielt, sondern unterschätzt auch, welchen Preis die Lösung für die Griechen hat. Wenn Iphigenie darauf besteht, in Thoas einen Vater sehen zu dürfen, dann artikuliert sie die Einsicht in die Tatsache, dass sich die Unglücksgeschichte der Familie nur durch die **Einrichtung einer symbolischen Genealogie** heilen lässt. Im gleichen Zug erklärt sich Iphigenie aber auch weiterhin zur jungfräulichen Tochter statt zur potenziellen Ehefrau. Die darin angekündigte Kinderlosigkeit scheint der Preis dafür zu sein, den Familienfluch nicht weiter fortzuzeugen.

Inwiefern ist Goethes viel besprochene Arbeit am Mythos auch als Arbeit an der Form der Tragödie zu beschreiben? Oberflächlich betrachtet, folgt Goethe den Konventionen, die in der französischen Klassik aus der *Poetik* des Aristoteles abgeleitet worden sind: Ein höfisches, in abgemessenen Jamben sprechendes Personal begegnet sich auf einer Bühne, wo sich ohne Ortswechsel und Zeitsprünge ein Handlungsfaden ohne Nebenhandlungen zuerst verknotet und dann löst. Tragisch ist in Goethes eigener Einschätzung aber nicht die Beachtung eines von Corneille und Racine formulierten Regelwerks, sondern der mythologische Stoff. Über „Tantalus, Ixion, Sisyphus" bemerkt er in *Dichtung und Wahrheit*: „ihr Zustand war von den Alten schon als wahrhaft tragisch anerkannt, und wenn ich sie als Glieder einer ungeheuren Opposition im Hintergrund meiner *Iphigenie* zeigte, so bin ich ihnen wohl einen Teil der Wirkung schuldig, welche dieses Stück hervorzubringen das Glück hatte" (Goethe FA 15, S. 697). Die im Stück wiederholte Vorgeschichte der Atriden bildet den tragischen dunklen Grund, vor dem die Gestalt der Iphigenie ihre Kontur gewinnt. Diese Vorgeschichte ragt nicht nur als Element des Tragischen ins Stück, sondern prägt durch die narrative Form ihrer Vergegenwärtigung auch den Charakter des Stücks, das eine starke Tendenz zum Erzählen statt zum dramatischen Handeln aufweist. Die *Iphigenie* setzt auf *narratio* statt *actio*, auf epische Distanzierung statt auf dramatische Vergegenwärtigung. An diesem **Abbau des dramatischen Handlungsmoments,** mit dem das Tragische als Möglichkeit im Hintergrund gehalten wird, arbeitet Goethe auch im *Torquato Tasso*.

4.1.3 Melancholie der Autonomie: *Torquato Tasso*

Die Entstehung des *Torquato Tasso* verläuft in ähnlichen Produktionsphasen wie die *Iphigenie auf Tauris*. 1780 entstehen zwei Akte einer Prosafassung, an denen Goethe auf der Reise durch Italien 1788/1789 weiterarbeitet. Er schließt das Drama erst nach der Rückkehr nach Weimar ab und gibt es 1790 zum Druck. Anders als die *Iphigenie* kommt aber die frühe Prosafassung des *Tasso* gar nicht zur Aufführung; tatsächlich wird die versifizierte Version erst 1807 in Weimar uraufgeführt. Wie in der *Iphigenie* tritt auch im *Tasso* die Ausgestaltung innerer Konflikte an die Stelle äußerer Handlungsverwicklungen, und wie die *Iphigenie* folgt auch der *Tasso* einer geschlossenen Tektonik. Die Einheiten des Ortes und der Zeit sind gewahrt, die fünf Akte entwickeln eine einsträngige Handlung in streng symmetrischer Figurenanordnung. Um den jungen Dichter Torquato Tasso gruppieren sich zwei Männer und zwei Frauen: Auf der einen Seite stehen der Herzog von Ferrara, Alphons der Zweite, sowie dessen enger Berater, der Politiker Antonio Montecatino, auf der anderen Seite Leonore von Este, die kranke und kunstliebende Schwester des Herzogs, sowie ihre Freundin Leonore Sanvitale, die Gräfin von Scandiano. Nach beiden Seiten hin verwickelt sich Tasso in Missverständnisse: Tasso gerät in einen Streit mit Antonio, dessen Freundschaft er eigentlich sucht. Noch bevor der Konflikt aber in einem Duell zum Austrag kommt, wird der Dichter gefangengesetzt. Nach seiner Freilassung umarmt er die Prinzessin, die ihn brüskiert zurückweist. In der Schlussszene finden alle Beteiligten zu einer fragilen Versöhnung.

Anders als die *Iphigenie* stellt der *Torquato Tasso* weder eine mythologische Figur noch einen Herrscher oder Helden, sondern einen Dichter in den Mittelpunkt. Zwei Umstände konnte Goethe seinen Quellen über den historischen Tasso entnehmen. Das unstete Wanderleben, die unsicheren Positionen an den Höfen zu Ferrara und Este, die zum Teil mit dem Degen ausgetragenen Rivalitäten mit Höflingen und eine unglückliche Liebe zur Prinzessin Leonore gehören zu den Elementen, von denen Tassos Freund Giovanni Battista Manso in seiner *Vita di Torquato Tasso* zu berichten weiß. Goethes eigene Andeutungen aufgreifend, hat man die Auseinandersetzung mit der historischen Person des Tasso schon früh als Versuch gedeutet, die eigene **Position am Weimarer Hof** und die intensive Beziehung zu Charlotte von Stein zu reflektieren. Ebenso deutlich sind in der Forschung aber auch die über jeden biografischen Bezug hinausgehenden Momente hervorgehoben worden. Dies betrifft sowohl die Darstellung der problematisch gewordenen Beziehung zwischen Dichter und Politik respektive der Gesellschaft (Rasch 1954; Kaiser 1977; Girschner 1981) als auch den in diese Analyse eingegangenen Symptomkomplex der Melancholie.

Goethe nutzt die für den historischen Tasso verbürgte Gemütskrankheit, um den seit der Renaissance etablierten Diskurs um **Genialität und Melancholie** aufzugreifen. Den Topos einer besonderen Affinität von Kreativität und Krankheit gestaltet Goethe nun derart, dass sich die pathologische Disposition des Künstlersubjekts als Ergebnis einer spezifischen historischen Situation der Kunst erweist: Der Künstler wird zum handlungsgehemmten Melancholiker, weil er von anderen, insbesondere von politischen Handlungsmöglichkeiten abgeschnitten ist. Auf diese Weise reflektiert der *Tasso* die dunkle Kehrseite einer von gesellschaftlichen und politischen Bezügen freigesprochenen Kunst. Die bereits an der *Iphigenie* beobachtete Dramaturgie der suspendierten Handlung erhält im *Tasso* insofern eine weitere Dimension, als die Absenz einer realen Handlungsverwicklung mit der Internalisierung einer Intrige einhergeht, die als Ergebnis einer wahnhaften Einbildungskraft ausgewiesen wird.

Autonomie der Kunst? Dichtung und Politik

Die Dichtung ist bereits in der Eingangskonstellation konsequent von der Politik separiert. Die Ortsanweisung *Der Schauplatz ist auf Belriguardo, einem Lustschlosse* (Goethe FA 5, S. 733) indiziert, dass das Geschehen nicht im Zentrum der Macht, sondern an einem Ort der Erholung und Entlastung abseits des politischen Geschehens stattfindet. Der erste Auftritt der beiden Leonoren setzt den Ton. Auf der Bühne befinden sich eine Büste des römischen Dichters Vergil und des Renaissancedichters Ariost, die Damen flechten Kränze und krönen ihre Favoriten. Leonore d'Este freut sich, dass ihr Bruder sie „In diesen Tagen schon aufs Land gebracht", denn hier gilt: „Wir können unser sein und stundenlang / Uns in die goldne Zeit der Dichter träumen" (ebd., S. 733). Die Beschäftigung mit der Kunst ist doppelt vom aktuellen Zeitgeschehen abgerückt, steht sie doch sowohl im Zeichen des Zeitvertreibs als auch einer unwiederbringlichen Vergangenheit, in der die Beziehungen zwischen dem Hof von Ferrara und den großen Dichtern Italiens aufs Engste geknüpft waren. Daran erinnert Eleonore Sanvitale in ihrer Replik:

> Hier ward Petrach bewirtet, hier gepflegt,
> Und Ariost fand seine Muster hier.
> Italien nennt keinen großen Namen
> Den dieses Haus nicht seinen Gast genannt.
> Und es ist vorteilhaft den Genius
> Bewirten: gibst du ihm ein Gastgeschenk,
> So läßt er dir ein schöneres zurück.
> (Ebd., S. 735)

Die vormals in Ferrara gepflegten Beziehungen zwischen Hof und Künstler waren die des wechselseitigen Nutzens. Anders als Petrarca und Ariost scheint Tasso seinen Teil des Handels, bei dem ökonomische Unterstützung gegen dichterisches Fürstenlob getauscht wird, bisher aber schuldig geblieben zu sein. Tassos Abwesenheit beim Eingangsdialog der Eleonoren ist symptomatisch für die **gestörte Beziehung zwischen Hof und Dichter.** Die Damen beklagen sich darüber, wie selten man Tasso zu sehen bekommt („Der uns zu meiden, ja zu fliehen scheint"; „Er scheint sich uns zu nahn, und bleibt uns fern", ebd., S. 737).

Die Unverfügbarkeit des Dichters gibt Anlass zu fürstlichem Unmut. So lautet der erste Satz des im zweiten Auftritt dazukommenden Herzogs Alphons: „Ich suche Tasso, den ich nirgends finde" (ebd., S. 739). Alphons, der endlich das Produkt des Dichters in Händen halten möchte, ist verstimmt, scheint ihm doch der ihm zustehende Teil des Dichterruhms vorenthalten zu werden. Endlich „soll das Vaterland, es soll die Welt / Erstaunen, welch ein Werk vollendet worden. / Ich nehme meinen Teil des Ruhms davon" (ebd., S. 741). Die Ansicht, dass dem kunstfördernden Herzog das Werk des Dichters zumindest zum Teil gehört, artikuliert auch Tasso selbst. In der dritten Szene tritt er *„mit einem Buche in Pergament geheftet"* (ebd., S. 743) auf und übergibt es dem Herzog mit der Begründung: „euch gehört es zu in jedem Sinne" (ebd., S. 744). In seiner begleitenden Rede argumentiert er, dass das Gedicht dem Fürsten gehöre, weil er als Dichter nichts von der „Kunst der Waffen", oder der „Feldherrn Klugheit und der Ritter Mut" verstehe. Hier sei ihm Alphons zur Hilfe gekommen: „Hast du mir nicht, o kluger tapfrer Fürst, / Das alles eingeflößt als wärest Du / Mein Genius" (ebd., S. 745). Kunst wird hier auf die Darstellung einer Welt der Politik verpflichtet, von der sie aber selbst nichts wissen kann. Wie die als Gleichnis ausgewiesene Rede vom ‚einflößenden Genius' andeutet, fungiert der Fürst nicht nur als Geldgeber, sondern als Inspiration.

Wie problematisch diese Konstellation ist, deutet sich im anschließenden Versuch einer Dichterkrönung an. Als Alphons seine Schwester Eleonore den Kranz Vergils von der Büste nehmen lässt, um Tasso damit zu bekränzen, reagiert Tasso mit Schrecken: „O nehmt ihn weg von meinem Haupte wieder, / Nehmt ihn hinweg! Er sengt mir meine Locken!" (ebd., S. 747). Diese Abwehr ist keine bloße Bescheidenheitsgeste („Ich bin nicht wert", ebd.), sondern entspringt der von Tasso markant wahrgenommenen Diskrepanz zwischen antikem und modernem Dichtertum:

> O säh' ich die Heroen, die Poeten
> Der alten Zeit um diesen Quell versammelt!
> O säh' ich hier sie immer unzertrennlich,
> Wie sie im Leben fest verbunden waren!
> So bindet der Magnet durch seine Kraft
> Das Eisen mit dem Eisen fest zusammen,
> Wie gleiches Streben Held und Dichter bindet.
> Homer vergaß sich selbst, sein ganzes Leben
> War der Betrachtung zweier Männer heilig,
> Und Alexander in Elysium
> Eilt den Achill und den Homer zu suchen.
> (Ebd., S. 748)

In der heroischen Zeit der Antike waren Dichter und Heroen gleichsam magnetisch verbunden, sodass der Dichter seine Inspiration ganz aus dem Leben dieser Kriegshelden beziehen konnte. Ein Bild aus Platons Dialog *Ion* aufgreifend, in dem die Kraft der Musen mit einem den Dichter, den Rhapsoden und den Zuhörer gleichermaßen erfassenden und verbindenden magnetischen Stein verglichen wird, wandelt Tasso das zugrundeliegende Inspirationsmodell auf signifikante Weise ab. Wenn Tasso seine Zeit also abseits des Hofes auf dem Lustschloss verbringt und auch hier einsam durch den Garten streift, statt an der Seite des Fürsten zu stehen, dann ist damit zugleich die **Situation des modernen Dichtersubjekts** eingefangen, in der die ‚autonom' gewordene Dichtung von jeder politischen Aktivität abgetrennt ist.

Diese Loslösung der Kunst von der Politik und die daraus resultierende Marginalisierung des Dichters wird mit dem Auftritt von Antonio, dem politischen Berater des Fürsten Alphons, offensichtlich. Antonio, der von einem diplomatischen Erfolg zu berichten hat, zeigt sich irritiert davon, einen bekränzten Tasso vorzufinden. Tasso hingegen wirbt vergeblich um die Freundschaft des Politikers. Die prekäre Beziehung zwischen Kunst und Politik setzt er zu Beginn des zweiten Akts in ein sprechendes Bild:

> Begierig horcht ich auf, vernahm mit Lust
> Die sichern Worte des erfahrnen Mannes,
> Doch ach je mehr ich horchte, mehr und mehr
> Versank ich vor mir selbst, ich fürchtete
> Wie Echo an den Felsen zu verschwinden,
> Ein Widerhall, ein Nichts mich zu verlieren.
> (Ebd. S. 756)

Die Freisetzung der Dichtung aus den politischen Vollzügen bedroht den Dichter mit einem Selbstverlust, der ihn der mythologischen Figur Echos ähnlich werden lässt. Unheilbar verliebt in Narziss, der sich seinerseits nur über die Wasserfläche beugt, um sich darin zu spiegeln, ist die als ‚Echo' konzipierte Dichtung bloßer Nachhall und erscheint im Vergleich zur Welt der pragmatischen Erfahrung als körperlos und sekundär.

Aus dieser Problemkonstellation entspinnt sich im dritten und vierten Akt eine Verwicklung mit dramatischem Potenzial. Im dritten Auftritt des zweiten Akts bietet Tasso dem Antonio seine Freundschaft an, dieser weist ihn aber zurück. Tasso zieht den Degen und fordert Antonio zum Duell. Statt den Streit zu entscheiden oder zu schlichten, suspendiert der auftretende Alphons den Konflikt und lässt den wütenden Tasso in Gewahrsam nehmen. Erst hier tritt die Widersprüchlichkeit seiner Situation bei Hofe zutage. Tasso behauptet einerseits seine dichterische Freiheit („Frei will ich sein im Denken und im Dichten" ebd., S. 800), klagt aber andererseits darüber, für den Herzog ganz „überflüssig" und „unnütz" zu sein (ebd., S. 802). Als er seinen Abschied nehmen und nach Rom gehen möchte, fordert er sein Gedicht zurück, um es weiter zu überarbeiten. Alphons will allerdings zuerst eine Abschrift anfertigen lassen. In der letzten Szene des Stücks erscheint Tasso dies als Raub an seinem „Eigentum":

> So hat man mich bekränzt, um mich geschmückt
> Als Opfertier vor den Altar zu führen.
> So lockte man mir noch am letzten Tage
> Mein einzig Eigentum, mir mein Gedicht
> Mit glatten Worten ab und hielt es fest!
> Mein einzig Gut ist nun in euren Händen,
> Das mich an jedem Ort empfohlen hätte,
> Das mir noch blieb vom Hunger mich zu retten!
> (Ebd., S. 830)

Der im ersten Akt nach altem Muster zelebrierte symbolische Tausch – Manuskript gegen Dichterkrone – erscheint Tasso im Rückblick als ein ritueller Opfergang, bei dem er sich selbst als passives Opfertier imaginiert. In der nunmehr veränderten Situation des auf sich gestellten Dichters ist seine Dichtung das einzige subsistenzsichernde Gut.

Das Stück analysiert hier durchaus schonungslos die mehrdeutige, ja widersprüchliche Stellung des Dichters am Hof. Tasso behauptet einerseits, er wolle gar nicht frei, sondern lieber ein Fürstendiener sein. Andererseits artikuliert er im Verlauf des Stücks den Anspruch, dass sein Gedicht doch nur ihm gehören möge. Einerseits beklagt er die absolute Freiheit der Kunst, insofern sie den Ausschluss des Künstlers von der Politik bedeutet. Andererseits behauptet er sich als Schriftsteller, der seine Produktion als sein geistiges Gut beansprucht – und rechtshistorisch erst mit der Einsetzung des Urheberrechts um 1800 auch einklagen könnte. Das Stück liefert also die Analyse der Künstlerexistenz am Übergang von der höfischen Bindung des Dichters hin zur einsetzenden **Kunstautonomie,** die im Blick auf den Renaissancehof zwar noch anachronistisch, in Goethes eigener Zeit um 1800 aber umso brisanter ist. In der Freistellung der Kunst von politischen Zwecken scheint für Tasso das eigentlich Kränkende zu liegen: „Das Handlen [sic!], weißt du, bleibt mir untersagt, / Es ziemt mir wohl zu warten und zu hören" (ebd., S. 807). Dass der Dichter von pragmatisch-politischen Prozessen ausgeschlossen ist, führt das Stück auch in seiner Form vor.

Der dramatische Konflikt entzündet sich nicht an konkreten Taten, sondern an einer Formfrage. Wenn sich Tasso von Antonios Ton beleidigt fühlt, nachdem Antonio von der symbolischen Dichterkrönung irritiert war, dann ist ihr Zwist ein Streit um symbolische Anerkennung, der nicht durch die Tat entschieden wird. Es bleibt beim gezogenen Degen. Wie in der *Iphigenie* wird auch hier auf die konsequente Verinnerlichung und Psychologisierung der Handlung gesetzt. Im *Tasso* liegt der dunkle Hintergrund, der sich hemmend auf den Fortschritt des dramatischen Geschehens auswirkt, aber nicht in der mythischen Vorgeschichte, sondern in der melancholischen Disposition des Dichters.

Fantastisches Gespinst: Melancholie und Dramaturgie

Goethe hat die Figur des Tasso sehr kenntnisreich mit Kennzeichen des seit der Antike kodierten melancholischen Symptomkomplexes ausgestattet. Wie in Theophrasts *Problemata Physica* nachzulesen ist, sind Melancholiker aufgrund des Übermaßes an schwarzer Galle düster und gehemmt, aber auch aufbrausend und kreativ, sie neigen zum dumpfen Brüten, aber auch in dem Maße zum Fantasieren, dass sie Wahnvorstellungen entwickeln können. In der Frühen Neuzeit verbindet sich die Melancholie mit dem *furor poeticus,* einem schöpferischen Wahnsinn, mit dem dichterische Ausnahmetalente gesegnet oder auch geschlagen sind. Wie Hans-Jürgen Schings gezeigt hat, bildet die Melancholie für das Zeitalter der Aufklärung zugleich Skandalon und Herausforderung (Schings 1977). Im Diskurs der Aufklärung verbindet sich das Krankheitsbild des Melancholikers mit dem des Schwärmers und Enthusiasten, der beim einsamen Grübeln die Wirklichkeit aus dem Blick verliert.

Gegen die These von Schings, die Melancholie sei aus der ‚klassischen Kunstdoktrin' ausgeschlossen worden, hat Thorsten Valk gezeigt, dass Goethes Werke erstaunlich dicht von Melancholikern und Schwärmern besiedelt sind (Valk 2003). Statt die Darstellung des Melancholikers Tasso nur in den zeitgenössischen medizinischen Diskurs einzufügen und nach der (Un-)Heilbarkeit des dargestellten Syndroms zu fragen, ist aber auch die Funktion des melancholischen Topos in einem Künstlerdrama genauer zu bedenken. Tatsächlich bietet die Melancholie-Tradition im *Torquato Tasso* eine Matrix, die Goethe für die Darstellung der **pathologischen Züge einer modernen Künstlerexistenz** nutzt. Dabei wird eine Diagnose relevant, die der Wissenschaftssoziologie Wolf Lepenies mit Blick auf die im 18. Jahrhundert herausgebildete deutsche Sondersituation der Dichter und Denker formuliert hat: „Erzwungene Hypertrophie der Reflexions-Sphäre, Ausschluß von der realen Machtausübung und der daraus resultierende Druck zur Rechtfertigung der eigenen Situation erzeugen Weltschmerz, Melancholie, Hypochondrie" (Lepenies 1969, S. 83). Dies lässt sich an Tasso exemplarisch zeigen.

Tasso ist ein Melancholiker, wie er im Lehrbuch steht (Valk 2013, S. 106–139). Er ist einsam und isoliert, er meidet die Gesellschaft und er neigt zu Misstrauen und Paranoia. Dies wird bereits im zweiten Auftritt deutlich, als Herzog Alphons zur Beschreibung seines Hofdichters ansetzt:

> Die Menschen fürchtet nur wer sie nicht kennt,
> Und wer sie meidet wird sie bald verkennen.
> Das ist sein Fall, und so wird nach und nach
> Ein frei Gemüt verworren und gefesselt.
> So ist er oft um meine Gunst besorgt
> Weit mehr als es ihm ziemte; gegen viele
> Hegt er ein Mißtraun, die, ich weiß es sicher,
> Nicht seine Feinde sind. Begegnet ja
> Daß sich ein Brief verirrt, daß ein Bedienter
> Aus seinem Dienst in einen andern geht,
> Daß ein Papier aus seinen Händen kommt,
> Gleich sieht er Absicht, sieht Verräterei
> Und Tücke, die sein Schicksal untergräbt.
> (Goethe FA 5, S. 741 f.)

Die von Tasso an den Tag gelegte Besorgnis um seine Position bei Hof wird von Alphons als pathologische Abweichung wahrgenommen: Sie verwirrt und fesselt das Gemüt des Dichters. Dazu kommt ein grundsätzliches Misstrauen, das Tasso als einen **Paranoiker** *avant la lettre* erscheinen lässt (Bergengruen 2018, S. 19–72). Tassos überschießende Fantasie führt dazu, dass er überall Komplotte und Verschwörungen sieht: Jeder falsch übergebene oder vermeintlich verlorene Brief scheint Tasso den Hinweis auf eine verborgene politische Machenschaft zu enthalten.

Diese Affinität des verwirrten Gemüts zum vermeintlichen Intrigenspiel erhält in der Beschreibung durch Leonore Sanvitale eine poetologische Dimension. Sie möchte ihm zeigen, dass „niemand dich im ganzen Vaterlande / Verfolgt und haßt und heimlich druckt und neckt", denn: „Du irrst gewiß, und wie du sonst zur Freude / Von andern dichtest, leider dichtest du / In diesem Fall ein seltenes Gewebe, / Dich selbst zu kränken" (Goethe FA 5, S. 804). Hier werden Krankheit, Kunst und Politik in einen engen metaphorischen Zusammenhang gebracht. Wenn sich Tasso in seinem Verfolgungswahn ein ‚seltenes Gewebe' ‚dichtet', dann ist die hyperaktive Fantasie nicht nur der Ursprung einer Verkennung der Wirklichkeit, sondern auch das Organ der Poesie, das den dichterischen Text hervorbringt. Tasso bewegt sich ebenfalls im Bildfeld des Textilen, wenn er sich im fünften Akt im Zentralgleichnis vom Dichter als ‚Seidenwurm', also als Raupe beschreibt:

> Ich halte diesen Drang vergebens auf
> Der Tag und Nacht in meinem Busen wechselt.
> Wenn ich nicht sinnen oder dichten soll,
> So ist das Leben mir kein Leben mehr.
> Verbiete du dem Seidenwurm zu spinnen,
> Wenn er sich schon dem Tode näher spinnt.
> Das köstliche Geweb entwickelt er
> Aus seinem Innersten und läßt nicht ab
> Bis er in seinen Sarg sich eingeschlossen
> O geb ein guter Gott uns auch dereinst
> Das Schicksal des beneidenswerten Wurms,
> Im neuen Sonnental die Flügel rasch
> Und freudig zu entfalten.
> (Ebd., S. 823)

Der Künstler beschreibt sich hier nicht über sein Produkt, sondern über seine eigene Daseinsweise. Kunst wird als eine prekäre Existenzform ausgewiesen, in der Individualität und Pathologie ununterscheidbar werden. Wenn sich der Trieb zu denken und zu dichten zugleich als Trieb zur Selbstzerstörung realisiert, dann hat **die dichterische Produktion eine destruktive Seite:** Der sich dem Tod entgegenspinnende Dichter verzehrt und verschwendet sich im Prozess des Dichtens selbst. Das dabei entwickelte ‚köstliche Geweb' verweist in diesem Kontext deutlich auf die traditionelle Metapher vom Text als *textum* (lateinisch für das Gewebe). Die Naturalisierung dieses Gewebes ist dabei bemerkenswert: Wie eine Raupe setzt der Dichter einem inneren Drang folgend den dichterischen Text aus sich heraus, bis dieses Gewebe eine den Dichter von der Umgebung abschließende sargartige Hülle bildet. Als Wunsch und Bitte ist aber auch die letzte Station dieser natürlichen Metamorphose angesprochen: mithin die Verwandlung der Raupe in einen Schmetterling.

Diese Transformationslogik führt die letzte Szene noch einmal aus, in der Kunst ganz dezidert an Schmerz und Leiden gekoppelt wird:

> Die Träne hat uns die Natur verliehen.
> Den Schrei des Schmerzens, wenn der Mann zuletzt
> Es nicht mehr trägt – Und mir noch über alles –
> Sie ließ im Schmerz mir Melodie und Rede,
> Die tiefste Fülle meiner Not zu klagen:
> Und wenn der Mensch in seiner Qual verstummt,
> Gab mir ein Gott zu sagen, wie ich leide.
> (Ebd., S. 833)

Die dichterische Rede steht in einer Reihe mit Träne und Schrei als unmittelbarem Ausdruck von Leid und Schmerz. Wenn dieser Schmerz durch das Talent eines Dichters in Melodie und Rede Form gewinnt, dann ist die Kunst in eine doppelte Passivität versetzt. **Kunst als Klage** ist der Modus, in dem der Mensch sagen kann, was er erleidet, und diese Selbstaussprache ist, insofern sie sich einer göttlichen ‚Gabe' verdankt, nicht selbstverantwortet. Mit dem Rückzug auf eine Position des (Er-)leidens und der Passivität scheint Tasso die eingangs artikulierten Ambitionen aufgegeben zu haben. Statt noch Seite an Seite mit einem Helden in den Krieg ziehen und Anteil an den großen politischen Begebenheiten nehmen zu wollen, verpflichtet er die dichterische Rede auf eine unbedingte Subjektivität.

Dies scheint die Voraussetzung dafür zu bilden, dass Antonio auf Tasso zugehen und ihm endlich die Hand geben kann. In Tassos letzter Rede hat Goethe dem Stück ein eigenartig offenes Ende gegeben:

> O edler Mann! Du stehest fest und still,
> Ich scheine nur die sturmbewegte Welle.
> [...]
> Ich kenne mich in der Gefahr nicht mehr,
> Und schäme mich nicht mehr es zu bekennen.
> Zerbrochen ist das Steuer und es kracht
> Das Schiff an allen Seiten. Berstend reißt
> Der Boden unter meinen Füßen auf!
> Ich fasse dich mit beiden Armen an!
> So klammert sich der Schiffer endlich noch
> Am Felsen fest, an dem er scheitern sollte.
> (Ebd., S. 833 f.)

Trotz der Versöhnung der streitenden Parteien ist dies kein wirklich glückliches Ende – zu dicht liegen in Tassos Worten Katastrophe und Rettung beieinander. Nicht nur greift die Beschreibung des Politikers Antonio als Felsen die eingangs ins Spiel gebrachte Figur des Künstlers als sekundäres Echo noch einmal auf. Auch in dem Versuch, Halt ausgerechnet an dem Felsen zu finden, an dem man Schiffbruch erlitten hat, ist die Situation des Künstlers unverändert aporetisch. Offen endet das Stück auch, weil es nicht mit szenischem Geschehen, sondern mit ebendiesem auslegungsbedürftigen Gleichnis endet. So schließt das Stück, wie es begonnen hat, mit einer rhetorischen Geste. Mit dieser **Verschiebung der Tat auf das Wort** agiert das Stück seinen Konflikt in der dramatischen Form aus.

Trost bietet in diesem Streit zwischen Kunst und Politik wohl nur das am Rande aufscheinende Ideal einer gelingenden Lebenspraxis, die sich nicht zufällig mit den weiblichen Figuren verbindet (Wokalek 2010). Während der politisch taktierende Antonio als Freund des Künstlers versagt, bleibt im Stück Eleonore von Este als Modell ethischer Selbstausbildung. Die kränkliche Prinzessin hat gerade durch ihre physischen Leiden zu einer Haltung gefunden, die im Stück mit den Stichworten Glück, Mäßigung und Entsagung assoziiert wird:

> Willst Du genau erfahren was sich ziemt,
> So frage nur bei edlen Frauen an.
> Denn ihnen ist am meisten dran gelegen,
> Daß alles wohl sich zieme was geschieht.
> Die Schicklichkeit umgibt mit einer Mauer
> Das zarte leicht verletzliche Geschlecht.
> Wo Sittlichkeit regiert, regieren sie,
> Und wo die Frechheit herrscht da sind sie nichts
> Und wirst du die Geschlechter beide fragen:
> Nach Freiheit strebt der Mann, das Weib nach Sitte.
> (Goethe FA 5, S. 762)

Was die Prinzessin hier als Ethos der Frauen skizziert, hat sich Goethe in der gemeinsamen Spinoza-Lektüre mit Herder und Charlotte von Stein angeeignet. Spinoza entwirft in seiner Ethik ein **Programm der Affektmoderierung**, die ihr Vorbild in der uneigennützigen Liebe Gottes hat. Man solle lieben, ohne sich darum zu kümmern, ob man auch zurückgeliebt wird. Weil Tasso von einer solchen ‚Liebe ohne Besitz' nichts zu wissen scheint, wiederholt sich auch in dem kurz angerissenen Liebesplot zwischen Tasso und Leonore d'Este das zwischen Antonio und Tasso ausagierte Drama der verfehlten Kommunikation. Als Tasso die Prinzessin im vierten Auftritt des fünften Akts umarmen will, weist sie ihn entsetzt zurück. Man kann diese Übertretung als Scheitern der Vision einer schönen Gemeinschaft ‚gleichgestimmter Seelen' deuten. Allerdings werden die Bedingungen einer auf **Verzicht, Entsagung und Resignation** gegründeten Gemeinschaft, die sich eben nur abseits einer Welt des pragmatischen Handelns etablieren lässt, sehr deutlich ausbuchstabiert. So hat Gerhard Neumann das offen gehaltene Ende auf das Ethos bezogen, das im Stück propagiert werde: „Es kommt zu keinem Urteil. Nur eines wird fühlbar: Das Einverständnis mit dem Ganzen, innerhalb dessen sich dieser Konflikt austrägt, Resignation" (Neumann 1965, S. 161). Diese Einsicht verbindet den *Tasso* – oder vielmehr die Prinzessin Leonore von Este – nicht nur mit der *Iphigenie auf Tauris*, sondern auch mit einigen Frauenfiguren aus Goethes Prosa, etwa der Gräfin in den *Unterhaltungen deutscher Ausgewanderten* oder der ‚schönen Seele' sowie Natalie in *Wilhelm Meisters Lehrjahren*.

Goethes ‚klassische' Dramen, so lässt sich im kurzen Rückblick auf die *Iphigenie auf Tauris* und den *Torquato Tasso* sagen, etablieren eigenwillige Modelle. Beide entwerfen eine dramatische Handlung, in der keine großen Taten vollbracht werden, sondern auf das Tun verzichtet werden soll. Wie die für *Iphigenie* geprägte Formel vom ‚reinen Herz' und der ‚reinen Hand' impliziert, kann nur schuldlos bleiben, wer nicht handelt. Damit ist Iphigenie die ideale Protagonistin in einer Dramaturgie, die das Handlungsmoment nicht nur aus dem Drama, sondern auch aus der Geschichte verabschiedet – denn nur durch mehrfachen Handlungsverzicht (keine Lüge, kein Raub, keine Heirat) lässt sich die fatale Vorgeschichte der Atriden beenden. Bei Tasso steht die Passivität der beteiligten

Figuren im Zeichen einer pathologischen Fantasie. Wo Schiller Boten und Briefe, Pistolenschüsse und Kanonendonner ins Spiel und auf die Bühne bringt, sind im *Torquato Tasso* sogar die höfischen Intrigen nur Hirngespinste, die sich zugleich als krankhafte ‚künstliche Gewebe' wie auch als kunstvolle Texte ausweisen. Der in der *Iphigenie auf Tauris* entwickelten epischen, die Vorgeschichte in der erzählenden Figurenrede vergegenwärtigenden Darstellung steht so im *Torquato Tasso* ein Schauspiel der dichterischen Einbildungskraft gegenüber.

Bei dem Romantiker August Wilhelm Schlegel hat der *Tasso* wohl gerade deshalb Beifall gefunden. So hebt er durchaus nicht in kritischer Absicht hervor: „ein Schauspiel, das sich mehr durch sorgfältige Ausführung, durch Feinheit und Zierlichkeit des Dialogs, durch Sittensprüche [...] als durch überraschende Auftritte, durch Kühnheit und Kraft, auszeichnet, muß auch nothwendig auf den Leser stärker wirken, als auf den Zuschauer" (zit. n. Goethe FA 5, S. 1406 f.). In dem Verzicht auf bühnenwirksame große Handlungen und der Verlegung der Dramatik in die Sprache kommen Goethes Schauspiele dem Charakter der ebenfalls nicht unmittelbar auf theatralische Wirkungen ausgelegten romantischen ‚Lesedramen' entgegen (Kremer 2003, S. 209).

4.2 Schillers Tragödien

4.2.1 Schillers Tragödientheorie: Das Erhabene

In den 1790er Jahren befasst sich Schiller in einer Reihe von Texten – *Über den Grund des Vergnügens an tragischen Gegenständen* (1791), *Über die tragische Kunst* (1791/1792), *Vom Erhabenen/Über das Pathetische* (1793) und *Über das Erhabene* (1795/1801) – mit der Frage, was die tragische Form ausmacht. Das Ausgangsproblem dieser Texte bildet der erstaunliche Befund, dass wir an schrecklichen Gegenständen, wenn wir sie in der Kunst antreffen, Gefallen finden können. Wie lässt sich erklären, dass wir Vorfälle wie Verletzung, Schmerz und Tod, die uns im echten Leben verzweifeln lassen würden, im Theater ästhetisch genießen können? Schiller wirft diese Frage in seinem Aufsatz *Über das Vergnügen an tragischen Gegenständen* 1791 zum ersten Mal auf und beantwortet sie in diesem und den folgenden Texten im Rekurs auf eine im 18. Jahrhundert neu konturierte ästhetische Kategorie: **Das Erhabene.** Unter dem Erhabenen fasst die Kunsttheorie des 18. Jahrhunderts Gegenstände, die zwar eigentlich schrecklich, grauenerregend oder schlichtweg groß sind, die aber gerade deshalb einen eigenen ästhetischen Reiz entfalten. Wie Carsten Zelle in seinem Buch zur *Doppelten Ästhetik der Moderne* gezeigt hat, lässt sich im Zeichen des Erhabenen alles, was aus den Definitionen des Schönen herausfällt, in die Ästhetik integrieren (Zelle 1995). Das in der zweiten Hälfte des 18. Jahrhunderts entwickelte Konzept des Erhabenen hat dabei mehrere Begriffstraditionen in sich aufgenommen, die für Schillers Konzept des Erhabenen leitend sind (Barone 2004).

Seit der Spätantike wird das Erhabene in der Rhetorik als besondere Stilform verhandelt. Ein Pseudo-Longinos zugeschriebenes Traktat mit dem Titel *peri hypsos* (*Über das Hohe*) bestimmt die erhabene Rede als eine besondere überwältigende Rede. Das ,Hohe', zu dem die erhabene Rede den Hörer mitreißen soll, ist mit dem Göttlichen und Numinosen assoziiert. Die Effekte dieser erhabenen, präziser eigentlich der erhebenden Rede vergleicht Pseudo-Longinos mit Naturgewalten wie Blitz, Donner, Vulkanen oder Seestürmen. Der französische Kunsttheoretiker Nicolas Boileau übersetzt diesen Traktat (*traité sur le sublime*, publiziert 1674) und macht ihn der **Diskussion der Aufklärung** zugänglich. In der sich anschließenden Debatte werden unterschiedliche Konzepte und Spielarten des Erhabenen konturiert. Der englische Sensualist Edmund Burke etwa entwickelt eine Ästhetik des Schreckens, die Elemente des Grotesken, Monströsen und Hässlichen, des Schauerlichen, Gefährlichen und Katastrophischen vereint. Diese Gegenstände können nur deshalb ästhetisches Gefallen hervorrufen, weil das Erhabene zwar erst schmerzt, das Aufhören dieses Schmerzes dann aber als angenehm empfunden wird. Das Erhabene ist damit der Prototyp des gemischten Gefühls. Widersprüchliche Fügungen wie die vom ,delightfull horror' oder dem ,angenehmen Grauen' werden zu Formeln, die noch die Schauerästhetik der Romantik und der *gothic novel* prägen. Die deutschsprachigen Autoren argumentieren ein wenig anders. Moses Mendelssohn etwa fasst das Erhabene als Gelegenheit zur Erfahrung einer göttlichen Macht, woraus sich der ästhetische Wert des Erhabenen erschließt: Sie ermöglicht die indirekte Darstellung eines Numinosen, das selbst unsichtbar bleiben muss. Immanuel Kant führt schließlich die sensualistische mit der idealistischen Tradition zusammen.

In der *Kritik der Urteilskraft* beschreibt Kant Formen des Erhabenen in der Natur, wobei er sich neben Seestürmen, Gewittern und Vulkanausbrüchen auch für die ästhetischen Wirkungen des sehr Großen in Gestalt hoher Berge, der Weite des Ozeans oder der Unendlichkeit des Weltraums interessiert. Ist der Mensch mit derartigen Erscheinungen konfrontiert, so fühlt er sich bedroht. Er ist entweder in seiner physischen Existenz angegriffen – dann steht er einem **dynamisch Erhabenen** gegenüber –, oder aber er versagt auf der Ebene der sinnlichen Wahrnehmung, wenn ihn etwas unvorstellbar Großes an die Grenze der sinnlichen Auffassungskraft bringt – dann steht er vor etwas **mathematisch Erhabenem.** Beide Erfahrungen lösen zunächst eine starke Unlust aus. Allerdings kann sich der Mensch, so argumentiert Kant, angesichts einer übermächtigen, bedrohlichen Natur als von ebendieser Natur unabhängiges Geisteswesen erfahren. Indem er an die Grenzen seiner Sinnlichkeit kommt, erfährt er, dass er mehr denken kann, als er mit seinen Sinnen zu erfassen imstande ist. Auf diese Weise erlebt er sich in einem zweiten Schritt als ein der bloßen Natur überlegenes Vernunftsubjekt, und diese Erfahrung führt zu einem umso größeren Gefühl ästhetischer Lust.

Dabei handelt es sich aber um eine Lust, „welche nur indirecte entspringt, nämlich so, daß sie durch das Gefühl einer augenblicklichen Hemmung der Lebenskräfte und darauf sogleich folgenden desto stärkern Ergießung derselben erzeugt wird" (Kant WA 10, S. 165). Aus dieser Analyse schließt Kant: „Also ist die Erhabenheit in keinem Dinge der Natur, sondern nur in unserem Gemüte enthalten, sofern wir der Natur in uns, und dadurch auch der Natur (sofern sie auf uns einfließt) außer uns, überlegen zu sein uns bewußt werden können" (ebd., S. 189). An Kants Diskussion des Erhabenen in der *Kritik der Urteilskraft* ist zweierlei wichtig: 1) Kant legt die diffuse Gefühlsmischung des ‚angenehmen Grauens' in einen Zweischritt aus Unlust und darauf folgender Lust auseinander. Die Erfahrung des Erhabenen ist zweiteilig, insofern sie aus sinnlicher Ohnmacht und darauf folgender übersinnlicher Selbstermächtigung zusammengesetzt ist. 2) Kant präzisiert, auf welcher Ebene überhaupt vom Erhabenen zu sprechen ist. Als erhaben sollte nicht der jeweilige Gegenstand gelten, sondern das Subjekt, das sich als über die Natur erhaben erfährt.

Diese Modellierung übernimmt der Kantleser Schiller und führt sie in den Texten *Vom Erhabenen* und *Über das Pathetische* mit engem Bezug auf Kant aus. Dabei reformuliert Schiller die von Kant analysierte Abfolge vom Scheitern der Einbildungskraft und dem Einsatz der Vernunft, also von sinnlicher Überforderung und Selbstermächtigung des Vernunftsubjekts in triebtheoretischen Termini. Es gebe zwei sinnliche Grundtriebe, „Vorstellungstrieb, Erkenntnistrieb" einerseits und „Selbsterhaltungstrieb" andererseits, die den Menschen in zweifacher „Abhängigkeit von der Natur" halten (Schiller FA 8, S. 395). Diese doppelte Abhängigkeit bildet die Voraussetzung für eine doppelte Unabhängigkeit, die der Mensch gegen die Natur behaupten kann. Diese Unabhängigkeit ist eine theoretische, mit deren Hilfe wir „mehr denken können, als wir erkennen" und eine praktische, mit der wir „durch unsern Willen unsrer Begierde widersprechen können" (ebd., S. 396).

Auf dieser Grundlage benennt Schiller die Kantischen Termini des mathematisch Erhabenen und des dynamisch Erhabenen in das **Theoretisch-Erhabene** und das **Praktisch-Erhabene** um. Das Praktisch-Erhabene wertet Schiller nun weitaus stärker als das Theoretisch-Erhabene, weil proportional zur „Stärke der Empfindung" auch die Selbstempfindung als freies Vernunftsubjekt ansteige: „Unsre wahre und vollkommene Unabhängigkeit von der Natur erfahren wir eigentlich nur durch das letztere", also durch das „Praktischgroße" (ebd., S. 399), das Schiller als die Fähigkeit fasst, „sich über das Schicksal, über alle Zufälle, über die ganze Naturnotwendigkeit hinweggesetzt und erhaben [zu] fühlen" (ebd., S. 400). Diese Korrektur ist entscheidend. Während von Burke bis Kant die Natur der erhabene Gegenstand par excellence ist, tritt bei Schiller an die Stelle der überwältigenden Natur die Kontingenz der Geschichte, die sich für den Einzelnen in unberechenbare Schicksalsschläge übersetzt (Janz 1990). Das Erhabene bietet ein Verhaltensmodell, das zur Gelassenheit in allen Wechselfällen des Lebens anleitet. Das hier implizierte „Erhabene der Fassung", das „jeder vom Schicksal unabhängige Charakter" an den Tag legen kann, ergänzt Schiller in seinem Aufsatz *Über das Pathetische* durch die gesteigerte Variante eines „Erhabene[n] der Handlung", bei dem „das Leiden von einem freien Entschluß abzuleiten" ist (Schiller FA 8, S. 440). Hier hat man das Leiden nicht nur willig ertragen, sondern sich ihm auf der Grundlage einer moralischen Entscheidung selbst ausgesetzt.

Betrachtet man gerade diese Konstruktion einer erhabenen Handlung genauer, dann tritt an die Stelle der äußeren Natur, über die sich das Vernunftsubjekt erhebt, die Überwindung der inneren Natur. Die Erfahrung des Erhabenen qualifiziert sich für Schiller als Erfahrung der Freiheit gegenüber der eigenen Physis:

"Erst durch das Erlebnis des Erhabenen erfährt der Mensch nämlich, daß er sich als Vernunftwesen nicht notwendig nach den Bedürfnissen der Sinne zu richten braucht" (Berghahn 1986, S. 30). Dieses Modell stützt sich auf die Version der Willensfreiheit, die Kant in der Kritik der praktischen Vernunft entwickelt. Unter der **Autonomie des Willens** versteht Kant die Freiheit, nach den von der eigenen Vernunft erkannten Gesetzen zu handeln. Die Erfahrung des Erhabenen macht dem Subjekt bewusst, dass seine Vernunft den Trieben und Leidenschaften Gebote vorschreiben kann. Die durchaus abgründige Faszination an dieser Denkfigur teilt sich in den Beschreibungen mit, die Schiller in seinem spät publizierten Text *Über das Erhabene* aufbietet: "Wir werden begeistert von dem Furchtbaren, weil wir wollen können, was die Triebe verabscheuen, und verwerfen, was sie begehren" (Schiller FA 8, S. 827). Die dem 18. Jahrhundert vertraute doppelte Anthropologie, mithin die Auffassung von einer Spaltung des Menschen in Geist und Natur, zeigt sich in Schillers Fassung des Erhabenen als innerer Widerspruch, der nicht, wie dies in der Erfahrung des Schönen der Fall ist, harmonisiert werden kann. Betont werden vielmehr der **Widerstreit zwischen Vernunft und Sinnlichkeit** sowie die zuletzt behauptete Überlegenheit des moralischen Ichs über seine physische Existenz.

Kontingenztraining: Leiden lernen
In Schillers letztem Text zum Erhabenen tritt die Aporie dieser Konstruktion zutage. Wenn der Mensch der Idee nach frei und selbstbestimmt ist, dann bildet der Tod das zentrale Skandalon, bezeichnet er doch die Grenze des menschlichen Willens: Sterben muss man, ob man will oder nicht. Für dieses Problem findet Schiller eine paradox anmutende Lösung. Indem er definiert, „[e]ine Gewalt dem Begriffe nach vernichten, heißt aber nichts anders, als sich derselben freiwillig unterwerfen" (Schiller FA 8, S. 823), legt er nahe, dass der Mensch den eigenen Tod wollen muss, um sich seine Freiheit bewahren zu können. So gibt sich die Freiheit des Erhabenen als die Freiheit zu erkennen, nicht nur seine sinnlichen Bedürfnisse abzuweisen, sondern im Ernstfall sogar das eigene Leben aufzugeben. Schiller hatte den Tod als „Gegenstand, vor dem wir *nur* moralische Sicherheit haben" (ebd., S. 406), in den vorangegangenen Texten zum Erhabenen bereits thematisiert. In diesen Überlegungen macht sich der **stoizistische Grundzug** seiner Interpretation des Erhabenen bemerkbar (Neymeyr 2008).

Schiller besteht darauf, dass die christliche Idee der Unsterblichkeit keinen „Beruhigungsgrund" bieten darf, weil dadurch dem Tod das Furchtbare genommen würde. Erhaben kann nur ein Tod sein, der nicht als Voraussetzung eines ewigen Lebens gewünscht oder begrüßt wird. Nur ein völlig sinnloser und trostloser Tod kann Anlass zur Selbsterfahrung als erhabenes Vernunftsubjekt sein, weil nur dann bewiesen ist, dass uns das eigene Leben „gleichgültig" ist:

> „[E]s muß uns völlig gleichgültig sein, wie wir als Sinnenwesen dabei fahren, und bloß darin muß unsre Freiheit bestehen, daß wir unsern physischen Zustand, der durch die Natur bestimmt werden kann, gar nicht zu unserm Selbst rechnen, sondern als etwas auswärtiges und fremdes betrachten, was auf unsre moralische Person keinen Einfluß hat" (Schiller FA 8, S. 410).

Diese Haltung der Indifferenz, der Selbstentfremdung und Distanzierung von sich selbst soll die Erfahrung des Erhabenen kultivieren. Wie hier deutlich wird, gehört die erhabene Haltung ins Repertoire des „alteuropäische[n] heroische[n] Stoizismus" (Riedel 2007, S. 71), der auf die Negierung der eigenen Triebe und Affekte, auf *apatheia* (Leidenschaftslosigkeit) und *ataraxia* (Unerschütterlichkeit) zielt. Anders als dies im barocken Neostoizismus vorgedacht ist, billigt Schiller dem stoischen Helden aber durchaus starke Gefühle zu. Tatsächlich bildet die **Intensität des Leidens** in seinem Konzept tragischer (Gegen-)Wirkungen eine unabdingbare Voraussetzung.

Dieses Programm formuliert Schiller am Schluss des Textes *Vom Erhabenen* als die beiden „Fundamentalgesetze aller tragischen Kunst". Zur Tragödie gehöre 1) die „Darstellung der leidenden Natur" und 2) die „Darstellung der moralischen Selbständigkeit im Leiden" (Schiller FA 8, S. 422). Diese Freiheit im Leiden darf aber gerade keine „Wirkung der Unempfindlichkeit" sein:

> „Es ist keine Kunst, über Gefühle Meister zu werden, die nur die Oberfläche der Seele leicht und flüchtig bestreichen, aber in einem Sturm, der die ganze sinnliche Natur aufregt, seine Gemütsfreiheit zu behalten, dazu gehört ein Vermögen des Widerstandes, das über alle Naturmacht unendlich erhaben ist. Man gelangt also zur Darstellung der moralischen Freiheit nur durch die lebendigste Darstellung der leidenden Natur, und der tragische Held muß sich erst als empfindendes Wesen bei uns legitimiert haben, ehe wir ihm als Vernunftwesen huldigen, und an seine Seelenstärke glauben" (ebd., S. 423).

Diese Emphase der ‚leidenden Natur' ist von dem stoischen Ethos der *apatheia* weit entfernt. Tatsächlich argumentiert Schiller hier weniger aus ethischer als vielmehr aus ästhetischer Sicht. Denn theatralisch lohnend ist die Kunst der Selbstbeherrschung erst, wenn auch der Schmerz sichtbar wird, den – und hier ist, wie in Schillers Dramen zu diskutieren sein wird, die männliche Form wohl kein Zufall – „der tragische Held" meistern muss. Darauf macht Schiller im Verweis auf Winckelmanns Deutung der **Laokoon-Gruppe** aufmerksam. In Winckelmanns Beschreibung gerade des leidenden Laokoons sei „der Kampf der Intelligenz mit dem Leiden der sinnlichen Natur" (ebd., S. 435) vorbildlich entwickelt, den auch die Tragödie auf die Bühne zu bringen habe: „Fehlt es [...] an einem Ausdruck der leidenden Natur, so ist sie ohne *ästhetische* Kraft, und unser Herz bleibt kalt" (ebd., S. 439). Mit dieser Beschreibung richtet sich Schiller gegen das „Trauerspiel der ehemaligen Franzosen" und den ‚frostigen Ton' bei Corneille und Voltaire, die nur den „kalten, deklamatorischen Poeten" und keinen leidenden Menschen auf die Bühne bringe (ebd., S. 424). In Schillers Theater sollen die Zuschauer/innen keine gefühlskalten Helden bewundern, sondern Zeug/innen eines inneren Kampfes werden, in dem die durchaus intensiv empfindenden Helden ihre Schmerzen zu überwinden versuchen.

Mit diesen beiden Gesetzen der Tragödie hebt Schiller das von Kant entworfene vermögenspsychologische Szenario eines Widerstreits von Einbildungskraft und Verstand respektive Vernunft auf die Bühne der theatralischen Repräsentation. Denn, dies ist für Schiller ebenso klar, der Kampf der Vernunft gegen die eigene Physis kann nur ästhetisch genossen werden, wenn wir ihn nicht selbst auszufechten haben. Hier knüpft Schiller an die seit Horaz tradierte Szene vom **Schiffbruch mit Zuschauer** an, der zufolge ein „Meersturm" nur „vom Ufer aus betrachtet" (ebd., S. 404) erhaben sei. Wenn gilt, dass das erhabene Objekt „zwar furchtbar sein" muss, dabei aber keine „wirkliche Furcht" auslösen darf, dann ist dies durch eine Betrachtungsperspektive gesichert, die sich dadurch auszeichnet, dass das große und bedrohliche Objekt „seine Macht gar nicht gegen uns" richtet (ebd., S. 403). Für den Dramatiker Schiller gilt es als ausgemacht, dass zur Erfahrung des Erhabenen nicht das eigene Leiden, sondern nur das sympathetische Mitleiden im Theater taugt.

Vor diesem Hintergrund revidiert Schiller prägende Theatertheorien des 17. und 18. Jahrhunderts. Seine Fassung des Pathetisch-Erhabenen richtet sich zum einen gegen die *tragédie classique* der Franzosen, zum anderen gegen eine Mitleidsästhetik, wie Lessing sie entwickelt hat. Lessing ging ja davon aus, dass der mitleidigste Mensch auch der beste Mensch sei. Insofern man im Theater lernt, mit leidenden Menschen Mitleid zu haben und dieses Mitleidsempfinden dazu antreibt, anderen zu helfen, handelt es sich um ein moralisch nützliches Gefühl (Schings 1980). Hier erhebt Schiller Einspruch. Es könne nicht um die bloßen „Ausleerungen des Tränensacks" und die „wollüstige Erleichterung der Gefäße" gehen. Stattdessen müsse im und durch das Theater die „edlere Kraft im Menschen" „gestärkt" (Schiller FA 8, S. 427) werden. Für diese Stärkung findet Schiller in seinem letzten Text, *Über das Erhabene,* eine interessante Metapher: „Das Pathetische, kann man daher sagen, ist eine **Inokulation des unvermeidlichen Schicksals,** wodurch es seiner Bösartigkeit beraubt, und der Angriff desselben auf die starke Seite des Menschen hingeleitet wird" (ebd., S. 837). Inokulation ist das im 18. Jahrhundert gebräuchliche Wort für die medizinische Impfung, bei der man einen Krankheitserreger dosiert verabreicht, um sich langfristig vor der betreffenden Krankheit zu schützen. Der Theaterbesuch – insbesondere die Tragödie – kann also auf Schicksalsschläge vorbereiten. Indem wir das Leiden in einer geschützten Ersatzsituation durchleben, können wir uns gleichsam gegen das Schicksal impfen. Das Theater leistet eine Art Kontingenztraining (Zumbusch 2005b).

Schiller fasst das Erhabene also als Erhebung des vernünftigen Ichs über seine eigene sinnliche Natur. Dabei schwankt Schiller zwischen einer **darstellungs- und einer rezeptionsästhetischen Argumentationslinie.** Einerseits skizziert er Handlungsverläufe und damit eine Systematik von mehr oder weniger dringenden Pflicht- und Neigungskonflikten, denen die Helden ausgesetzt sind. Die prototypische erhabene Handlung ist in diesem Zusammenhang das Opfer des eigenen Lebens. Andererseits will Schiller das Erhabene als Dynamik aufseiten der Zuschauer/innen beschreiben, ist mit Kant gesprochen ja nicht der Gegenstand erhaben, sondern das Ich, das sich über den bedrohlichen Gegenstand zu erheben weiß. Indem Schiller die Impfung als Stärkung der moralischen Widerstandskraft zum argumentativen Modell macht, kann er das, was er darstellungstheoretisch formuliert, auch rezeptionsästhetisch wenden. Die Tragödie will die Zuschauer/innen zum Weinen bringen, damit sie im Theater die Distanzierung von ihren Leidenschaften probeweise durchspielen können.

4.2.2 Klassisch Werden: *Don Karlos*

Schillers Überlegungen haben **gattungstypologische Konsequenzen**. So wirft er dem bürgerlichen Trauerspiel dessen tränenreiche Rührseligkeit vor, gegen die sich die Tragödie im Zeichen des Erhabenen zur Wehr setzen soll. Schillers neuer Tragödientypus tritt aber nicht nur gegen die rührselige *comédie larmoyante* und die *sentimental comedy* an, sondern auch gegen den kalten Ton der *tragédie classique*. Weil die Zuschauer/innen das Theater keinesfalls ungerührt verlassen dürfen, schlägt Schiller mit dem Pathetisch-Erhabenen eine Mischform vor, die extremes Leiden mit der spektakulären Erhebung über dieses Leiden beantwortet. Dieses Nacheinander von Pathos und Pathosüberwindung spielt Schiller noch vor seinen theatertheoretischen Überlegungen in seinem Drama *Don Karlos* durch.

Ähnlich wie Goethe seine Dramen *Torquato Tasso* und *Iphigenie auf Tauris* in den 1780er Jahren versifiziert, so unterzieht auch Schiller den *Don Karlos* einer Überarbeitung, die dem Stück eine sich ‚klassischer' gebende Form verleihen soll. Schiller skizziert den groben Handlungsverlauf des *Don Karlos* bereits 1783 im sogenannten Bauerbacher Entwurf. Es folgt 1785 die Vorpublikation der ersten drei Akte in der Zeitschrift *Thalia*, die bereits in gebundener Rede, in reimfreien Jamben statt Prosa, abgefasst sind. Schiller hat hier die von Wieland in seinem *Sendschreiben an einen jungen Dichter* (1782) formulierte Herausforderung angenommen, ein versifiziertes Drama zu schreiben, das mit den Produkten des französischen Klassizismus konkurrieren könnte (Schiller FA 3, S. 1027). 1787 erscheint die Erstausgabe des *Don Karlos* im Druck, die einen kaum spielbaren Text von knapp 6300 Versen bietet. Schiller nennt die Buchfassung ein ‚dramatisches Gedicht', die er als Grundlage für mehrere gestraffte Bühnenfassungen (etwa für Hamburg, Mannheim und Riga) nimmt. An dem Text der Erstausgabe wird Schiller bis zu seiner Werkausgabe von 1805, der Ausgabe letzter Hand, weiter feilen. Werkbiografisch steht der *Don Karlos* zwischen den Sturm und Drang-Dramen sowie der sogenannten philosophischen Phase, also den Jahren der Geschichtsschreibung, der Kant-Lektüre und der tragödientheoretischen Abhandlungen. Diese Scharnierstellung legt es nahe, den *Don Karlos* als dramatische **Vorarbeit für seine Tragödienpoetik** zu deuten, die er ab 1791 in seinen theoretischen Schriften zu fixieren versucht.

Anders als Goethes Dramen verfügen Schillers Stücke über höchst ereignisreiche Plots. Das Geschichtsdrama *Don Karlos* spielt am absolutistischen Hof des Königs Philipp II. von Spanien. Protagonisten sind sein Sohn Don Karlos, Infant von Spanien, und dessen Freund, der Marquis von Posa. Marquis Posa kommt soeben zurück aus den Niederlanden, die im 16. Jahrhundert noch eine Provinz Spaniens waren, sich im sogenannten 80-jährigen Krieg aber in Teilen von der spanischen Herrschaft befreien konnten. Den Beginn dieses Unabhängigkeitskampfs markiert ein Aufstand gegen Philipp II., der den unmittelbaren historischen Hintergrund des Dramas bildet. In dieser brisanten Situation möchte der für den Freiheitskampf engagierte Marquis Posa seinen Freund Don Karlos dazu bringen, sich an die Spitze der Unabhängigkeitsbewegung zu setzen. Wichtige

Rollen spielen das Fräulein von Eboli sowie Elisabeth von Valois. Elisabeth war zuerst Don Karlos' Verlobte, bis Philipp II. Wittwer wurde und Elisabeth zur Stärkung der spanisch-französischen Beziehungen selbst geheiratet hat. Die Hofdame von Eboli ist ihrerseits in Don Karlos verliebt, soll aber an den Höfling Don Silva verheiratet werden. Als fatal sowohl für die politischen Ambitionen als auch für die amourösen Verstrickungen erweist sich die **höfische Intrigenkultur.** König Philipp ist von Beratern umlagert, die sich eigene politische Vorteile verschaffen wollen. Vor allem aber wird jeder Schritt bei Hof überwacht: Gespräche werden belauscht, Briefe werden anonym geschrieben und heimlich abgefangen (vgl. Simons 2006), wobei sich zuletzt die Priester der Inquisition als Meister des verdeckten Handelns erweisen. Als Posa versucht, dieses Intrigenspiel mitzuspielen, scheitert er. Karlos wird durch seine Schuld in Haft genommen, Posa nimmt die Schuld auf sich und lässt sich töten, damit Karlos als Thronfolger überleben und einst ein besserer König werden kann. Posas Rechnung geht aber nicht auf: König Philipp übergibt den eigenen Sohn der Inquisition, die ihn, so endet das Stück, als Verräter öffentlich hinrichten wird.

Auf den ersten Blick scheint das Stück in zwei Teile auseinanderzufallen, die sich zwei Bearbeitungsphasen zuordnen lassen. In der ersten Arbeitsphase sollte der *Don Karlos* seinem Autor zufolge „nichts weniger seyn, als ein politisches Stük – sondern eigentlich ein Familiengemählde in einem fürstlichen Haußße" – so schreibt Schiller an den Mannheimer Intendanten Wolfgang Heribert von Dalberg (Schiller FA 3, S. 1075). Mit dem vierten und fünften Akt beginnen aber die Intrige und das politische Ideenstück zu dominieren. In der Forschung wurde entsprechend argumentiert, dass Schillers Stück die Gattungen des **bürgerlichen Trauerspiels** und der **höfischen Tragödie** nur mühsam zusammenhält (K.-D. Müller 1987; Genton 2000). Tatsächlich lassen sich die ersten beiden Akte als Familiendrama im eher zufällig höfischen Milieu lesen, scheinen doch Don Karlos und seine unglückliche Liebe zu Elisabeth von Valois im Mittelpunkt der Verhandlungen zu stehen. In der Durchführung ist dieses scheinbar private Sujet aber durchaus politisch. Denn Karlos' Liebe zu seiner Stiefmutter ist zwar gegen das Gesetz, sie folgt aber der Stimme der Natur. Als unnatürlich wird also nicht die Liebe zur Mutter, sondern der Hof und seine Heiratspolitik dargestellt. Die darin enthaltene Absolutismuskritik gestalten die ersten drei Akte aus.

Familientableau oder politisches Ideenstück
In der ersten Szene will der Geistliche Domingo, der Beichtvater des Königs, den jungen Don Karlos gezielt aushorchen. Vordergründig möchte er den offenbar trübsinnigen Karlos von seiner Schwermut kurieren, eigentlich aber will er nützliches Wissen über dessen Gefühle erlangen. Karlos durchschaut ihn allerdings:

> Doch […] hab' ich immer sagen hören, daß
> Gebärdenspäher und Geschichtenträger
> des Übels mehr auf dieser Welt getan,
> als Gift und Dolch in Mörders Hand nicht konnten.
> (Schiller FA 3, S. 179)

Domingo als ‚Gebärdenspäher' ist bewandert in einer Kunst, zu der Niccoló di Macchiavelli in seinem *Il principe,* dem Manual des frühneuzeitlichen absolutistischen Politikers, angeleitet hat. Der erfolgreiche Herrscher ist hier ein Meister der Verstellung, der die eigenen Gefühle zu verbergen und die Gefühle der anderen zu lesen versteht, um sie manipulieren zu können. Aus der Sicht des ausgehenden 18. Jahrhunderts lässt sich in diesem Verhalten die zentrale Pathologie des absolutistischen Herrschaftssystems diagnostizieren. Wie Posa im Bezug auf Karlos formuliert, geht „ein ungeheurer Spalt" (ebd., S. 214) durch jeden Herrscher, der ja der politischen Theologie der Frühen Neuzeit zufolge zugleich Mensch und Repräsentant Gottes auf Erden zu sein hat. Hier zeigen sich die psychologischen Folgelasten der **höfischen Verstellungskunst:** Die von Schiller auf die Bühne gebrachten Herrscher sind zwar immer von Höflingen umgeben, dabei leben sie aber einsam, in gestörten Familien und unsicheren Freundschaftsbeziehungen. Diese Schizophrenie der Macht spiegelt sich auch in den beiden Handlungsorten. Das Stück beginnt im königlichen Garten in Aranjuez, das Geschehen wird im zweiten Akt in den königlichen Palast zu Madrid verlegt – ins Zentrum der Macht und der politischen Machenschaften, in dem nichts unbelauscht und niemand unmanipuliert bleibt. Mit dieser Analyse ist das ‚Familiengemälde aus fürstlichem Hause' von Anfang an als Kritik am absolutistischen Machtapparat, seinem dynastischen Kalkül und seiner manipulativen Regierungskunst angelegt.

Im dritten Akt wird das Drama zum politischen Ideenstück. König Philipp ruft den Marquis Posa zu sich, weil dieser lange nicht bei Hof war und sich offenbar nie um die Gunst seines Königs bemüht hat. Diesen Posa will König Philipp nun sprechen, um herauszufinden, ob die Königin und der Prinz ein heimliches Liebesverhältnis haben. Für Posa bietet eine solche Audienz eine historische Chance. Bisher hatte er auf die Prinzenerziehung gesetzt, um aus Don Karlos einen aufgeklärten, gerecht regierenden Herrscher zu machen (vgl. Beaujean 1978). Nun hat er die Möglichkeit, den König selbst von seinem Programm zu überzeugen – und er nutzt die Gunst der Stunde. Die zehnte Szene des dritten Akts spielt im *Kabinett des Königs,* mithin im Herz der Macht. Marquis Posa präsentiert sich hier als einer, der kein Fürstendiener sein kann, weil er selbst denkt.

> Doch was der Krone frommen kann – ist das
> auch mir genug? Darf meine Bruderliebe
> sich zur Verkürzung meines Bruders borgen?
> Weiß ich ihn glücklich – eh' er denken darf?
> [...]
> [M]ich wählen Sie nicht, Sire, Glückseligkeit,
> die Sie uns prägen, auszustreun. Ich muß
> mich weigern diese Stempel auszugeben.
> Ich kann nicht Fürstendiener sein.
> (Schiller FA 3, S. 309)

Den Leitsatz der Aufklärung, jeder solle selbst denken dürfen, stellt Schiller ins Zeichen einer neuen **Affektpolitik:** „Ich liebe / die Menschheit, und in Monarchieen darf / ich niemand lieben als mich selbst" (ebd., S. 308). Menschenliebe

4.2 Schillers Tragödien

statt Selbstliebe, Philanthropie statt Egoismus – damit ist das aufgeklärte Denken ins Zeichen einer Bruderliebe gestellt, in dem die in der Französischen Revolution ausgerufene Brüderlichkeit vorweggenommen scheint. Tatsächlich greift Schiller die Rhetorik der amerikanischen und der niederländischen Unabhängigkeitsbewegung auf (High 2010, S. 84), wenn er Posa nicht das Volk zum Aufstand aufrufen, sondern den Herrscher dazu auffordern lässt, sich zum Diener seines Volks zu machen und den absolutistischen Gewaltstaat selbst in einen Staat der Freiheit umzuwandeln:

> Sie können es. Wer anders? Weihen Sie
> dem Glück der Völker die Regentenkraft,
> die – ach so lang' – des Thrones Größe nur
> gewuchert hatte – Stellen Sie der Menschheit
> verlornen Adel wieder her. Der Bürger
> sei wiederum, was er zuvor gewesen,
> der Krone Zweck – ihn binde keine Pflicht,
> als seiner Brüder gleich ehrwürd'ge Rechte.
> […]
> Wenn nun der Mensch, sich selbst zurückgegeben,
> zu seines Werts Gefühl erwacht – der Freiheit
> erhabne, stolze Tugenden gedeihen –
> […]
> dann Sire, wenn Sie zum glücklichsten der Welt
> Ihr eignes Königreich gemacht – […]
> dann müssen Sie – dann ist
> es ihre Pflicht, die Welt zu unterwerfen.
> (Schiller FA 3, S. 318 f.)

Nicht sein eigener Machterhalt, sondern das Gemeinwohl soll das Ziel des guten Herrschers sein. In einem solchen Gemeinwesen sollen nicht die vom Herrscher verhängten Gesetze, sondern die unveräußerlichen Rechte der Menschen, die einander als ,Brüder' betrachten, Zusammenhalt stiften. Posas Argumentation kulminiert in dem gerne zitierten Satz: „Geben Sie / Gedankenfreiheit" (ebd., S. 317). In dieser Forderung konzentriert sich fraglos der politische Gehalt des Stücks. Umso eigenartiger ist es, dass sich der Exponent dieser politischen Ideen, der „Schwärmer" (ebd.) Posa, ab dieser Szene selbst in die Wirren der politischen Praxis verstrickt. Denn weit davon entfernt, sich auf Posas Argumente einzulassen, will König Philipp seinen eigenen Vorteil aus dessen Menschenkenntnis ziehen und fordert ihn auf, Karlos und Elisabeth auszuspionieren. Posa willigt ein, um seine eigenen Ziele verdeckt verfolgen zu können.

Im Zuge dieser Tätigkeit verrät Posa den Freund Karlos zwar nicht, wohl aber verheimlicht er ihm den vom König erteilten Spionageauftrag. Dabei spielt Posa ein doppeltes Spiel. Um Karlos dazu zu bringen, sich an die Spitze des niederländischen Befreiungskampfs zu stellen, nutzt Posa die Liebe des Prinzen zu Königin Elisabeth. Sie selbst soll ihn dazu bringen, seine Liebe in eine universelle Menschenliebe zu verwandeln. Michael Hofmann hat gezeigt, wie Posa mit diesem Plan die ,Konditionierung der Gefühle' betreibt (Hofmann 2000). Indem er den Freund als Werkzeug für seine Ziele gebraucht, verstößt er gegen den ethischen Imperativ, demzufolge ein Mensch dem anderen nie bloßes Mittel zum Zweck sein soll (Müller-Seidel 1999). Damit steht Posa nicht nur für die Aufklärung, sondern für den **Despotismus der Aufklärung**. Dieses Stichwort liefert Schiller in den *Briefen über den Don Karlos* selbst: Posa habe sich im Despotismus verirrt, weil er sich nicht vom natürlichen moralischen Gefühl leiten ließ (Schiller FA 3, S. 466). Dass es sich bei diesem Porträt des despotisch gewordenen Aufklärers auch um einen Kommentar zum freimaurerischen Illuminatenorden handelt, hat Hans-Jürgen Schings (1996) gezeigt. Indem Posa bei der Umsetzung seiner politischen Ideen gegen sein eigenes Ideal verstößt, qualifiziert er sich als eigentlich tragischer Held.

Tatsächlich drängt Posa den Titelhelden Karlos im vierten und fünften Akt aus dem Zentrum des Stücks und wird zum heimlichen Helden, der die Handlung vorantreibt und sie zuletzt im Selbstopfer für den Prinzen Karlos zu beenden versucht. Dabei bildet Posa nicht nur das ideologische, sondern auch das poetologische Zentrum des Stücks, verkörpert er mit seinem Freitod doch die zentrale ästhetische Kategorie, über die Schiller in den theoretischen Schriften der 1790er Jahre die Tragödie konzeptualisiert. Die Anweisung der Königin, Posas Selbstopfer als eine **erhabene Handlung** zu rezipieren, ist nicht zu übersehen:

> Nein! Nein!
> Sie stürzten Sich in diese Tat, die Sie
> erhaben nennen. Leugnen Sie nur nicht.
> Ich kenne Sie, Sie haben längst darnach
> gedürstet – Mögen tausend Herzen brechen,
> was kümmert Sie's, wenn sich Ihr Stolz nur weidet!
> O jetzt – jetzt lern' ich Sie verstehn: Sie haben
> nur um Bewunderung gebuhlt.
> (Schiller FA 3, S. 374)

Posa wird hier nicht nur als eigenmächtiger Akteur, sondern auch als Theoretiker des Erhabenen ausgewiesen: Er begeht eine Tat, die er selbst erhaben nennen würde. Erstaunlicherweise kritisiert die Königin aber Posas erhabenes Selbstopfer und wirft ihm vor, nur aus Stolz und um der Bewunderung willen zu handeln. Die Frage nach der Legitimität dieses Opfers hat man in der Forschung entweder mit Verweis auf Schillers Frühschriften unterstrichen (Hiller 2005), oder im Verweis auf Hegels *Phänomenologie des Geistes* problematisiert (Alt 2008, S. 140).

Die begleitende Rede von Erhabenheit und Bewunderung verleiht diesem Opfergang nicht zuletzt gattungstypologische Relevanz. Wenn Posas erhabene Handlung eine eitle Handlung ist, die ‚buhlend' Bewunderung erregen möchte, dann attackiert Elisabeth zugleich die Bewunderungsästhetik der heroischen Tragödie des französischen Klassizismus und der deutschen Frühaufklärung. Wie verträgt sich diese Abwertung der erhabenen Handlung mit den Ideen zum Erhabenen, die Schiller in den 1790er Jahren entwickelt? Antwort kann ein genauerer Blick auf direkte und indirekte Regieanweisungen geben, die sich im letzten Akt zu Inszenierungen eines Pathetisch-Erhabenen – als Erregung mitleidiger Rührung und der Abwehr dieser Rührungsmomente – fügen. *Don Karlos* lässt sich

4.2 Schillers Tragödien

als ein metapoetisches Drama lesen, das seine eigene Poetik zur Aufführung bringt (Zumbusch 2005a). Dabei bereitet Schiller am Ende des *Don Karlos* seine affektdramaturgischen ‚Fundamentalgesetze' der Tragödie vor, die intensives Leiden und die Überwindung dieses Leidens zeigen soll.

Inszenierung des Pathetisch-Erhabenen

Im letzten Akt des *Don Karlos* ist auffällig oft von Rührung die Rede. Karlos versucht sich wiederholt als Autor von Rührszenen, versagt jedoch meist, da er sein Publikum notorisch falsch einschätzt. Zwei Beispiele seien kurz genannt. Der Gräfin Eboli, die in Karlos verliebt ist, gesteht er seine geheime Liebe zu Elisabeth, um sie zu rühren. Dem Rührungsskeptiker Posa versichert er danach: „Nein. Nein. Sie war / gerührt. Du irrest dich. Gewiß war sie / gerührt" (Schiller FA 3, S. 388). Die Zuschauer/innen wie auch Posa wissen aber, dass die eifersüchtige Gräfin Eboli alles andere als gerührt war und Karlos schon längst verraten hat. Karlos' zweiter Plan ist es, dem Vater alles zu eröffnen und das Rührstück einer Freundschaft vorzuführen, in dem sich ein Freund für den anderen opfert: „Es wird ihn rühren", davon ist Karlos überzeugt (ebd., S. 391). Das Rührstück wird im vierten Auftritt des fünften Akts tatsächlich aufgeführt, allerdings ganz anders als von Karlos geplant: nicht als Schauspiel empfindsamer Freundschaft, sondern als Trauerszene, die sich vor Posas totem Körper abspielt. Die metadramatische Dimension dieser Szene wird aus den Regieanweisungen ersichtlich.

Die Theaterzuschauer/innen werden auf der Bühne durch Höflinge verdoppelt, die das Geschehen fachkundig begleiten: „*Die Granden stellen sich in einen halben Kreis um diese beiden, und sehen wechselsweise auf den König und seinen Sohn*" (ebd., S. 391). Schiller hat die Reaktion auf Posas Tod als **Spiel im Spiel** angelegt. Karlos macht die Umstehenden explizit zu Zuschauer/innen, denen er Posas Tod erklärt: „Seht hieher! / Für mich ist er gestorben! Habt ihr Tränen? / Fließt Blut, nicht glühend Erz, in euern Adern?" (ebd., S. 396). Die Szene vergleicht zwei emotionale Reaktionen, die in den Bildfeldern des Kalten, Starren und Metallischen sowie des Warmen, Weichen und Fließenden durchgeführt werden. König Philipp bleibt „*ohne Bewegung, den Blick starr auf den Boden geheftet*" (ebd., S. 394) und „*erwacht aus seiner Betäubung*" (ebd., S. 398) erst, als sich vor dem Palast eine protestierende Volksmenge bemerkbar macht. Wie sich aus Philipps abfälligem Kommentar später schließen lässt, waren die Granden durchaus gerührt: „Diese Memmen weinen, / von einem Knaben weich gemacht" (ebd., S. 398). Sein bestes Publikum hat Karlos in dem alten Grafen Lerma, der ihm zuletzt gesteht: „Ihre heutige Geschichte / hat mich im Innersten gerührt. So liebt / kein Freund mehr! Alle Patrioten weinen / um Sie" (ebd., S. 401). Statt sich dieser Regung des Gefühls anzuvertrauen, wehrt Karlos selbst sie jedoch unvermittelt ab: „Nicht also, Graf – Sie rühren mich – Ich möchte / nicht gerne weich sein" (ebd., S. 402). Wie kurz darauf deutlich wird, will sich Karlos vom weichherzigen, empfindsamen Freund in einen politischen Akteur verwandeln.

Ein letzter Plan war in aller Eile geschmiedet worden: Karlos soll mit Elisabeths Hilfe in die Niederlande fliehen, um sich doch noch dem niederländischen

Widerstand anzuschließen. Die letzte Szene des Dramas, in der Karlos Abschied von Elisabeth nimmt, macht das Ringen um Fassung zum eigentlichen Thema:

> Königin (*sucht sich zu fassen*). Stehn Sie auf! Wir wollen
> einander nicht erweichen, Karl. Nicht durch
> ohnmächt'ge Tränen will der große Tote
> gefeiert werden. Tränen mögen fließen
> für klein're Leiden!
> (Ebd., S. 418)

Der Gesprächsgegenstand ist hier die vorbildliche Reaktion und Rezeption der erhabenen Handlung des Marquis Posa. Elisabeth schlägt eine Reaktion vor, die Schillers Vorstellung von der ‚pathetisch-erhabenen' Tragödienwirkung genau nachbuchstabiert ist. Sie hört ihn „*unter widerstreitenden Empfindungen*" (ebd., S. 419) an, um ihm zuletzt zu versichern: „Kehren Sie sich nicht / an meine Tränen, Karl – Ich kann nicht anders – / Doch glauben Sie mir, ich bewundre Sie" (ebd., S. 420). Bewunderung unter Tränen: Indem Elisabeth zwischen Rührung und Fassung schwankt, führt sie die geforderte **Affektmischung aus Rührungsaffekt und Widerstand** gegen den Affekt vor, die Schiller später auf die Mischbegriff des Pathetisch-Erhabenen bringt. Als vorbildliche Zuschauerin vermittelt sie auf der Bühne zwischen erhabener Handlung und erhebender Rezeption.

Anders als Elisabeth scheint Karlos den Widerstreit zwischen Leidenschaft und Ideal ganz unbemerkt für sich entschieden zu haben: „Es ist / vorbei. Ein reiner Feuer hat mein Wesen / geläutert. Meine Leidenschaft wohnt in den Gräbern / der Toten. Keine sterbliche Begierde / teilt diesen Busen mehr" (ebd., S. 419). Er teilt mit, der persönlichen Leidenschaft entsagt zu haben und auf diese Weise den politischen Idealismus von jeder sinnlichen Leidenschaft entschlackt zu haben. Die hier angesprochene **Läuterung** bildet das zentrale Interpretament der *Briefe über den Don Karlos,* die Schiller im Nachgang zu seinem Drama selbst verfasst hat (ebd., S. 425–472). Besonders Schillers Freund Körner geht bereitwillig auf diesen Interpretationsvorschlag ein. Beide sind sich allerdings darüber einig, dass die Entwicklung noch nicht ausreichend dargestellt sei, da sich Karlos' Veränderung keineswegs über fünf Akte hinweg abzeichnet, sondern im letzten Akt recht unvermittelt als vollzogenes Faktum mitgeteilt wird. Was im Bezug auf den psychologischen Realismus der Heldendarstellung überraschen muss, kann als rezeptionsästhetische Anweisung womöglich überzeugen. In der Begleitmetaphorik vom reinigenden Feuer, das die Leidenschaft ausgetrieben hat, scheint noch einmal das Schema das Pathetisch-Erhabenen durch: Karlos hat getreu der Schillerschen Formel seine heroische Unempfindlichkeit gegen das Leiden erst durch die leidenschaftliche Trauer um den Freund erreicht.

Lässt sich von hier aus eine Antwort auf die Frage geben, was im *Don Karlos* eigentlich gespielt wird? Tatsächlich ist der *Don Karlos* weder ein bürgerliches Rührstück, das sich (nur) für die privaten Gefühlslagen der Protagonisten interessiert, noch ist es eine hohe Geschichtstragödie, die (nur) stoische Helden in politischen Haupt- und Staatsaktionen agieren lässt. Vielmehr setzt es beide Muster zu einem neuen Tragödientypus zusammen und antizipiert damit das poetologische

4.2 Schillers Tragödien

Programm, das die tragödientheoretischen Schriften ausformulieren werden. Indem der *Don Karlos* die Regeln seiner Pathosproduktion offenlegt, die auf die Verwandlung von Empfindung in Erhebung zielen, wiederholt sich im Widerstreit des Erhabenen auch der **Widerstreit der Gattungsoptionen.** Dabei darf zuletzt nicht unterschlagen werden, dass sich der in letzter Minute zum Helden geläuterte Karlos keineswegs als politischer Akteur beweisen wird. In der vorletzten Szene lässt Schiller den alten, längst erblindeten Großinquisitor auf die Bühne führen, der seinen ehemaligen Zögling König Philipp maßregelt und von ihm das Opfer seines Sohnes Karlos verlangt, den er in einem öffentlichen Autodafé hinrichten lassen will. Philipp lässt sich auf die Forderung ein und weiht seinen Sohn einem Tod, der das *ancien régime* bestätigt und vor dem aufgeklärten Ideenhorizont des Stücks als ganz und gar sinnlos gelten muss. Durch diesen Kunstgriff weiß das Publikum der letzten Szene mehr, als Elisabeth und Karlos in ihrer Abschiedsszene bewusst ist, und so ist es zuletzt an den Zuschauer/innen, ihr Mitleid mit dem unwissenden Helden zu prozessieren. Hier wäre der Punkt, an dem sich die darstellungspraktische Dimension des Erhabenen mit seiner rezeptionsästhetischen Seite verbindet.

Bereits im *Don Karlos* zeigen sich drei Tendenzen, die Schillers Dramen ab dem *Wallenstein* vertiefen werden. Angesiedelt in höfischen oder politisch relevanten Milieus zeigen sie 1) die gekrönten Häupter oder bewaffneten Helden nicht als vorbildlich gefasste Herrscher, sondern als leidende Menschen. Der Widerstreit des Pathetischen mit dem Erhabenen wird auf dieser Grundlage einerseits als **heroisches Verhaltensmodell** genutzt, es wird aber auch 2) an eine Grenze geführt, an der sich Erhabenheit als Erhebung der Zuschauer/innen über die eigene Rührung verwandeln müsste. Wie alle rezeptionsästhetischen Programme muss die Frage nach der Wirksamkeit freilich offenbleiben – sie lässt sich lediglich als Aufforderung an, womöglich auch als Zumutung für das historische wie zeitgenössische Publikum zur Kenntnis nehmen. Wie am Ende des *Don Karlos* aufscheint, entwickelt Schiller 3) neben den bühnenwirksamen Handlungen politischer Helden und Herrscher einen besonderen Blick für die verdeckten Maschinen der Macht.

Wie Juliane Vogel an den Auftrittsordnungen des *Don Karlos* gezeigt hat, wird das Stück mit dem Beichtvater Domingo in der ersten Szene des ersten Akts sowie dem Großinquisitor in der vorletzten Szene des letzten Akts durch zwei aus dem „Hintergrund" auftretende Figuren gerahmt, in denen die „zeremonielle Visualisierung von Herrschaft" ersetzt wird durch „ein Herrschaftsprinzip, das seine Untergebenen aus einem undurchsichtigen Hintergrund heraus beobachtet und durch gezielte und unvorhersehbare Einschreitungen in Schrecken hält" (Vogel 2012, S. 545). Beide Figuren mögen dem Personal einer um 1800 längst überholten politischen Ordnung entnommen sein. Dennoch lassen sie sich als Symptome für **die Invisibilisierung einer Macht** verstehen, die am Ende des 18. Jahrhunderts mit den Herrschern als Repräsentanten absoluter Herrschaft auch ihre Repräsentationslogiken verliert und durch eine im Verdeckten operierende Form der Herrschaft ersetzt.

4.2.3 Anatomien der Macht: *Wallenstein*-Trilogie

Mit der Arbeit am *Wallenstein* kehrt Schiller nach der ‚philosophischen Phase' zwischen 1794 und 1796 zur Dramatik zurück. Die ersten Pläne zu einem Wallenstein-Drama reichen allerdings weiter zurück. Bei der Arbeit an seiner *Geschichte des Dreißigjährigen Kriegs* zwischen 1790 und 1792 stößt Schiller auf die historische Figur des Grafen Wallenstein, einem General im Heer des österreichischen Kaisers, der im Dreißigjährigen Krieg entscheidende militärische Erfolge gegen den schwedischen König erzielt hatte. 1634 ließ der Kaiser den erfolgreichen Wallenstein ermorden, weil begründeter Verdacht bestand, dass dieser mitsamt seinen treuen Truppen zum Gegner hatte überlaufen wollen. Schiller findet hier eine Verschwörung sowie einen Helden, der womöglich ein Verbrecher ist – eine Konstellation, die ihn schon in der *Verschwörung des Fiesko zu Genua* gereizt hatte. Dennoch scheint es Schiller schwerzufallen, diesen **historischen Stoff in eine dramatische Form** zu bringen. Was ursprünglich als einzelnes Drama geplant war, wächst sich wohl nicht zuletzt aufgrund der Fülle der Schiller bekannten historischen Fakten 1798 zu einer Trilogie aus, bestehend aus dem expositionsartigen Stück *Wallensteins Lager*, einem fünfaktigen Drama *Die Piccolomini* und dem ebenfalls fünfaktigen Drama *Wallensteins Tod*, das als einziger der drei Teile mit dem Untertitel *Ein Trauerspiel* versehen ist. *Wallensteins Lager* wird mitsamt einem *Prolog* 1798 zur Wiedereröffnung des Weimarer Hoftheaters uraufgeführt, 1799 folgen *Die Piccolomini* und *Wallensteins Tod*. Alle drei Teile erscheinen 1800 unter dem Titel *Wallenstein. Ein dramatisches Gedicht*.

Die übergreifende Gattungsbestimmung *Ein dramatisches Gedicht* ist mit Bedacht gewählt, verfügt Schillers Dramenkomposition doch nicht unbedingt über die strenge Form klassizistischer Tragödien; auch wenn sie, wie Hartmut Reinhardt ausführlich belegt hat, im Zeichen der engen Auseinandersetzung mit der *Poetik* des Aristoteles steht (Reinhardt 1976). In ihrem Briefwechsel diskutieren Schiller und Goethe insbesondere das Problem, aus dem historischen Stoff ein dramatisches, womöglich sogar tragisches Handlungsgefüge zu destillieren, das den aristotelischen Bestimmungen Genüge tun würde. Schiller sorgt sich darum, dass das „Schicksal [...] noch zu wenig, und der eigne Fehler des Helden noch zu viel zu seinem Unglück" beitrage (Schiller an Goethe, 28.11.1796, Staiger/Dewitz 2005, S. 319). Schiller findet für dieses Problem zunächst keine Lösung, weil die Moderne, anders als die Antike mit ihrem lebendigen Götterglauben, **keine verbindliche Schicksalsinstanz** mehr zu kennen scheint. Er reagiert darauf, indem er die aus antiken Tragödien bekannten Orakelsprüche durch die Vorhersagen der Astrologie ersetzt: Wallenstein hört auf kein göttliches Orakel, wohl aber auf seinen Astrologen Seni. Fatal ist dabei nicht nur, dass Wallenstein beim Warten auf die richtige Sternenstunde den politischen Handlungsmoment verpasst, sondern auch, dass er wegen eines Horoskops genau dem vertraut, der ihn verraten wird: dem kaisertreuen Octavio Piccolomini.

Auch wenn aus Schillers Sicht die Katastrophe durch Wallensteins Fehler zustandekommt, so ist Wallenstein doch nicht der geschichtsmächtige Held, der

4.2 Schillers Tragödien

sich durch eigenes Handeln in einen tragischen Konflikt verstricken würde. Sein Fehler besteht vielmehr darin, nicht entschieden genug zu handeln. Zu einer Herausforderung an die Dramenform wird insbesondere, dass der wartende Wallenstein als Verkörperung des verzögernden, **retardierenden Elements** gelten muss, das Schiller und Goethe in ihrem Briefwechsel eigentlich für das Epos reservieren. Wie Goethe in dem aus diesem Austausch hervorgegangenen Text *Über epische und dramatische Dichtung* festhält, darf das Epos retardieren, während das Drama zügig voranschreiten sollte (s. Abschn. 5.1). Schiller eignet sich diesen zunächst von Goethes vorgebrachten Gedanken an, weil er erklären kann, „warum der tragische Dichter rascher und direkter fortschreiten muß, warum der epische bei einem zögernden Gange seine Rechnung besser findet" (Schiller an Goethe, 25.4.1797, Staiger/Dewitz 2005, S. 379). Indem Schiller seinen Protagonisten bis zum Ende die entschiedene Tat verweigern lässt, während die meisten der ihn umgebenden Figuren ihn zum Handeln bewegen wollen, verleiht Schiller seiner lang ausgesponnenen Wallenstein-Trilogie einen epischen Zug.

Umstellt ist Wallenstein einerseits vom kaisertreuen Generalleutnant Octavio Piccolomini und dessen Sohn, Max Piccolomini. Octavio Piccolomini verdächtigt Wallenstein, mit seinen Truppen vom österreichischen Kaiser abfallen zu wollen. Ganz unbegründet ist der Verdacht nicht, gibt es in Wallensteins Truppen doch einige, die einen solchen Putsch gerne sähen. Dazu gehören der Generalmajor Buttler, der Feldmarschall Illo und der Graf Terzky, aber auch Wallensteins Frau, die Herzogin von Friedland, sowie die Gräfin Terzky. Feldmarschall Illo und Graf Terzky machen die Generäle bei einem abendlichen Festbankett betrunken und lassen sie ein Papier unterzeichnen, auf dem sie Wallenstein die absolute Gefolgschaft zusichern. Damit ist sichergestellt, dass sie sich auf Wallensteins Seite schlagen würden, falls dieser vom Kaiser abfallen würde. Nur der junge Max Piccolomini verweigert die Unterschrift. Der Konflikt zwischen Gewissen und Gefolgschaft wird für Max umso dringender, als sich zwischen ihm und Wallensteins Tochter Thekla in den *Piccolomini* eine Liebeshandlung entspinnt.

Erst der letzte Teil der Trilogie, *Wallensteins Tod. Ein Trauerspiel in fünf Aufzügen*, gibt Einblick in Wallensteins Pläne – oder vielmehr: in die Offenheit seiner Planung. In der ersten Szene des ersten Akts berät sich Wallenstein mit dem Astrologen Seni, von dem er erfahren will, wann der richtige Augenblick zum Handeln gekommen wäre. Während Wallenstein wartet, wird er von seinem eigenen Plan eingeholt. Ein Kurier, den er mit einem Verhandlungsangebot an die Schweden abgeschickt hatte, wird von den Österreichern abgefangen. Es folgt ein Gespräch mit einem schwedischen Unterhändler, dem Grafen Wrangel, der Wallenstein die böhmische Krone anbietet, wenn dieser zu den Schweden überlaufen würde. Im Hintergrund gewinnt Octavio Piccolomini die Generäle wieder für den Kaiser. Nur Terzky hält weiterhin zu Wallenstein, während Buttler vom Vertrauten zum Verräter wird. Von Octavio aufgehetzt, schwört er sich, Wallenstein und seine letzten Getreuen zu ermorden. Währenddessen endet die Liebe zwischen Max und Thekla tragisch: Im Loyalitätskonflikt zwischen Wallenstein und seinem Vater Piccolomini zerrieben stürzt sich Max in eine Schlacht und damit in den Tod, Thekla folgt ihm verzweifelt nach. In der fünften Szene des letzten Akts begibt sich Wallenstein in seine Schlafkammer, wo ihn kurz darauf Buttler tötet – das geschieht allerdings hinter der Bühne und wird den Zuschauer/innen erst nachträglich mitgeteilt. Die letzte Szene zeigt Octavio Piccolomini, der Buttler für Wallensteins Tod verantwortlich macht, selbst aber durch ein punktgenau eintreffendes kaiserliches Dekret zum Fürsten erhoben wird.

Wie sich in dieser Verlaufsskizze abzeichnet, geschieht in diesem Drama kaum etwas auf die direkte Veranlassung des Helden hin. Wallenstein eröffnet sich bis zum Schluss unverbindliche Möglichkeiten, ohne selbst eine Entscheidung zu treffen. Dazu kommt, dass der Titelheld Wallenstein im größten Teil der Szenen selbst nicht auftritt: Tatsächlich rückt er erst im letzten Teil der Trilogie ins Zentrum der theatralischen Repräsentation. Auch der österreichische Kaiser tritt im Stück nicht auf, insofern die kaiserlichen Entscheidungen lediglich über Vertreter oder auf der Bühne abgelieferte Briefe kommuniziert werden. Auf der Bühne zeigt sich also ein Feldherr und potenzieller Verschwörer, der aber nicht handelt und zuletzt im Schlaf ermordet wird. Hinter der Bühne hingegen agiert ein Herrscher, der sich im Stück zwar nicht sehen lässt, am Ende aber das Geschehen dominiert. Anders als in den großen Herrscherdramen der französischen Klassik oder im deutschen Barockdrama ist die handelnde Macht also nicht durch eine Herrscherfigur auf der Bühne verkörpert, sondern hält sich unsichtbar im Hintergrund. Wie lässt sich die **Handlungsunfähigkeit des dramatischen Helden** plausibilisieren? Und welche Konsequenzen ergeben sich daraus für die dramatische Form?

Zukunftspraktiken: Astrologie und Planung

Eine Antwort auf die Frage nach Wallensteins Handlungshemmung hat Dieter Borchmeyer gegeben, indem er Wallenstein als Melancholiker deutet. Seit der Antike, angereichert in Spätmittelalter und Renaissance, ist der Melancholiker ein dunkler Charakter, der auf die Materie, den Boden und den Untergrund fixiert ist, sich passiv in Grübelei verliert und düstere Vorahnungen hegt. Borchmeyer greift die von den Kunsthistorikern Panofsky, Saxl und Klibansky umfassend aufgearbeiteten Verbindungen zwischen Melancholie und Astrologie auf. Wie sie zeigen, wird der Melancholiker in der spätantiken Astrologie mit dem Gott Saturn in Verbindung gebracht (Klibansky/Panofsky/Saxl [1964] 1992). Dabei trägt in Borchmeyers Deutung nicht nur der **saturnische Charakter Wallensteins,** sondern seine Verkennung dieses Umstands das tragische Moment ins Drama. Denn entgegen aller Anzeichen ordnet sich Wallenstein selbst dem hellen Sternenherrscher Jupiter zu (Borchmeyer 1988, S. 94). Beleg ist Wallensteins Dialog mit dem Vertrauten Illo im zweiten Akt der *Piccolomini*. Illo will Wallenstein zur Entscheidung treiben, da der Kaiser Wallenstein befohlen hat, die Truppen aus Eger in Böhmen abzuziehen. Wallenstein hingegen ‚temporisiert':

> Illo: [...] Du kannst des Kaisers
> Befehl und ernste Ordre nicht verhöhnen,
> Nicht länger Ausflucht suchen, temporisieren,
> Willst du nicht förmlich brechen mit dem Hof.
> Entschließ' dich! Willst du mit entschloßner Tat
> Zuvor ihm kommen? Willst du, ferner zögernd,

4.2 Schillers Tragödien

Das Äußerste erwarten?
Wallenstein: Das geziemt sich,
Eh' man das Äußerste beschließt!
Illo: O! nimm der Stunde wahr, eh' sie entschlüpft.
So selten kommt der Augenblick im Leben,
Der wahrhaft wichtig ist und groß. Wo eine
Entscheidung soll geschehen, da muß Vieles
Sich glücklich treffen und zusammenfinden, –
(Schiller FA 4, S. 88)

Der pragmatische Illo bezieht sich hier auf das glückliche Zusammentreffen der Generäle in Böhmen, die Wallenstein nun geschlossen zu den Schweden führen könnte. Wallenstein hingegen meint eine astronomische Konjunktur, das Zusammentreffen von Saturn und Jupiter, auf das er wartet:

Du red'st, wie du's versteh'st. Wie oft und vielmals
Erklärt' ich dir's! – Dir stieg der Jupiter
Hinab, bei der Geburt, der helle Gott;
Du kannst in die Geheimnisse nicht schauen.
Nur in der Erde magst du finster wühlen,
Blind, wie der Unterirdische, der mit dem bleichen
Bleifarb'nen Schein in's Leben dir geleuchtet.
[…]
Doch, was geheimnisvoll bedeutend webt
Und bildet in den Tiefen der Natur, –
Die Geisterleiter, die aus dieser Welt des Staubes
Bis in die Sternenwelt, mit tausend Sprossen,
Hinauf sich baut, an der die himmlischen
Gewalten wirkend auf und nieder wandeln,
– Die Kreise in den Kreisen, die sich eng
Und enger zieh'n um die zentralische Sonne –
Die sieht das Aug' nur, das entsiegelte,
Der hellgebornen, heitern Joviskinder.
(Ebd. S. 89 f.)

Wallenstein beschreibt sich hier als ‚Joviskind', das, in die höheren Wahrheiten des Kosmos eingeweiht, in die Zukunft sehen könne. Anders als Illo, den er als melancholisches Saturnkind verunglimpft, sei er selbst imstande, die Sternenwelt zu ergründen und ihren Zusammenhang mit den irdischen Dingen zu entschlüsseln. In dieser „Selbststilisierung Wallensteins zum heiteren Joviskind" sieht Borchmeyer die tragische Selbstverfehlung Wallensteins (Borchmeyer 1988, S. 114).

Bildet die Astrologie also den Ersatz für das *fatum* der antiken Tragödie? Schiller beschreibt in seinen Briefen an Goethe ja das Problem, „in weniger fabelhaften Zeiten" noch „ein Gegenstück" zum *König Ödipus* auffinden zu können. Dabei hegt er den Verdacht, dass das antike Orakel „einen Antheil an der Tragödie" habe, der „schlechterdings durch nichts andres zu ersetzen" sei (Schiller an Goethe, 2.10.1797, Staiger/Dewitz 2005, S. 480). Nun entsprechen die Horoskope des Astrologen Seni nur bedingt dem Orakelspruch, der im *König Ödipus* eine so zentrale Rolle einnimmt. Wallensteins Fixierung auf die Astrologie dokumentiert weniger die Macht der Götter über die Menschen, sondern zeugt vielmehr vom Verlust einer derartigen transzendenten, die eigenen Handlungen leitenden Instanz. Hans-Jürgen Schings hat die Schicksalsrhetorik als **Kompensation eines Metaphysikverlusts** gedeutet und die These aufgestellt, dass hier die Politik an die Stelle eines Schicksalszusammenhangs getreten sei: „nicht die Metaphysik, die Politik vielmehr erweist sich als zuständig. Die Logik der Tragödie entdeckt die Logik der Politik" (Schings 1990, S. 297). Heftrich schließt hier an, wenn er die „Geschichte zum Feld des Tragischen" erklärt (Heftrich 1990, S. 113). Mario Zanucchi hat gezeigt, dass die Katastrophe im *Wallenstein* gerade nicht vom Schicksal, lediglich „vom Glauben an dessen Existenz" herbeigeführt werde (Zanucchi 2006).

Tatsächlich geben die im *Wallenstein* geführten Dialoge über die Sterndeutung ein modernes Problembewusstsein zu erkennen, in einer Welt zu leben, in der man sich selbst vorsehen muss. Wallenstein wartet ab, weil er Handlungsmöglichkeiten abpassen und Handlungsfolgen abschätzen will. Dies tritt in dem sogenannten **Achsenmonolog** in der Mitte der Trilogie hervor. Wallenstein weiß bereits, dass seine Briefe an die Schweden abgefangen worden sind und die Österreicher in ihm einen Verräter sehen müssen. Während sich daraus für seine Freunde ein unbedingter Handlungszwang ergibt, ist sich Wallenstein immer noch nicht sicher:

> Wallenstein mit sich selbst redend:
> Wär's möglich? Könnt' ich nicht mehr, wie ich wollte?
> Nicht mehr zurück, wie mir's beliebt? Ich müßte
> Die Tat vollbringen, weil ich sie gedacht,
> Nicht die Versuchung von mir wies – das Herz
> Genährt mit diesem Traum, auf ungewisse
> Erfüllung hin die Mittel mir gespart,
> Die Wege bloß mir offen hab' gehalten? –
> Bei'm großen Gott des Himmels! Es war nicht
> Mein Ernst, beschloßne Sache war es nie.
> In dem Gedanken bloß gefiel ich mir;
> Die Freiheit reizte mich und das Vermögen.
> (Schiller FA 4, S. 160)

Hier wird das unverbindliche Fantasieren unbeschränkter Möglichkeiten in ‚Traum' und ‚Gaukelbild' dem ‚Ernst' des realen Handelns gegenübergestellt. Ausgehend von dem Konflikt zwischen Gedanken und Taten, Fantasie und Realität, Spiel und Ernst hat man Wallensteins Monolog auf **Schillers Spieltheorie** aus den Briefen *Über die ästhetische Erziehung des Menschen* bezogen (Turk 1984; Guthke 1993). Ästhetische Erfahrung konzipiert Schiller dort als einen Zustand, der von pragmatischen Handlungszielen entlastet ist, keine Erkenntnis hervorbringen muss und indifferent gegen Moral bleibt. Allerdings bewegt sich Wallenstein mit der Rede von Freiheit und Gedanke nicht jenseits der Welt pragmatischer Vollzüge, sondern eröffnet den Raum, in dem sich sein künftiges Handeln vollziehen könnte. Hier erweist sich Wallenstein keineswegs als „mehr ästhetischer Mensch als Realpolitiker" (Borchmeyer 1988, S. 130), sondern folgt einem besonderen Modell politischer Macht. Wallensteins Spiel ist ein vorgreifendes ‚Durchspielen' von Möglichkeiten, das Joseph Vogl mit dem Begriff der *potentia* in Verbindung gebracht hat: Darin lasse sich der

> „Umriss einer neuen Regierungskunst erkennen, die sich spätestens seit dem siebzehnten Jahrhundert nicht mehr allein auf die *potestas*, auf die souveräne Herrschergewalt, sondern auf die *potentia* stützt, also darauf, die Haltbarkeit politischer Macht nach ihrer Fähigkeit zu bemessen, Möglichkeiten zu sammeln und das Vermögen von Land, Leuten und Gütern zu akkumulieren" (Vogl 2008, S. 41).

Tatsächlich wird Wallensteins Befürchtung, ihm könne jede Wahlmöglichkeit genommen sein, an dieser Stelle noch keineswegs bestätigt. Vielmehr mündet der letzte Teil des Achsenmonologs in eine Kontemplation der immer noch offenstehenden Optionen. Seinen *„Blick nachdenkend auf die Türe geheftet"* sagt Wallenstein: „Noch ist sie rein – noch! Das Verbrechen kam / Nicht über diese Schwelle noch – So schmal ist / Die Grenze, die zwei Lebenspfade scheidet!" (Schiller FA 4, S. 162). Diese Schwellensituation bietet das Bild für eine Entscheidung, die sich Wallenstein auch hier noch offen hält. Nur so kann er nach seiner Unterredung mit dem schwedischen Abgesandten Wrangel kurzerhand mitteilen: „Hört! Noch ist nichts geschehn, und – wohl erwogen, / Ich will es lieber doch nicht tun" (ebd., S. 169). Noch in der Rückschau nach dem Tod von Max Piccolomini scheint Wallenstein das eigene Handeln in keiner Weise vorherbestimmt und vorgezeichnet, sondern völlig offen gewesen zu sein:

> Hätt' ich vorher gewußt, was nun geschehn,
> Daß es den liebsten Freund mir würde kosten,
> Und hätte mir das Herz, wie jetzt gesprochen –
> Kann sein, ich hätte mich bedacht – kann sein
> Auch nicht –
> (ebd., S. 283 f.)

Kann sein, kann sein auch nicht: Wenn Wallenstein sein Handeln bis zuletzt in Gestalt von mindestens zwei Optionen projizieren kann, dann verabschiedet er sich an keiner Stelle des Dramas aus der Welt der Entscheidungen. Die Rede vom Spiel bezeichnet keinen der Realität enthobenen Zustand des Unernsten, sondern eine Phase der Beratung darüber, wann und unter welchen Voraussetzungen es ratsam sei, sich auf ein Wagnis einzulassen. Damit bewegt sich Wallenstein im **System des modernen Risikokalküls:** Wallenstein wägt ab, wann und unter welchen Umständen er sich auf gewisse Wagnisse hätte einlassen sollen (Zumbusch 2013).

Erst in den letzten Versen gibt er die Möglichkeit der Steuerung auf. Mit den Worten „Hab' es denn seinen Lauf" verabschiedet er sich in einen „langen Schlaf", aus dem er nicht mehr erwachen wird (Schiller FA 4, S. 284). Mit diesem Ende ist es Schiller gelungen, ein Drama zu schreiben, in dem bis zuletzt „der Hauptcharakter eigentlich retardierend ist" und „die Umstände eigentlich alles zur Krise" tun (Schiller an Goethe, 2.10.1797, Staiger/Dewitz 2005, S. 480). Die von Schiller so genannten ‚Umstände' gehören dabei nicht in den Bereich des antiken

Schicksalsdenkens, sondern zeugen von der „unwiderruflichen Kontingenz des Ereigniszusammenhangs" (Vogl 2008, S. 54). Wie aber kann sich die Handlung trotz ihres retardierenden Protagonisten mit dramatischer Eile zu einem Ende bewegen? Tatsächlich ist der Plot des Dramas auf Figuren angewiesen, die, anders als Wallenstein, tatsächlich handeln. In Octavio Piccolomini hat Wallenstein seinen Gegenspieler, der vorgreift und beschleunigt, wo Wallenstein sich Optionen offen und die Handlung aufhält.

Vorgriff: Zeitdramaturgie und doppelte Intrige
Wie Schiller in der *Geschichte des Dreißigjährigen Kriegs* bemerkt, hat man es im *Wallenstein* nicht nur mit einem, sondern mit zwei Komplotten zu tun. Zu Wallensteins Verschwörung gegen den Kaiser tritt Octavio Piccolominis Intrige zur Ermordung Wallensteins. Octavio Piccolominis Plan gelingt, weil er Wallensteins Planung überholt: Anders als Wallenstein geht Octavio vom Planen zum Handeln über. Während Wallenstein im Vorfeld der Verschwörungsszene der *Piccolomini* von Illo noch aufgefordert werden muss, den Anhängern des Kaisers zuvorzukommen, ist Octavio Piccolomini zum selben Zeitpunkt bereits aktiv geworden. Seinem Sohn Max vertraut Octavio an:

> Herzog Friedland
> Hat seine Zurüstung gemacht. Er traut
> Auf seine Sterne. Unbereitet denkt er uns
> Zu überfallen – mit der sichern Hand
> Meint er, den goldnen Zirkel schon zu fassen.
> Er irrt sich – Wir haben auch gehandelt.
> (Schiller FA 4, S. 144)

Octavios Handeln stützt sich auf einen Wissensvorsprung. Er weiß um Maxens Liebe zu Thekla und nimmt dessen Bekenntnis vorweg: „O! laß mich immerhin / Vorgreifen deinem zögernden Vertrauen – / Die Hoffnung nährst du, ihm viel näher noch / Anzugehören" (ebd., S. 145). Octavio sieht die Gefahr, diese Liebe könnte von Wallenstein instrumentalisiert werden. Deshalb plant er seine Gegenintrige genau: „Es sind doch sichre Leute, Adjutant?" fragt er, und nachdem er Anweisung gegeben hat, wo sich diese ‚sichren Leute' zu postieren haben, weist er sie als Notfalloption aus: „Zwar hoff' ich, es bedarf nicht ihres Dienstes, [...] Doch es gilt Kaiser Dienst, das Spiel ist groß, / Und besser, zu viel Vorsicht, als zu wenig" (ebd., S. 186). Octavios Handeln steht im Zeichen der **„Vorsicht"**, deren Semantik sich im Verlauf des 18. Jahrhunderts von der göttlichen Vorsehung zur menschlichen Kontingenzsteuerung wandelt (Zumbusch 2011a, S. 41 f.).

Octavios Vorsichtsmaßnahmen werden nun zum eigentlichen Handlungsmotor, wobei die Vorgriffe genau das provozieren, was sie eigentlich verhindern sollen. So lautet zumindest der Vorwurf seines Sohns Max: „Ihr könntet ihn, / Weil ihr ihn schuldig wollt, noch schuldig machen" (Schiller FA 4, S. 150). Tatsächlich stellt Wallenstein die Möglichkeit des eigenen Handelns als Reaktion auf die bereits von anderen getroffenen Entscheidungen dar: „Der Hof hat meinen Untergang beschlossen, / Drum bin ich willens, ihm zuvor zu kommen" (ebd., S. 178).

4.2 Schillers Tragödien

Erst das wechselseitige einander Vorgreifen führt zur Einsicht in die tragische Zeitordnung des ‚zu spät'. So sagt Wallenstein zu Max, der ihn noch zur Umkehr bewegen will:

> Es ist zu spät. Indem du deine Worte
> Verlierst, ist schon ein Meilenzeiger nach dem andern
> Zurückgelegt von meinen Eilenden,
> Die mein Gebot nach Prag und Eger tragen.
> (Ebd., S. 182)

Indem Wallenstein von den Boten spricht, die im Moment des Sprechens schon seine Befehle transportieren, verweist er indirekt auf die Spaltung zwischen einer Bühne, auf der vornehmlich Worte verloren werden, und einem Hintergrund, in dem man sich durch die Versendung von Mittelmännern eilig einen Handlungsvorsprung zu verschaffen versucht. Wie Niels Werber gezeigt hat, spielt sich in zahlreichen Schiller-Dramen das Wesentliche im Verborgenen ab: „[a]m Rande der öffentlichen Regionen […] bereiten Regierungen Angriffskriege und Präventionsschläge vor, planen Verschwörer den Umsturz und arbeiten Geheimräte an dessen Verhinderung" (Werber 1996, S. 212). Im „Medium des Geheimen", so die Folgerung, haust das „komplexe Gespinst die Macht" (ebd., S. 214). Die Unterscheidung zwischen öffentlicher Bühnenrede und hinter der Bühne verschickten Geheimdokumenten weist also ins Zentrum **alter Machttechniken.** Mit Blick auf die Rolle der (unsicheren) Information, insbesondere in Gestalt von Gerüchten, hat Elke Dubbels im Bezug auf den *Wallenstein* auch von einem „Informationsdrama" gesprochen (Dubbels 2014, S. 22).

Hält man die im *Wallenstein* szenisch gezeigten und im Botenbericht vergegenwärtigten Handlungsabfolgen systematisch aneinander, dann wird deutlich, dass hier bereits von Anfang an mehrere **Geschehenszusammenhänge simultan** ablaufen – den „Montage-Charakter" dieser „simultanen Handlungsführung" hat Peter Schnyder präzise analysiert (Schnyder 2016, S. 307–310). Während Wallenstein auf der Bühne Möglichkeiten durchspielt, finden alle Entscheidungen, die den dramatischen Handlungsablauf tatsächlich vorantreiben, im Hintergrund statt: Truppenteile marschieren auf und ziehen ab, Hauptmänner verschwören sich mit Wallenstein und werden zu Verrätern, Boten gehen zwischen Terzky und den Schweden, den Schweden und den Sachsen hin und her, Octavios Berichte gelangen zum Kaiser, kaiserliche Verfügungen gehen zurück. Indem die von Gordon laut verlesene Adresse des kaiserlichen Briefes – ‚dem Fürsten Piccolomini' – die letzten im Stück gesprochenen Worte sind, behält die weltliche Macht das letzte Wort. Der Kaiser als Sender dieser letzten Botschaft steht für eine das Geschehen überwachende und steuernde Instanz, gerade weil er die Bühne selbst nicht betritt. Am Ende behauptet sich die von einem emsigen Nachrichtendienst gestützte Staatsmacht, die das Wechselspiel der konkurrierenden Akteure die ganze Zeit über aus sicherer Distanz verfolgt hatte.

In den beiden verschiedenen Geschehenstypen, die auf und hinter die Bühne verlegt sind, behaupten sich auch konkurrierende Tempi. Während man auf der Bühne über Warten und Entschließen debattiert, wird hinter der Bühne beschleunigend und vorgreifend gehandelt: Octavio greift Wallensteins Verschwörung vor, Max sucht den Tod, bevor er schuldig werden kann, Buttler tötet den schlafenden Wallenstein im Vorgriff auf ein gerichtliches Verfahren. Diese Affinität des unsichtbaren, verdeckten, nicht auf der Bühne gezeigten Handelns zum beschleunigenden Vorgriff verdichtet sich in Schillers eigenwilligem Gebrauch von Briefen. Denn während sich Briefe in aller Regel durch eine grundlegende Verspätung auszeichnen – schlicht deshalb, weil zwischen der Abfassung des Senders und der Lektüre des Empfängers immer Zeit vergeht – werden briefliche Verfügungen im *Wallenstein* gerne vorsorglich ausgefertigt, um dann eher zu früh als zu spät produziert zu werden. Octavio Piccolomini trägt von Anfang an ein vom Kaiser beglaubigtes Schreiben bei sich, mit dem er Wallenstein jederzeit absetzen kann. Auch Octavios eigenem Befehl, den er Buttler erteilt, wird zu früh Folge geleistet. Es sind der diplomatische ‚Vorbedacht' und der strategische Vorgriff, also gerade die Praktiken der **Versicherung und der Vorsorge,** die Wallensteins Tod verantworten. Fatal ist offenbar nicht ein göttliches Schicksal, fatal sind vielmehr die einander durchkreuzenden menschlichen Vorsorgepraktiken.

Dies wird im Stück selbst in ein wichtiges Bild gesetzt. Max Piccolomini formuliert kurz vor seinem Tod die Einsicht:

Unglücklich schwere Taten sind geschehn,
Und eine Frevelhandlung faßt die andre
In enggeschloßner Kette grausend an.
Doch wie gerieten wir, die nichts verschuldet,
In diesen Kreis des Unglücks und Verbrechens?
Wem brachen wir die Treue? Warum muß
Der Väter Doppelschuld und Freveltat
Uns gräßlich wie ein Schlangenpaar umwinden?
(Schiller FA 4, S. 229)

Die ‚eng geschlossene Kette' lässt sich als die dramatische Verkettung von Ereignissen lesen, die in Schillers Bilderfolge erst zu einem ausweglosen Zirkel, dann zu zwei einander umwindenden Schlangen wird. Die Grundstruktur des Stücks scheint also in der Verknotung von zwei ineinander verschlungenen Handlungsketten zu bestehen. Die Schlangen, die nicht zuletzt das Bild des sterbenden Priesters **Laokoon mit seinen Söhnen** aufrufen, werden im antiken Mythos als Rachemittel der Götter ausgesandt. In der Laokoon-Rezeption des 18. Jahrhunderts hat man sie deshalb als Agenten des Schicksals gelesen. Im *Wallenstein* ist den beiden Vätern aber die Verantwortung für ihr Handeln ganz überantwortet. Allein aus ihren Versuchen, einander wechselseitig vorzugreifen, knüpft sich der tragische Knoten, den ihre Kinder nicht durchschlagen können.

Dieses Ende bietet besonders im Tod von Max und Thekla das Bild einer mit aller Konsequenz vernichteten Zukunft, die weder eine transzendente Ordnung noch einen sittlichen Horizont aufscheinen lässt. Dass hier jeder Versuch einer Sinnstiftung abgleitet, hat einige Zeitgenossen verstört. Bekannt ist Hegels Reaktion, der das Ende „unglaublich! abscheulich! […] entsetzlich!" fand (Hegels

Wallenstein-Kritik (1800/01), zit n. Schiller FA 4, S. 912). Wittkowski hat das grausige Ende im Verweis auf den Prolog abzumildern versucht und Schillers *Wallenstein* als Aufruf zur „tätigen Bemühung" gedeutet, die „gegenwärtig durch Gewaltaktionen erschütterte und schwer bedrohte rechtsstaatliche Ordnung zu behaupten, zu verbessern und dadurch zu stärken" (Wittkowski 1980, S. 236 f.). Michael Hofmann hingegen hat den vielzitierten letzten Satz des Prologs – „Ernst ist das Leben, heiter ist die Kunst" (Schiller FA 4, S. 17) – auf Schillers **Programm des Erhabenen** bezogen, in dem die Schlichtung des Widerstreits ja gerade misslingt: Der von Max verkörperte „moralische Idealismus" scheitere an der historischen Praxis, wobei Schiller auf „imaginäre Synthesen" zwischen Kunst und Leben verzichte (Hofmann 1999, S. 264).

Es liegt nahe, das Ende des *Wallenstein* auf die im Zeichen des Erhabenen revidierte Geschichtsdeutung und den zumal in *Über das Erhabene* zutage tretenden Geschichtspessimismus zu beziehen (s. Abschn. 1.3.2). Diese bereits den Prolog prägende Spannung zwischen Ästhetik und Geschichte hat Martin Wagner präzise beschrieben (Wagner 2012). Wolfram Ette hat überdies gezeigt, dass sich im *Wallenstein* eine neue, genuin moderne Einsicht in die **Logik geschichtlicher Prozesse** zeige: Wo die große Erzählung der in sich sinnvoll geordneten Universalgeschichte erodiert, wird die Sicht auf das „System Geschichte" frei, in dem nicht die heroische Handlung des Einzelnen, sondern das Verhältnis der Akteure zueinander zählt (Ette 2011, S. 36). Damit aber fällt das Erhabene als heroisches Verhaltensmodell des großen Helden aus. Wo die darstellungstheoretische Kategorie des Erhabenen versagt, muss seine rezeptionsästhetische Variante einspringen: Die Erhebung über die als sinnlos erfahrene Kontingenz der Geschichte bleibt am Ende von *Wallensteins Tod* allenfalls dem Publikum aufgetragen.

4.2.4 Königin der Herzen: *Maria Stuart*

Bereits 1783 wird Schiller auf die Geschichte der schottischen Königin Maria Stuart aufmerksam, die 1587 in England wegen Hochverrats hingerichtet wurde. Die Ausarbeitung der *Maria Stuart* als *Trauerspiel in fünf Aufzügen* beginnt Schiller aber erst nach der Fertigstellung der *Wallenstein*-Trilogie. 1799 macht er sich an ein erneutes Studium der historischen Quellen zur Maria Stuart und auch bald an die Niederschrift des Dramas, die er im Juni 1800 abschließt. Nach dem langen Brachliegen der dramatischen Produktion zwischen dem *Don Karlos* und dem *Wallenstein* findet Schiller hier zu einem zunehmend zügigen Arbeitstempo. Vor allem prägt er eine Form, die immer wieder als im engen Sinn ‚klassisch' aufgefasst worden ist. Tatsächlich installiert die *Maria Stuart* mit der symmetrischen Aufteilung der Szenen auf die beiden Antagonistinnen Maria und Elisabeth und der um einen Kulminations- und Wendepunkt organisierten Handlungsführung eine **pyramidale Struktur,** die ausgehend von Freytags *Technik des Dramas* auch späteren Lehrbüchern als Blaupause gedient hat (Freytag [1863] 1969, S. 102).

Deutungen haben den in Maria Stuart und Elisabeth verkörperten Konfessionskonflikt zwischen Katholizismus und Protestantismus hervorgehoben, vor dessen

Hintergrund sich die im Stück entwickelten Dualismen von Sinnlichkeit und Verzicht, Schönheit und Schmucklosigkeit einerseits ideengeschichtlich verorten, andererseits auf Schillers ästhetische Kategorien wie etwa die der ‚schönen Seele' aus *Über Anmut und Würde* beziehen lassen (Sautermeister [1979] 1983). In der Rivalität der Königinnen zeichnen sich aber auch die inneren **Widersprüche alteuropäischer Souveränität** ab, von der insbesondere Elisabeth I. betroffen ist. Im Folgenden soll deshalb zunächst der Frage nach den Bedingungen (weiblicher) Herrschaft nachgegangen werden, um dann die barock anmutende Gattungsbezeichnung ‚Trauerspiel' aufzugreifen, die zwar im Wortgebrauch der Zeit nicht trennscharf von der Tragödie abzugrenzen ist (Wilm 2003), die aber eher auf die Theaterpraxis des 17. Jahrhunderts als auf die antike Tragödie zurückweist. Wie zu zeigen ist, stirbt Maria zuletzt einen Tod, den Schiller im Rückgriff, aber auch in signifikanter Abwandlung einer im Barock entwickelten dramatischen Formvorlage, dem Herrschertod als Märtyrertod, darstellt.

Paradoxien der Souveränität

In der *Maria Stuart* lässt Schiller zwei Frauen auftreten, die um einen Thron konkurrieren. Dieser dualistischen Anlage zum Trotz folgt die Figurenzeichnung keiner strikten Unterscheidungslogik. Statt Recht oder Unrecht, Gut oder Böse klar zu trennen, werden beide Akteurinnen mit verschiedenen Facetten und inneren Widersprüchen ausgestattet. Auch den Handlungsablauf siedelt Schiller **im Unentschiedenen** an. Das gesamte Drama spielt sich im schmalen Raum zwischen dem gerade gesprochenen Urteil über Maria Stuart und der von Königin Elisabeth noch zu beschließenden Vollstreckung dieses Urteils ab. Der erste Akt zeigt, wie die inhaftierte und ihrer Insignien beraubte Maria Stuart unter ständiger Beobachtung steht. Während sie auf die Urteilsverkündung wartet, stellt ihre Vertraute, die Amme Kennedy, Marias Schuld, aber auch ihre Unschuld klar. Maria trage zwar die Mitschuld am Tod ihres Mannes, sie sei aber unschuldig im Sinn der Anklage des Hochverrats. Als Verfolgte habe sie in England lediglich Schutz gesucht und keineswegs einen Thronanspruch geltend gemacht.

Der erste Akt endet mit der Verkündung des in einem Richtergremium gefällten Todesurteils durch den an der Entscheidung beteiligten Burleigh. Die Aporie dieses Todesurteils hebt Maria sogleich hervor. Maria verweist auf das englische Gesetz, demzufolge jeder nur „[v]on seines Gleichen soll gerichtet werden" (Schiller FA 5, S. 33). Dies müssten in ihrem Fall andere Könige sein. Damit ist die „rechtliche Sonderstellung des Herrschers" angesprochen, der als Garant der Rechtsordnung ihren Gesetzen eigentlich nicht unterworfen sein kann (Koschorke u. a. 2007, S. 115). Wie Chenxi Tang gezeigt hat, spielt auch das im Text mehrfach angesprochene Völkerrecht eine wichtige Rolle, handelt es sich bei dem Streit der Königinnen doch zugleich „um einen Konflikt zwischen zwei völkerrechtlichen Subjekten, den eine der Parteien durch das Recht eines einzelnen Staates zu lösen trachtet" (Tang 2011, S. 154). Die Anwendung des englischen Rechts auf die schottische Königin ist aber nicht zuletzt deshalb problematisch, weil Elisabeth durch die Hinrichtung der Maria Stuart auch ihre eigene Rechtsstellung verletzen würde. Wenn Maria fragt: „Sie könnte so die eigne Majestät / Und aller Könige im

Staube wälzen?" (Schiller FA 5, S. 29), dann ist ein **souveränitätstheoretisches Problem** angesprochen: Die Enthauptung einer Königin bedeutet einen Angriff auf die Königswürde selbst.

Entsprechend zögert Elisabeth, das Urteil durch ihre Unterschrift zu beglaubigen. Der zweite Akt zeigt Elisabeth, die sich bei ihrer Entscheidung von unterschiedlichen Beratern mit ihren je eigenen Zielen umgeben sieht. In der ersten Szene hält der Gesandte Aubespine für den französischen König um Elisabeths Hand an. Der Großschatzmeister Cecil Burleigh drängt auf eine Verheiratung Elisabeths. Aus seiner Sicht birgt die Tatsache, dass sich in der Gestalt Marias eine Thronanwärterin auf britischem Boden befindet, für Elisabeths ohnehin schwache Stellung eine unmittelbare Gefahr. Als Tochter der Anne Boleyn, die Elisabeths Vater Heinrich VIII. nach seiner von der Kirche nicht anerkannten Scheidung geheiratet hatte, sieht sich Elisabeth mit dem steten Vorwurf der Unrechtmäßigkeit ihres Thronanspruchs konfrontiert. Dazu kommt, dass die unverheiratete Elisabeth über **keine gesicherte Thronfolge** verfügt: „Denn dieses war des Landes ew'ge Furcht, / Sie möchte sterben ohne Leibeserben, / Und England wieder Papstes Fesseln tragen" (ebd., S. 46).

Der Wunsch ihrer Berater, sich zu verheiraten, kollidiert für Elisabeth aber mit ihrer Rolle als Königin. Offenbar eignet sich der *body natural* der Frau nur schlecht zur Überformung in einen *body politic*, müsste dieser doch „[v]on dem Naturzweck ausgenommen sein, / Der Eine Hälfte des Geschlechts der Menschen / Der andern unterwürfig macht – " (ebd., S. 48). Elisabeth wertet die Mutterschaft – den ‚Naturzweck' der Frau – als ‚Opfer' ihrer Freiheit (ebd., S. 47 und 49) und damit als Hindernis für die **Verkörperung absoluter Souveränität.** Aus ihrer Sicht bricht sich die Königswürde an der Geschlechterrolle: „[h]at die Königin doch nichts / Voraus vor dem gemeinen Bürgerweibe" (ebd., S. 49). Philippe Wellnitz hat argumentiert, dass hier nicht die Rede von der „heteronom diktierten Natur der Frau", sondern von der „Natur als Synonym für [...] die Triebe der Sexualität" sei (Wellnitz 2005, S. 250). Elisabeth benennt in der zitierten Passage deutlich, was Albrecht Koschorke als eine der „Paradoxien der Souveränität" (Koschorke u. a. 2007, S. 113–119) bezeichnet hat. Die „Leistung" der Unterscheidung zwischen den zwei Körpern des Königs besteht darin:

> „dem politischen *Amt* Qualitäten zu sichern, die dem sterblichen, von Leidenschaften beherrschten und fehlbaren Individuum, das es ausübt, nicht – jedenfalls nicht mit hinreichender Aussicht auf Erfolg – abverlangt werden können: Dauer, Stabilität, Rationalität, Vorrang des Allgemeinen vor dem Partikularen" (Ebd., S. 117).

Schon in der dramatischen Literatur des 17. Jahrhunderts, die sich auf die Nahsicht des von Leidenschaften getriebenen, als „Geisel des eigenen Herrschaftsapparats" (ebd., S. 118) agierenden Herrschers verlegt, häufen sich Hinweise auf den fiktiven Kern des Souveränitätsgedankens. Hier lässt sich noch Schillers *Maria Stuart* einreihen.

In der Beratung über den Umgang mit dem Todesurteil äußern sich unterschiedliche Deutungen von Souveränität. Burleigh rät zur Vollstreckung des

Urteils über Maria Stuart, indem er den Konflikt der Königinnen gekonnt zuspitzt: „Ihr Leben ist dein Tod! Ihr Tod dein Leben!" (Schiller FA 5, S. 51). Der Chiasmus betont nicht nur die Unmöglichkeit, die einander durchkreuzenden Ansprüche der beiden Königinnen parallel gelten zu lassen. Indem er den Entscheidungsdruck betont – „Du mußt den Streich erleiden oder führen" (ebd.) –, verortet er politische Souveränität gerade in der Entscheidung über Leben und Tod. Talbot hingegen beruft sich auf die **moralische Instanz** des freien Willens, mit dem sich Elisabeth jederzeit den politischen Zwängen entziehen und das sittlich Gebotene tun könne. In diesem Falle solle Elisabeth Gnade walten lassen, um eine durch das ‚Herz' Frauen verbürgte Herrschertugend zu beweisen:

> Nicht Strenge legte Gott in's weiche Herz
> Des Weibes – Und die Stifter dieses Reichs,
> Die auch dem Weib die Herrscherzügel gaben,
> Sie zeigten an, daß Strenge nicht die Tugend
> Der Könige soll sein in diesem Lande.
> (Ebd., S. 53)

In anachronistischer Manier deutet Schiller hier ein Regierungsmodell an, das sich mit der historischen Figur Friedrich II. von Preußen (1712–1786) in Verbindung bringen lässt. Wie die Historikerin Ute Frevert gezeigt hat, hat sich Friedrich II. als ein mit Liebe statt mit Furcht regierender **‚Herr der Herzen'** inszeniert. Wenn Talbot dezidiert im Maskulinum von den ‚Königen' spricht, dann bleibt das ‚weiblich weiche Herz' keineswegs den weiblichen Herrscherinnen vorbehalten, sondern dient der Plausibilisierung eines empfindsam-aufgeklärten Herrschaftsverständnisses. In Burleigh und Talbot konfrontiert Schiller ein frühneuzeitliches Modell absoluter Souveränität mit ihrer im 18. Jahrhundert modernisierten Spielart.

Eine ähnliche Umdeutung wiederholt sich bei der Diskussion darüber, ob Elisabeth dem Bittbrief Marias nachgeben und sich auf eine persönliche Begegnung einlassen soll. Burleigh warnt sie mit dem Hinweis: „Das Urteil kann nicht mehr vollzogen werden, […] Denn Gnade bringt die königliche Nähe" (ebd., S. 58). Gemäß dem frühneuzeitlichen Verständnis absoluter Souveränität kommt die körperliche Präsenz des Königs bereits einer Begnadigung gleich. Wenn die „Gunst des königlichen Angesichts" aus der Sicht Talbots aber vor allem die Möglichkeit darstellt, im strengen Regenten „der Gnade sanfter Regung" (ebd., S. 58) zu erzeugen, dann zeichnet sich in dem Wort **Gnade** eine semantische Verschiebung ab. Talbot bezeichnet mit Gnade ein der Sympathie verwandtes moralisches Gefühl. Talbots Appell an die „Königin! Dein Herz hat Gott gerührt, / Gehorche dieser himmlischen Bewegung" (ebd., S. 59) rechnet mit dem Souverän als einem Menschen, der sich durch den Anblick des Gegenübers zu moralischen Entscheidungen motivieren lässt. Hier leitet die *Moral Sense*-Philosophie des 18. Jahrhunderts die Argumentation.

Den für Elisabeth entscheidenden Rat liefert allerdings ihr Liebhaber Leicester. Er stellt Elisabeth in Aussicht, die überall wegen ihrer Schönheit gerühmte Maria in der direkten Gegenüberstellung übertreffen zu können. Wenn Elisabeth sich von Leicester überzeugen lässt, dann haben hier persönliche Wünsche statt politischer oder moralischer Erwägungen zur Entscheidung geführt. Es greift dennoch zu kurz, hier das persönliche Versagen der Elisabeth in den Vordergrund zu rücken. Wolfgang Wittkowski etwa argumentiert, dass Schiller Triumph und Versagen der Königinnen nicht ihrem Geschlecht, sondern ihren Charakteren anlaste. Elisabeth sei „als sittliche Person verkümmert, bösartig; als Regentin diktatorisch, kriminell" (Wittkowski 1997, S. 399). Anders als Wittkowski vermutet, zeigt Schiller hier aber keinen Sonderfall verfehlter Regierungskompetenz, sondern gibt im Bild der von Leidenschaften beherrschten Herrscherin die Kehrseite politischer Souveränitätstheorien zur Beobachtung frei. Diese Analyse wird in der Begegnungsszene der beiden Königinnen vertieft. In dem ab 1835 ausgestalteten Schillerzimmer des Weimarer Schlosses ist die Konfrontation der Königinnen als Schlüsselszene des Dramas herausgegriffen – allerdings in einer beruhigten Form, die der Affektdramaturgie der Szene kaum gerecht wird (Abb. 4.2).

Der in Anlehnung an eine zeitgenössische Rezension auch als ‚Fischweiber'-Szene bekannte Dialog hat meist psychologisierende Deutungen auf sich gezogen (Henkel 1990, S. 403). Juliane Vogel hingegen hat die Szene treffend als **„Doppelfuror"** beschrieben, der die antike, in der Barockoper tradierte

Abb. 4.2 Residenzschloss Weimar, Schillerzimmer mit Wandbildern zu *Maria Stuart* und *Die Jungfrau von Orleans*. (Foto: Roland Dreßler, © Klassik Stiftung Weimar)

Furienikonografie zitiert (Vogel 2002, S. 211–231). Die Darstellung als Furiosa mit „Schlangenhaare[n]", umstanden von „finstern Höllengeistern", sowie ihre Bezeichnung als „Armida" (Schiller FA 5, S. 86) rückt nicht nur Maria ins Register der „rasenden Heroinen barocker Theaterkultur" (Vogel 2002, S. 216). Auch Elisabeth beginnt, die Widersacherin im steigenden Affekt zu spiegeln. Ergebnis ist eine Szene, „die das laufende Rechtsritual aus seiner Bahn wirft und die Vorherrschaft des Gesetzes" (ebd., S. 218) bricht. Durch die sich steigernden Affektlagen, die in einem sprachlosen Außer-Sich-Sein kulminieren und dort abbrechen, kommt Elisabeth jede Handlungsgrundlage abhanden. Ihr werden „systematisch jene Eigenschaften und Kompetenzen entzogen, die zu geschichtsmächtigem Handeln im Schillerschen Sinne […] befähigen würden" (ebd., S. 231). Die ins Extrem getriebenen Leidenschaften setzen die Königin außerstande, ‚souverän' zu handeln.

Entsprechend unterzeichnet sie das Todesurteil im momentanen Affekt, dem Gefühl persönlicher Rache: „O sie bezahle mir's mit ihrem Blut" (Schiller FA 5, S. 104). Indem Elisabeth den im Personenverzeichnis als *„Staatssekretär"* (ebd., S. 10) geführten Davison zum Vollstrecker des Urteils macht („Ich leg's / In eure Hände", ebd., S. 119), verzichtet sie aber auf das entscheidende Herrscherwort. Burleigh findet den Sekretär entsprechend verwirrt – „Ich solls vollziehen lasen – soll es nicht / Vollziehen lassen – Gott! Weiß ich, was ich soll" (ebd., S. 122) – und *„entreißt"* ihm das Schriftstück, um das Todesurteil unverzüglich vollstrecken zu lassen. Wenn Elisabeth im fünften Akt Davison vor Gericht stellen will, dann legt sie erstaunlich großen Wert darauf, nicht als Souverän der Entscheidung über den Tod Maria Stuarts zu gelten. In der Figur der Elisabeth analysiert Schiller also weder die mangelnde Eignung der Frau zur Herrschaftsausübung, noch die individuelle Verfehlung der Person Elisabeth, sondern entlarvt die Fiktion einer Souveränität, die sowohl die Leidenschaften der natürlichen Person als auch seine Abhängigkeit von Beratern verschleiern muss.

Transformation des Mäyrterdramas

Die von Burleigh eilig ins Werk gesetzte Enthauptung der Maria Stuart folgt sowohl einer tagespolitisch brisanten als auch einer scheinbar längst überholten literarischen Vorlage. Zeitgenössische Berichte von der Hinrichtung Marie Antoinettes aufgreifend (Alt 2008, S. 143–146) zitiert Schiller im dramaturgischen Ablauf und in der symbolischen Bebilderung des fünften Akts das barocke Märtyrerdrama (Béhar 2010, S. 17–19), dessen Schema er aber an entscheidenden Punkten abwandelt. Im Mittelpunkt des Märtyrerdramas stehen nicht die Taten, sondern die Leiden der Held/innen, die in und durch die Passion ihre Standhaftigkeit *(constantia)* zeigen sollen. In der strengen Antithetik ihrer Bilder propagieren die Stücke die *vanitas*, die Hinfälligkeit des Irdischen und bieten zugleich deren allegorische Auslegung: Das blutige Leichenhemd wird zum Purpurgewand der Heiligen, die Dornenkrone zur Himmelskrone. Der im Sprachbild gebotene Ausblick auf die Ewigkeit soll den Zuschauenden den notwendigen Trost spenden und sie zur Nachfolge anleiten. Der *constantia* ordnet sich entsprechend die *conversio* als Abwendung vom Irdischen

4.2 Schillers Tragödien

und Zuwendung zum Göttlichen zu, die das Wirkungsziel des Märtyrerdramas bildet.

Das Märtyrerdrama, so eine kulturhistorische Lesart, semantisiert und bewältigt die Gewalt- und Leidenserfahrung des 17. Jahrhunderts (Burschel 2004, S. 140). In den Folterszenen und Gräuelkatalogen scheint nicht nur der dunkle Hintergrund des Dreißigjährigen Krieges durch; mit seinem festgefügten eschatologischen Rahmen zieht das Märtyrerdrama auch im Chaos der glaubenspolitischen Konflikte fixe Unterscheidungen zwischen Gut und Böse, Diesseits und Jenseits ein. Mit besonderer Vorliebe zeigt das barocke Trauerspiel das Martyrium gekrönter Häupter. Andreas Gryphius etwa greift in *Catharina von Georgien* und *Carolus Stuardus* (1657) historische Ereignisse auf, die er nicht nur dokumentiert, sondern heilsgeschichtlich und politisch deutet. Indem seine Dramen ermordete König/innen zu Märtyrer/innen stilisieren, schreiben sie an der **theopolitischen Verkörperungslehre** mit und zersetzen sie zugleich (Koschorke u. a. 2007, S. 141–150).

Schillers Umschrift betrifft zunächst die durch den barocken Neostoizismus abgestützte Zentraltugend der *constantia*. Melvil eröffnet den fünften Akt mit seinem Entschluss, er wolle „standhaft sein", und trägt dies allen Anwesenden an, um Maria in ihrem Leidensweg zu unterstützen: „lasset uns / Mit männlich edler Fassung ihr vorangehn / Und ihr ein Stab sein auf dem Todesweg" (Schiller FA 5, S. 124). Dies soll Maria helfen, selbst „standhaft in den Tod zu gehn", um als „Königin und Heldin" und als „Beispiel edler Fassung" zu „sterben" (ebd.). Wenn die umstehenden Begleiter die eigentlichen Exempel einer Beständigkeit und Fassung bieten, die sich die Königin erst aneignen muss, dann ist ihr die Vorbildhaftigkeit des standhaften Märtyrers abhanden gekommen. Dies mag daran liegen, dass Maria im Gegensatz zu den Protagonist/innen barocker Märtyrerdramen zu Beginn des Dramas noch keineswegs mit der Welt abgeschlossen hat. Stattdessen zeigen die ersten vier Akte eine durchaus weltlich interessierte Maria, deren Abwendung von irdischen Zielen sich zwischen dem vierten und fünften Akt ganz plötzlich vollzogen zu haben scheint.

Zur Beschreibung dieses überraschenden Gesinnungswandels hat man Schillers eigene **Kategorie des Erhabenen** herangezogen. Peter Schäublin hat auf die Rede vom „schnell[en] Tausch" (ebd., S. 125) aufmerksam gemacht, die Marias plötzliches Losreißen vom Irdischen kennzeichnen soll (Schäublin 1986, S. 154). Wie Kari Lokke argumentiert hat, unterläuft Schiller in der Darstellung einer gefasst in den Tod gehenden Maria die geschlechtsspezifische Aufteilung des Erhabenen und des Schönen auf die Kategorien des Männlichen und des Weiblichen (Lokke 1990, S. 124–129). Für Guthke herrscht insgesamt zu viel „seelisches Auf und Ab", um Maria eine solche Erhebung attestieren zu können (Guthke 1994, S. 232). Barbara Neymeyr hat die Szene wiederum auf antike stoizistische Verhaltenslehren bezogen und vor diesem Hintergrund als stringenten „Wandlungsprozess" beschrieben (Neymeyr 2008, S. 277).

Weitaus deutlicher als an seiner eigenen Analyse der erhabenen Haltung hat sich Schiller in der Darstellung von Marias letztem Gang aber am barocken Märtyrervorbild orientiert, das mithilfe eines theologisch gestützten Bezugsrahmens auch ohne nachvollziehbar gestaltete Charakterentwicklung auskommt.

So deutet die Amme Kennedy die von Maria Stuart bewiesene Standhaftigkeit weder als immanente Charakterentwicklung noch als Entscheidung eines souveränen Vernunftsubjekts, sondern als unverhofft gewährte göttliche Gabe:

> Mit Einem Mal, schnell augenblicklich muß
> Der Tausch geschehen zwischen Zeitlichem
> Und Ewigem, und Gott gewährte meiner Lady
> In diesem Augenblick, der Erde Hoffnung
> Zurück zu stoßen mit entschloßner Seele,
> Und glaubenvoll den Himmel zu ergreifen.
> (Schiller FA 5, S. 125)

Zum Verständnis dieses Vorgangs fällt das Erhabene als Erhebung des Subjekts über seine physische Existenz aus. Zwar ist von einer ‚entschlossenen Seele' die Rede, allerdings ist dieser Entschluss als göttliche Gnade geschenkt worden. Der ‚schnelle Tausch' führt nicht zum Überlegenheitsgefühl des Vernunftsubjekts, sondern zum Glauben an ein ins christliche Bild des ‚Himmels' gesetztes Jenseits. Dem strengen **Dualismus barocker Eschatologie** entsprechend, imaginiert Maria ihren Leib als einen Kerker, aus dem sich die Seele befreien wird. Mit „*ruhiger Hoheit*" wendet sie sich an die Umstehenden:

> Was klagt ihr? Warum weint ihr? Freuen solltet
> Ihr euch mit mir, daß meiner Leiden Ziel
> Nun endlich naht, daß meine Bande fallen,
> Mein Kerker aufgeht, und die frohe Seele sich
> Auf Engelsflügeln schwingt zur ew'gen Freiheit.
> (Ebd., S. 129)

Wenn sie ihren Tod weiterhin als „Triumph" (ebd., S. 129) beschreibt und Melvil als „Zeuge[n]" aufruft; wenn sie in einem rituell anmutenden Gestus ihre abwesenden Verwandten und zuletzt den „Papst, den heiligen / Statthalter Christi" (ebd., S. 130) segnet, dann präsentiert sich Maria als heilsgewisse Christin, deren Erlösungshoffnung ihr der ‚Leiden Ziel' weist. Dass ihre Dienerin Bertha ins Kloster gehen wird, entspricht der in jedem Märtyrerbericht angestrebten *conversio*, zu der ein Märtyrertod die umstehenden Beobachter/innen anleiten soll: „Betrüglich sind die Güter dieser Erden / Das lern' an deiner Königin" (ebd., S. 132) – mit dieser Einsicht in die *vanitas* alles Irdischen entlässt Maria ihr Gefolge.

Die theatralische Darstellung zweier katholischer Sakramente hat die Zeitgenossen Schillers irritiert. Die Kommunion, bei der Maria aus Melvils Hand eine vom Papst geweihte Hostie empfängt, bietet die Gelegenheit, in dem zentralen Mysterium der Menschwerdung Gottes auch das theologische Begründungsmodell der politisch-theologischen Verkörperungslehre aufzurufen. Die Funktion der Beichtszene besteht darin, Maria von jeder Schuld, die sie im Leben auf sich geladen hat, freizusprechen, um sie so ins Bild der **schuldlosen Märtyrerin** einfügen zu können. Zwar bekennt sich Maria in der Beichte zu der „Blutschuld" am Tod ihres Ehemanns, den sie mit ihrem Tod abzubüßen gedenkt. Allerdings geht aus dem Beichtgespräch auch hervor, dass Maria aufgrund eines falschen

4.2 Schillers Tragödien

Zeugnisses verurteilt worden ist: „So hätten deine Schreiber falsch gezeugt?" (ebd., S. 136) fragt Melvil zur Klärung dieses Sachverhalts noch einmal nach. Durch diese Volte kann Schiller seine Maria zumindest teilweise ebenjenen „unverdienten Tod" (ebd.) sterben lassen, der eine wesentliche Voraussetzung des Martyriums bildet. Sich aus der mimetischen Affektverwicklung mit Elisabeth lösend, wird Maria zuletzt zum genauen Gegenbild der von Affekten geschüttelten Königin: „Meinen Haß / Und meine Liebe hab' ich Gott geopfert" (ebd., S. 137). Die in der christlichen Glaubenslehre angebotene Überwindung der persönlichen Neigungen ist deutlich auf Elisabeths von Leidenschaften diktierte Entscheidung bezogen. Wenn Maria aus der Sicht ihres Priesters als „schön verklärter Engel" (ebd.) abgeht, dann ist in der katholischen Königin Maria Stuart womöglich auch die theopolitische Verkörperungslehre ästhetisch ‚verklärt' – allerdings mit einer wesentlichen Korrektur. In der Entgegensetzung von ihrem „zärtlich liebend Herz" mit Elisabeths „stolze[m]" Herz (ebd., S. 140) erscheint Maria als die Königin, die sich Talbot gewünscht hätte.

Für die Todesszene selbst hat Schiller ein Verfahren der zweifach indirekten Darstellung gefunden. Eine zufallende Tür macht Leicester zum unfreiwilligen Zuhörer der Hinrichtung: „Muß ich anhören, was mir anzuschauen graut" (ebd., S. 142). Die auditive Teichoskopie lässt die Szene zum doppelt imaginären Schauspiel werden. Leicesters Rede übersetzt die akustischen Signale in Handlungsfragmente, die sich in der Vorstellung der Zuschauer/innen zu einem Handlungsablauf fügen müssen. Auf diese Weise befolgt Schiller nicht nur das *aptum* des französischen Klassizismus, demgemäß Todesfälle auf offener Bühne zu vermeiden sind. Statt wie Gryphius in *Catharina von Georgien* die grausame Folter des weiblichen Körpers sprachlich zu evozieren, unterbindet Schillers Drama jede Erregung erotischer Sensationslust. Leicester fällt in dem Moment, als Maria wohl den Kopf aufs Schafott legt, in Ohnmacht. Indem er den Blick von der Tortur des Körpers auf den Anblick des seelischen Mitleidens verschiebt, höhlt Schiller die Form des barocken Märtyrerspiels aus. Das Märtyrerdrama beruht auf dem Modell einer doppelten Zeugenschaft. Der Martyr – wörtlich übersetzt: der Blutzeuge – zeugt mit seinem standhaften Leiden für seinen Glauben. Durch die emblematische Rahmung und die exegetische Begleitung dieser Zeugen verwandeln die barocken Dramen gewaltsame Tode in Märtyrertode. Ein solcher Kommentar, der den Tod einer christlichen Auslegung unterziehen und im christlichen Deutungsrahmen Trost spenden könnte, fällt in Gestalt des „ohnmächtig niedersinken[den]" (ebd., S. 142) Leicester aber aus.

Von *consolatio* kann am Ende der *Maria Stuart* deshalb auch nicht die Rede sein. Die letzten Szenen zeigen die von allen verlassene Regentin: Talbot reicht seine Kündigung ein, und Leicester hat sich, wie der letzte Vers verkündet, nach Frankreich eingeschifft. Laut Regieanweisung zeigt das Schlussbild Elisabeth, die sich nach Erhalt dieser beiden Nachrichten dennoch „*bezwingt*" und „*mit ruhiger Fassung*" stehen bleibt (ebd., S. 148). Ruhe und Fassung, die Chiffren der stoischen Selbstüberwindung, werden hier zum Index einer Königswürde, die jede Realisierung privater Wünsche ausschließt. Und so markieren die Abschiedsworte Talbots – „Lebe, herrsche glücklich" (ebd.) – im Modus tragischer Ironie den Hiatus, der sich zwischen der erfolgreich behaupteten Herrschaft und der Möglichkeit eines glücklichen Lebens auftut. Die sich abzeichnende Neufassung von Souveränität als einer Herrschaft des Herzens, das, umgedeutet zur moralischen Instanz, die Transformation der destruktiven Leidenschaften in eine Herrschertugend garantieren könnte, wird in Schillers *Johanna von Orleans* wieder begegnen.

4.2.5 Charisma und Weiblichkeit: *Die Jungfrau von Orleans*

Unmittelbar anschließend an die Uraufführung der *Maria Stuart* nimmt Schiller im Juli 1800 die Arbeit an *Die Jungfrau von Orleans* auf. Er beendet das Stück im Frühjahr 1801; im Herbst 1801 wird es in Leipzig unter Vivat-Rufen auf Schiller zur Aufführung gebracht; Inszenierungen in Berlin, Dresden und Weimar folgen bald. Es ließe sich vermuten, Schiller habe nach Abschluss der theoretischen Reflexionen zu einem operablen Darstellungsschema gefunden, über das sich verschiedene historische Stoffe umstandslos in dramatische Form bringen lassen. Dies bestätigt sich beim vergleichenden Blick auf die Form der *Maria Stuart* allerdings nicht. *Die Johanna von Orleans,* von Schiller selbst mit der Gattungsbestimmung *Romantische Tragödie* versehen, lässt sich mit ihren Zeitsprüngen und Ortswechseln sowie den **wunderbaren Handlungselementen** „in keinen so engen Schnürleib einzwängen", schreibt Schiller an Körner (Schiller FA 5, S. 622). Auf der Bühne ausgefochtene Kämpfe, Festzüge mit opernhaften Elementen, wie sie in zeitgenössischen Darstellungen vor Augen treten (Abb. 4.3), und eine gegen die Naturgesetze verstoßende Schlusslösung bildeten für zeitgenössische Inszenierungen eine Herausforderung, der sich nur im großzügigen Gebrauch der Theatermaschinen beikommen ließ.

Die Unterschiede in der formalen Organisation können aber nicht verdecken, dass sich die *Maria Stuart* und *Die Jungfrau von Orleans* mit einem ähnlich gelagerten Problem befassen. Wie das Trauerspiel um die konkurrierenden Königinnen kreist auch die Tragödie der Jungfrau Jeanne d'Arc, die auf Geheiß der Jungfrau Maria ein Heer zur Einsetzung des Königs Karl anführt, um **Entwürfe weiblicher Handlungsmacht** im Raum des Politischen. Die einfache Schäferin Johanna hat, so berichtet sie im Prolog, eine göttliche Stimme gehört, welche sie zum Kampf für den französischen Dauphin Karl und zur unbedingten Jungfräulichkeit aufgerufen habe. Johanna kann in den ersten Akten nicht nur Karl selbst von dieser Sendung überzeugen und durch eine plötzlich eingegebene Redegewalt abgefallene Vasallen wieder zu Verbündeten machen, sondern nimmt entgegen aller Erwartungen auch das Schwert in die Hand, um in die Schlacht zu ziehen. Johannas Glück wendet sich aber in dem Moment, in dem sie ihr militärisches Ziel erreicht hat. Zwar verzichtet Schiller in Abwandlung der historischen Quellen darauf, Johanna als Ketzerin auf dem Scheiterhaufen sterben zu lassen. Er lässt sie aber nach Szenen des öffentlichen Verhörs und der Verbannung in einer letzten Schlacht fallen. Vom nun gekrönten König rehabilitiert imaginiert Johanna ihren Tod zuletzt als Himmelfahrt.

Von diesem fantastisch überformten Ende aus hat man die aus unterschiedlichen Bildzitaten zusammengesetzte „Kunstfigur" (Greiner 2005, S. 64) der

Abb. 4.3 Johann Friedrich Jügel, Vorlage von Heinrich Anton Dähling, Der Krönungszug aus *Die Jungfrau von Orleans,* 1806, Radierung, 535 × 677 mm. (Foto: Sigrid Geske, © Klassik Stiftung Weimar (KGr1983/00125))

Johanna als „dichterische Gleichnisfigur" (Stellmacher 1988, S. 771) oder als „Figur der Dichtkunst" (Kaiser 1966, S. 217) gelesen. Im Rückgriff auf Schillers eigene poetologische Begriffe hat man in Johanna, die sich von der naiven Fremdbestimmung zur Selbstverantwortung hocharbeite, insbesondere eine Personifikation des Sentimentalischen sehen wollen (ebd., S. 221). Die *Jungfrau von Orleans* verarbeitet aber keineswegs nur Schillers poetologische Begriffe, sondern reagiert auch auf eine **zeitgenössisch politische Konfliktlage.** Wie im Folgenden gezeigt werden soll, lässt sich Johanna als Figur eines charismatischen Führungsanspruchs lesen, die dort einspringt, wo die traditionelle Herrschaft in die Krise geraten ist. Sie verkörpert eine Gewalt, von der sich die von Karl mit seinem Programm einer auf Liebe gegründeten Regierung freihalten muss. Warum Johanna am Ende zum Opfer ihrer eigenen Sendung wird, lässt sich schließlich im Kontext der um 1800 formulierten Philosophie des Tragischen diskutieren. Dabei erweist sich der Schluss der *Jungfrau von Orleans* als dezidierte Abweichung von Schillers eigenem tragödientheoretischem Programm.

Krise der Souveränität und charismatische Autorität

Die besondere Signatur der politischen Krise entfaltet der Prolog. Der Dauphin, späterer König Karl VII. von Frankreich, ist von seiner Mutter Isabeau übergangen worden, die den Prinzen Harry aus dem englischen Haus Lancaster als französischen König installiert hat. Die „Rabenmutter" Isabeau hat, indem sie ihrem Sohn den „Sprößling eines fremden Stamms" vorgezogen hat, die genealogische Ordnung gestört (Schiller FA 5, S. 151). Da nun auch der Herzog von Burgund, Karls „nächster Vetter" (ebd.), zu den Engländern übergelaufen ist, droht Frankreich ein

Bürgerkrieg. Der Bauer Thibaut d'Arc, der diese Situation in der ersten Szene des Prologs resümiert, reagiert auf die **genealogische Krise des Königshauses** mit der spontanen Verlobung seiner drei Töchter. Johanna, seine jüngste Tochter, möchte aber nicht heiraten, sondern in den Krieg ziehen, um den aus ihrer Sicht rechtmäßigen König einzusetzen. Johannas Argumentation nimmt erstaunlich genauen Bezug auf die spätmittelalterliche Souveränitätslehre, die Ernst H. Kantorowicz in seinem 1957 zuerst erschienenen Buch *The King's Two Bodies* analysiert hat. Ihre Beschreibung der Situation lautet:

> Wir sollen keine eignen Könige
> Mehr haben, keinen eingebornen Herrn –
> Der König, der nie stirbt, soll aus der Welt
> Verschwinden –
> (Schiller FA 5, S. 161)

Der König, „der nie stirbt", ist gemäß der Regel „The King Never Dies" (Kantorowicz [1957] 1997, S. 314) ein König, dessen Nachfolge biologisch gesichert ist. Denn nur wenn ein Herrscher über einen legitimen natürlichen Nachkommen verfügt, kann es bei seinem Tod heißen: ‚Der König ist tot, es lebe der König'. Die Problemexposition bewegt sich somit deutlich im theopolitischen Rahmen des 15. Jahrhunderts, auch wenn die bange Aussicht, der ‚eingeborne König' könne eines Tages ‚aus der Welt' verschwunden sein, für Schillers Zeitgenossen zur politischen Realität gehört.

In der vierten Szene des Prologs berichtet Johanna von „des Geistes Ruf", der in dieser Notlage an sie ergangen sei. Eine Stimme habe aus einem Eichenbaum zu ihr gesprochen und sie aufgefordert: „Du sollst auf Erden für mich zeugen" (Schiller FA 5, S. 163). In der Rede vom Zeugen verbindet sich die göttliche Legitimation der Sendung in einem metaphorischen Sprung mit dem Paradigma der Fortpflanzung. Dabei werden, wie Christopher Wild gezeigt hat, biologisches Zeugen und theologisches Zeugnis in ein „Verhältnis der Konkurrenz und der Komplementarität" (Wild 2003, S. 433) versetzt. Wenn Johanna als von einem Vater gezeugte Tochter ihrerseits für ihren göttlichen Vater zeugen will, verteidigt sie das **Prinzip der Patrilinearität** und subvertiert es zur gleichen Zeit (ebd., S. 431), indem sie auf ihrer Jungfräulichkeit besteht. Die Stimme habe ihr Folgendes aufgetragen:

> In rauhes Erz sollst du die Glieder schnüren,
> Mit Stahl bedecken deine zarte Brust,
> Nicht Männerliebe darf dein Herz berühren
> Mit sünd'gen Flammen eitler Erdenlust,
> Nie wird der Brautkranz deine Locke zieren,
> Dir blüht kein lieblich Kind an deiner Brust,
> Doch werd' ich dich mit kriegerischen Ehren,
> Vor allen Erdenfrauen dich verklären.
> (Schiller FA 5, S. 163 f.)

4.2 Schillers Tragödien

Sie stellt ihre Sendung also in den Dienst einer natürlichen genealogischen Ordnung, verweigert aber den vom eigenen Vater artikulierten Wunsch, sie möge sich doch auf natürlichem Wege fortpflanzen.

Johannas Auftrag wird allerdings bereits im Prolog problematisiert. Ausgerechnet ihr Vater berichtet, seine Tochter habe schon immer unter einem „Druidenbaume" sitzend „[g]eheime Zwiesprach mit der Luft des Berges" (ebd., S. 153 f.) geführt. Thibaut verbindet dies mit einem Warnungstraum, der in der Semantik von hoher Gestalt und niedriger Hütte, von Hochmut und Sturz zuletzt den gefallenen „Satansengel" (ebd., S. 155) aufruft. Im vierten Akt wird schließlich er es sein, der „wider seine eigne Tochter zeugt" (ebd., S. 254) und ihr unterstellt, mit dem Teufel selbst im Bund zu stehen. Robin Harrison hat nachgezeichnet, wie das Schwanken zwischen Heiliger und Hexe im Text durch konkurrierende mythologische Referenzsysteme erzeugt wird (Harrison 1986). Im Anschluss an die vom dramatischen Personal aufgeworfenen Fragen hat man sich auch in der Forschung mit der **Zweideutigkeit der Sendung** und insbesondere mit ihrem Gewaltcharakter befasst. Götz-Lothar Darsow hat die „fanatische Brutalität" der Johanna hervorgehoben und die Verquickung von religiösen und politischen Motiven als Reflexion eines klar umrissenen Problems gedeutet: „Was geschieht, wenn in der rationalisierten Moderne jemand daherkommt und behauptet, in göttlichem Auftrag zu handeln?" (Darsow 2000, S. 204). Hans-Georg Pott hingegen sieht in Johanna den „erhöhten, erwählten, außeralltäglichen, heiligen, kurzum ,charismatischen Charakter[…]'" (Pott 2010, S. 113) und bezieht die *Jungfrau von Orleans* auf einen Protonationalismus, wie er sich nur wenig später in Hölderlins *Germania* oder in Kleists Dramen finde.

Wie Carolin Rocks gezeigt hat, stellt sich die politische Lage in Schillers Stück jedoch als komplexer dar, ergibt sich der Grundkonflikt doch nicht aus der planen Agonalität zweier Nationen, sondern aus einer Reihe von inneren Verwerfungen. Karl wurde von seiner leiblichen Mutter Isabeau delegitimiert und durch den Angehörigen eines englischen Adelsgeschlechts ersetzt, die Gefolgschaft seines Vetters steht auf dem Spiel, und die in der Krise einspringende Heldin Johanna wird zuletzt nicht von Engländern, sondern von Franzosen angezweifelt und verbannt. „Bei vordergründiger Präsenz des Gegensatzes ,Frankreich-England' führt das Drama vor Augen, wie eine Partei von internen Differenzen bestimmt ist und um eine souveräne Repräsentation ringt" (Rocks 2016, S. 375). Die Gestaltung der Johanna von Orleans als Figur charismatischer Autorität lässt sich vor diesem Hintergrund weniger als Indiz eines aufkeimenden Nationalismus, sondern vielmehr als eine im Drama thematisierte **Erosion des Souveränitätsideals** deuten.

Der Soziologe Max Weber hat zu Beginn des 20. Jahrhunderts eine Analyse charismatischer Herrschaft vorgelegt, die in der jüngeren Literaturwissenschaft nicht zuletzt für das Drama um 1800 produktiv gemacht worden ist. Unter charismatischer Herrschaft versteht Weber einen Legitimationstypus, der weder auf Tradition noch auf formaler Legalität, sondern „auf der außeralltäglichen Hingabe an die Heiligkeit oder die Heldenkraft oder die Vorbildlichkeit einer Person" fußt (Weber [1919–1920] 2013, S. 453). Charismatisch nennt Weber eine „Persönlichkeit", die „mit übernatürlichen oder übermenschlichen oder mindestens spezifisch außeralltäglichen [...] Eigenschaften begabt oder als gottgesendet" wahrgenommen wird (ebd., S. 490). Aufschlussreich ist Webers Beobachtung, dass charismatische Herrschaft auf die Bestätigung seiner Anhänger angewiesen ist, die ihrerseits stets auf Beweise warten: „Bleibt die Bewährung dauernd aus, zeigt sich der charismatische Begnadete von seinem Gott [...] verlassen", so schwindet auch seine Autorität (ebd., S. 492). Wie Eva Horn argumentiert, hat die **Krise des Absolutismus um 1800** ein Vakuum geschaffen, in das Typen charismatischer Führerschaft einrücken (Horn 2011, S. 2). Versteht man Johanna als eine charismatische Ausnahmefigur, dann wird insbesondere der Umstand lesbar, dass sie selbst in der neu befestigten Ordnung keinen Platz findet. Sie fungiert, wie Horn in ihrer Lektüre der *Jungfrau* gezeigt hat, als eine „Figur des Übergangs" (Horn 2015, S. 203), die Umsturz und Wandel lediglich anstößt. Oder wie Michael Gamper noch einmal zusammengefasst hat: „Das Stück hebt dabei die Beschleunigung politischer Vollzüge durch personal verantwortete Herrschaft hervor und betont gleichzeitig die Fragilität solcher Herrschaft" (Gamper 2016, S. 142).

Johannas fragile Krisen- und Kriegsautorität geht mit einer Verkehrung der Geschlechterrollen einher. Albrecht Koschorke sieht in Schillers Jungfrau deshalb die Figur einer „weiblichen Anomalie", die sich „über die Prärogative des Vaters hinweggesetzt hat" und deshalb am Ende aus der patriarchalen Ordnung, die sie einzurichten geholfen hat, ausgeschlossen werden muss (Koschorke 2006, S. 247 und 251). Allerdings kommt die Friedensherrschaft des zuletzt gekrönten Königs Karl wenig patriarchal daher. Schiller zeichnet den Dauphin als kunstliebenden Träumer, der „eine schuldlos reine Welt zu gründen" wünscht (Schiller FA 5, S. 168). Die Beschreibung seines Hoflagers zu Chinon als reine Welt des Schönen ist zu deutlich der in der Briefen *Über die ästhetische Erziehung des Menschen* entfalteten Utopie des ästhetischen Staats nachgeformt, um als Karikatur auf einen allzu schwachen Prinzen gelten zu können. Warum also weigert sich Karl, um seiner „Väter Krone" zu kämpfen (ebd., S. 168)? Karl bringt eine Erwägung ins Spiel, die allenfalls von einer Mutter anzustellen wäre:

> Umsonst verschwend' ich meines Volkes Leben,
> Und meine Städte sinken in den Staub.
> Soll ich gleich jener unnatürlichen Mutter
> Mein Kind zerteilen lassen mit dem Schwert?
> Nein, daß es lebe, will ich ihm entsagen.
> (Ebd., S. 177)

Indem er Isabeau als unnatürliche Mutter brandmarkt, beschreibt Karl sich selbst als eine ‚natürliche' Mutter. Gemäß der biblischen Erzählung vom Richter Salomon, der die richtige Mutter daran erkennt, dass sie auf ihr Kind verzichtet, erweist sich Karl hier als der richtige Herrscher: Er verzichtet auf die eigene Herrschaft, um dem Volk das Leben zu sichern. In dem neuen Richtmaß, das Karl in „meines Volkes Leben" (ebd.) verlegt, macht sich eine **Transformation des Souveränitätsmodells** bemerkbar, deren Beginn Michel Foucault für das ‚klassische Zeitalter' des 17. und 18. Jahrhunderts angesetzt hat. Souveränität zeige sich nicht mehr in der Macht, seine Untertanen jederzeit in den Tod stoßen zu können, sondern in der Ausrichtung des Regierungshandelns auf das Leben, das Wohlergehen und damit auf die Produktivität der Regierten. Oder mit Foucault: „Auf dem Spiel steht nicht mehr die juridische Existenz der Souveränität, sondern die biologische Existenz einer Bevölkerung" (Foucault [1976] 1983, S. 163).

Graf Dünois, Karls treuer Vasall verteidigt die Position des alten Souveränitätsmodells: „Für seinen König muß das Volk sich opfern / Das ist das Schicksal und Gesetz der Welt" (Schiller FA 5, S. 178). Johanna hingegen weiß bei ihrem ersten Auftritt bei Hof von dem Gebet Karls zu berichten, „Dich zum Opfer anzunehmen für dein Volk" (ebd., S. 185). Karl, für dessen Einsetzung Johanna kämpft, verspricht mithin nicht die Restitution eines alten Regimes, sondern ein auf Leben, Liebe und Opferbereitschaft setzende Regentschaft. Sein erstes Herrscherwort nach der Krönung in Reims wird sein: „Mein gutes Volk! Habt Dank für eure Liebe" (ebd., S. 252). Damit Karl dieser Herrscher werden kann, der „sich die Liebe / Bewahrt im Herzen seines Volks" (ebd., S. 221), muss Johanna offenbar zur Inkarnation der von Karl verweigerten Gewalt werden, auf die er zur Durchsetzung seines Anspruchs gleichwohl angewiesen ist. Die Frage nach dem **Opfer**, zu dem Johanna zuletzt wird, findet hier eine Erklärung: Das zuletzt glücklich gegründete Gemeinwesen muss sich von der Gewalt, der sie sich verdankt, befreien. Johannas ‚Opfer' berührt aber auch tragödienpoetische Regularien, die genaueren Aufschluss über die von Schiller gewählte Gattungsbestimmung geben.

Opfer, Gewalt und Tragödie

Die *Jungfrau von Orleans* installiert ein Tragödienmodell, das erstaunlich wenig mit Schillers Interesse an den Handlungsentscheidungen vernünftiger Subjekte, dafür umso mehr mit antikisierenden Vorstellungen von Notwendigkeit und Schuld gemeinsam hat, die in den letzten Szenen aber im Rückgriff auf Elemente des Wunderbaren eine phantastische Lösung erfahren. Über dieses Ende erschließt sich Schillers Gattungsbeschreibung als romantische Tragödie, wenn man sie auf den im 18. Jahrhundert geläufigen Wortgebrauch „phantastisch, unwirklich, romanhaft" (Albert 1988, S. 19) bezieht. Im zweiten Akt beschreibt Johanna im Dialog mit dem Engländer Montgomery den Handlungszwang, unter dem sie steht:

> Muß ich hier, ich muß – mich treibt die Götterstimme, nicht
> Eignes Gelüsten, – euch zu bitterm Harm, mir nicht
> Zur Freude, ein Gespenst des Schreckens würgend gehn,
> Den Tod verbreiten und sein Opfer sein zuletzt!
> (Schiller FA 5, S. 206)

Die Prophezeiung, sie müsse als „Gespenst des Schreckens" (ebd.) den Tod nicht nur verbreiten, sondern auch sein Opfer sein, verweist auf das von Anfang an feststehende Ende. Das Wort ‚muß' begründet die Unausweichlichkeit einer Sendung, die jede freie Wahl ausschließt. Die Vorstellung, dass der Handlungsverlauf einer vorgegebenen Bahn folgt, verdichtet sich im Bild des von fremder Hand abgeschossenen Pfeils: „Der Pfeil muß fliegen, / Wohin die Hand ihn seines Schützen treibt" (ebd.,

S. 201). Johanna betont wiederholt den Umstand, dass sie ihre Taten nicht selbst verantwortet. Der „furchtbar bindende Vertrag" verpflichte sie, mit „dem Schwert zu töten alles lebende, das mir / Der Schlachten Gott verhängnisvoll entgegen schickt" (ebd., S. 204). Ihre Tödlichkeit als Verhängnis beschreibend, identifiziert Johanna das *fatum* oder **Schicksal als eigentlichen Handlungsmotor.**

In der Forschung hat man dennoch nach Johannes Fehler im Sinn der von Aristoteles beschriebenen *hamartia* des tragischen Helden gesucht und diesen meist in der Übertretung des von der Jungfrau Maria aufgegebenen Liebesverbots gefunden. Johanna scheint in der Szene mit Lionel gegen die zu Beginn klar formulierte Anweisung, „[n]icht Männerliebe darf dein Herz berühren" (ebd., S. 163), zu verstoßen (Oschmann 2009, S. 112). Beim Blick auf die zehnte Szene des dritten Akts ist aber zu fragen, ob sich in der Begegnung zwischen Johanna und Lionel tatsächlich nur die verbotene ‚Männerliebe' Bahn bricht, oder ob sich nicht eine allgemeiner gefasste Intuition geltend macht. So formuliert Johanna zwar den Vorwurf der erotischen Verwicklung – „Ich eines Mannes Bild / In meinem reinen Busen tragen?" (Schiller FA 5, S. 238) –, beantwortet diese an sich selbst gestellte Frage aber im Verweis auf ein potenziell allen Menschen zugeneigtes Gefühl des Mitleids: „Und bin ich strafbar, weil ich menschlich war? / Ist Mitleid Sünde?" (ebd.). Der Blick ins Gesicht des anderen wird zur Einsicht in die Unmenschlichkeit eines Auftrags, dem sich nur „mit blinden Augen" nachkommen ließ (ebd., S. 239). Wie sie nun weiß, musste sie ihr „Herz verhärten, / Das der Himmel fühlend schuf" (ebd.). „Die Anagnorisis ist hier Selbsterkenntnis" (Benthien 2011, S. 117), so hat Claudia Benthien formuliert und in einer minutiösen Lektüre gezeigt, wie in der „monologisch-dialogische[n] Struktur von Johanna Selbstaussprache" der „innere Gerichtshof des Gewissens" zur Darstellung kommt (ebd., S. 117 f.).

Greifbar wird in Johannas Monolog auch die innere Aporie eines Auftrags, der sie dazu zwingt, zur Durchsetzung der von Karl verkörperten Menschenliebe selbst gegen dieses Prinzip zu verstoßen. Dies hat Konsequenzen für die Art der Schuld, mit der Johanna zu tun hat. Es ist weniger eine moralische, als vielmehr eine unausweichliche, von einer göttlichen Instanz über sie verhängte, und in einem **um 1800 neu gefassten Sinne ‚tragische' Schuld.** Dies hält Johanna am Ende ihres an die „Himmelskönigin" gerichteten Monologs fest:

> Schuldlos trieb ich meine Lämmer
> Auf des stillen Berges Höh.
> Doch du rissest mich in's Leben,
> In den stolzen Fürstensaal,
> Mich der Schuld dahin zu geben,
> Ach! es war nicht meine Wahl!
> (Schiller FA 5, S. 240)

Johannas ‚Schuld' nähert sich hier einer Dimension, die Friedrich Joseph Wilhelm Schelling in seinen Vorlesungen über eine *Philosophie der Kunst* für die griechische Tragödie geltend gemacht hat. So sei es das „höchste denkbare Unglück, ohne wahre Schuld durch Verhängniß schuldig zu werden", dergestalt, dass „die

Schuld selbst wieder Nothwendigkeit" sei (Schelling [1802/03] 2018, S. 372). Was Schelling am *Oedipus* des Sophokles expliziert, ist eine von den Göttern verhängte Schuld, die vom Helden, sobald er sie im Moment der *anagnorisis* eingesehen hat, freiwillig gesühnt wird. Eine solche Sühne bringt Schelling mit der **aristotelischen** *katharsis* in Verbindung: „Dieß ist der Grund der Versöhnung und der Harmonie, die in ihnen liegt, daß sie uns nicht zerrissen, sondern geheilt, und wie Aristoteles sagt, gereinigt zurücklassen" (ebd., S. 373). Eine derartige heilende Reinigung inszeniert Schiller im letzten Akt der *Jungfrau von Orleans* in einer Weise, die das eigene Programm einer Tragödie des Erhabenen aushebelt (Zumbusch 2011a, S. 194–204).

Im letzten Akt irrt die verbannte Johanna nur von ihrem treuen Gefährten Raimond begleitet durch einen *„Wald"*; die Regieanweisung sieht *„heftiges Donnern und Blitzen, dazwischen Schießen"* vor (Schiller FA 5, S. 258). Johanna tritt in erstaunlichem Kontrast zur wütenden Natur *„gefaßt und sanft"* auf (ebd., S. 260) und spricht ausdrücklich von Heilung und Reinigung:

   Jetzt bin ich
Geheilt, und dieser Sturm in der Natur,
Der ihr das Ende drohte, war mein Freund,
Er hat die Welt gereinigt und auch mich.
In mir ist Friede – Komme was da will,
Ich bin mir keiner Schwachheit mehr bewußt!
(Ebd., S. 262)

Dieser überraschend gefundene innere Friede – in seiner Plötzlichkeit den Spontanläuterungen des Don Karlos wie auch der Maria Stuart ähnlich – bildet die Voraussetzung für eine auch in der äußeren Handlung betriebene Versöhnung. Die anschließenden Szenen wickeln in hohem Tempo die Rehabilitierung der verbannten Johanna ab. Nachdem Johanna dem Vertrauten Raimond ihre Unschuld mitgeteilt hat, eilt dieser zu Dünois, um für Johannas Unschuld einzustehen, jener mobilisiert die französischen Truppen, um Johanna aus der englischen Gefangenschaft zu befreien, in die sie unversehens im Wald geraten war. Auf den Einsatz der Franzosen wartet Johanna aber nicht. Von den Engländern in einem Turm gefangen und *„mit schweren Ketten um den Leib und um die Arme"* (ebd., S. 270) gefesselt, muss sie aus dem Mund eines Soldaten von einer Schlacht hören, in der die Franzosen zu unterliegen drohen. Ihre Selbstbefreiung, bei der sie *„ihre Ketten mit beiden Händen kraftvoll gefaßt und zerrissen"* hat, kommentiert die überrumpelte Isabeau: „Was war das? Träumte mir?" (ebd., S. 274). Wie sich hier andeutet, spielt sich die letzte Szene im Bereich des Irrealen, Fantastischen und Wunderbaren ab.

Ein letztes Mal kämpft Johanna mit übermenschlichen Kräften für Karl. Die letzte Szene zeigt sie mit dem König und dem Herzog von Burgund, in deren Armen sie *„tödlich verwundet"* liegt (ebd., S. 275). Die Beschreibung ihres Todes aktiviert den **etymologischen Wortsinn des Reinigens,** den die indogermanische Wurzel *(s)krein,* ‚scheiden' enthält. In der Aufforderung des Herzogs von Burgund, „[s]eht einen Engel scheiden" (ebd., S. 275), ist die Differenz von Körper und Geist, Materiellem und Immateriellem, Immanenz und Transzendenz in ein Verwandlungsgeschehen übersetzt, das Johanna aufgreift: „Der schwere Panzer wird zum Flügelkleide" (ebd., S. 277). Diese Metamorphose spielt sich in einer streng vertikalen Raumordnung ab, die Johanna mit den Worten „Hinauf – hinauf – die Erde flieht zurück" (ebd.) installiert. Zwar folgt sie damit der im Erhabenen vorgeschriebenen Bewegungsrichtung, sie fühlt sich aber ausdrücklich nicht *erhaben*, sondern *erhoben*: „Leichte Wolken heben mich" (ebd.). Die Separierung des reinen Geists von der schweren Materie kann nicht aktiv bewerkstelligt werden, sondern muss als Wunder erwartet werden. Auf diese Weise rückt Schiller die Verklärung der Jungfrau entschieden von der Erhebung des autonomen Vernunftsubjekts ab, die er in seinen tragödientheoretischen Schriften entwirft.

Ein weiterer Unterschied zeichnet sich ab. Während der Weg des erhabenen Tugendhelden mit der einsamen Entscheidung für die Sittlichkeit und gegen das eigene Leben enden soll, fällt Johannas Aufnahme in den Himmel mit ihrer Wiederaufnahme in die Gemeinschaft zusammen. Mit ihrem Ausruf „Das ist mein König! Das sind Frankreichs Fahnen!" (ebd., S. 276) sichert sich Johanna zugleich mit der Anerkennung ihres Königs auch ihre **symbolische Integration in die Gemeinschaft,** aus der sie ausgestoßen war. Hier scheint, um noch einmal auf die Darstellung im Schillerzimmer des Weimarer Schlosses hinzuweisen (Abb. 4.2, rechts) die Rezeption das Zentrum des Stücks ausgemacht zu haben. Dies bestätigen ihr sowohl der Herzog von Burgund als auch Karl: „Bei deinem Volk Johanna! Bei den Deinen!", „[i]n deiner Freunde, deines Königs Armen" (ebd.). Wenn Johanna in ihren letzten Worten ihre Todesvision von der himmlischen Mutter Gottes protokolliert – „Sie hält den ew'gen Sohn an ihrer Brust, / Die Arme streckt sie lächelnd mir entgegen" (ebd., S. 277) –, dann liegt Johanna zugleich in den Armen des Königs und in denen der Mutter Gottes. In dieser Parallelisierung führt das Stück nicht nur die Verklärung seiner Heldin vor. Die in und durch Johannas Fantasie geleistete Überblendung der Figur des Königs mit der Gottesmutter Maria bestätigt auch Karls Selbstverständnis, der sich ja bereits in seinem ersten Auftritt auf die Mutterliebe als höchster Herrschertugend berufen hatte. Mit der visionär etablierten Achse zwischen Himmelskönigin und irdischem König erweitert die *Jungfrau von Orleans* das politische Imaginäre um eine erstaunliche Facette.

4.2.6 Ästhetik des Schreckens: *Die Braut von Messina*

Schiller hat kein Drama über die Französische Revolution geschrieben. Dennoch befassen sich fast alle auf den *Wallenstein* folgenden Dramen mit Fragen, die unmittelbar durch die Revolutionsfolgen aufgeworfen sind. In *Maria Stuart*, geschrieben nur wenige Jahre nach der öffentlichen Enthauptung von Marie Antoinette, wird eine Königin hingerichtet. In *Die Johanna von Orleans* gelingt es, einen bürgerkriegsartigen Zustand zu beenden und einen dynastisch legitimierten Herrscher einzusetzen. Im *Wilhelm Tell* hingegen münden die im Freiheitskampf mobilisierten Kräfte in die Begründung einer republikanischen Ordnung, die sich als Brüderbund versteht. Die *Braut von Messina* fügt der Reihe dieser verdeckten **Gegenwartsanalysen** ihre womöglich dunkelste und desillusionierteste Variante hinzu.

Gegenstand ist, wie im Untertitel *Die feindlichen Brüder* angekündigt, ein familiärer Konflikt, wie er zahlreichen Dramen des Sturm und Drang zugrunde liegt: Zwei Brüder sind von Kindheit an Rivalen. Das Geschehen setzt dort ein, wo die Brüder Don Cesar und Don Manuel nicht mehr nur um die Liebe der Mutter Isabella, sondern auch um die Thronfolge konkurrieren. Nach dem Tod des Vaters, dies wird in der Exposition erzählt, ist der zuvor mühsam gebannte Hass der Brüder ausgebrochen. In den ersten Szenen gelingt Isabella die Versöhnung der feindlichen Brüder, die einander die Hand reichen und ihr Erbe zu teilen versprechen. Allerdings entzweien sie sich gleich darauf umso unversöhnlicher. Denn wie sich herausstellt, haben sie sich abseits des Hofs in dieselbe Frau verliebt. In sofort wieder aufflammender Eifersucht ersticht Don Cesar seinen älteren Bruder Don Manuel, um sich nur kurz darauf über das Ausmaß der Katastrophe klar zu werden. Bei der jungen Frau handelt es sich um ihre Schwester Beatrice, die aufgrund zweier Träume und deren Auslegungen in ein Kloster gegeben und außerhalb der Familie erzogen worden war. Gerade in dem Moment, in dem die Mutter die Tochter hatte heimholen wollen, ist sie zum Anlass dafür geworden, dass aus der Feindschaft der Brüder tatsächlich Mord geworden ist. Don Cesar bringt sich daraufhin am Grab des Vaters und Bruders selbst um, Beatrice und Isabella bleiben zurück.

Das Motiv der Weissagung und des ausgesetzten Kindes erinnert an den *König Ödipus* von Sophokles, in dem aufgrund einer Prophezeiung ein Herrscherkind aus dem Haus gegeben wird und dadurch genau das eintritt, was eigentlich vermieden werden wollte. Glaubt man den Entstehungsdokumenten, dann steht dieser **Bezug zur antiken Tragödie** für Schiller im Mittelpunkt. Schiller fasst den Plan zur *Braut von Messina* zwar gleich nach Abschluss des *Wallenstein*, zieht dann aber die Arbeit an der *Maria Stuart* und *Die Johanna von Orleans* vor. Als er sich 1801 an die Ausarbeitung von *Die Braut von Messina* begibt, geschieht dies in der Absicht, ein Drama nach Art der einfachen griechischen Tragödie schreiben. An den Freund Körner schreibt er:

> „Ich habe große Lust mich nunmehr an der einfachen Tragödie, nach der strengsten griechischen Form zu versuchen […]. Ein […] Sujet, welches ganz eigne Erfindung ist, […] ist ganz im reinen und ich könnte gleich an die Ausführung gehen. Es besteht, den Chor mit gerechnet, nur aus 20 Scenen und aus fünf Personen. Göthe billigt den Plan ganz, aber es erregt mir noch nicht den Grad von Neigung, den ich brauche um mich einer poetischen Arbeit hinzugeben. Die Hauptursache mag seyn, weil das Interesse nicht sowohl in den handelnden Personen, als in der Handlung liegt, sowie im Oedipus des Sophocles; welches vielleicht ein Vorzug seyn mag, aber doch eine gewiße Kälte erzeugt" (Schiller an Körner, 13.5.1801, Schiller FA 12, S. 570 f.).

Die Reduktion auf wenige Personen, die Anordnung in Szenen statt in Akten und Auftritten und die Einführung des Chors – bestehend aus dem (männlichen) Gefolge der beiden Brüder – weisen die *Braut von Messina* als Versuch aus, antike Konventionen auf die Gegenwart zu übertragen. Anregungen bieten aber weniger Texte der klassischen Antike, als vielmehr die romantische *gothic novel*. Auch sind dem Vater und der Mutter ein arabischer Astrologe und ein christlicher Geistlicher als Traumausleger zugeordnet, in deren Deutungen Fatalismus und christliche *caritas* konkurrieren. Mit diesem **kulturhistorischen Eklektizismus** (zur genaueren Rekonstruktion vgl. Langner 1995) ist das Stück keinesfalls einfach, naiv und antik, sondern modern, romantisch und gespalten.

Von der Notwendigkeit, antike Konventionen für die Gegenwart zu adaptieren, zeugt auch die Einstudierung der *Braut von Messina* für die Weimarer Bühne, wo das Stück im März 1803 uraufgeführt wird. Während der Proben muss Schiller feststellen, dass die Schauspieler mit den chorischen Sprechpassagen technisch überfordert sind. Er teilt die Chorpassagen deshalb auf Einzelsprecher auf, sodass, wie er 1803 an Goethe schreibt, „das Stück jetzt von Personen wimmelt" (Schiller an Goethe, 8.2.1803, Staiger/Dewitz 2005, S. 984). Schillers Zeitgenossen haben in der *Braut von Messina* interessanterweise kein antikes, sondern ein höchst gegenwärtiges Stück gesehen. Laut einem Rezensenten führe es all das vor,

> „was wir in jenen schwarzen Tagen des Schreckens und Entsetzens erlebt haben: jene wüthenden Angriffe auf alle durch hohes Alter geheiligten Ordnungen der Gesellschaft, die Zertrümmerung so vieler Verfassungen, der Umsturz so vieler Reiche, […] die Drangsale so vieler Völker, die Beängstigung so vieler Familien […] und was gräulicher als alles, die äußerste Zerrüttung in den Gemüthern, der Groll, die Zwietracht, das Mißtrauen in dem Innersten der Häuser" (Fambach 1957, S. 288).

Die Rede von den ‚Tagen des Schreckens' betrifft zweifellos die Ereignisse im nachrevolutionären Frankreich und damit dasjenige, was im Kontext der Französischen Revolution ‚Terreur' heißt (Vonhoff 1994, S. 75). Der Romanist Helmuth Keßler hat die Semantik des Begriffs *terreur* (deutsch: Schrecken) bei den Theoretikern der Revolution verfolgt, bei denen die **Erregung von Schrecken** durch spektakulär inszenierte Gewalt in den 1790er Jahren zum Inbegriff der Revolutionsregierung wird. Bereits zuvor hatte sich die Tragödie zum *genre terrible* entwickelt, das auf die Darstellung von Schreckenstaten verpflichtet wird. Diese Taten, die sich nun nicht mehr hinter, sondern auf der Bühne abzuspielen haben, sollen der Erregung des Schreckens bei den Zuschauer/innen dienen. Hier konnten nicht nur die Protagonisten der Französischen Revolution, sondern auch die Ingenieure und Choreografen seiner Tötungsmaschinen anknüpfen (Keßler 1973, S. 158). Auf diese Politik und Ästhetik des Schreckens reagiert Schiller mit der *Braut von Messina*.

Das Stück setzt mit der Krise einer Herrschergenealogie ein: Den alten Fürsten hat man gerade begraben, einen neuen aber noch nicht eingesetzt. Es ist die prototypische Situation des Dramas nach 1800, in dem der Platz des Königs leer geworden ist. Im politischen Imaginären der Französischen Revolution sind es die Brüder, die sich im Zeichen von Freiheit, Gleichheit und Brüderlichkeit an den Platz des Königs setzen (Koschorke u. a. 2007, S. 227–232 und 280–290). Wenn der nach dem Tod des Vaters ausgebrochene Streit zwischen den beiden Söhnen in *Die Braut von Messina* zum Bürgerkrieg führt, dann werden hier **Zweifel am Revolutionsmythos** vom Volk einiger Brüder angemeldet. Denn die Befestigung einer – sei es republikanischen oder monarchischen – in jedem Fall aber souveränen Herrschaft, die alle Gewalt an sich nehmen und das Gemeinwesen nach Innen und Außen sichern könnte, schlägt in *Die Braut von Messina* fehl. Stattdessen breitet sich „unsers Haders wild ausbrechende / Gewalt" (Schiller FA 5, S. 340) sowohl im Inneren des Gemeinwesens als auch im Inneren der Subjekte aus.

Nicht nur ihren Hass, sondern auch ihre Liebe evozieren die Brüder in Metaphern und Tropen, in denen sich Affekt und Gewalt aufs engste berühren. Don Manuel trifft Beatrice auf der Jagd nach einem Reh, das sich zu ihren „Füßen" rettet: „Bewegungslos", so erzählt Don Manuel, „starr ich das Wunder an, / Den Jagdspieß in der Hand, zum Wurf ausholend" (ebd., S. 316). Hier überlagern sich Liebesblick und Tötungsgeste. Beatrice beschreibt sich als passives Objekt einer Bewegung, die sie „fortgeschleudert", „ergriffen" und „alle frühern Bande" „[z]errissen" (ebd., S. 325) habe. Don Cesar spricht von der „Macht", dem „allmächtgen" Zauber und den „Kräften" (ebd., S. 329), mit denen ihn Beatrice bezwungen habe. Die Brüder setzen ihre Triebansprüche also nicht nur mit Gewalt durch, sondern erleben ihre leidenschaftlichen Antriebe selbst als Formen der Gewalt. Mit der Gleichsetzung von **Affekt und Gewalt** legt der Text eine Logik frei, die seine Protagonist/innen beharrlich verkennen.

Isabella rechtfertigt ihre Rettung der Tochter durch einen Traum, dessen gewalttätige Implikationen sie unterschlägt. In ihrem Traum hatten ein Adler und ein Löwe einem Kind ein gerade gejagtes Reh und eine blutige Beute in den Schoß gelegt. Den Auslegungssatz des herbeigerufenen Mönchs, dass eine Tochter ihr „der Söhne streitende Gemüter / In heißer Liebesglut vereinen würde" (ebd., S. 336), deutet sich Isabella als Versprechen ihrer Versöhnung. Die Peripetie des Stücks, die mit Don Cesars Mord an seinem Bruder die glückliche Versöhnung ins Unglück umschlagen lässt, belegt aber gerade den blutigen Wortsinn des Traums. So wird Don Cesar mit dem Mord am Bruder zum Löwen, der „in dem blutgen Rachen / Die frisch gejagte Beute" (ebd.) trägt. Den Chor lässt Schiller schließlich pointiert über „der Leidenschaft wilde Gewalt" klagen (ebd., S. 376).

Als fatal erweist sich nun, dass sich dieser Gewalt der Leidenschaften auf der Handlungsebene bis zuletzt nichts entgegensetzen lässt. Don Cesars Suizid, mit dem er den Mord am Bruder an sich selbst rächen will, mag als Reminiszenz an die im Erhabenen thematisierte Autonomie des Willens und damit als **erhabener Freitod** gedeutet werden (Janz 1984; Colosimo 2007). Sein Selbstmord stiftet aber keine Ordnung, in der das Gewaltpotenzial auf einen Herrscher gebündelt und damit gebannt wäre. Weder folgt einer der Söhne dem Vater auf den Thron nach, noch können sich die konkurrierenden Gefolge nach dem Tod des letzten Erben in einer republikanisch-demokratischen Ordnung einfinden. Wie Matthias Buschmeier argumentiert hat, tritt hier die „Unauflösbarkeit des Zusammenhangs von Mythos, Gewalt und einem genealogischen Politikverständnis" hervor (Buschmeier 2008, S. 31).

Der Gebrauch des Chors
Wie Schiller in einer der Buchfassung beigegebene Vorrede *Über den Gebrauch des Chors* ausgeführt hat, will er das dramatische Geschehen auf der Ebene der Dramaturgie austarieren. Die Orientierung an der antiken Chortragödie ist kein antikisierendes Ornament, sondern folgt einem dramenpoetischen Programm, das auf die Beruhigung der entfesselten Affekte zielt. Der Chor soll „in der Öko-

nomie des Trauerspiels als ein Außending, als ein fremdartiger Körper, und als ein Aufenthalt erscheinen, der nur den Gang der Handlung unterbricht, der die Täuschung stört, der den Zuschauer erkältet" (Schiller FA 5, S. 281). Als hochartifizielle Zutat stört er den theatralischen **Realismus** und behindert die **Einfühlung** in die handelnden Figuren. Der eigentlich ‚störende' Chor bewährt sich in einer Tragödie, die den Zuschauer nicht täuschen und involvieren, sondern distanzieren will. Zentrale Argumente der Vorrede sind bereits aus Schillers in den Briefen *Über die ästhetische Erziehung* bekannt. Wird dort mit der Rede von der *„absoluten Immunität"* die poetische Schutzzone der Kunst markiert (Schiller FA 8, S. 583), so soll nun der Chor „eine lebendige Mauer sein, die die Tragödie um sich herumzieht, um sich von der wirklichen Welt rein abzuschließen, und sich ihren idealen Boden, ihre poetische Freiheit zu bewahren" (Schiller FA 5, S. 285). Der Chor steht also im Dienst des ‚klassischen' Autonomieprogramms.

Den Effekt der Distanzierung von der dramatischen Handlung stellt Schiller ins Zeichen der Poetisierung:

> „so durchflicht und umgibt der tragische Dichter seine streng abgemessene Handlung und die festen Umrisse seiner handelnden Figuren mit einem lyrischen Prachtgewebe, in welchem sich, als wie in einem weitgefalteten Purpurgewand, die handelnden Personen frei und edel mit einer gehaltenen Würde und hoher Ruhe bewegen" (ebd., S. 287).

Indem der Chor die dramatische Handlung mit der prächtigen Textur der poetischen Rede umkleidet, wird er zum Generator des Poetischen: „er hilft die Poesie *hervorbringen*" (ebd., S. 286). Mit dieser Aufgabe verbindet sich eine **theatralische Propädeutik**. Der Chor soll den Geschmack des Publikums veredeln, indem er die Lust am Dargestellten in eine Lust an der Form der Darstellung überführt. In den Stichworten vom Edlen, von der Würde und der Ruhe ist zugleich das affektökonomische Modell angedeutet, das die Tragödientheorie des Pathetisch-Erhabenen prägt. Das Theater wird zum Laboratorium, in dem die Zuschauer/innen an ihren eigenen Affekten arbeiten können:

> „[...] das Gemüt des Zuschauers soll auch in der heftigsten Passion seine Freiheit behalten, es soll kein Raub der Eindrücke sein, sondern sich immer klar und heiter von den Rührungen scheiden, die es erleidet. Was das gemeine Urteil an dem Chor zu tadeln pflegt, daß er die Täuschung aufhebe, daß er die Gewalt der Affekte breche, das gereicht ihm zu seiner höchsten Empfehlung, denn eben diese blinde Gewalt der Affekte ist es, die der wahre Künstler vermeidet, diese Täuschung ist es, die er zu erregen verschmäht" (ebd., S. 289).

Schiller will seine Zuschauer/innen keinesfalls heulend und mit den Zähnen klappernd, noch nicht einmal jammernd und schaudernd, sondern vielmehr „klar und heiter" aus dem Theater entlassen. Hier hilft der Chor, indem er die leidenschaftliche Rede der Figuren unterbricht und kommentiert: „Dadurch, daß der Chor die Teile aus einander hält [sic], und zwischen die Passionen mit seiner beruhigenden Betrachtung tritt, gibt er uns unsre Freiheit zurück, die im Sturm der Affekte verloren gehen würde" (ebd., S. 289).

4.2 Schillers Tragödien

In der Forschung hat man die Umsetzung dieses Programms eher kritisch diskutiert. Joachim Müller sieht Schillers Versuch als gescheitert an, weil der Chor „von Anfang bis Ende parteiisch gespalten" bleibe (J. Müller 1987, S. 433). Auch Anton Sergl kommt zu dem Schluss, dass es Schiller beim Gebrauch des Chors vor allem um den „Kontrast zwischen Held und Masse, die Hierachie von Herrscher und Volk" gegangen sei (Sergl 1998, S. 178). Kristina Wiethaup hingegen hat im gründlichen Vergleichs der *Braut von Messina* mit antiker Praxis gezeigt, dass die „antagonistische Halbchor-Situation und die damit verbundene Unentschiedenheit und Ambiguität des Chores" durch einen idealen Chor ersetzt wird, der „sich gleichsam außerhalb des Bühnengeschehens befindet" und somit „ruhige Betrachtungen über dasselbe anstellen kann" (Wiethaup 2006, S. 376 und 377). Dieser „Doppelchor" ist „nicht echt antikes, sondern radikal modern bestimmtes Element" (Jeßing 2006, S. 375).

Tatsächlich hat Schiller ausdrücklich vorgesehen, dass der Chor in der *Braut von Messina* nicht nur als distanziert kommentierende Instanz agieren, sondern auch in den Strudel der wechselnden Affekte hineingezogen werden soll. Er schreibt an Körner,

> „daß ich in ihm [dem Chor, C.Z.] einen doppelten Charakter darzustellen hatte, einen allgemein menschlichen nemlich, wenn er sich im Zustand der ruhigen Reflexion befindet, und einen specifischen wenn er in Leidenschaft geräth und zur handelnden Person wird. In der ersten Qualität ist er gleichsam außer dem Stück und bezieht sich also mehr auf den Zuschauer. Er hat, als solcher, eine Ueberlegenheit über die handelnden Personen; aber bloß diejenige, welche der ruhige über den passionierten hat, er steht am sichern Ufer, wenn das Schiff mit den Wellen kämpft. In der zweiten Qualität, als selbsthandelnde Person, soll er die ganze Blindheit, Beschränktheit, dumpfe Leidenschaftlichkeit der Masse darstellen, und so hilft er die Hauptfiguren herausheben" (Schiller an Körner, 10. März 1803, Schiller FA 12, S. 649).

Schiller setzt die Zuschauerfunktion des tragischen Chors nicht zufällig ins Bild vom Zuschauer, der am Strand steht, während ein Schiff mit den Wellen kämpft. Der Topos vom **Schiffbruch mit Zuschauer** sollte in Schillers Tragödientheorie ja helfen, das rätselhafte Vergnügen am Leiden anderer zu erklären. Der Chor figuriert offenbar als Beobachter, der dem Leiden anderen zusieht, und sich immer wieder sympathetisch davon erfassen lässt, ohne selbst bedroht zu sein. Hier deutet sich die schon im *Don Karlos* beobachtete metadramatische Dimension an.

Betrachtet man die Chorpassagen in der *Braut von Messina* über den Verlauf des Stücks hinweg, so lässt sich kein diskontinuierlicher Wechsel, sondern ein kontinuierlicher Wandel seiner Rolle ablesen, der sich **vom Mitspieler zum Zuschauer** wandelt. Zu Beginn des Stücks tritt der Chor als leidenschaftlich mitagierende „blinde Menge" (Schiller FA 5, S. 290) auf. Die im ersten großen Chorauftritt von beiden Chören zugleich gesprochenen Verse „Aber treff ich dich draußen im Freien, / Da mag der blutige Kampf sich erneuern" (ebd., S. 300) imitieren den Streit der Brüder. Der geteilte Chor spricht den Hass der Brüder aber nicht nur nach, sondern bringt ihn auch versuchsweise auf Distanz. Wenn *Einer aus dem Chor* bereits am Ende der Szene zu bedenken gibt, man habe sich „in des

Kampfes Wut / Nicht besonnen und nicht beraten", weil sie „das brausende Blut" „betörte" (ebd., S. 301) dann wird hier der Affektautomatismus exponiert und reflektierend unterbrochen. Im Verlauf des Stücks findet sich der Chor in die hier angedeutete Rolle des distanzierten Beobachters ein.

So spricht der Chor im letzten Szenenbild immer noch getrennt, er teilt sich aber nicht mehr in feindliche Lager, sondern teilt mehrere Stränge eines kulturellen Erbes unter sich auf. Der eine Chor zitiert den Klagegesang der griechischen Tragödie und spricht in pathetischen Partien von entfesselten Flüchen und rasenden Furien: „Brechet auf ihr Wunden, / Fließet, fließet! / In schwarzen Güssen / Strömet hervor ihr Bäche des Bluts" (ebd., S. 370). Die Anrufung an die Erinnyen mit den archaisierenden Bildern ist eine Version von Humboldts Übersetzung der *Eumeniden* des Aischylos, die Schiller schon in den *Kranichen des Ibycus* zur Darstellung der richtenden und rächenden Erinnyen verwendet hat (vgl. Schadewaldt 1969, S. 299–301). Der andere Teil ruft mit stoischen Lebenslehren zur distanzierten Betrachtung des Geschehens auf.

Als Donna Isabella ihre wiedergefundene Tochter vorgeführt wird, richtet sie sich an den nun vereint sprechenden Chor und verlangt Empathie. Ihre Freude trifft aber auf „undurchdringlich harte Herzen", die als „ehrnen Harnisch" und „schroffen Meeresfelsen" ins Bild gesetzt werden (Schiller FA 5, S. 363). Der Chor wehrt die Gefühle der Mutter ab, weil er sie auf den Tod des Sohns vorbereiten und zu einer distanzierten Aufnahme des eigenen Schicksals anleiten will: „Sei stark Gebieterin, stähle dein Herz" (ebd., S. 365). In den letzten Szenen hat sich der Chor vollends von zerstrittenen Gefolgsleuten in distanzierte Beobachter verwandelt, die alle Affektdemonstrationen der Figuren mit **stoischer Apathie** quittieren. Während Don Cesar von einem Leidenschaftsausbruch zum anderen übergeht, schaltet sich der Chor mit einem eher unpassenden Lob der Gemütsruhe ein: „Wohl dem! Selig muß ich ihn preisen, / Der in der Stille der ländlichen Flur, / Fern von des Lebens verworrenen Kreisen, / Kindlich liegt an der Brust der Natur" (ebd., S. 375). Die Trostrede des Chors steht in starkem Kontrast zu den auf der Bühne durchlebten Gefühlszuständen. Diese Inkongruenz lässt sich tragödienpoetisch deuten.

In den letzten Versen des Stücks zeigt sich der Chor angesichts des selbstentleibten Helden unschlüssig, ob er „[b]ejammern oder preisen soll sein Los" (ebd., S. 384). Mit diesen Optionen sind die beiden großen dramaturgische Lösungen des 18. Jahrhunderts angesprochen: Mit dem ‚Preisen' ist die Bewunderungsästhetik aufgerufen, wie Gottsched sie in der *Critischen Dichtkunst* entwickelt hat, im ‚Jammer' hingegen klingt der tragische Wirkungsaffekt des *eleos* an, das in Lessings Übersetzung als ‚Mitleid' im Zentrum des bürgerlichen Trauerspiels steht. Ausgespart bleibt jedoch der Schrecken, der in Schillers tragischer Affektökonomie offenbar nicht vorgesehen ist. Nun hat Schreckliches in dem Stück sehr wohl seinen Ort. Gemäß dem **genre terrible** finden sowohl der Brudermord an Don Manuel als auch der Selbstmord Don Cesars auf offener Bühne statt. In dieser „Präsenz des Tods" sieht Georg-Michael Schulz die „Wirkung der theatralen Vorführung" (Schulz 2003, S. 184). Auch sprechen insbesondere Beatrice und Isabella immer wieder vom Schrecken, dem sie ausgesetzt sind. Beatrice bringt den Schrecken sogar mit der von Ferne hörbaren Volksmenge in Verbindung: „Und nahe hör ich, wie ein rauschend Wehr / Die Stadt, die Völkerwimmelnde, ertosen [...] Es stürmen alle Schrecken auf mich her" (Schiller FA 5, S. 325). Dennoch bleibt der Schrecken als tragisches Wirkungsziel in den Schlussworten ausgeschlossen.

In dieser Doppelung von Evokation und Bannung des Schreckens liegt womöglich der Zeitindex dieses auf den ersten Blick so unzeitgemäß wirkenden Antikenexperiments. Die ersten Chorszenen bringen die Volksmasse auf die Bühne, die mit der Französischen Revolution die Bühne der Geschichte betreten hat. Sie tun dies aber in einer hochartifiziellen, formal eingehegten Form. Gerade die im Stück vollzogene Verwandlung des Chors vom gewalttätigen und schreckenerregenden Volk zum stoisch beruhigten Beobachter gewinnt so eine politische Bedeutung. Wenn ein Staat nicht aus feindlichen, sondern aus einigen Brüdern bestehen soll, dann muss sich offenbar jeder von der Gewalt der Affekte distanzieren: An die Stelle des einen Herrschers hat die **Selbstbeherrschung der Einzelnen** zu treten. Schillers Programm einer Freiheit der Kunst lässt sich vor diesem Hintergrund weniger als Eskapismus deuten, der die enttäuschenden Mängel der Gegenwart in einer heiteren, vom ‚Ernst' des Lebens programmatisch abgewandten Kunst kompensiert. Die Freiheit der Kunst dient vielmehr der Herstellung moralisch souveräner Subjekte, die sich selbst regieren können.

Weiterführende Literatur

Alt, Peter-André: *Klassische Endspiele. Das Theater Goethes und Schillers*. München 2008.
Borchmeyer, Dieter: *Tragödie und Öffentlichkeit. Schillers Dramaturgie im Zusammenhang seiner ästhetisch-politischen Theorie und die rhetorische Tradition*. München 1973.
Hinck, Walter: *Goethe – Mann des Theaters*. Göttingen 1982.
Linder, Jutta: *Ästhetische Erziehung. Goethe und das Weimarer Hoftheater*. Bonn 1991.
Sautermeister, Gert: *Idyllik und Dramatik im Werk Friedrich Schillers. Zum geschichtlichen Ort seiner klassischen Dramen*. Stuttgart u. a. 1971.
Vogel, Juliane: *Aus dem Grund. Auftrittsprotokolle zwischen Racine und Nietzsche*. München 2018.
Wild, Christopher: *Theater der Keuschheit – Keuschheit des Theaters. Zu einer Geschichte der Anti-Theatralität von Gryphius bis Kleist*. Freiburg i. Br. 2003.

Erzählformen 5

5.1 Gattungsreflexionen

5.1.1 Epos und Roman

Wie in den letzten Kapiteln gesehen, umfassen Schillers Arbeiten zwischen 1790 und 1805 neben den kunsttheoretischen Schriften und Gedichten vor allem Trauerspiele und Tragödien. Seine Erzählexperimente hingegen datieren allesamt auf die ‚vorklassische' Dekade. Die Erzählung *Verbrecher aus Infamie. Eine wahre Geschichte* von 1786, die 1792 unter dem Titel *Der Verbrecher aus verlorener Ehre* publiziert wurde, die Anekdote *Spiel des Schicksals* (1788) oder auch das Romanfragment *Der Geisterseher* (1787–1789) gehören sowohl chronologisch als auch konzeptuell in den Kontext der Spätaufklärung. Die Anthropologie als Wissenschaft vom Menschen und die daraus hervorgehende empirische Erfahrungsseelenkunde bilden den Hintergrund für Schillers realistisches, stark psychologisierendes Erzählen, das sich gleichermaßen gegen die imaginären Gegenwelten der zeitgenössischen populären Romane wie auch gegen die moraldidaktischen Tendenzen der Frühaufklärung wendet. Auf ‚wahren' Begebenheiten beruhend, lassen sich Schillers Erzählungen als Übergangsformen zwischen seinen historiografischen und seinen dramatischen Arbeiten begreifen. Wegen ihres besonderen Interesses an Rechts- und Kriminalfällen sind sie im Zuge wissensgeschichtlich interessierter Arbeiten auch als **literarische Fallgeschichten** beschrieben worden (Lüdemann 2007; Košenina 2007; Lehmann 2009; Eder 2015). Insgesamt aber gilt der Theoretiker und Dramatiker Schiller eher „als Verächter des Erzählens" (Brittnacher 2006, S. 346).

Bei Goethe hingegen handelt es sich um einen höchst vielseitigen Erzähler, der unterschiedlichste Erzählformen des 19. Jahrhunderts mitgeprägt hat. Mit den *Leiden des jungen Werthers* bekannt geworden, entwickelt Goethe mit *Wilhelm Meisters Lehrjahren* (1795/1796), den *Wahlverwandtschaften* (1808) und dem späten Roman *Wilhelm Meisters Wanderjahre* (1821/1829) eine Reihe von innovativen Romanformen (Engel 1993). Der Diskussion um *Wilhelm Meisters Lehrjahre* – einem der ersten Projekte, über das sich Schiller und Goethe austauschen – verdankt sich die Gattung des sogenannten ‚Bildungsromans', der in Romantik und Realismus zahlreiche Nachfolger findet. Goethes Erzählproduktion der 1790er Jahre umfasst aber auch kürzere Erzählungen und Epen. So schreibt Goethe 1795 auf Schillers Einladung für die neu gegründete Zeitschrift *Die Horen* den Novellenzyklus *Unterhaltungen deutscher Ausgewanderten*. Das Modell des *Decamerone* von Boccaccio aufgreifend, inspiriert Goethe mit seiner Erzählanordnung, den eingebetteten Geschichten und dem abschließenden Märchen sowohl die im 19. Jahrhundert proliferierende novellistische Produktion als auch das romantische Kunstmärchen. Neben diesen Prosaformen befasst sich Goethe in *Reineke Fuchs*, dem 1797 abgeschlossenen Kleinepos *Herrmann und Dorothea* sowie der Fragment gebliebenen *Achilleis* aber auch mit dem seit der Antike tradierten Genre des Versepos. Aufgrund der dort gewählten Form der gebundenen Rede sind die genannten Texte in der Goethe-Forschung auch als Gedichte diskutiert worden (Witte/Otto 1996, Bd. 1, S. 508–539). Angesichts des gerade für Erzähltexte höchst aufschlussreichen Begriffs von **epischer Dichtung**, den Goethe parallel zur Arbeit an *Herrmann und Dorothea* entwickelt, leuchtet diese Eingruppierung der Versepen jedoch nur bedingt ein.

1797 stellt Goethe im Briefwechsel mit Schiller wichtige Überlegungen zum Unterschied zwischen Epos und Drama an. Die Arbeitsteilung zwischen dem vermeintlich ‚sentimentalischen' Theoretiker Schiller und dem ‚naiven' Praktiker Goethe durchkreuzend, formuliert Goethe erste Ideen, bittet Schiller zwar immer wieder um Ergänzung und Korrektur, fasst die Ergebnisse aber zuletzt selbst in dem kurzen Text *Über epische und dramatische Dichtung* zusammen. In dieser Selbstverständigung entfernt sich Goethe von den üblichen gattungstypologischen Überlegungen zum Epos als Heldengedicht in metrisch gebundener Rede und fragt stattdessen nach den Techniken der Vermittlung durch eine Erzählerfigur sowie nach den Kennzeichen der epischen Zeitgestaltung. Unter dem Namen des Epischen thematisiert Goethe also vorrangig **narratologische Probleme.**

Aus diesem Befund zieht das folgende Kapitel zwei Konsequenzen. Am Briefwechsel zwischen Schiller und Goethe werden im Abschn. 5.1 zunächst gattungspoetische Argumentationslinien nachgezeichnet. Wie diskutieren Schiller und Goethe die moderne Gattung des Romans im Gegensatz zum Epos? Welche Rolle spielt die Frage nach der ungebundenen und der gebundenen Rede, mithin nach dem Verhältnis von Prosa und Poesie? Und inwiefern formuliert Goethe in seinen am antiken Epos gewonnenen Beobachtungen Regeln, die auch für den Roman gelten könnten? Die exemplarischen Analysen im Abschn. 5.2 stellen dann neben *Wilhelm Meisters Lehrjahren* und den *Unterhaltungen deutscher Ausgewanderten* auch das Epos *Herrmann und Dorothea* genauer vor.

Poesie und Prosa
Die Poetiken des Epos und des Romans bilden im 18. Jahrhundert ein umkämpftes Terrain, auf dem sich die Epopöe als „Heldengedicht" (Gottsched [1751] 1962, S. 469) in gebundener Rede mit dem zunehmend als eigenständige literarische Form ernst genommenen Prosaroman ins Benehmen zu setzen hat. Johann Christoph Gottsched handelt das Epos noch in der vierten Auflage seines *Versuchs einer Critischen*

5.1 Gattungsreflexionen

Dichtkunst als „das rechte Hauptwerk und Meisterstück der ganzen Poesie" (ebd.) ab. Unumstrittene Vorbilder sind die homerischen Epen *Ilias* und *Odyssee,* für Gottsched **Gesänge über national bedeutsame Taten großer Helden,** die von Dichtern wie Vergil oder Tasso, also von der lateinischen Antike bis zur italienischen Renaissance, mehr oder weniger erfolgreich nachgeahmt wurden. Gottscheds Überlegungen zu den „Ritterbüchern und Romanen" sind dem Heldengedicht deutlich nachgeordnet, erzählen Romane doch nur, so unterstellt Gottsched, die bei Homer in Seitenepisoden verlegten „verliebten Geschichten". Der Roman erscheint aus dieser Perspektive nicht als innovative, sondern als Schwundform des Epos, in dem „das, was vorhin nur in Versen geschehen war, auch in Prosa" (ebd., S. 505) getan werde.

Hier muss die Gattungsreflexion um 1800 entschieden nachjustieren. Samuel Richardson, Henry Fielding, Lawrence Sterne oder Jean-Jacques Rousseau, in der deutschsprachigen Literatur Christian Fürchtegott Gellert, Sophie von La Roche oder Christoph Martin Wieland legen im Verlauf des 18. Jahrhunderts Romane vor, in denen die aufgeklärt-empfindsame Mikroanalyse komplexer Individuen in den Vordergrund rückt. Laut Georg Wilhelm Friedrich Hegel ist der Roman zu Beginn des 19. Jahrhunderts an die Stelle des Epos getreten, das seinerseits in der Moderne an sein Ende gekommen sei, weil die großen Sujets, vor allem aber die zum Epos taugenden Helden fehlen: „Denn der ganze heutige Weltzustand hat eine Gestalt angenommen, welche in ihrer prosaischen Ordnung sich schnurstracks den Anforderungen entgegenstellt, welche wir für das echte Epos unerläßlich fanden" (Hegel VÄ III, S. 414). Damit hat sich zugleich ein „unbeschränkter Raum für den *Roman,* die *Erzählung* und *Novelle* aufgetan" (ebd., S. 415), der sich aus Hegels Sicht noch gar nicht ausmessen lässt.

Von den um 1800 virulenten Unsicherheiten bei der normativen Einschätzung des Romans – handelt es sich lediglich um ein **Verfallssymptom** oder aber um die **legitime Nachfolge** des epischen Heldengedichts in postheroischer Zeit? – zeugen auch die brieflichen Beratungen zwischen Schiller und Goethe. Schiller, als Tragödiendichter selbst eher den herkömmlichen gattungshierarchischen Standards verpflichtet, bleibt bei der Einschätzung des Romans als Kunstform minderen Ranges. Noch in der Schreibphase lässt der eigentlich begeistert mitlesende Schiller eigenartig despektierliche Bemerkungen über Goethes *Wilhelm Meister* fallen: „Sie bringen wohl Ihren jetzigen ‚Strickstrumpf', den Roman, auch mit?", so schreibt er im Vorfeld eines Besuchs von Goethe in Jena (Schiller an Goethe, 29.12.1795, Staiger/Dewitz 2005, S. 179). Die Erleichterung, dass Goethe 1797 das Versepos *Herrmann und Dorothea* vorlegt, ist unüberhörbar. So sei es nun „durchaus nötig, dafür zu sorgen, daß dasjenige, was Ihr Geist in ein Werk legen kann, immer auch die reinste Form ergreife, und nichts davon in einem unreinen Medium verloren gehen" (Schiller an Goethe, 20.10.1797, Staiger/Dewitz 2005, S. 488). In der Unterscheidung zwischen ‚reinen' und ‚unreinen' Medien reproduziert Schiller seine Auffassung vom Roman als dem „Halbbruder" der Poesie, mit der er in *Über naive und sentimentalische Dichtung* für eine strenge Gattungstrennung votiert hatte (Schiller FA 8, S. 763).

Grundlage dieser Einschätzung ist eine im 18. Jahrhundert geläufige **Differenz zwischen Poesie und Prosa,** die nicht in der Unterscheidung zwischen gebundener und ungebundener Rede aufgeht, sondern die Prosa auf einen nüchternen, verstandesgemäßen und grundsätzlich nicht figürlichen, also nicht an die Einbildungskraft gerichteten Sprachgebrauch verpflichtet. Im Einklang mit dieser Vorstellung folgert Schiller, die „Romanform" sei „schlechterdings nicht poetisch", sondern liege „ganz nur im Gebiete des Verstandes" (Schiller an Goethe, 20.10.1797, Staiger/Dewitz 2005, S. 488). Werde nun die Sprachform der Prosa dafür genutzt, um poetische Gegenstände – für Schiller das „Ahndungsvolle, das Unbegreifliche, das subjektiv Wunderbare" (ebd., S. 489) – darzustellen, so habe man es mit einer Überschreitung der Gattungsgrenzen zu tun. Tatsächlich kommen Schillers eigene historiografische Arbeiten wie auch die damit verwandten Prosaerzählungen ohne jeden Einsatz des Wunderbaren aus. Goethe räumt in seiner Antwort Schillers Kritik am Roman bereitwillig ein und bestätigt im Blick auf den *Wilhelm Meister:* „Gerade seine Unvollkommenheit hat mir am meisten Mühe gemacht. Eine reine Form hilft und trägt, da eine unreine überall hindert und zerrt" (Goethe an Schiller, 30.10.1797, Staiger/Dewitz 2005, S. 493).

Während der Arbeit an *Herrmann und Dorothea* legt sich Goethe eine Bestimmung des Epischen zurecht, die quer zu der von Schiller bemühten Unterscheidung zwischen Prosa und Poesie steht. In einem ersten Schritt richtet Goethe nicht nur den in Prosa verfassten Roman, sondern auch das Epos auf die Belange des Verstands aus:

> „Einen Gedanken über das epische Gedicht will ich doch gleich mitteilen. Da es in der größten Ruhe und Behaglichkeit angehört werden soll, so macht der *Verstand* vielleicht mehr als an andere Dichtarten seine Forderungen, und mich wunderte diesmal bei Durchlesung der Odyssee grade diese Verstandesforderungen so vollständig befriedigt zu sehen" (Goethe an Schiller, 19.04.1797, Staiger/Dewitz 2005, S. 374).

Im nächsten Absatz erläutert Goethe im Verweis auf die eigene Technik: „Einige Verse im Homer, die für völlig falsch und ganz neu ausgegeben werden, sind von der Art, wie ich einige selbst in mein Gedicht, nachdem es fertig war, eingeschoben habe, um das Ganze klarer und faßlicher zu machen und künftige Ereignisse bei Zeiten vorzubereiten" (ebd., S. 374). Der sich hier andeutende Kernpunkt der epischen Ereignisanordnung führt ins Zentrum seiner in *Über epische und dramatische Dichtung* zusammengefassten gattungstypologischen Erwägungen, in denen Goethe mit Blick auf die erzählenden Gattungen über die zeitgenössische Differenz zwischen Prosa und Poesie hinausgeht.

5.1.2 Goethe an Schiller: *Über epische und dramatische Dichtung*

Goethe beginnt seinen Text *Über epische und dramatische Dichtung* mit einer Unterscheidung, die sein grundsätzliches Interesse an Fragen der Darstellung signalisiert. Der Epiker trage seinen Gegenstand als *„vollkommen vergangen"*, der Dramatiker hingegen als *„vollkommen gegenwärtig"* vor (Goethe FA 18, S. 445). Die im Epos präsentierte Ereignisreihe ist also bereits zu Beginn der Darstellung abgeschlossen und wird nachträglich vermittelt. Das Drama hingegen stellt die

5.1 Gattungsreflexionen

Ereignisse so vor, als würden sie vor den Augen der Zuschauenden ablaufen. Goethe setzt hier an einem Punkt an, den bereits Aristoteles zur Voraussetzung seiner Gattungsunterscheidung macht. Aristoteles verweist im dritten Kapitel seiner *Poetik* auf die Eigenart des Epos, alles Geschehen indirekt durch eine Figur berichten zu lassen, während das Drama mehrere Figuren als direkt Handelnde auftreten lässt. Goethe veranschaulicht das **Spezifikum der narrativen Vermittlung** über die Figuren des ‚Rhapsoden' und des ‚Mimen'. Während sich der Mime, also der im Theater auftretende Schauspieler, für die Dauer der Vorführung in die dramatische Figur verwandelt, deren Handlungen und Erlebnisse er unmittelbar vorführt, fungiert der Rhapsode – in der antiken Praxis der Sänger, der teils seine eigenen, teils von anderen verfasste Epen vor Publikum vortrug – als eine das Geschehen erzählerisch vermittelnde und dadurch distanzierende Instanz.

Anders als Aristoteles entwickelt Goethe aus dieser Grundbeobachtung Unterschiede, die auch das Wirkungspotenzial und den Charakter der darstellbaren Gegenstände betreffen. Der Mime-Schauspieler sehe sich einem „ungeduldig schauenden und hörenden", der Rhapsode-Erzähler hingegen einem „ruhig horchenden" Publikum gegenüber (ebd., S. 445). Die dramatische Dichtung wendet sich also auch an den Sehsinn der tatsächlich ‚Zuschauenden', während die epische Dichtung die Einbildungskraft der lediglich ‚Horchenden' ansteuern muss, um die Geschehnisse und Figuren vor ihrem inneren Auge entstehen zu lassen. Die Adressierung des Epos an die Fantasie der Hörenden erlaubt es, „sich freier in einem größern Lokal" zu bewegen und auch „Schlachten" oder „Reisen", insgesamt „jede Art von Unternehmung die eine gewisse sinnliche Breite fordert" (ebd., S. 446), zur Darstellung zu bringen. Goethe schließt seinen Text mit einer ausgreifenden Beschreibung dieser epischen Vermittlungsinstanz:

> „Die Behandlung im Ganzen betreffend, wird der Rhapsode, der das vollkommen Vergangene vorträgt, als ein weiser Mann erscheinen, der in ruhiger Besonnenheit das Geschehene übersieht; sein Vortrag wird dahin zwecken, die Zuhörer zu beruhigen, damit sie ihm gern und lange zuhören, er wird das Interesse egal verteilen, weil er nicht im Stande ist, einen allzulebhaften Eindruck geschwind zu balancieren, er wird nach Belieben rückwärts und vorwärts greifen und wandeln, man wird ihm überall folgen, denn er hat es nur mit der Einbildungskraft zu tun, die sich ihre Bilder selbst hervorbringt, und der es auf einen gewissen Grad gleichgültig ist, was für welche sie aufruft. Der Rhapsode sollte als ein höheres Wesen in seinem Gedicht nicht selbst erscheinen, er läse hinter einem Vorhange am allerbesten, so daß man von aller Persönlichkeit abstrahierte und nur die Stimme der Musen im Allgemeinen zu hören glaubte" (ebd., S. 447).

Hervorgehoben werden hier die Haltungen der Ruhe, Besonnenheit und Beruhigung, aus denen sich Goethes Zuordnung des Epos zum Verstand erschließt. Der sich nicht mit subjektiven Einschätzungen bemerkbar machende bleibende Rhapsode verkörpert ein **Ideal erzählerischer Objektivität,** von dem Goethes Erzähltexte mit ihrer Vorliebe für ein zwar allwissendes, aber eher diskret auftretendes ‚Wir' zeugen: Goethes Erzähler folgen zumeist der hier diktierten Bedingung, sich eher sparsam mit Kommentaren und Wertungen zu Wort zu melden. Das Wirkungsziel der Beruhigung erreicht der affektiv nicht mitbewegte Erzähler aber vor allem durch eine besonders ausbalancierte Abfolge der Ereignisse. Anders als der Dramatiker muss der Erzähler das ‚Interesse' durch souveräne Vor- und Rückgriffe ‚egal verteilen', um die durch einzelne Ereignisse ausgelösten Gefühlswirkungen auszutarieren.

Den größten Teil des Textes widmet Goethe Fragen der Zeitstruktur, in der sich diese balancierende Gleichverteilung der Aufmerksamkeit umsetzen lässt. Goethe setzt fünf „Motive" an, über die das Drama und das Epos in je unterschiedlicher Intensität verfügen: Es handelt sich um vorwärtsschreitende, rückwärtsschreitende, retardierende, zurückgreifende und vorgreifende Elemente. Das Zurückgreifen erläutert Goethe als Hereinheben von etwas, was „vor der Epoche des Gedichts geschehen ist" (ebd., S. 446); gemeint ist wohl die Erläuterung von Zusammenhängen, die zum Verständnis des Konflikts nötig ist. Die Retardation hingegen betrifft alle Ereignisse, „welche den Gang aufhalten, oder den Weg verlängern" (ebd.). Angesprochen ist hier ein Kunstgriff, den das Drama bekanntlich kurz vor der endgültigen Auflösung noch einmal als spannungssteigerndes Element einsetzt. Während das Retardieren und Zurückgreifen auch dem Dramatiker zur Verfügung stehen, komme das Rückwärtsschreiten, bei dem sich „die Handlung von ihrem Ziele entfernen" (ebd.) soll, nur dem Epos zu. Statt lediglich Informationen nachzutragen oder kurzfristige Hindernisse aufzurichten, macht sich die epische Erzählung durch **retrogradierende Elemente** auf einen vom Ziel wegführenden Rückweg. Die hier ausgesprochene Lizenz des epischen Erzählers, „nach Belieben rückwärts und vorwärts [zu] greifen und wandeln" (ebd., S. 447), stiftet die spannungslose Ruhe, die sich bei der Rezeption des Epos einstellen soll.

Auch wenn die neuere Narratologie die Fixierung des Epischen auf Ruhe und Reflexion zugunsten der Spannungs- und Emotionalisierungspotenziale von Erzähltexten weitgehend relativiert hat, so hat Goethe doch den Übergang von einer Theorie des Epos zu einer Reflexion auf das Epische gebahnt. Im *West-östlichen Diwan* wird Goethe die Epik schließlich mit der Lyrik und der Dramatik zur **Trias der Großgattungen** zusammenfügen und als „Naturformen der Dichtung" (Goethe FA 3/1, S. 206) bezeichnen. Die als ‚episch' gekennzeichneten Merkmale lassen sich damit nicht nur auf das Epos als ‚Heldengedicht', sondern auch auf moderne Erzählformen beziehen. Tatsächlich bildet Goethes 1795/1796 publizierter Roman *Wilhelm Meisters Lehrjahre* ein vorzügliches Beispiel für das ein Jahr später niedergelegte Programm der epischen Darstellung. Denn mit der Ereignisstruktur des Reisens und der Breite der dabei durchschrittenen geografischen und kulturellen Bereiche, aber auch mit seiner um Objektivität bemühten Erzählhaltung und mit seinem epischen Zeitmanagement sind wichtige Kennzeichen des Romans benannt.

5.2 Goethe als Erzähler

5.2.1 Bildung, Beobachtung, Archivierung: *Wilhelm Meisters Lehrjahre*

Ähnlich wie mit dem *Faust*-Stoff setzt sich Goethe auch mit dem *Wilhelm Meister*-Komplex fast sein ganzes Leben lang auseinander. Direkt nach dem Abschluss der *Leiden des jungen Werthers* (1777) plant er ein Romanvorhaben, das er unter dem

5.2 Goethe als Erzähler

1782 gefundenen Titel *Wilhelm Meisters theatralische Sendung* konkretisiert. Die Übersiedlung nach Weimar und die dort eingegangenen Verpflichtungen, die 1786 nach Italien unternommene Reise und die Teilnahme an den Revolutionsfeldzügen zu Beginn der 1790er Jahre bringen die Ausarbeitung des zunächst als Theaterroman geplanten Buchs jedoch immer wieder ins Stocken. 1794 nimmt sich Goethe die bereits entstandenen Kapitel noch einmal vor und arbeitet sie um. Ergänzt um wichtige Handlungsteile erscheint der Roman unter dem neuen Titel *Wilhelm Meisters Lehrjahre* in den Jahren 1795 und 1796 in vier Bänden, die jeweils zwei Bücher enthalten. Wie Goethe auf den *Faust I* noch einen *Faust II* folgen lässt, finden die *Lehrjahre* in den 1821 und 1829 publizierten Fassungen von *Wilhelm Meisters Wanderjahren* eine Fortsetzung. Die Fertigstellung der *Lehrjahre* wird von der brieflichen Auseinandersetzung mit Schiller begleitet (Saße 2005; Brüning 2015, S. 111–165), der den Roman seinerseits fortlaufend mit seinem Freund Körner diskutiert. Nicht nur die mitlesenden Freunde und Bekannten, sondern auch kritischer eingestellte Zeitgenossen, insbesondere die junge Generation der Frühromantiker, nehmen das Erscheinen der *Lehrjahre* als einschneidendes Ereignis wahr. Friedrich Schlegel etwa zählt *Wilhelm Meisters Lehrjahre* neben Fichtes Wissenschaftslehre und der Französischen Revolution zu den „größten Tendenzen des Zeitalters" (zit. n. Goethe FA 9, S. 1286).

Von einem epochemachenden Roman darf man wohl insofern sprechen, als Goethe Traditionen des 18. Jahrhunderts aufgreift und ihnen eine aufs 19. Jahrhundert vorausweisende neue Form gibt. Auffällig sind zuallererst die **Bezüge zum anthropologischen Roman,** den Christoph Martin Wieland mit der *Geschichte des Agathon* oder Karl Philipp Moritz in Gestalt seiner erfahrungsseelenkundlichen Autofiktion *Anton Reiser* mitgeprägt haben. Wie Wielands *Agathon* erzählen die *Lehrjahre* vom Werdegang eines idealistischen jungen Mannes, der durch die Konfrontation mit der Welt an die dort herrschende Realität gewöhnt wird. Ähnlich wie in Moritz' psychologischem Roman betreffen die Illusionen auch im *Wilhelm Meister* die eigenen künstlerischen Talente. Der Kaufmannssohn Wilhelm Meister zögert, den vom Vater vorgezeichneten Berufsweg zu beschreiten, und versucht sich stattdessen an einer Theaterkarriere. Die Gruppierung um die Schauspielerin Philine sowie das Schaustellerpaar Madame und Monsieur Melina, ihr gemeinsamer Aufenthalt auf dem Schloss eines Grafen und schließlich Wilhelms Engagement in der Theatertruppe des Regisseurs und Schauspielers Serlo bilden Etappen in einer Geschichte, die zugleich eine Theatergeschichte des 18. Jahrhunderts schreibt: Die Stationen vom fahrenden Volk über das Hoftheater bis zum Versuch eines Nationaltheaters fügen sich zu einer „Genealogie des Theaterwesens" (Blessin 1996, S. 94).

Nun gelten *Wilhelm Meisters Lehrjahre* als prägend für eine Reihe von Romanen des 19. und 20. Jahrhunderts, für die sich der **Begriff des Bildungsromans** eingebürgert hat (Jacobs 1972; Sagmo 1982; Selbmann 1984). Bereits seit den Überlegungen von Kurt May herrschen allerdings Zweifel, ob die darunter verhandelten Romane das maßgeblich von Karl Morgenstern und Hegel vorformulierte Schema erfüllen (May 1957). Dies betrifft nicht nur die Kritik an einem vermeintlichen Bildungsziel, das als Verzicht auf die Kunst und als Eingliederung in die bestehenden Verhältnisse gedacht sei (Stadler 1980; Voßkamp 1982). Viel grundlegenderen Zweifel hat die Einsicht provoziert, dass die *Lehrjahre* eigentlich gar keinen teleologischen Entwicklungsgang darstellen (Sorg 1983). Hans-Jürgen Schings hat Wilhelms Entwicklung nicht als Bildung, sondern als Heilung von den spezifisch modernen pathologischen Dispositionen der Melancholie, Hypochondrie oder Schwärmerei beschrieben: Die Figurenreihe Mignon, der Harfner, die schöne Gräfin, Serlos Schwester Aurelie und die Stiftsdame ‚die schöne Seele' deutet Schings als „pathologische Abspaltungen", von denen sich der am Ende glücklich geheilte Wilhelm lösen kann (Schings 1984, S. 54).

Wie sich mit dem sechsten Buch zeigt, erzählt der Roman tatsächlich mehr als nur eine einzige Bildungsgeschichte. Während die ersten fünf Bücher den Protagonisten Erfahrungen in unterschiedlichen Theaterprojekten sammeln lassen, bahnt das sechste Buch den Übergang in einen neuen sozialen Zusammenhang. Die als sechstes Buch eingeschalteten *Bekenntnisse einer schönen Seele* lassen sich dabei sowohl als Gegen- wie auch als Vorbild zu Wilhelms Geschichte interpretieren. Während Ortrud Gutjahr den Gegensatz zwischen der Innerlichkeit der schönen Seele und Wilhelms nach außen gewandter Theatralität herausgearbeitet hat (Gutjahr 2010), betont Hans-Georg Kemper deren Vorbildfunktion: An Ideen und Schreibweisen der pietistischen Literatur, mithin orientiert an der „radikalsten Position protestantischer Frömmigkeit", entfalten die *Bekenntnisse* das „Konzept klassischer Bildung" (Kemper 2013, S. 78). Interessant ist nicht zuletzt die Funktion der *Bekenntnisse* für den Fortgang des Romans. Die *Geschichte der schönen Seele* gibt sich im siebten Buch als Vorgeschichte von Figuren zu erkennen, mit denen Wilhelm zum Teil schon in den ersten Büchern Bekanntschaft geschlossen hatte: Der lustige Friedrich, die schöne Gräfin, die rätselhafte ‚Amazone' Natalie und der junge Adelige Lothario sind die Neffen und Nichten der ‚schönen Seele'; der namenlose Abbé, der Arzt und Lotharios Freund Jarno entpuppen sich als Abgesandte der um den ‚Oheim' gruppierten ‚Turmgesellschaft', die sich in einer Reihe von pädagogischen und therapeutischen Unternehmungen engagiert.

Die im Namen dieser Sozietät verfolgten Normalisierungsprojekte, die insbesondere Mignon und den Harfner betreffen, speisen sich aus dem anthropologischen Wissen der Aufklärung. Auch die an Freimaurerrituale erinnernde Initiation Wilhelms gehört in die Geistes- und Kulturgeschichte des 18. Jahrhunderts (Haas 1975; Windfuhr 1993). An den Projekten der Turmgesellschaft werden aber zugleich neue Ordnungsmuster und **Institutionen des 19. Jahrhunderts** sichtbar. Die Idee des Reformadels, Steuern auf seinen ererbten Besitz zu zahlen, indiziert ein neues Verhältnis zur Staatlichkeit (Janz 1975). Dabei beschreibt sich die junge Turmgeneration als ökonomische Zweckgemeinschaft, die sich die ‚Assekuranz', insbesondere die wechselseitige Versicherung auf künftig mögliche Revolutionsschäden, zum Ziel gesetzt hat. Andreas Gailus hat die Turmgesellschaft als „biopolitical apparatus" gelesen, der auf die Sicherheit und Prosperität der Bevölkerung zielt (Gailus 2012, S. 164). Vor allem aber erweist sich das in den letzten Kapiteln beschriebene Archiv, in dem Berichte über und Beichten von unterschiedlichen Figuren gesammelt sind, als Reflexionsmodell eines Romans, der ebenfalls eine Reihe von Bildungsgeschichten versammelt. Wilhelms Liebe zum Theater und die Kunstfiguren Mignon und Harfner sowie die Organisation des Bildungs- und Entwicklungsdiskurses sollen im Folgenden ausführlicher beleuchtet werden, um zuletzt den kompilatorischen Charakter der *Lehrjahre* hervorzuheben.

Liebe, Kunst und Ökonomie
Entscheidende Themen sowie charakteristische Verfahren ihrer Darstellung werden bereits exemplarisch greifbar, wenn man die ersten Kapitel der *Theatralischen Sendung* mit dem Einstieg in *Wilhelm Meisters Lehrjahre* vergleicht. Die *Theatralische Sendung* folgt den Konventionen der ‚Historie', die noch durch die abgekürzte Nennung von Namen und Daten Realitätseffekte erzielen möchte: „Es war einige Tage vor dem Christabend 174– als Benedikt Meister Burger und Handelsmann zu M–, einer mittlerern Reichsstadt, aus seinem gewöhnlichen Kränzgen Abends gegen achte nach Hause ging" (Goethe FA 9, S. 11). Der seinen regelmäßigen Gewohnheiten folgende Vater steht für das bürgerliche Kaufmannsmilieu, von dem sich Wilhelm distanzieren wird. Bevor der Roman aber zum Ausbruch des jungen Wilhelm aus diesen Verhältnissen gelangt, erzählt er von dem Weihnachtsgeschenk, das Wilhelms Großmutter an dem genannten Weihnachtsabend für ihren Enkel vorbereitet. Dieses Puppenspiel wird zum prägenden Gegenstand einer Kindheit, die durch die unglückliche Ehe der Eltern, einen strengen Vater und eine übellaunige Mutter gekennzeichnet ist. Die Schilderung dieser an das Unglück des kleinen Anton Reiser erinnernden Kindheitskonstellation liegt fest in den Händen eines auktorialen Erzählers, der sich mit Wertungen über die beschriebenen Figuren nicht zurückhält.

Dieser Erzähleingang ist in den *Lehrjahren* entschieden überarbeitet. Aus dem chronologischen Erzählerbericht wird eine persönliche Erinnerung, die Wilhelm über zwei Kapitel hinweg erzählt. Im zweiten Kapitel erinnert er sich gemeinsam mit der Mutter an das von ihr verschenkte „Puppenspiel", das ihm, wie seine Mutter rückblickend klagt, den vom Vater kritisierten „Geschmack am Schauspiele beibrachte" (ebd., S. 362). Friedrich Kittler hat die **Dynamik dieses Sozialisierungsspiels** in psychoanalytischen Termini aufgeschlüsselt und kulturhistorisch verortet. Was die *Lehrjahre* im Vergleich zur *Theatralischen Sendung* zu lesen geben, ist die ödipale Struktur eines mit der Mutter geteilten, vom Vater aber verbotenen Wunsches (Kittler 1978, S. 23). Die Einsetzung der Mutter als „Primärsozialisierungsinstanz" (ebd., S. 22) ist Symptom für die Geburt der modernen Familie (Shorter 1977) und, so ließe sich ergänzen, für die daran gekoppelte Neubestimmung der Mutterliebe (Badinter 1981).

Das narrative Arrangement lässt sich auch auf Goethes Überlegungen zur epischen Darstellung beziehen. In dem *medias in res*-Einstieg der *Lehrjahre* macht sich sowohl das aus Goethes Sicht typisch epische Verfügen über die Chronologie als auch der Rückzug eines Erzählers bemerkbar, der hinter die Figurenrede zurücktritt. Wilhelms Kindheit wird zwar als subjektive Empfindungsgeschichte erzählt. Indem der auktoriale Erzähler Wilhelm das Wort erteilt, eröffnet er aber auch die Möglichkeit einer **ironischen Brechung des Erzählten.** Nicht genug damit, dass Mariane beim Zuhören einschläft und Wilhelms Mitteilung zu einem Selbstgespräch wird. Wilhelm selbst unterstellt seine Erzählung der distanzierten Reflexion: „wenn wir uns alter Zeiten und alter unschädlicher Irrtümer erinnern", so erläutert er Mariane, dann diene dies dazu, „dasjenige, was wir jetzt entwickelt *sind*, mit dem zu vergleichen, was wir damals unentwickelt *waren*" (Goethe FA 9, S. 367). Allerdings unterliegt Wilhelm nicht nur bei seiner kindlichen, sondern auch bei seiner gegenwärtigen Begeisterung für das Theater einem Irrtum. Wenn er am Ende des ersten Buchs erfährt, dass sich Mariane, obwohl dem „jungen, zärtlichen, unbefiederten Kaufmannssohn" ihre ungeteilte Liebe gilt (ebd. S. 361), von ihrem Liebhaber Norberg finanzieren lässt, dann hat er den ökonomischen Grund eines Künstlerlebens übersehen. Verantwortlich für diese Verfehlung scheint eine allzu rege Fantasie zu sein: „Auf den Flügeln der Einbildungskraft" vermischt sich die „Leidenschaft zur Bühne" mit der „ersten Liebe zu einem weiblichen Geschöpfe" (ebd., S. 365). Diese bereits im ersten Buch eröffnete Vermischung von Kunst, Liebe und Ökonomie entfalten die Bücher zwei bis fünf in unterschiedlichen Figuren und Handlungszusammenhängen.

Nach der schmerzhaften Enttäuschung über Marianes Verhältnis zu Norberg beschließt Wilhelm, sich doch dem Kaufmannsberuf zu widmen. Er tritt eine Geschäftsreise an, auf der er unversehens wieder in die Welt des Theaters gerät. Von der Schauspielerin Philine fasziniert und von Melina überredet, lässt er sich auf die Gründung einer Schauspieltruppe ein. Wilhelm wird von den Berufsschauspielern aber nicht als Akteur, Theaterautor oder Regisseur engagiert, sondern als Investor umworben (ebd., S. 494). Im dritten Buch lädt ein Graf die neu gebildete Truppe auf sein Schloss ein, wo er sich die Schauspieler zuerst gemeinsam mit Hunden und Pferden vorführen lässt (ebd., S. 538). Bei einer szenischen Lesung im Boudoir der Gräfin, mit der Wilhelm „bedeutende Blicke über die ungeheure Kluft der Geburt und des Standes hinüber" wechselt (ebd., S. 536), muss er sich zwischen Philines Kunststücken und heißer Schokolade produzieren. Aktiv wird er auch als Autor eines Geburtstagsstücks, bei dessen Inszenierung das vom Grafen gepflegte allegorische Repräsentationstheater mit Wilhelms wirkungsästhetischen Vorstellungen kollidiert. Ständekonflikt und ästhetischer Dissens verbinden sich auch hier mit der **Analyse ökonomischer Verflechtungen.** Als Wilhelm beim Abschied vom Grafen mit einem Beutel Gold bezahlt wird, scheint er erst gekränkt, mit Geld „so ganz abgetan" (ebd., S. 566) zu werden. Er kompensiert das Unbehagen aber schnell und deutet die Aufwandsentschädigung in einen Spekulationsgewinn um: Hier habe sich die in die Truppe investierte Geldsumme vermehrt. Wie der gleich darauf verfasste Brief an die Familie andeutet (ebd., S. 567), folgt er ebenjener vom Vater vorgegebenen ökonomischen Ordnung, von der er sich eigentlich lösen wollte.

Das vierte Buch bringt einen Wendepunkt, der aber keineswegs zur Abwendung vom Theater führt. Nach einem Raubüberfall auf die fahrende Theatertruppe wird der verletzte Wilhelm von der zufällig dazukommenden Natalie und ihrem Wundarzt versorgt. Natalies Bild vor Augen will Wilhelm nach seiner Heilung „nicht etwa planlos ein schlenderndes Leben fortsetzen". Stattdessen sollen „zweckmäßige Schritte", so verspricht er sich, „seine Bahn bezeichnen" (ebd., S. 601). Ironischerweise steuert Wilhelm genau hier aber auf den Höhe- und Schlusspunkt der Karriere zu: Er unterzeichnet einen Kontrakt mit Serlo, unter dessen Regie er Shakespeares Hamlet spielt. Die mithilfe einer heimlichen Intervention des Turms durchaus gelungene Inszenierung besiegelt zugleich das Urteil über Wilhelms Schauspielkunst, der offenbar nur sich selbst – einen entscheidungsschwachen, mit einem Vaterkomplex beladenen Melancholiker – spielen kann. Hier folgt Goethe einer schon in Moritz' *Anton Reiser* gelieferten Analyse, insofern er die **Künstlerproblematik als Frage des Dilettantismus** behandelt. Denn wie Anton Reiser taugt auch Wilhelm weder zum Dichter noch zum Schauspieler, weil er Kunst zwar durchaus beurteilen, aber nicht selbst produzieren kann (Vaget 1971).

Eingewoben in Wilhelms Geschichte des Theaters sind seine Beziehungen zu den Figuren Mignon und der Harfner, die sich in der realistisch anmutenden Romanwelt fremd und rätselhaft ausnehmen. Ihre Herkunft aus einer italienischen Adelsfamilie wird erst am Ende des Romans geklärt: Der wahnsinnige Harfner Augustin ist der Vater der/des kleinen Mignon, einem aus der Inzestbeziehung Augustins mit seiner Schwester Sperata hervorgegangenen Kind mit unbestimmtem Geschlecht. Insbesondere das nur gebrochen sprechende, dafür aber mit erstaunlicher Präzision tanzende und intuitiv dichtende Kind hat wie noch die in Rom aufgestellte Skulpturengruppe zeigt (Abb. 5.1), die Imagination des 19. Jahrhunderts entschieden beflügelt (Wetzel 1999) und bildet eine wichtige Figur der poetologischen Reflexion (Horstkotte 2004). Die Versuche der Heilung und Sozialisierung beider Figuren, die mit Augustin als rasiertem Zeitungsleser und Mignon als „anständig gekleidet[em]" Mädchen kurzzeitig gelungen scheinen (Goethe FA 9, S. 894), scheitern: Augustin tötet sich selbst, Mignon erleidet einen Herzanfall. Kontrastfiguren sind die beiden aber vor allem, weil sie als Stimmen einer spontanen und originalen **Naturpoesie in der Prosa des Romans** auftreten. Paradigmatisch ist hier ein Gedichttext, der auf einem von Mignon gesungenen und vom Harfner begleiteten Lied beruhen soll.

Das Gedicht mit dem berühmt gewordenen ersten, in Varianten wiederholten Vers „Kennst Du das Land? wo die Zitronen blühn" (ebd., S. 503) lässt den Wunsch nach einer Rückkehr in das Sehnsuchtsland Italien auf die Evokation des Gebirges als bedrohliche, von mythischen Wesen bewachte Schwelle stoßen. Wenn der zu Beginn angerufene ‚Geliebte' erst als ‚Beschützer' und zuletzt als ‚Vater' angesprochen wird, dann wird ein als transgressiv markierter erotischer

Abb. 5.1 Mignon und der Harfner, Kleine Skulpturengruppen vor dem Goethedenkmal in Rom, Skulptur von Gustav Eberlein, um 1902, Postkarte, Reproduktion. (© Klassik Stiftung Weimar)

Liebeswunsch aufgegeben. Aufschlussreich ist aber nicht nur die artikulierte Sehnsucht nach einem verlorenen Ursprung und die unmögliche Liebe des Kindes Mignon zu Wilhelm, sondern auch der Modus der Einbindung dieses Lieds. Ohne vorangestellte Rahmung eröffnet der Gedichttext das erste Kapitel des dritten Buchs. In der nachträglichen Erklärung erweist sich dieser Text als das Produkt einer mehrfachen Bearbeitung:

> „Melodie und Ausdruck gefielen unserm Freunde besonders, ob er gleich die Worte nicht alle verstehen konnte. Er ließ sich die Strophen wiederholen und erklären, schrieb sie auf und übersetzte sie ins Deutsche. Aber die Originalität der Wendungen konnte er nur von ferne nachahmen. Die kindliche Unschuld des Ausdrucks verschwand, indem die gebrochene Sprache übereinstimmend, und das Unzusammenhängende verbunden ward" (ebd., S. 504).

Mignons poetische Rede lässt sich offenbar nicht ins Medium des Romans übertragen. Was Wilhelm aufgezeichnet hat, ist der überarbeitete und übersetzte Text eines Liedes, dessen musikalische und expressive Wirkung nicht transportiert werden kann, gehen doch mit der Stiftung eines künstlichen Zusammenhangs die ‚kindliche Unschuld' und damit der Reiz des Lieds verloren. Mignons kunstvoll begangenes Begräbnis, bei dem ihr Körper als einbalsamierter Leichnam ausgestellt wird, setzt diese Bearbeitung am Ende des Romans noch einmal eindrücklich in Szene: Die Prosa des Romans kann die ihm fremde Poesie nur integrieren, indem sie diese als toten Kunstkörper ausstellt (Zumbusch 2011a, S. 288–295). Die bereits von den Frühromantikern artikulierte Empörung insbesondere über die Pathologisierung und **Exklusion der Kunstfiguren** Mignon und Harfner haben Karl Schlechta und Hannelore Schlaffer mit dem im Roman propagierten Ideal bürgerlicher Sozialisierung in Verbindung gebracht (Schlechta 1953; Schlaffer 1980). Auch wenn hier zu differenzieren ist, insofern mit den Toden Mignons und des Harfners nicht der Abschied von der Kunst, sondern vom Kunstbegriff der Genieepoche ausgestellt ist (Mayer 1989; Schößler 2002, S. 63–78), führt das Ende doch auf die Frage nach dem Genre der *Lehrjahre:* Inwiefern und in welchem Sinn lässt sich hier von einem Bildungsroman sprechen?

Bildung und Erziehung

Die Gattungsbezeichnung ‚Bildungsroman' verdankt sich der *Wilhelm Meister*-Rezeption. Bereits Schillers Freund Körner bringt nach der *Wilhelm Meister*-Lektüre einen biologisch anmutenden Bildungsbegriff ins Spiel: „das Persönliche entwickelt sich aus einem selbständigen unerklärbaren Keime, und diese Entwicklung wird durch die äußern Umstände bloß begünstigt" (Körner [1796] 1979, S. 9). Die Vorstellung von einem gleichsam natürlichen Wachstum scheint noch in der ersten begriffsbildenden Einschätzung von Karl Morgenstern durch. Laut seiner Studie *Über das Wesen des Bildungsromans* von 1820 leiste dieser „die Darstellung eines Menschen, der sich durch die Zusammenwirkung seiner innern Anlagen und äußern Verhältnisse allmählich naturgemäß ausbildet. Das Ziel dieser Ausbildung ist ein vollendetes Gleichgewicht, Harmonie mit Freyheit" (Morgenstern 1820, S. 14). Diese Bestimmung des Bildungsromans knüpft an die als ‚klassisch-humanistisch'

5.2 Goethe als Erzähler

bekannt gewordene **Bildungsidee** an, die Wilhelm von Humboldt in dem Text *Theorie der Bildung des Menschen* (1794/1795) formuliert: Bildung wird hier als Entfaltung der je eigenen Möglichkeiten gedacht, die sich nicht zuletzt an den Künsten, insbesondere der Literatur und Philosophie der Antike gewinnen lässt. Im Mittelpunkt der Bildung steht für Humboldt der „Mensch, der ohne alle, auf irgend etwas Einzelnes gerichtete Absicht, nur die Kräfte seiner Natur stärken und erhöen, seinem Wesen Werth und Dauer verschaffen will" (Humboldt WA 1, S. 235). Zwar steht das Ich im Prozess dieser Bildung in einer „Wechselwirkung" mit der „Welt" (ebd., S. 235 f.). Diese Welt denkt Humboldt aber nicht als Gesellschaft, sondern als Welt der Gegenstände, auf die der Mensch selbst ‚bildend' einwirkt.

Hegel erfasst hingegen eher den sozialen Gehalt eines Erzählmusters. Aus dieser Perspektive nimmt er im Roman weder Gleichgewicht noch Harmonie, sondern die Kollision einer Poesie des Herzens mit der Prosa der Wirklichkeit wahr. Ein junger idealistischer Mann geht in die Welt, macht enttäuschende Erfahrungen und kehrt zuletzt in den Hafen der Ehe und der bürgerlichen Tätigkeit ein:

> „Diese Kämpfe nun aber sind in der modernen Welt nichts Weiteres als die Lehrjahre, die Erziehung des Individuums an der vorhandenen Wirklichkeit, und erhalten dadurch ihren wahren Sinn. Denn das Ende solcher Lehrjahre besteht darin, daß sich das Subjekt die Hörner abläuft, mit seinem Wünschen und Meinen sich in die bestehenden Verhältnisse und die Vernünftigkeit derselben hineinbildet, in die Verkettung der Welt eintritt und in ihr sich einen angemessenen Standpunkt erwirbt" (Hegel VÄ II, S. 220).

Bildung ereignet sich hier nicht als ‚Ausbildung' intrinsischer, im Individuum angelegter Neigungen und Talente, sondern als ‚Hineinbilden', mithin als **Integration des Subjekts** in die moderne Gesellschaft.

Kurt May hat Hegels Lesart in gewisser Weise Recht gegeben, wenn er Goethes Roman eine Verengung des ganzheitlichen Bildungsbegriffs attestiert. Goethe hebe die „sozialethisch-praktische Begründung" des Bildungsabschlusses hervor, in der „man eine verhaltene Kritik am harmonisch-ganzheitlichen Bildungsgedanken erkennen" könne (May 1957, S. 28). Deshalb sei der *Wilhelm Meister* gerade „kein Bildungsroman im Sinne des klassischen Humanismus und seiner harmonischen und universalen Humanitätsidee" (ebd., S. 33). Wilhelm Voßkamp hat die „harmonisierenden Auslegungen" des Bildungsbegriffs sowohl bei Körner als auch bei Hegel am Werk gesehen (Voßkamp 1982, S. 229): Was Körners „teleologisches Konzept der stufenweisen Entfaltung von Anlagen" mit der „Theorie der Sozialisation als notwendigem Wechselspiel und konstitutiver Interaktion von Ich und Welt, Individuum und Gesellschaft" gemein habe, sei ihr utopischer Gehalt (ebd., S. 230).

Nun sind sich die im Roman zu Wort kommenden Figuren keineswegs darüber einig, was unter Bildung zu verstehen sei. Im fünften Buch schreibt Wilhelm einen Brief an seinen Kindheitsfreund Werner, der die von Wilhelm ausgeschlagene Kaufmannslaufbahn gewählt hat. Seine eigene Entscheidung für das Theater begründet Wilhelm im Verweis auf seinen innigen Bildungswunsch: „Daß ich dir's mit Einem Worte sage, mich selbst, ganz wie ich da bin, auszubilden, das war dunkel von Jugend auf mein Wunsch und meine Absicht" (Goethe FA 9, S. 657).

Hier scheint das **Ideal einer ganzheitlichen Bildung** statt der einseitigen Ausbildung von Fähigkeiten auf, die Goethes Gesprächspartner Wilhelm von Humboldt 1794/1795 skizziert hat. Allerdings orientiert sich Wilhelms Wunsch nach einer Ausbildung von „Geist und Geschmack" am Vorbild eines Adels, der Figur und Habitus auf Repräsentationsaufgaben auszurichten hat. Dabei weiß Wilhelm, dass für ihn als Bürgersohn eine solche Bildung „nur auf dem Theater zu finden ist" (ebd., S. 659). Das Theater ist hier also nicht das Ziel, sondern das Mittel zur Ausbildung: Wilhelms Wunsch ist keine Bildung *zur*, sondern eine Bildung *durch* Kunst.

Wenn Wilhelm in seinem Brief an Werner von „jener harmonischen Ausbildung meiner Natur" als „Neigung" und „Trieb" spricht (ebd.), dann kommt aber auch eine biologische Grundierung des Bildungsbegriffs zum Tragen. Neuere Arbeiten haben darauf verwiesen, dass der **biologische Begriff des Bildungstriebs** für den Naturwissenschaftler Goethe von seinen frühen morphologischen Arbeiten der 1790er Jahre bis zu seinen späten *Heften zur Morphologie* zum verbindlichen Wissensbestand gehört (Gailus 2012). Geprägt wurde dieser Begriff von Johann Friedrich Blumenbach. Für ihn ist der Bildungstrieb ein „lebenslang thätiger Trieb", der dazu führt, dass lebendige Organismen „ihre bestimmte Gestalt anfangs anzunehmen, dann lebenslang zu erhalten, und wenn sie ja etwas verstümmelt worden, wo möglich wieder herzustellen" in der Lage sind (Blumenbach 1791, S. 32). Dieser Trieb ist, ähnlich wie Wilhelms ‚dunkler Wunsch', eine „qualitas occulta", deren Ursachen im Dunklen liegen (ebd., S. 33). Angesprochen ist hier eine rätselhafte Kraft zur Autopoesis, die Lebewesen zu ihrer jeweils angelegten Form verhilft.

Wenn Wilhelm erklärt, ein Genie könne nicht „verbildet" werden, weil es „die Wunden, die es sich geschlagen, selbst heilen" werde (Goethe FA 9, S. 474), dann spricht er dem „Genie" eine an lebendige Organismen erinnernde Selbstheilungskraft zu. Allerdings richtet der Roman den ‚planlos schlendernden' Gang seines Protagonisten gerade nicht einem derartigen biologisch-teleologischen Entwicklungsmodell aus (Sorg 1983). Folgt man Gailus' Argumentation, dann analysieren die *Lehrjahre* vielmehr den Unterschied zwischen natürlichem und menschlichem Leben, insofern sich die menschliche Natur nicht an sich selbst, sondern nur in symbolischen Repräsentationen – dem Theater, dem Bild, der Narration – entwirft und entfaltet (Gailus 2012, S. 170). Auf die im Roman zum Tragen kommende enge Verbindung von Bildung und Einbildungskraft ist bereits mehrfach verwiesen worden (Wellbery 1996; Ammerlahn 1998 und 2003; Voßkamp 2007). Insbesondere ist es aber wohl „das Erzählen", das sich „als Technik der Charakterbildung" erweist (Volkening 2016, S. 303).

In der Auseinandersetzung mit Vertretern des Turms scheint auch Wilhelm selbst seine Ansicht von der sich selbst entwickelnden Natur zu revidieren. Erstaunt muss er zugeben, „welche unendliche Operationen Natur und Kunst machen müssen, bis ein gebildeter Mensch dasteht" (Goethe FA 9, S. 803). Tatsächlich ist Wilhelm durchaus von anderen ‚gebildet' worden. Wie sich im siebten und achten Buch herausstellt, haben Mitglieder des Turms Einfluss auf ihn ausgeübt. Jarno hat ihm Shakespeare zu lesen gegeben, der Abbé hat ihn zu Momenten der Selbstreflexion angeregt, zuletzt haben sie Wilhelm heimlich bei der Hamlet-Inszenierung geholfen, obwohl sie seine Entscheidung fürs Theater für verfehlt hielten. Das zugrunde liegende **Erziehungsprinzip** wird vom Abbé, einem der ältesten Vertreter des Turms, explizit benannt: „nicht vor Irrtum zu bewahren, ist die Pflicht des Menschenerziehers, sondern den irrenden leiten, ja ihn seinen Irrtum aus vollen Bechern ausschlurfen zu lassen, das ist die Weisheit der Lehrer" (ebd., S. 873).

Der Gegensatz zwischen einer sich nach eigenen Gesetzen entfaltenden Natur und den künstlichen Interventionen, die dieser natürlichen Entfaltung vorgreifen, bezeichnet eine wesentliche Spannung des im Roman thematisierten Bildungsbegriffs (Zumbusch 2014). Dies zeigt sich auch in der den Roman durchziehenden Frage nach der Rolle von Notwendigkeit und Zufall (Müller 1978; Marahrens 1985), die sich unter anderem auch in das Verhältnis von biologischer Determination einerseits und zufälligen oder gezielt platzierten Einflussfaktoren andererseits übersetzen lässt (Landgraf 2017). Wie Johannes Lehmann in einer differenzierten Gegenlektüre der *Lehrjahre* mit zeitgenössischen Erziehungsschriften gezeigt hat, setzt Bildung in den *Lehrjahren* nicht auf Tradition, sondern auf Diskontinuität: Die Herausforderung der im Roman thematisierten Bildung besteht vor allem darin, dem Individuum angesichts der historisch neuen Erfahrung einer offenen Zukunft „Neueinsätze" zu ermöglichen (Lehmann 2016, S. 269).

Beobachtung und Archiv
Die *Lehrjahre* präsentieren kein schlüssiges Bildungskonzept, sondern inszenieren einen mehrstimmigen Bildungsstreit. Jarno stellt sich explizit gegen die vom Abbé propagierte Erziehung durch Irrtum, Natalie befürchtet, ihr Bruder Friedrich werde „das Opfer dieser pädagogischen Versuche werden" (Goethe FA 9, S. 901), und Wilhelm erscheint die experimentelle Pädagogik des Turms als höhere Form der Vernachlässigung: „Wenn so viele Menschen an dir Teil nahmen, deinen Lebensweg kannten und wußten, was darauf zu tun sei, warum führten sie dich nicht strenger? warum nicht ernster? warum begünstigten sie deine Spiele, an statt dich davon wegzuführen" (ebd., S. 873). Unbehagen bereitet Wilhelm vor allem der Verdacht, ohne eine für ihn erkennbare Direktive ‚geleitet' worden zu sein. Es „hatte ihm der Gedanke, daß er in so vielen Umständen seines Lebens, in denen er frei und im Verborgnen zu handeln glaubte, beobachtet, ja sogar geleitet worden war, wie ihm aus der geschriebenen Rolle nicht undeutlich erschien, eine Art von unangenehmer Empfindung gegeben" (ebd., S. 885).

Nicolas Pethes hat darauf hingewiesen, dass diese **heimliche Lenkung** nicht nur an die Geheimgesellschaften erinnert, sondern auch zentrale Prinzipien der zeitgenössischen Pädagogik aufgreift. Mit Mitteln wie Besinnungsaufsätzen über das eigene Betragen oder Beobachtungsprotokollen über das Verhalten anderer arbeitet die im ausgehenden 18. Jahrhundert entwickelte Reformpädagogik mit unterschiedlichen Strategien der verdeckten Beobachtung und der Anleitung zur Selbstbeobachtung als „System der wechselseitigen und schließlich internalisierten Verhaltenskontrolle" (Pethes 2007, S. 206). Im Blick auf die letalen Kuren Mignons und des Harfners legt Goethes Roman die Kehrseiten dieses Erziehungskonzepts offen. So werden die Herkunftsgeschichten von Mignon und dem Harfner als „Bekenntnisse" bezeichnet, obgleich sie durch „Fragen und Anleitungen" Natalies und des Arztes „hervorgelockt" worden sind (Goethe FA 9, S. 904). Und beide Figuren sterben, nachdem sie ihre Geheimnisse preisgegeben haben oder zur Einsicht über sich selbst gelangt sind. Die Prinzipien von Beobachtung und Aufzeichnung werden im *Wilhelm Meister* gattungspoetisch relevant. Indem der Roman diese Geschichten in den Text einrückt, partizipiert er selbst an der „Notationstechnik" der klassischen Fallgeschichte (Pethes 2007, S. 306–312, hier: S. 308).

Bereits Friedrich Kittler hat die *Lehrjahre* als Produkt der „Überwachungs-, Archivierungs- und Produktionspraxis des Turms" gedeutet, die im „Medienverbund" die Gattung des Bildungsromans hervorbringt (Kittler 1978, S. 108). Dabei verlassen die *Lehrjahre* in ihren letzten drei Bänden den Pfad der Entwicklungserzählung des jungen Helden und fächern sich in eine Reihe unterschiedlicher Geschichten auf (Zumbusch 2011c). Dies betrifft nicht nur die von Dritten zutage geförderten Herkunftsgeschichten Mignons und des Harfners und die *Bekenntnisse einer schönen Seele,* sondern auch Thereses Lebenserzählung, die sie Wilhelm als „Geschichte eines deutschen Mädchens" ankündigt (Goethe FA 9, S. 823), sowie den von der alten Dienerin Barbara dramatisierten Bericht von Marianes Tod. Statt die Geschichte seines Helden zügig zu einem Ende zu führen, verwandelt sich der Roman in ein **medizinisch-pädagogisches Panoptikum,** das eine Reihe gesondert beobachteter und unterschiedlich aufbereiteter Lebenswege kompiliert. Diese Gesamtstruktur reflektiert der Roman am Ende selbst.

In einem verschlossenen Zimmer des Turms findet sich ein Raum, in dem Bekenntnisse und Lebensbeichten aufbewahrt werden: „Wir wollten mit eignen Augen sehen, und uns ein eigenes Archiv unserer Weltkenntnis bilden, daher entstanden die vielen Konfessionen, die wir teils selbst schrieben, teils wozu wir andere veranlaßten, und aus denen nachher die Lehrjahre zusammengesetzt wurden" (ebd., S. 930). Nimmt man den metaleptischen Verweis auf den Romantitel ernst, dann hat Goethes Roman *Wilhelm Meisters Lehrjahre* in dem Archiv des Turms ein Formvorbild. Der Bildungsroman wäre dann nichts anderes als ein **Archiv heterogener Textformen.** Obwohl bis zuletzt offenbleibt, ob und wozu sich Wilhelm erfolgreich ausgebildet haben mag, lassen sich *Wilhelm Meisters Lehrjahre* dennoch als Bildungsroman im mehrfachen Sinn verstehen. Der Roman diskutiert konkurrierende Modelle von Entwicklung und Erziehung und er imitiert die dabei zum Zuge kommenden Formen des Bekenntnisses und des Berichts, der mündlichen und schriftlichen Erzählung. Zugleich führt er an die Schwelle zu der in den *Wanderjahren* entwickelten Form des Archivromans.

5.2.2 Krise und Kommunikation: *Unterhaltungen deutscher Ausgewanderter*

Noch während Goethe an den letzten Bänden von *Wilhelm Meisters Lehrjahren* arbeitet, widmet er sich schon den *Unterhaltungen deutscher Ausgewanderter,* die 1795 in Schillers Zeitschrift *Die Horen* in sechs Teillieferungen erscheinen.

5.2 Goethe als Erzähler

Schiller hatte in seiner Einladung zu den *Horen* die Devise ausgegeben, Tagespolitisches zu verschweigen und gegen alle Zeitläufte nur von Ernstem und Bleibenden zu sprechen. Goethe beteiligt sich an diesem Projekt erstaunlicherweise mit einem Text über die Revolutionskriege. Die *Unterhaltungen* sind deshalb meist als verdeckte, teils als kritisch-parodistische Auseinandersetzung mit Schillers autonomieästhetischem Programm gelesen worden (Bräutigam 1977; Pfaff 1977; Mommsen 1981; Gaier 1987). Bei den titelgebenden Ausgewanderten handelt es sich um eine adelige Familie, die von ihren Gütern fliehen musste, sich aber auf ihre rechtsrheinischen Besitzungen zurückziehen konnte und nun auf den weiteren Verlauf der politischen Entwicklung wartet. Um sich die Zeit zu vertreiben, erzählen sie einander Geschichten: zuerst kleine frivole Anekdoten und Gespenstergeschichten, dann zwei eher moralische Geschichten und zuletzt ein Märchen. Günter Dammann hat die These entwickelt, dass Goethe mit der Einbindung dieser aus unterschiedlichen Quellen zusammengetragenen, bis auf die Ferdinand-Novelle und das Märchen nicht selbst erfundenen Geschichten zugleich einen „Essay über die Gattung der kürzeren Prosaerzählung" schreibt (Dammann 1990, S. 6). Tatsächlich entwickelt Goethe im Durchgang durch heterogene Gattungsvorstellungen eine **Poetik des Erzählens,** die auf Schillers *Horen*-Gesetz Bezug nimmt, ohne sich ihm zu unterwerfen.

Indem die Exilierten einander Geschichten zur Ablenkung von den gegenwärtigen Ereignissen erzählen, thematisiert der Erzählrahmen sowohl die politischen Ereignisse als auch die irrige Vorstellung, die zeitgenössische Wirklichkeit ließe sich durch gesellige Konversation ausblenden. Wie der Auftakt der Rahmenerzählung zeigt, wird auch das Innere der Familie von der äußeren Umbruchssituation erfasst. Die vaterlose Familie besteht aus der „Baronesse von C., eine[r] Witwe in mittlern Jahren" (Goethe FA 9, S. 995), ihrer Tochter Luise, den Söhnen Friedrich und Karl, einem alten Geistlichen und einem Hofmeister. Zur Krise kommt es, als der „Geheimerat von S." (ebd., S. 999), ein alter Freund der Familie, abreist, weil eine politische Meinungsverschiedenheit zwischen ihm und dem revolutionsbegeisterten Karl eskaliert. Thema ist die Belagerung von Mainz, wo sich für kurze Zeit eine Republik auf deutschem Boden gebildet hatte. Der Streit entzündet sich an der Frage, ob die Mainzer Revolutionäre wohl in Frankreich Unterstützung finden würden, oder ob sie, das hofft der Geheimrat, von den Alliierten gehängt werden würden. Das im Text in indirekter Rede wiedergegebene Streitgespräch thematisiert die politischen Ereignisse nicht nur, sondern wiederholt den dadurch vollzogenen **Traditionsbruch** und die Vertreibung des alten Adels noch einmal im Kleinen: „Es tut mir leid, daß ich zum zweitenmal, und zwar durch einen Landsmann vertrieben werde" (ebd., S. 1004), so kommentiert der Geheimrat seine Abreise.

Die Baronesse macht die hier angedeutete Parallelisierung von politischen und privaten Ereignissen explizit:

> „Ist es an den ungeheuren Begebenheiten nicht genug, die auf euch und die eurigen unaufhaltsam losdringen? könnt ihr an euch selbst nicht so arbeiten, und ihr euch mäßig und vernünftig gegen diejenigen betragen, die euch im Grunde nichts nehmen, nichts rauben wollen? Müssen denn eure Gemüter nur so blind und unaufhaltsam wirken und drein schlagen, wie die Weltbegebenheiten, ein Gewitter oder ein ander Naturphänomen?" (Ebd., S. 1006).

Die Vergleichsreihe setzt die politischen Ereignisse mit Naturphänomenen gleich, die ihrerseits ein Bild für die menschlichen Leidenschaften bieten. Der Vergleich dieser drei Kräfte impliziert einen inneren Zusammenhang zwischen Politik, Natur und Mensch. Nicht nur sind die blind dreinschlagenden Leidenschaften insofern Naturgewalten, als sie der Natur des Menschen entspringen. Die unbearbeiteten Affekte lösen ihrerseits auch die ungeheuerlichen Weltbegebenheiten aus. Die Baronesse verbindet ihre Diagnose mit einem Therapievorschlag, den sie ins Zeichen der Selbstbeherrschung und der „Entsagung" (ebd.) stellt. Man solle zumindest für die Zeit des Exils im Familienkreis darauf verzichten, die eigene politische Meinung allzu vehement zu äußern. Aus der Sicht der Baronesse gilt es, zu den von der Revolution zerbrochenen gesellschaftlichen Umgangsformen zurückzufinden: „O laßt uns künftig, meine Kinder und Freunde, wieder zu jener Art zu sein zurückkehren!" und „den guten Ton, den wir eine Zeitlang vermissen, wieder unter uns einführen" (ebd., S. 1008 und 1009). Die titelgebenden Unterhaltungen, die einen verlorenen höflichen Konversationston wieder installieren sollen, führen sich als **restauratives Unternehmen** ein. Die Aporie eines solchen Projekts hat Andreas Gailus erfasst, wenn er die Kernfrage der *Unterhaltungen* reformuliert: „how to respond within communication to that which exceeds the resources of communication?" (Gailus 2002, S. 436).

Der Plan der Baronesse will auch nicht so recht aufgehen, folgt doch auf den politischen Streit sogleich ein Disput über das geplante Erzählprogramm. Der Abbé skizziert spontan eine Erzählpoetik, die er, auf die Ableitung der Novelle vom romanischen *novella* (kleine Neuigkeit) anspielend, ins Zeichen des Neuen stellt. Christine Träger hat den Fokus auf das überraschende Neue als Reaktion auf die nachrevolutionäre Zeiterfahrung des Unerwarteten und nicht Voraussehbaren gedeutet (Träger 1990, S. 149). Wie der Abbé weiter ankündigt, sollen die Erzählungen durch „sonderbare Albernheiten" unterhalten und „ergötzen", durch eine „geistreiche Wendung" überraschen, zugleich aber auch Einsicht in „die menschliche Natur und ihre innere Verborgenheiten" geben (Goethe FA 9, S. 1013). Was hier ins Auge springt, sind die heterogenen Merkmale einerseits des ‚Albernen' und Unernsten, andererseits des analytischen Einblicks in die menschliche Psyche. Noch überraschender ist in diesem Zusammenhang das wirkungsästhetische Ziel, dem Publikum einen „Augenblick reiner und ruhiger Heiterkeit" zu verschaffen (ebd.). Mit den Stichworten der Reinheit, Ruhe und Heiterkeit, in der die *hilaritas* der Ethik Spinozas durchscheint, wird den unterhaltsamen Geschichten eine erstaunliche Funktion zugewiesen: Sie sollen offenbar dem von der Baronesse gesteckten Ziel der Affektbeherrschung zuarbeiten.

Das Programm will der Tochter Luise denn auch nicht ganz einleuchten: „man mag es besehen wie man will, so werden es skandalöse Geschichten sein, auf eine oder die andere Weise skandalös, und weiter nichts" (ebd., S. 1015). Der Abbé sieht sich zur Präzisierung gezwungen. Er habe Geschichten gesammelt, in denen die moralische Konsistenz der Akteure dadurch auf die Probe gestellt werde, dass „der Zufall mit der menschlichen Schwäche und Unzulänglichkeit spielt" (ebd.). In diesen Versuchsanordnungen solle sich zeigen, so ergänzt er später, dass „der Mensch in sich eine Kraft habe, aus Überzeugung eines Bessern,

5.2 Goethe als Erzähler

selbst gegen seine Neigung, zu handeln" (ebd., S. 1057). Moralisch sind Erzählungen also nicht, weil sie moralische Lehrsätze vermitteln würden, sondern weil sie die menschlichen Möglichkeiten ausleuchten, gemäß der eigenen Tugendgrundsätze zu handeln. Mit der abschließenden Forderung des Geistlichen, „man soll keine meiner Geschichten deuten" (ebd., S. 1016), fügt sich die vom Abbé umrissene Poetik in den Rahmen der ‚klassischen' Autonomieästhetik, die von der **Deutungsoffenheit der Dichtung** ausgeht, statt sie auf Tugenddidaxe festzulegen.

Nach der zum Teil im dramatischen Dialog präsentierten Gattungsdiskussion wird noch am gleichen Abend – die Baronesse ist bereits zu Bett gegangen – erzählt. Der Geistliche beginnt mit der Geschichte über eine schöne Sängerin, die von ihrem aus Liebeskummer gestorbenen Verehrer noch aus dem Grab heraus behelligt wird. Den beiden Brüdern fallen daraufhin zwei weitere Gespenstergeschichten ein. Fritz präsentiert eine zu Goethes Zeit im Weimarer Kreis kolportierte Geschichte von einem jungen Mädchen, die von einem Klopfgeist verfolgt wurde, Karl schließt mit einer den Memoiren des französischen Adeligen François de Bassompierre entnommenen Anekdote an, in der dieser seine Geliebte am Morgen nach einer gemeinsam verbrachten Nacht als aufgebahrte Pesttote vorfindet. Was diese Erzählungen verbindet, ist die Kopplung von Erotik und Spuk. Statt durch Verzicht und Mäßigung gebändigt zu werden, scheint das Begehren als gespenstische Erscheinung wiederzukehren. Was die Geschichten aber durchaus mit der Poetik des Geistlichen verbindet, ist die Unmöglichkeit der Aufklärung und Deutung: Alle am ersten Abend erzählten Geschichten präsentieren **nicht auflösbare Rätsel**. Tatsächlich befindet man sich sowohl nach den am ersten Abend erzählten Spukgeschichten als auch beim Tisch geführten Austausch über die tagespolitischen Neuigkeiten „im Zweifel was man glauben und was man verwerfen sollte" (ebd., S. 1017). Jürgen Söring hat diese Reaktualisierung des Unheimlichen und Spukhaften im Sinne der von Adorno und Horkheimer beschriebenen Dialektik der Aufklärung gedeutet und auf die „politischen Umwälzungen" im Gefolge der Französischen Revolution bezogen (Söring 1981, S. 559).

Heiterkeit und Ruhe stellen sich denn auch nicht ein. Noch während man beieinander sitzt, ertönt plötzlich ein Knall: Die Platte eines kunstvoll gearbeiteten Schreibtischs ist ohne ersichtlichen Grund gerissen. Gleich darauf entdeckt man am Horizont Feuer und vermutet, dass der Besitz einer Tante in Brand gesetzt wurde. Als man sich erinnert, dass sich dort ein vom gleichen „Meister" angefertigter Schreibtisch befindet, vermuten einige Anwesende, es mit einem nicht durch die bekannten Naturgesetze erklärbaren wunderbaren Vorgang zu tun zu haben. Und „[d]a man durch das Vorhergehende schon empfänglicher für den Schrecken geworden war" (Goethe FA 9, S. 1031), setzt sich nun auch in der Erzählgesellschaft der **Schrecken** durch. Das am ersten Abend praktizierte Erzählen schützt offenbar nicht vor einer Zeiterfahrung, die sich seit der Revolution durch plötzlich einbrechende Schreckensmomente auszeichnet. Vielmehr sensibilisieren die Geschichten für ebenjenen Schrecken, von dem sie eigentlich ablenken sollten.

Hat man an diesem ersten Abend eher planlos und assoziativ erzählt, so formuliert die Baronesse am nächsten Morgen Regeln, die an die **normativen Poetiken** der Frühaufklärung erinnern. Erzählungen sollen ihre Handlung in ‚vernünftiger

Folge' entwickeln, Rätsel und Schachtelung sind zu vermeiden, man solle nicht zu schnell, nicht zu langsam erzählen und vor allem haben sich die Geschichten dem Postulat der Wahrscheinlichkeit zu fügen. Das Geschehen hat also den Naturgesetzen zu gehorchen und darf keinesfalls mit dem Übersinnlichem operieren. Mit diesem Reglement verwirft die Baronesse, ohne es zu wissen, die am Abend zuvor erzählten Spukgeschichten, und bringt den Abbé auch prompt aus dem Erzählkonzept: „Wie selten möchte man Ihnen nach Ihrem Maßstab Genüge leisten können" (ebd., S. 1038). Dennoch weiß er sich schnell in das neu abgesteckte Programm zu fügen, indem er spontan zwei andere Erzählungen vorträgt als geplant. Es handelt sich erst um eine an Boccaccio erinnernde Geschichte von einem italienischen Kaufmann und seiner jungen Frau, die sich trotz der regelmäßigen Abwesenheiten ihres Mannes um eheliche Treue bemüht. Die im Anschluss daran erzählte sogenannte Ferdinand-Novelle eignet sich hervorragend zur Illustration der vom Abbé skizzierten Idee einer moralischen Erzählung.

Ferdinand ist ein junger Mann, der sich für seine allzu anspruchsvolle Geliebte verschuldet. Sein verschwenderisches Leben kann er nur finanzieren, weil er durch Zufall auf den schadhaften Verschluss der väterlichen Geldschatulle aufmerksam geworden ist und sich nun regelmäßig daraus bedient. Als Ferdinand schließlich doch sein schlechtes Gewissen plagt, beginnt er, das Geld heimlich wieder zurückzuzahlen. Der Vater entdeckt den Diebstahl zwar, bevor Ferdinand seine Schulden begleichen kann. Dennoch endet alles gut. Ferdinand lernt besser hauszuhalten und heiratet zuletzt ein bescheideneres Mädchen. Das ‚Moralische' der Geschichte besteht offensichtlich in der Darstellung der Kraft, die Ferdinand aufbringt, um sich den Griff in die Geldschatulle selbst zu verbieten. Der Erzähler lässt hier also den „Zufall" mit der „menschlichen Schwäche und Unzulänglichkeit" spielen (ebd., S. 1015). Das nachgelieferte Ende der Geschichte bestätigt diese Deutung. Der Erzähler behauptet, Ferdinand in späteren Jahren im Kreis seiner Kinder wiedergetroffen zu haben, wo Ferdinand seine Kinder aus dem Stegreif auf etwas ihnen Angenehmes verzichten lässt. Er selbst tue dasselbe, um „nur nicht aus der Übung einer so schönen Tugend zu kommen" (ebd., S. 1079). Die von der Baronesse zu Anfang beklagte verlorene **Tugend der Selbstbeherrschung** ist hier zum Gegenstand einer Übung geworden, mit der die nächste Generation auf kontingente Ereignisse vorbereitet werden soll (Zumbusch 2008).

Auch am zweiten Erzählabend wird die Gesellschaft in eine Gegenwart entlassen, in der vielleicht der Zufall, vielleicht aber auch das Wunder regiert. Friedrich kehrt vom Gut der Tante zurück und berichtet, dass das Pendant zum gerissenen Schreibtisch im Brand zerstört worden sei. Ist dies nun Zufall oder besteht ein wunderbarer Zusammenhang? Der Hofmeister mahnt zur Vernunft, denn „wenn zwei Dinge zusammenträfen, [könne] man deswegen noch nicht auf ihren Zusammenhang schließen". In dieser Begründung klingt die etymologische Bedeutung von **Kontingenz** (*con:* zusammen, *tingere:* sich berühren) an: Zwei Dinge treffen schlicht zusammen, ohne dass dieser Koinzidenz ein kausaler Wirkungszusammenhang zugrunde liegt. Luise, der es dennoch „gefiel", „diese beiden Vorfälle zu verknüpfen", kann dies nur im Rückgriff auf die Fantasie tun.

5.2 Goethe als Erzähler

In der Spekulation über einen möglichen wunderbaren Zusammenhang lässt sie „der Einbildungskraft abermals vollkommen freien Lauf" (Goethe FA 9, S. 1080).

Die Rede von der Einbildungskraft liefert das Stichwort für den dritten Abend. Der Abbé erzählt hier das *Märchen,* das nur der Fantasie und keinen Wirklichkeitsbeobachtungen entspringen soll. Indem es sich statt auf die *mimesis* der wirklichen Welt auf die *poesis* einer erdichteten Welt verlegt, erscheint das *Märchen* nicht nur als Muster der Gattung Märchen, sondern auch als **Paradigma eines autonomieästhetischen Programms,** das sich gegen die illusionspoetische „Verwechslung von Kunst und Wirklichkeit" richtet (Fink 1971, S. 104). Die damit einhergehende Unmöglichkeit, das Erzählte abschließend zu deuten, wird durch die Platzierung am Ende des Erzählzyklus unterstrichen. So ist das Märchen die einzige Erzählung, über die sich die Erzählgesellschaft nicht mehr deutend austauscht. Tatsächlich geben die fantastischen Figuren und Handlungselemente des Märchens eine Reihe von unlösbaren Rätseln auf.

Es treten unter anderem auf: Ein über die Ufer getretener todbringender Fluss, ein Fährmann und seine Frau, sprechende Irrlichter, ein torkelnder Riese, drei versteinerte Könige in einem unterirdischen Tempel, eine junge Frau namens Lilie, deren Berührung alles zu Stein werden lässt, ein traurig in sie verliebter Jüngling, der sich in ihre Arme wirft, und eine Schlange, die sich zuletzt ‚opfert' und eine Brücke über den Todesfluss spannt. Daraufhin bewegt sich die unterirdische Höhle an die Oberfläche, die Hütte des Fährmanns wird zum Teil eines prachtvollen Tempels, der Fährmann und seine Frau werden wieder jung, alles Versteinerte wird wieder lebendig und der bedrohliche Riese erhält eine Funktion als Turmuhr. Mit dieser Richtigstellung des Bedrückenden, Bedrohlichen und Verkehrten durch „die Kraft der Liebe" (Goethe FA 9, S. 1111) scheint eingelöst, was in der Erzählung drei Mal laut versprochen wird: ‚es ist an der Zeit'. Am Ende stehen ein neu gekröntes Königspaar, ein Wallfahrtsort und eine Brücke, auf der die Wanderer „emsig hin und wider gingen" und „ohne sich zu hindern, stromweise hin und her flossen": Denn was getrennt war, ist nun „belebt und verbunden" (ebd.).

Goethes Zeitgenossen waren ratlos, fühlten sich aber zu allerlei Deutungsanstrengungen angeregt. Einige haben ihre Interpretationsideen bei Goethe eingesandt. Für die Irrlichter etwa erhielt Goethe die Vorschläge „Das Genie. Bel Esprit. Der Adel", „Die Versucher. Spekulanten. Sophisten" und „Die Stutzer und Schmarutzer". Die Schlange stehe für „Industrie und Spekulationsgeist", für „Die Kultur" oder aber für „das Volk" (ebd., S. 1116 f.). Goethe hat sich bei seinen Lesern bedankt, die Vorschläge in einer Tabelle zusammengetragen und weiter geschwiegen. Deutlich ist, dass sich das *Märchen* unterschiedlichster Symbolsysteme und Mythologeme bedient, die sich kaum zur Deckung bringen lassen. Mit seinem synkretistischen Charakter weist Goethes *Märchen* auf das romantische Märchen, wie Novalis es etwa im Klingsohr-Märchen des *Heinrich von Ofterdingen* ausgeformt hat, voraus. Produktiver als die Entschlüsselung der einzelnen Elemente ist für die Lektüre des Goetheschen Märchens aber wohl die Frage nach ihrer Anordnung. Besonders zu beachten sind vier Strukturmotive: Das Wunderbare, die Metamorphose, das Opfer und die kommunikative Verbindung.

1. **Das Wunderbare:** Der wiederholte Ruf ‚Es ist an der Zeit' unterlegt dem Geschehen eine providentielle Ordnung von Prophezeiung und Erlösung. Das Motiv des Wunderbaren ließe sich als Versuch deuten, den von der Erzählgesellschaft erfahrenen Schock über eine vom Zufall regierte Welt der Geschichte aufzuheben. In dieser Lesart bildet das Märchen die Lösung der in der Erzählgesellschaft aufgeworfenen Probleme.
2. **Die Metamorphose:** Auffällig ist bei der Durchführung dieses Erlösungsgeschehens das Prinzip der Verwandlung. Das Geschehen wird von Transformationen regiert, in denen sich die Grundüberzeugung von der dynamischen, in steter Bildung und Umbildung befindlichen Natur auch als Gesetz der erfundenen Welt erweist: Totes verwandelt sich in Lebendiges, organische wird zu anorganischer Materie, alt zu jung, arm zu reich, was unten war, bewegt sich nach oben, was formlos war, findet zu einer Form. Mit Blick auf Goethes Metamorphosen-Lehre lässt sich einerseits vermuten, dass Goethe das, was er selbst für das zentrale Entwicklungsgesetz der Natur hält, auch zum Bauprinzip der Kunst macht. Mit Blick auf die im gesamten Erzählzyklus verhandelte Problematik historischer Ereignisse lässt sich darüber hinaus aber auch vermuten, dass Goethe der Zeiterfahrung der Revolution als disruptivem Ereignis ein Zeitmaß der stetigen, evolutiven Bewegung entgegensetzen möchte.
3. **Das Opfer:** Wie Bernd Witte gezeigt hat, bildet das Opfer als Extremform der Entsagung das gemeinsame Leitthema der Novellen und des Märchens (Witte 1984). Den Schlüssel bietet hier der Entschluss der Schlange, „[m]ich aufzuopfern, ehe ich aufgeopfert werde" (Goethe FA 9, S. 1105). Ob man nun mit Witte im Weg der Schlange den Bildungsweg des Dichters und infolge dessen den „Dichter als das Opfer" verstehen sollte (Witte 1984, S. 481), mag dahingestellt bleiben – deutlich ist, dass sich die in der Rahmenerzählung von der Baronesse geforderte Opferbereitschaft in der Entscheidung der Schlange, sich zum Wohl der Gemeinschaft in eine Brücke über den todbringenden Fluss zu verwandeln, als höchst erfolgreiche Sozialtugend herausstellt.
4. **Die Kommunikation:** Die Schlange steuert auch einen weiteren zentralen Satz bei. Bevor sie zur Brücke wird, muss sie im versunkenen Tempel einige Rätsel lösen: „wo kommst du her? – Aus den Klüften, versetzte die Schlange, in denen das Gold wohnt. – Was ist herrlicher als Gold, fragte der König? – Das Licht, antwortete die Schlange. – Was ist erquicklicher als Licht? fragte jener – das Gespräch, antwortete diese" (Goethe FA 9, S. 1087). Im Rahmen dieser störungsfreien Wechselrede fällt der Leitsatz vom erquicklichen Gespräch als dem innersten im Märchen überlieferten Mysterium. Vor dem Hintergrund dieses Leitsatzes wird die Brücke, über die am Ende Scharen von Menschen ‚Hin- und Wieder-Wallen' können, als Bild einer gelungenen Kommunikation lesbar, die Positionen nicht zusammenfallen lässt, wohl aber die Differenzen überbrückt (Zumbusch 2011a, S. 317).

In diesem Schlussbild hat der von der Baronesse geäußerte Wunsch nach ‚Unterhaltung' als einem geregelten Miteinander, das sich im Kreis der Erzählgesellschaft nicht recht einstellen mag, sein Symbol gefunden. Während die Spukgeschichten des ersten Abends der neuen Zeit nichts entgegensetzen, sondern den Schrecken der Kontingenzerfahrung in sich abbilden, hält das Märchen der desaströsen politischen Zeiterfahrung die potenziell rettenden Prinzipien vor. Dazu gehören die Möglichkeit einer providentiellen Einordnung der Ereignisse, die natürliche Veränderung der Metamorphose, die auch dem historischen Geschehen Takt und Tempo vorgeben sollte, das freiwillige Selbstopfer als Steigerung eines Ethos des Verzichts, und vor allem: Das Ideal einer kommunikativen Verbindung, die den herrschenden Streit der Parteien befrieden könnte. So liefert das *Märchen* trotz oder gerade aufgrund seiner autonomieästhetischen Prägung den abschließenden Kommentar zur zeitgenössischen politischen Lage, den sich Goethe in Schillers *Horen* erlaubt.

5.2.3 Lösen und Binden: *Herrmann und Dorothea*

Auf die Krisenerfahrung der Zeit mit einem Novellenzyklus zu reagieren, scheint naheliegend, sind hier doch unmittelbare Zeitgenossenschaft und Modernität einer Gattung bestens aufeinander abgestimmt (Eriksson 2013, S. 378). Dass Goethe ein Jahr später ein Epos in antikisierenden Hexametern verfasst, das ebenfalls von den Auswirkungen der Französischen Revolution erzählt, mag eher überraschen. Zwischen Juli und Oktober 1796 recht schnell entstanden, kostet die Überarbeitung insbesondere des Metrums, bei der Goethe neben Schiller und Humboldt auch den Homer-Übersetzer Johann Heinrich Voß um Rat fragt, mehr Zeit als geplant. *Herrmann und Dorothea* erscheint im Herbst 1797 als *Taschenbuch für 1798* im Berliner Verlag Vieweg. Was dem Text schon unter Goethes Zeitgenossen eine begeisterte Rezeption und im 19. und frühen 20. Jahrhundert einen festen Platz im literarischen Kanon sowie in gymnasialen Lehrplänen gesichert hat, hat die germanistische Forschung seit den 1960er Jahren eher irritiert: Die Verbindung von idyllisch anmutendem bürgerlichem Setting und Ereignissen von nationaler Bedeutung, in deren Besprechung **konkurrierende politische Positionen** zum Tragen kommen. Herrmanns protonationalistische Schlussrede, die Goethe noch im letzten Bearbeitungsgang anhängt, hat hier besonders polarisiert. Goethe selbst kommentiert die zeitgenössische Aufnahme gelassen: „In *Herrmann und Dorothea* habe ich, was das Material betrifft, den Deutschen einmal ihren Willen getan, und nun sind sie äußerst zufrieden" (Goethe an Schiller, 03.01.1798, Staiger/Dewitz 2005, S. 533).

Auf eine Handlungszeit von neun Stunden zusammengedrängt, erzählt das Epos von Herrmanns Werbung um Dorothea. Herrmann, der Sohn eines wohlhabenden Wirts, wird von seiner Mutter mit Proviant und Kleidung zu vorbeiziehenden Flüchtlingen geschickt. Dorothea tut sich hier als pragmatisch Sorgende hervor. Herrmann ist beeindruckt und möchte um ihre Hand anhalten. Allerdings trägt Dorothea zum Andenken an ihren verstorbenen Verlobten bereits einen Ring am Finger. Herrmann bittet Dorothea deshalb zunächst, als Dienstmagd ins Haus der Eltern zu kommen. Die Eltern hingegen gehen davon aus, dass ihnen die künftige Schwiegertochter vorgestellt wird. Der glücklicherweise anwesende Pfarrer löst die Verwirrung und steckt Dorothea einen Ring von Herrmanns Eltern an den

Finger, der den ersten nicht ersetzen, sondern komplettieren soll. Die an Figurenberichte delegierte Geschichte der Revolution ist in diesem Handlungsgang zugleich einbezogen und auf Abstand gehalten: Die politischen Ereignisse bilden den Hintergrund, vor dem sich eine bürgerliche Heiratsgeschichte abspielt.

Mit Bezug auf briefliche Äußerungen Goethes hat man *Herrmann und Dorothea* als ‚kritische Idylle' (Morgan 1990), als idyllisch gewordenes Epos (Müller 2001, S. 87) oder als aus Epos und Idylle zusammengesetzten **Gattungshybrid** gelesen (Hartmann 2017, S. 374). Hier hat Hegel mit seiner Rede vom „idyllischen Epos" das Stichwort gegeben (Hegel VÄ II, S. 468). Goethe selbst spricht 1796 von einer „Idylle", die sich aber zu einem größeren Gegenstand ausgedehnt habe und sich nun „völlig in der epischen Form darstellt" (Goethe an Heinrich Meyer, 05.12.1796, Goethe FA 8, S. 1198 f.). Diese Beschreibung aufgreifend soll im Folgenden nicht gefragt werden, ob und mit welchem Recht von einem ‚Epos' die Rede sein kann, sondern welches Verständnis des Epischen sich in *Herrmann und Dorothea* abzeichnet, und wie sich diese Form zu dem verhält, was Goethe selbst das ‚Material' nennt. Orientierung bietet hier die den gesamten Text durchziehende Semantik des Lösens und Bindens, in der die Beobachtung der historischen Situation und die immanente Reflexion auf die epische Form konvergieren.

Revolutionsgeschichte: Auflösung und Bändigung
Das Epos setzt im ersten Gesang mit einer Beschreibung des Flüchtlingszugs ein, die sich bereits als indirekte Darstellung der Revolution und ihrer Folgen lesen lässt. Dabei kommt das von Goethe als wesentlich hervorgehobene Merkmal epischer Gestaltung zum Tragen: *Medias in res* werden Leserinnen und Leser in die von keinem Erzähler eingeführte Rede des Löwenwirts geworfen, der die voyeuristische Sensationslust seiner Mitbürger kommentiert. Seine Frau unterbricht ihn und fordert den Apotheker zur Erzählung auf: „Saget uns, was Ihr gesehn" (Goethe FA 8, S. 811). Dieser beschreibt nun das „Gedräng' und Getümmel" eines Zuges, der sich „[o]rdnungslos und verwirrt" über die staubige Straße wälzt. Die bepackten Wagen „schwankten", dann werden einige von ihnen „aus dem Gleise gedrängt" und „[u]mgeschlagen", sodass die Menschen den Wagen „entstürzten" (ebd., S. 812). Hier kommen Vokabeln zum Einsatz, die allesamt zur Beschreibung einer Revolution taugen würden: Die Rede vom Umgeschlagensein spielt als Übersetzung der lateinischen Vokabel *revolutio* sogar direkt auf die politische Begrifflichkeit an. Der sechste Gesang liefert die anfangs nur metaphorisch angespielte **Vorgeschichte der Französischen Revolution** explizit nach (ebd., S. 848). Unter der Doppelüberschrift „Klio / *Das Zeitalter*", mithin die griechische Muse der Geschichtsschreibung aufrufend, erzählt ein ebenfalls auf der Flucht befindlicher Richter die politischen Ereignisse als Geschichte der enttäuschten Hoffnungen und zerstörten Ideale.

> Denn wer leugnet es wohl, daß hoch sich das Herz ihm erhoben,
> Ihm die freiere Brust mit reineren Pulsen geschlagen,
> Als sich der erste Glanz der neuen Sonne heranhob,
> Als man hörte vom Rechte der Menschen, das allen gemein sei,

5.2 Goethe als Erzähler

> Von der begeisternden Freiheit und von der löblichen Gleichheit!
> Damals hoffte jeder, sich selbst zu leben; es schien sich
> Aufzulösen das Band, das viele Länder umstrickte,
> Das der Müßiggang und der Eigennutz in der Hand hielt.
> (Ebd., S. 848)

Die Idee der Menschenrechte bezeichnet das durchaus erstrebenswerte, leider aber verpasste politische Ziel. Statt von den als ‚umstrickendes Band' beschriebenen feudalen Herrschaftsformen zu befreien, hat die Revolution zur Freisetzung einer völlig ungeregelten Gewalt geführt: „Losgebunden erscheint, sobald die Schranken hinweg sind, / Alles Böse, das tief das Gesetz in die Winkel zurücktrieb" (ebd., S. 851). Hier diagnostiziert der Richter ein ähnliches Manko wie schon die Baronesse der *Unterhaltungen*: Es fehlt an Selbstbeherrschung, die eine Voraussetzung für eine nicht mehr auf absolutistischem Zwang gegründete Herrschaft wäre: „Sprech' er doch nie von Freiheit, als könn' er sich selber regieren!" (ebd.), ruft der Richter angesichts einer unter den Flüchtlingen ausgebrochenen Streitigkeit. Der in *Herrmann und Dorothea* vorgeschlagene Weg heißt aber nicht Unterhaltung, sondern Bändigung.

Die Rede von der Bändigung, in der das abgelegte Band der absolutistischen Herrschaft morphologisch enthalten ist, bezeichnet die Voraussetzung des sozialen Umgangs: „Hat uns […] noch nicht das Unglück also gebändigt, / Daß wir endlich verstehn, uns unter einander zu dulden / Und zu vertragen" (ebd., S. 846) fragt der Richter angesichts der streitenden Flüchtlingsgemeinde. Bändigung gehört hier in das **Repertoire affektökonomischer Verhaltensweisen**. Ins Zeichen einer derart rettenden Bändigung wird auch die Verbindung von Dorothea und Herrmann gesetzt. Im achten Gesang führt Herrmann seine Dorothea zu seinen Eltern. Als sie in der Dämmerung stolpert und zu fallen droht, fängt er sie auf. Was zum Austausch von Küssen führen könnte, arretiert der Text aber in einem statuesken Standbild: Sie stehen „[s]tarr wie ein Marmorbild, vom ernsten Willen gebändigt" (ebd., S. 870). In diesem kurzen Vers ist dreierlei enthalten. Er kündigt an, dass sich der Zusammensturz des sozialen Gefüges durch eine Paarbildung aufhalten lassen soll, er setzt den Willen als Instanz einer Steuerung und Regulierung der Triebe ins Bild und führt diese Bändigung in Gestalt einer antikisierenden Marmorstatue und damit in klassizistischer Idealform vor.

Nun hat die Bewältigung eines plötzlich hereingebrochenen Unglücks durch Heirat in der Familie Tradition. Herrmanns Mutter erinnert sich im zweiten Gesang an den Brand, der vor zwanzig Jahren zwar den Ort zerstört, ihr aber das Lebensglück gestiftet hat: Denn noch auf den Trümmern haben sie und Herrmanns Vater sich verlobt. Wenn die Mutter über ihre eigene Verlobung sagt, „uns knüpfte vielmehr die traurigste Stunde zusammen" (ebd., S. 819), dann ist die eheliche Verbindung als Reaktion auf schmerzliche Erfahrungen konzipiert. Indem Herrmann und Dorothea angesichts des politischen Ordnungsverlusts das Handlungsschema der Eltern wiederholen, wird der historische Bruch durch den **Rückgriff auf tradierte Verhaltensweisen** geheilt. Diesen Wiederholungscharakter bekräftigt der Pfarrer in der Verlobungsszene: „noch einmal sei der goldenen Reifen Bestimmung, / Fest ein Band zu knüpfen, das völlig gleiche dem alten" (ebd., S. 880). Bemerkenswert ist dabei die umstandslose Parallelisierung von Natur und Geschichte in dem Vergleich eines elementaren Unglücks mit einem von Menschen verantworteten Ereignis: Brand und Revolution erscheinen als gleichermaßen kontingente Vorfälle.

Anders als die *Unterhaltungen* bringen *Herrmann und Dorothea* eine Logik ins Spiel, derzufolge das Übel durch ein daraus hervorgehendes Gutes kompensiert wird. Bereits im ersten Gesang lobt der Pfarrer denjenigen, der „im Unglück, sich eifrig und tätig bestrebt; / Denn das Gute bringt er hervor und ersetzet den Schaden" (ebd., S. 811). Wolfgang Wittkowski hat hier die Umformung der Leibnizschen Geschichtsphilosophie in eine ‚ethische Theodizee' gesehen, derzufolge kein Gott und auch kein Schicksal, sondern die Menschen für das Aufwiegen des Übels durch ein noch größeres Gut zuständig sind (Wittkowski 1993). Tatsächlich gehört das Lösen in *Herrmann und Dorothea* nicht nur in den Bereich des Destruktiven. So beobachtet Herrmann im vierten Gesang: „Denn es löset die Liebe, das fühl' ich, jegliche Bande, / Wenn sie die ihrigen knüpft" (Goethe FA 8., S. 837). Das Motiv der notwendigen Auflösung durchzieht die Bildlichkeit des Textes in auffälliger Weise.

Dorothea begleitet eine Frau, die gerade eine Entbindung hinter sich hat. Dabei ist es sicher kein Zufall, dass die heilige Dorothea als eine der 14 Nothelferinnen besonders für die Geburtshilfe zuständig ist. Um Mutter und Neugeborenes zu versorgen, bittet sie Herrmann um Leinzeug. Er gibt daraufhin das von seiner Mutter geschnürte Wäschepaket an Dorothea weiter: „Und ich lös'te die Knoten der Schnur", berichtet er danach den Eltern (ebd., S. 817). Die Eltern freuen sich wiederum, dass Hermann nach dieser Begegnung endlich „die Zunge gelös't" sei, die offenbar „Jahre stockte und nur sich dürftig bewegte" hatte (ebd., S. 843). In dieser Einschätzung wird die Dynamisierung von ‚gestockten', in einer unangenehmen Stagnation befangenen Verhältnissen durchaus begrüßt. Der semantische Komplex des Lösens, Entbindens und Entknotens bezeichnet in *Herrmann und Dorothea* demnach nicht nur Prozesse der angsterregenden Auflösung und Zerstörung, sondern steht zugleich als Chiffre für Geburt und damit für die **Emergenz eines Neuen.**

Epische Form: *desis, lysis* und gebundene Rede
Die positiv konnotierte Semantik des Lösens spitzt sich im Text zu einer metapoetischen Pointe zu. Im letzten Gesang wendet sich Herrmann Hilfe suchend an den Pfarrer: „würdiger Herr, nun helft mir aus dieser Besorgnis / Schnell, und löset den Knoten, vor dessen Entwicklung ich schaudre" (ebd., S. 873). Dies ist eine Anspielung auf die aus der aristotelischen *Poetik* bekannte Zweiteilung des epischen und dramatischen Plots in eine *desis* und eine *lysis,* mithin in das Knüpfen und Lösen einer handlungskonstitutiven Komplikation. Voraussetzung für ein gutes Ende ist eine ‚Lösung', die Goethe als gleichsam organische ‚Entwicklung' im Sinn des Abwickelns eines verknoteten Fadens denkt (Vogel 2008). Tatsächlich werden im Text **Lösung und Neugestaltung** aufs engste aufeinander verwiesen. Wie Dorothea im neunten Gesang erinnert, hatte ihr freiheitsbegeisterter Freund die Verlobung gelöst, um nach Paris zu gehen. Dorothea erinnert seine Abschiedsrede folgendermaßen:

5.2 Goethe als Erzähler

> Lebe glücklich, sagt' er. Ich gehe; denn Alles bewegt sich
> Jetzt auf Erden einmal, es scheint sich Alles zu trennen.
> Grundgesetze lösen sich auf der festesten Staaten
> Und es lös't der Besitz sich los vom alten Besitzer,
> Freund sich los von Freund; so lös't sich Liebe von Liebe.
> […]
> Uns gehört der Boden nicht mehr; es wandern die Schätze;
> Gold und Silber schmilzt aus den alten heiligen Formen;
> Alles regt sich, als wollte die Welt, die gestaltete, rückwärts
> Lösen in Chaos und Nacht sich auf und neu sich gestalten.
> (Goethe FA 8, S. 881)

Was hier als „Nichts und Chaos" angesprochen wird, bietet zugleich die Chance zur Neugestaltung, in deren Darstellung eine vitalistische Bewegungslogik („alles regt sich') mit den Folgen des potenziell destruktiven Feuers („Schmelzen') überblendet wird. Die dadurch zu neuer Formung bereitliegenden Edelmetalle Gold und Silber spielen zugleich auf den Ring als zentrales Bindungsrequisit des Textes an.

Im neunten Gesang zieht der Pfarrer dem Vater den „Trauring" (ebd., S. 871) vom Finger und steckt ihn an Dorotheas Finger neben ihren Verlobungsring. Die Kreisform des Rings assoziiert sich im Text sowohl mit der Zyklik natürlicher Prozesse als auch mit dem Abschluss des linearen Plots. Der Musenanruf des letzten Gesangs – „Helfet auch ferner den Bund des lieblichen Paares vollenden" (ebd.) klingt im Wunsch des Pfarrers nach, dass Alte und Junge „des ewigen Kreises / Sich erfreuen und so sich Leben im Leben vollende[n]" möge (ebd., S. 873). Der Ring verfügt insofern über eine besondere narrative Schlusskraft, als in ihm etwas Altes und Neues verbunden werden. Der Ring des Vaters, der für lokale Beharrungskraft und Traditionsbildung steht, steckt nun neben dem Ring des ersten Verlobten, in dem sich das Freiheitsideal der Revolution und eine Haltung des Kosmopolitismus verkörpern. Wie die Doppelung der Ringe anschaulich werden lässt, verbinden sich am Ende des Textes zwei Vergangenheiten und damit auch zwei Haltungen.

Die Semantik des Bindens lässt sich zuletzt auch auf Goethes Entscheidung beziehen, Revolutionsgeschichte in **gebundener Rede** darzustellen. Interessant ist neben der Frage nach der mehr oder weniger gelungenen Nachbildung des antiken Hexameters (Feise 1935; Neumann 1966; Schillemeit 1991) die Tatsache, dass der Text seine metrische Form in der Thematisierung von Gangarten und Bewegungsgeschwindigkeiten demonstrativ ausstellt. Herrmann wird als Prototyp des „ruhige[n] Bürger[s]" mit „stillen Schritten" (Goethe FA 8, S. 839), Dorothea hingegen über ihre „starken Schritte" (ebd., S. 816) eingeführt. Über die Mutter heißt es im vierten Gesang im Verlauf von nur dreißig Versen: „Da durchschritt sie behende", „schritt ihn hindurch", „schritt sie hinauf" (ebd., S. 830), „schritt sie hinauf", „schritt sie hindurch" (ebd., S. 831). Dirk Oschmann hat die im Text kommentierte Bewegung der (Vers-)Füße auf die Dynamisierung der historischen Verhältnisse bezogen und in der dagegen gerichteten Langsamkeit des Goetheschen Hexameters einen „Rekurs auf die stoische Tradition" gesehen (Oschmann 2014, S. 176). Goethes Entscheidung für das Versepos ist nach Oschmann als „ebenso geschichtsphilosophischer wie ästhetischer Index des postrevolutionären Bewusstseinsstandes" (ebd., S. 189) zu deuten. In Herrmanns Schlussrede kommt die ethisch-politische Haltung der Unerschütterlichkeit tatsächlich vorbildlich zum Ausdruck: „Nicht dem Deutschen geziemt es, die fürchterliche Bewegung / Fortzuleiten und auch zu wanken hierhin und dorthin" (Goethe FA 8, S. 883). Allerdings ist fraglich, ob Herrmanns letztes Wort auch wirklich das letzte Wort in der Sache ist.

Wie in Goethes Überlegungen zur epischen Darstellung gefordert, verbirgt sich die Erzählinstanz in *Herrmann und Dorothea* gleichsam hinter einem Vorhang: Ein auktoriales Schlusswort bleibt aus. Gegen die Reduktion des Textes auf Herrmanns Schlussrede spricht aber das **ironische Potenzial,** das sich nicht zuletzt aus der in der Figur des Herrmann zutage tretenden Diskrepanz zwischen dem zeitgenössischen Sujet und der tradierten Form des Epos ergibt (Seidlin 1972; Brown 1999). Wenn das Epos auf der Stilisierung eines Helden zu heroischer Größe und Monumentalität beruht, dann eignet sich Goethes Herrmann dazu nur bedingt. Seine Mutter erteilt ihm Aufträge, der Pfarrer muss ihm die Braut sichern, und Herrmanns entscheidende Tat besteht darin, den Fliehenden abgetragene Wäsche, darunter den geblümten Schlafrock seines Vaters, zu bringen. Der Löwe, heroisches Attribut des Helden Herakles, findet sich nur noch im Wappen des Wirtshauses wieder. Und während Herrmann vom stolzen Vater als Rossebändiger beschrieben wird („Was der Junge doch fährt! und wie er bändigt die Hengste!", Goethe FA 8, S. 807), sieht man ihn im nächsten Vers nicht in einem Streitwagen, sondern auf dem Bock eines „Kütschchen[s]" (ebd.). Herrmanns Aufruf an die ‚Deutschen' wird durch die ironische Verzeichnung zwar nicht ganz desavouiert, wohl aber erheblich relativiert.

Yahya Elsaghe hat darauf hingewiesen, dass sich Dorothea als welterfahrene Reisende und beherzte Retterin viel eher zur Heroisierung anbieten würde. Eine der wenigen vom Erzähler verantworteten Einschätzungen billigt Dorothea denn auch „die Heldengröße des Weibes" (ebd., S. 870) zu. Goethes *Herrmann und Dorothea,* das in der mit einer Schere ausgelieferten Erstausgabe auch und gerade von einem **weiblichen Lesepublikum** rezipiert worden ist, hat die ‚homosozial' kodierte Gattung des Epos neu ausgerichtet (Elsaghe 1998, S. 128). Vor diesem Hintergrund ist Dorotheas Position in die abschließende Einschätzung einzubeziehen. Während die Devise von Dorotheas erstem Bräutigam lautete, „nur leicht den beweglichen Fuß" aufzusetzen (Goethe FA 8, S. 882), findet Dorothea selbst eine Formulierung, in der sich die historische Dynamisierung mit Herrmanns unerschütterlicher Statuarik verbindet: „O, verzeih, mein trefflicher Freund, daß ich, selbst an dem Arm dich / Haltend, bebe! So scheint dem endlich gelandeten Schiffer / Auch der sicherste Grund des festesten Bodens zu schwanken" (ebd.). In dem Oxymoron ‚haltend, bebe' ist die Erschütterungsbewegung nicht arretiert, sondern weiter enthalten. Die rhetorische Verbindung des Widersprüchlichen reagiert auf die Erfahrung, dass selbst der „sicherste Grund des Bodens" nicht aufgehört hat „zu schwanken" (ebd.).

Goethes Ausgestaltung des Epos *Herrmann und Dorothea* ist symptomatisch für den „Grundkonflikt heroischer Epik in aufgeklärter Zeit", wie Dieter Martin ihn gesehen hat: Dem 18. Jahrhundert ist die Archaik tötender Kriegshelden längst fremd geworden (Martin 1993, S. 22). Die sich in *Herrmann und Dorothea* abzeichnenden „Schwierigkeiten, einen Nationalhelden zu finden", hat bereits Conrad Wiedemann beschrieben (Wiedemann 1991, S. 75). Wie Heiko Christians und Charlton Payne gezeigt haben, werden Experimente mit der epischen Form im 18. Jahrhundert von der Feier großer Helden auf die Imagination und fiktive **Legitimierung politischer Gemeinschaften** umgestellt (Christians 2004; Payne 2012). Damit ist nun nicht nur das Spezifikum des Versepos *Herrmann und Dorothea*, sondern ein verbindendes Kennzeichen der Erzählprojekte bezeichnet, die Goethe in den 1790er Jahren verfolgt. Wo der ‚Bildungsroman' *Wilhelm Meisters Lehrjahre* in den letzten Büchern von der Entwicklung seines Helden auf die Bildung einer Sozietät umschwenkt, setzt der Novellenzyklus der *Unterhaltungen* mit dem Versuch einer Neubegründung der geselligen Kommunikation ein. In *Herrmann und Dorothea* wird schließlich die Ehe zum Bild einer sozialen Verbindung, in der die Differenzen nicht entschieden, sondern ausgehalten sind. In der dafür gefundenen Formel ‚haltend, bebe' ist der historisch aufgebrochene Streit der Positionen nicht ausgeblendet, sondern bebt buchstäblich nach. Diese seismografische Funktion macht die ‚Weimarer Klassik' noch in ihren klassizistischsten Formexperimenten durchaus modern.

Weiterführende Literatur

Christians, Heiko: *Der Traum vom Epos. Romankritik und politische Poetik in Deutschland (1750–2000)*. Freiburg i. Br. 2004.
Engel, Manfred: *Der Roman der Goethezeit*, Bd. 1, *Anfänge in Klassik und Frühromantik: Transzendentale Geschichten*. Stuttgart 1993.
Eriksson, Birgit: „Revolution, modernity, and the potential of narratives. Self-determination and history in Goethe's works of the 1790s". In: *German Life and Letters* 66/4 (2013), S. 368–387.
Gailus, Andreas: „Poetics of containment. Goethe's ‚Conversations of German refugees' and the crisis of representation". In: *Modern Philology* 100/3 (2002), S. 436–474.
Mayer, Mathias: *Selbstbewußte Illusion. Selbstreflexion und Legitimation der Dichtung im ‚Wilhelm Meister'*. Heidelberg 1989.
Payne, Charlton: *The Epic Imaginary. Political Power and its Legitimations in Eighteenth-century German Literature*. Berlin 2012.
Schößler, Franziska: *Goethes Lehr- und Wanderjahre. Eine Kulturgeschichte der Moderne*. Tübingen/Basel 2002.
Sorg, Klaus-Dieter: *Gebrochene Teleologie. Studien zum Bildungsroman von Goethe bis Thomas Mann*. Heidelberg 1983.

Bibliografie

Werke und Quellen

Blumenbach, Johann Friedrich: *Über den Bildungstrieb*. Göttingen 1791.
Goethe, Johann Wolfgang von: *Sämtliche Werke, Briefe, Tagebücher und Gespräche*, hg. von Friedmar Apel/Hendrik Birus/Anne Bohnenkamp u. a. 40 Bände, Frankfurt a. M. 1987ff. [Nachweise aus dieser Ausgabe unter der Sigle ‚Goethe FA'].
Gottsched, Johann Christoph: *Versuch einer Critischen Dichtkunst* [4. Aufl. 1751]. Darmstadt 1962.
Hegel, Georg Friedrich Wilhelm: Vorlesungen über die Ästhetik I–III. In: ders.: *Werke*, Bd. 13–15, hg. von Eva Moldenhauer/Karl Markus Michel. Frankfurt a. M. 1970. [Nachweise unter ‚Hegel VÄ'].
Herder, Johann Gottfried: *Werke in zehn Bänden*, hg. von Martin Bollacher/Jürgen Brummack/Ulrich Gaier u. a. Frankfurt a. M. 1985ff. [Nachweise aus dieser Ausgabe unter der Sigle ‚Herder FA'].
Humboldt, Wilhelm von: *Werke in fünf Bänden*, hg. von Andreas Flitner/Klaus Giel. Darmstadt ³1979. [Nachweise aus dieser Ausgabe unter der Sigle ‚Humboldt WA'].
Kant, Immanuel: *Werkausgabe*, hg. von Wilhelm Weischedel. 12 Bände. Frankfurt a. M. 1968f. [Nachweise aus dieser Ausgabe unter der Sigle ‚Kant WA'].
Moritz, Karl Philipp: *Werke in zwei Bänden*, hg. von Heide Hollmer/Albert Meier. Frankfurt a. M. 1997ff. [Nachweise aus dieser Ausgabe unter der Sigle ‚Moritz FA'].
Rousseau, Jean-Jacques: *Du contrat social ou principes du droit politique/Vom Gesellschaftsvertrag oder Grundsätze des Staatsrechts* [1762]. Französisch/Deutsch, übersetzt. und hg. von Hans Brockard. Stuttgart 2010.
Schelling, Friedrich Wilhelm Joseph: Philosophie der Kunst [1802/03]. In: ders.: *Historisch-kritische Ausgabe*, hg. von Thomas Buchheim/Jochem Hennigfeld/Wilhelm G. Jacobs u. a., Bd. 6/1, hg. von Christoph Binkelmann/Daniel Unger. Stuttgart 2018.
Schiller, Friedrich: *Werke und Briefe*, hg. von Otto Dann/Axel Gellhaus/Klaus Harro Hilzinger u. a. 12 Bände. Frankfurt a. M. 1985ff. [Nachweise aus dieser Ausgabe unter der Sigle ‚Schiller FA'].
Schiller Goethe Briefwechsel, hg. von Emil Staiger, revidierte Neuausgabe von Hans-Georg Dewitz. Frankfurt a. M./Leipzig 2005.
Schlegel, Friedrich: Kritische Ausgabe seiner Werke, hg. von Ernst Behler/Jean-Jacques Anstett/Hans Eichner u. a. 35 Bände. München 1958ff. [Nachweise aus dieser Ausgabe unter der Sigle ‚Schlegel KSK'].
Sulzer, Johann Georg: *Allgemeine Theorie der Schönen Künste. Erster und Zweyter Theil*. Leipzig 1771, https://reader.digitale-sammlungen.de.

Winckelmann, Johann Joachim: Geschichte der Kunst des Alterthums. Erste Ausgabe Dresden [1764]. In: ders.: *Schriften und Nachlaß*, Bd. 4.1, hg. von Adolf H. Borbein/Thomas W. Gaehtgens/Johannes Irmscher/Max Kunze. Mainz 2002.

Winckelmann, Johann Joachim: „Gedanken über die Nachahmung der griechischen Werke in der Malerei und Bildhauerkunst" [1756]. In: ders. *Kleine Schriften. Vorreden. Entwürfe*, hg. von Walther Rehm, eingel. von Hellmut Sichtermann [Berlin 1968], Berlin/New York 2002, S. 27–60.

Einführungen und Nachschlagewerke

Arnold, Heinz Ludwig (Hg.): *Friedrich Schiller.* München 2005.
Alt, Peter-André: *Schiller. Leben – Werk – Zeit.* 2 Bände. München 2000.
Alt, Peter-André: *Friedrich Schiller.* München 2004.
Alt, Peter-André: *Aufklärung. Lehrbuch Germanistik.* Stuttgart/Weimar ³2007.
Blumenberg, Hans: *Goethe zum Beispiel.* Frankfurt a. M. 1999.
Borchmeyer, Dieter: *Weimarer Klassik. Portrait einer Epoche.* Weinheim 1994.
Borchmeyer, Dieter: *Schnellkurs Goethe.* Köln 2005.
Damm, Sigrid: *Das Leben des Friedrich Schiller. Eine Wanderung.* Frankfurt a. M. 2004.
Darsow, Götz-Lothar: *Friedrich Schiller.* Stuttgart/Weimar 2000.
Dörr, Volker C.: *Weimarer Klassik.* Paderborn 2007.
Englhart, Andreas: *Einführung in das Werk Friedrich Schillers.* Darmstadt 2010.
Friedenthal, Richard: *Goethe. Sein Leben und seine Zeit.* München 1982.
Greif, Stefan/Heinz, Marion/Clairmont, Heinrich (Hg.): *Herder-Handbuch.* Paderborn 2016.
Haller-Nevermann, Marie: *Friedrich Schiller. Ich kann nicht Fürstendiener sein. Eine Biographie.* Berlin 2004.
Hamacher, Bernd: *Johann Wolfgang von Goethe. Entwürfe eines Lebens.* Darmstadt 2010.
Hamacher, Bernd: *Einführung in das Werk Johann Wolfgang von Goethes.* Darmstadt 2013.
Hamilton, Paul (Hg.): *The Oxford Handbook of European Romanticism.* Oxford 2016.
Heinz, Jutta (Hg.): *Wieland-Handbuch. Leben – Werk – Wirkung.* Stuttgart 2008.
Hofmann, Michael: *Schiller. Epoche, Werk, Wirkung.* München 2003.
Kluckert, Ehrenfried: Schnellkurs *Schiller.* Köln 2004.
Koopmann, Helmut (Hg.): *Schiller-Handbuch.* Stuttgart 1998.
Kremer, Detlev: *Romantik. Lehrbuch Germanistik.* Stuttgart/Weimar 2003 (⁴2015 mit Andreas Kilcher).
Laube, Heinrich: *Geschichte der deutschen Literatur.* 4 Bände. Stuttgart 1839/40.
Luserke-Jaqui, Matthias (Hg.): *Schiller-Handbuch. Leben – Werk – Wirkung.* Stuttgart 2005a.
Luserke-Jaqui, Matthias: *Friedrich Schiller.* Tübingen 2005b.
Meier, Albert: *Klassik – Romantik.* Stuttgart 2008.
Oellers, Norbert: *Schiller. Elend der Geschichte, Glanz der Kunst.* Stuttgart ²2005.
Oschmann, Dirk: *Friedrich Schiller.* Köln/Weimar/Wien 2009.
Prickett, Stephen (Hg.): *European Romanticism. A Reader.* London 2010.
Safranski, Rüdiger: *Schiller oder Die Erfindung des Deutschen Idealismus.* München 2004.
Safranski, Rüdiger: *Goethe und Schiller. Geschichte einer Freundschaft.* München 2009.
Safranski, Rüdiger: *Goethe. Kunstwerk des Lebens. Biographie.* München 2013.
Saße, Günter (Hg.): *Schiller. Werk – Interpretationen.* Heidelberg 2005.
Schultz, Franz: *Klassik und Romantik der Deutschen.* 2 Bände. Stuttgart 1935ff.
Schulz, Gerhard: *Die deutsche Literatur zwischen Französischer Revolution und Restauration 1789–1830.* München 1983.
Schulz, Gerhard/Doering, Sabine: *Klassik. Geschichte und Begriff.* München 2003.
Selbmann, Rolf: *Deutsche Klassik.* Paderborn 2005.
Tausch, Harald: *Literatur um 1800. Klassisch-romantische Moderne.* Berlin 2011.

Ueding, Gert: *Friedrich Schiller*. München 1990.
Voßkamp, Wilhelm (Hg.): *Theorie der Klassik*. Stuttgart 2009.
Witte, Bernd/Otto, Regine (Hg.): *Goethe-Handbuch*. 5 Bände. Stuttgart/Weimar 1996. Dazu: Gabriele Busch-Salmen/Andreas Beyer/Ernst Osterkamp u. a. (Hg.): 3 Supplement-Bände, Bd. 1 *Musik und Tanz*, Bd. 2 *Naturwissenschaften*, Bd. 3 *Kunst*. Stuttgart/Weimar 2008–2011.
Zymner, Rüdiger: *Friedrich Schiller. Dramen*. Berlin 2002.

Forschung

Adorno, Theodor W.: „Zum Klassizismus von Goethes Iphigenie". In: ders.: *Gesammelte Schriften*, hg. von Rolf Tiedemann u. a., Bd. 11. Frankfurt a. M. 1974, S. 495–514.
Albert, Claudia: *Friedrich Schiller. Die Jungfrau von Orleans*. Frankfurt a. M. 1988.
Allkemper, Alo: *Ästhetische Lösungen. Studien zu Karl Philipp Moritz*. München 1990.
Alt, Peter-André: *Begriffsbilder. Studien zur literarischen Allegorie zwischen Opitz und Schiller*. Tübingen 1995.
Alt, Peter-André: *Friedrich Schiller*. München 2004.
Alt, Peter-André: *Aufklärung. Lehrbuch Germanistik*. Stuttgart/Weimar ³2007.
Alt, Peter-André: *Klassische Endspiele. Das Theater Goethes und Schillers*. München 2008.
Althaus, Thomas: „Lyrik der Klassik. Goethes ‚Römische Elegien'". In: ders./Stefan Matuschek (Hg.): *Interpretationen zur neueren deutschen Literaturgeschichte*. Münster/Hamburg 1994, S. 43–70.
Ammer, Andreas: „Verzeichnung der Begierden: Zur Semantik von Körper, Raum und Schrift in Goethes ‚Römischen Elegien'". In: Roger Bauer (Hg.): *Proceedings of the XIIth Congress of the International Comparative Literature Association*. München 1988, S. 43–49.
Ammer, Andreas: „Kommentar". In: ders. (Hg.): *Goethe. Erotische Gedichte. Gedichte, Skizzen und Fragmente*. Frankfurt a. M. 1991, S. 235–246.
Ammerlahn, Hellmut: „Produktive und destruktive Einbildungskraft. Goethes Tasso, Harfner und Wilhelm Meister". In: *Orbis Litterarum. International Review of Literary Studies* 53,2 (1998), S. 83–104.
Ammerlahn, Hellmut: *Imagination und Wahrheit. Goethes Künstler-Bildungsroman ‚Wilhelm Meisters Lehrjahre'. Struktur, Symbolik, Poetologie*. Würzburg 2003.
Ammon, Frieder von: *Ungastliche Gaben. Die ‚Xenien' Goethes und Schillers und ihre literarische Rezeption von 1796 bis in die Gegenwart*. Tübingen 2005.
Badinter, Elisabeth: *Die Mutterliebe. Geschichte eines Gefühls vom 17. Jahrhundert bis heute*. München 1981.
Bahr, Ehrhard: „‚Die ganze Kunst des höfischen Gewebes'. Goethes *Torquato Tasso* und seine Kritik an der Weimarer Hofklassik". In: William Collins Donahue (Hg.): *History and Literature. Essays in Honor of Karl S. Guthke*. Tübingen 2000, S. 1–17.
Barner, Wilfried: „Geheime Lenkung. Zur Turmgesellschaft in Goethes Wilhelm Meister". In: William J. Lillyman (Hg.): *Goethe's Narrative Fiction*. Berlin u. a. 1983, S. 85–109.
Barner, Wilfried: „Über Klassizität und autobiographische Konstruktion in Goethes *Italienischer Reise*". In: *Goethe-Jahrbuch* 105 (1988), S. 64–92.
Barner, Wilfried: „Anachronistische Klassizität. Zu Schillers Abhandlung Über naive und sentimentalische Dichtung". In: Wilhelm Voßkamp (Hg.): *Klassik im Vergleich. Normativität und Historizität europäischer Klassiken*. Stuttgart/Weimar 1993, S. 62–80.
Barone, Paul: *Schiller und die Tradition des Erhabenen*. Berlin 2004.
Beaujean, Marion: „Zweimal Prinzenerziehung. Don Carlos und Geisterseher". In: *Poetica* 10 (1978), S. 217–235.
Begemann, Christian/David E. Wellbery (Hg.): *Kunst – Zeugung – Geburt. Theorien und Metaphern ästhetischer Produktion in der Neuzeit*. Freiburg i. Br. 2002.

Begemann, Christian: „Die Metaphysik der Vampire". In: ders./Britta Herrmann/Harald Neumeyer (Hg.): *Dracula Unbound. Kulturwissenschaftliche Lektüren des Vampirs.* Freiburg 2008, S. 311–344.
Béhar, Pierre: „Schiller als Erbe der Tradition des barocken Märtyrerdramas". In: András F. Balogh/Imre Kurdi/Magdolna Orosz/Péter Varga (Hg.): *Im Schatten eines anderen? Schiller heute.* Frankfurt a. M. 2010, S. 11–22.
Benthien, Claudia: *Tribunal der Blicke. Kulturtheorien von Scham und Schuld und die Tragödie um 1800.* Köln/Weimar/Wien 2011.
Bergengruen, Maximilian: *Verfolgungswahn und Vererbung. Metaphysische Medizin bei Goethe, Tieck und Hoffmann.* Göttingen 2018.
Berghahn, Cord-Friedrich: *Das Wagnis der Autonomie. Studien zu Karl Philipp Moritz, Wilhelm von Humboldt, Heinrich Gentz, Friedrich Gilly und Ludwig Tieck.* Heidelberg 2012.
Berghahn, Klaus L.: „Schillers mythologische Symbolik. Erläutert am Beispiel der Götter Griechenlands". In: *Weimarer Beiträge* 31 (1985), S. 1803–1822.
Berghahn, Klaus L.: *Schiller. Ansichten eines Idealisten.* Frankfurt a. M. 1986.
Berglar, Peter: *Wilhelm von Humboldt. Mit Selbstzeugnissen und Bilddokumenen.* Reinbek 1970.
Berndt, Frauke: *Poema/Gedicht. Die epistemische Konfiguration der Literatur um 1750.* Berlin/Boston 2011.
Blessin, Stefan: *Goethes Romane. Aufbruch in die Moderne.* Paderborn u. a. 1996.
Böhme, Hartmut: „Goethes Ballade Die Braut von Korinth – ein ‚vampyrisches Gedicht'". In: Gernot Böhme (Hg.): *Über Goethes Lyrik.* Bielefeld 2015, S. 57–80.
Bollenbeck, Georg: *Bildung und Kultur. Glanz und Elend eines deutschen Deutungsmusters.* Frankfurt a. M. 1996.
Borchmeyer, Dieter: *Tragödie und Öffentlichkeit. Schillers Dramaturgie im Zusammenhang seiner ästhetisch-politischen Theorie und die rhetorische Tradition.* München 1973.
Borchmeyer, Dieter: *Macht und Melancholie. Schillers Wallenstein.* Frankfurt a. M. 1988.
Borchmeyer, Dieter: „Ästhetische und politische Autonomie. Schillers ‚Ästhetische Briefe' im Gegenlicht der Französischen Revolution". In: Wolfgang Wittkowski (Hg.): *Revolution und Autonomie. Deutsche Autonomieästhetik im Zeitalter der Französischen Revolution.* Tübingen 1990, S. 278–290.
Borchmeyer, Dieter: *Weimarer Klassik. Portrait einer Epoche.* Weinheim 1994.
Borchmeyer, Dieter: „Iphigenien. Goethe und die Tradition eines Mythos". In: *Goethe-Jahrbuch* 126 (2010), S. 40–51.
Böschenstein, Bernhard: „Hoher Stil als Indikator der Selbstbezweiflung der Klassik. Eine Lektüre von Goethes ‚Natürlicher Tochter'". In: Gerhard Buhr/Friedrich A. Kittler/Horst Turk (Hg.): *Das Subjekt der Dichtung. Festschrift für Gerhard Kaiser.* Würzburg 1990, S. 243–263.
Boyle, Nicholas: „Die natürliche Tochter and the origins of ‚Entsagung'". In: *London German Studies* 4 (1992), S. 89–146.
Brandes, Peter: „Entstellte Klassik. Goethes ‚barbarische Komposition' des Faust". In: Ortrud Gutjahr/Harro Segeberg (Hg.): *Klassik und Anti-Klassik. Goethe und seine Epoche.* Würzburg 2001, S. 119–135.
Brandt, Helmut: „Entsagung und französische Revolution. Goethes Prokurator- und Ferdinandnovelle in weiterführender Betrachtung". In: Paolo Chiarini/Walter Dietze (Hg.): *Deutsche Klassik und Revolution.* Rom 1978, S. 195–227.
Brandt, Helmut (Hg.): *Friedrich Schiller. Angebot und Diskurs. Zugänge, Dichtung, Zeitgenossenschaft.* Berlin/Weimar 1987.
Braungart, Wolfgang: „Das Ur-Ei. Einige mediengeschichtliche und literaturanthropologische Anmerkungen zu Goethes Balladenkonzeption" (2005), http://www.goethezeitportal.de/db/wiss/goethe/braungart_ur-ei.pdf (1.12.2018).
Bräutigam, Bernd: „Die ästhetische Erziehung der deutschen Ausgewanderten". In: *Zeitschrift für deutsche Philologie* 96 (1977), S. 508–539.

Bräutigam, Bernd: „Rousseaus Kritik ästhetischer Versöhnung. Eine Problemvorgabe der Bildungsästhetik Schillers". In: *Jahrbuch der Deutschen Schillergesellschaft* 31 (1987), S. 137–155.

Bräutigam, Bernd: „Konstitution und Destruktion ästhetischer Autonomie im Zeichen des Kompensationsverdachts". In: Wolfgang Wittkowski (Hg.): *Revolution und Autonomie. Deutsche Autonomieästhetik im Zeitalter der Französischen Revolution.* Tübingen 1990, S. 244–263.

Breidbach, Olaf: *Goethes Naturverständnis.* Paderborn 2011.

Brittnacher, Hans Richard: „Schiller als Erzähler und Romancier. ‚Der Geisterseher' und seine Fortsetzungen". In: Hans Feger (Hg.): *Friedrich Schiller. Die Realität des Idealisten.* Heidelberg 2006, S. 343–365.

Brown, Jane K.: „Schiller und die Ironie von *Hermann und Dorothea*". In: dies.: *Ironie und Objektivität. Aufsätze zu Goethe.* Würzburg 1999, S. 164–179.

Brown, Kathryn/Stephens, Anthony: „‚...hinübergehn und unser Haus entsühnen'. Die Ökonomie des Mythischen in Goethes *Iphigenie*". In: *Jahrbuch der Deutschen Schillergesellschaft* 32 (1988), S. 94–115.

Brüning, Gerrit: *Ungleiche Gleichgesinnte. Die Beziehung zwischen Goethe und Schiller 1794–1798.* Göttingen 2015.

Bürger, Christa: *Der Ursprung der bürgerlichen Institution Kunst im höfischen Weimar. Literatursoziologische Untersuchungen zum klassischen Goethe.* Frankfurt a. M. 1977.

Bürger, Peter: *Theorie der Avantgarde.* Frankfurt a. M. 1974.

Burger, Heinz Otto (Hg.): *Begriffsbestimmung der Klassik und des Klassischen.* Darmstadt 1972.

Schäublin, Peter: „Gryphius' ‚Catharina von Georgien' historisch-anthropologisch". In: Wolfgang Braungart/Klaus Ridder/Friedmar Apel (Hg.): *Wahrnehmen und Handeln. Perspektiven einer Literaturanthropologie.* Bielefeld 2004, S. 131–154.

Buschmeier, Matthias: „Familien-Ordnung am Ende der Weimarer Klassik. Zum Verhältnis von Genealogie, Politik und Poetik in Schillers ‚Die Braut von Messina' und Goethes ‚Die natürliche Tochter'". In: *Deutsche Vierteljahrsschrift für Literaturwissenschaft und Geistesgeschichte* 82/1 (2008), S. 26–57.

Cadete, Teresa: „Schillers Ästhetik als Synchronisierung seiner anthropologischen und historischen Erkenntnisse". In: *Weimarer Beiträge* 37 (1991), S. 839–852.

Campe, Rüdiger: „Zeugen und Fortzeugen in Karl Philipp Moritz' ‚Über die bildende Nachahmung des Schönen'". In: Christian Begemann/David E. Wellbery (Hg.): *Kunst – Zeugung – Geburt. Theorien und Metaphern ästhetischer Produktion in der Neuzeit.* Freiburg i. Br. 2002, S. 225–249.

Campe, Rüdiger: „To Be Continued. Einige Beobachtungen zu Goethes *Unterhaltungen*". In: Elisabeth Bronfen/Christiane Frey/David Martyn (Hg.): *Noch einmal anders. Zu einer Poetik des Seriellen.* Zürich/Berlin 2016, S. 119–136.

Christians, Heiko: *Der Traum vom Epos. Romankritik und politische Poetik in Deutschland (1750–2000).* Freiburg i. Br. 2004.

Colosimo, Jennifer Driscoll: „The Rhetoric of Passivity and the Challenge of Modernity in Schiller's ‚Die Braut von Messina'". In: *German Studies Review* 30/3 (2007), S. 611–631.

Conrady, Karl Otto: *Deutsche Literatur zur Zeit der Klassik.* Stuttgart 1977.

Costazza, Alessandro: *Schönheit und Nützlichkeit. Karl Philipp Moritz und die Ästhetik des 18. Jahrhunderts.* Bern u. a. 1996.

Cuonz, Daniel: *Reinschrift. Poetik der Jungfräulichkeit in der Goethezeit.* München 2006.

Dahlhaus, Carl: *Klassische und romantische Musikästhetik.* Laaber 1988.

Dahnke, Hans-Dietrich: „Die Debatte um ‚Die Götter Griechenlands'". In: ders./Bernd Leistner (Hg.): *Debatten und Kontroversen. Literarische Auseinandersetzungen in Deutschland am Ende des 18. Jahrhunderts,* Bd. 1. Berlin/Weimar 1989, S. 193–269.

Dahnke, Hans-Dietrich/Leistner, Bernd (Hg.): *Debatten und Kontroversen. Literarische Auseinandersetzungen in Deutschland am Ende des 18. Jahrhunderts.* 2 Bände. Berlin/Weimar 1989.

Damm, Sigrid: *Sommerregen der Liebe. Goethe und Frau von Stein.* Frankfurt a. M. 2015.

Dammann, Günter: „Goethes ‚Unterhaltungen deutscher Ausgewanderten' als Essay über die Gattung der Prosaerzählung im 18. Jahrhundert". In: Harro Zimmermann (Hg.): *Der deutsche Roman der Spätaufklärung. Fiktion und Wirklichkeit.* Heidelberg 1990, S. 1–24.

Darsow, Götz-Lothar: *Friedrich Schiller.* Stuttgart/Weimar 2000.

Daston, Lorraine/Galison, Peter: *Objektivität.* Aus dem Amerikanischen von Christa Krüger. Frankfurt a. M. 2007.

Deiters, Franz-Josef: „Goethes ‚Iphigenie auf Tauris' als Drama der Grenzüberschreitung oder: Die Aneignung des Mythos". In: *Jahrbuch des Freien Deutschen Hochstifts* 1999, S. 14–51.

Dilthey, Wilhelm: *Das Erlebnis und die Dichtung* [1905]. Göttingen 1985.

Dönike, Martin: *Pathos, Ausdruck und Bewegung. Zur Ästhetik des Weimarer Klassizismus 1796–1806.* Berlin/New York 2005.

Dönike, Martin: „Goethes Winckelmann. Zur Bedeutung der altertumswissenschaftlichen Studien Johann Heinrich Meyers für das Antikebild des Weimarer Klassizismus". In: Barbara Naumann/Margrit Wyder (Hg.): *‚Ein Unendliches in Bewegung'. Künste und Wissenschaften im medialen Wechselspiel bei Goethe.* Bielefeld 2012, S. 69–84.

Dörr, Volker C.: *Weimarer Klassik.* Paderborn 2007.

Dubbels, Elke: „Informationsdrama. Zur Zirkulation von Nachrichten und Gerüchten in Schillers ‚Wallenstein'". In: *Weimarer Beiträge* 60/1 (2014), S. 22–35.

Düsing, Wolfgang: „Ästhetische Form als Darstellung der Subjektivität. Zur Rezeption Kantischer Begriffe in Schillers Ästhetik". In: Klaus L. Berghahn (Hg.): *Friedrich Schiller. Zur Geschichtlichkeit seines Werkes.* Kronberg i. Ts. 1975, S. 197–239.

Düsing, Wolfgang: „Aspekte des Kunstbegriffs in Schillers klassischen Elegien". In: ders./Hans-Jürgen Schings/Stefan Trappen/Gottfried Willems (Hg.): *Traditionen der Lyrik. Festschrift für Hans-Henrik Krummacher.* Tübingen 1997, S. 103–114.

Dye, R. Ellis: „Goethe's ‚Die Braut von Korinth'. Anti-Christian Polemic or Hymn of Love and Death?" In: *Goethe Yearbook* 4 (1988), S. 83–98.

Eder, Antonia: „Die Auferstehung von Indizien. Ermitteln und Erzählen in Friedrich Schillers ‚Geisterseher'". In: Maximilian Bergengruen/Gideon Haut/Stephanie Langer (Hg.): *Tötungsarten und Ermittlungspraktiken. Zum literarischen und kriminalistischen Wissen von Mord und Detektion.* Freiburg i. Br. u. a. 2015, S. 39–57.

Eibl, Karl: „Anamnesis des ‚Augenblicks'. Goethes poetischer Gesellschaftsentwurf in ‚Hermann und Dorothea'". In: *Deutsche Vierteljahrsschrift für Literaturwissenschaft und Geistesgeschichte* 58/1 (1984), S. 111–138.

Elsaghe, Yahya: „Der Schluß von Goethes ‚Hermann und Dorothea' aus entstehungsgeschichtlicher Sicht". In: *Jahrbuch der Deutschen Schillergesellschaft* 35 (1991), S. 57–72.

Elsaghe, Yahya: „Säbel und Schere. Goethes Revolutionierung des Epos und die Rezeptionskarriere von ‚Hermann und Dorothea'". In: *Seminar. A Journal of Germanic Studies* 34/2 (1998), S. 121–136.

Engel, Manfred: *Der Roman der Goethezeit,* Bd. 1, *Anfänge in Klassik und Frühromantik: Transzendentale Geschichten.* Stuttgart 1993.

Erhart, Walter: „Drama der Anerkennung. Neue gesellschaftstheoretische Überlegungen zu Goethes ‚Iphigenie auf Tauris'". In: *Jahrbuch der Deutschen Schillergesellschaft* 51 (2007), S. 140–165.

Eriksson, Birgit: „Revolution, modernity, and the potential of narratives. Self-determination and history in Goethe's works of the 1790s". In: *German Life and Letters* 66/4 (2013), S. 368–387.

Ette, Wolfram: „Wallenstein – das Drama der Geschichte". In: *Deutsche Vierteljahrsschrift für Literaturwissenschaft und Geistesgeschichte* 85/1 (2011), S. 30–46.

Ewald, François: *L'état providence* [1986]. *Der Vorsorgestaat,* aus dem Französischen von Wolfram Bayer und Hermann Kocyba, mit einem Essay von Ulrich Beck. Frankfurt a. M. 1993.

Falkenstein, Henning: *Das Problem der Gedankenlyrik und Schillers lyrische Dichtung.* Marburg 1963.

Fambach, Oscar: *Ein Jahrhundert deutscher Literaturkritik (1750–1850). Ein Lesebuch und Studienwerk,* Bd. 2, *Schiller und sein Kreis in der Kritik ihrer Zeit.* Berlin 1957.

Feil, Ernst: „Autonomie und Heteronomie nach Kant. Zur Klärung einer signifikanten Fehlinterpretation". In: *Freiburger Zeitschrift für Philosophie und Theologie* 29 (1982), S. 389–441.

Fick, Monika: „Destruktive Imagination. Die Tragödie der Dichterexistenz in *Wilhelm Meisters Lehrjahren*". In: *Jahrbuch der Deutschen Schillergesellschaft* 29 (1985), S. 207–247.

Fink, Gonthier-Louis: „*Das Märchen.* Goethes Auseinandersetzung mit seiner Zeit". In: *Neue Folge des Jahrbuchs der Goethe-Gesellschaft* 33 (1971), S. 96–122.

Fischer, Bernhard: „Goethes Klassizismus und Schillers Poetologie der Moderne. ‚Über naive und sentimentalische Dichtung'". In: *Zeitschrift für deutsche Philologie* 113 (1994), S. 225–245.

Förster, Eckart: *Die 25 Jahre der Philosophie. Eine systematische Rekonstruktion.* Frankfurt a. M. 2011.

Foucault, Michel: *La volonté de savoir* [1976] *Der Wille zum Wissen.* (= *Sexualität und Wahrheit,* Bd. 1). Frankfurt a. M. 1983.

Freier, Hans: „Ästhetik und Autonomie. Ein Beitrag zur idealistischen Entfremdungsästhetik". In: Bernd Lutz (Hg.): *Literaturwissenschaft und Sozialwissenschaften,* Bd. 3, *Deutsches Bürgertum und literarische Intelligenz 1750–1800.* Stuttgart 1974, S. 329–383.

Frevert, Ute: *Gefühlspolitik. Friedrich II. als Herr über die Herzen?* Göttingen 2012.

Freytag, Gustav: *Die Technik des Dramas* [1863]. Darmstadt 1969.

Frick, Werner: *Providenz und Kontingenz. Untersuchungen zur Schicksalssemantik im deutschen und europäischen Roman des 17. und 18. Jahrhunderts.* 2 Bände. Tübingen 1988.

Frick, Werner: „Die Schlächterin und der Tyrann. Gewalt und Aufklärung in europäischen Iphigenie-Dramen des 18. Jahrhunderts". In: *Goethe-Jahrbuch* 118 (2002), S. 126–141.

Friedenthal, Richard: *Goethe. Sein Leben und seine Zeit.* München 1982.

Frühwald, Wolfgang: „Die Auseinandersetzung um Schillers Gedicht ‚Die Götter Griechenlands'". In: *Jahrbuch der Deutschen Schillergesellschaft* 13 (1969), S. 251–271.

Gaier, Ulrich: „Soziale Bindung gegen ästhetische Erziehung. Goethes Rahmen der ‚Unterhaltungen deutscher Ausgewanderten' als satirische Antithese zu Schillers ‚Ästhetischen Briefen' I–IX". In: Helmut Bachmaier/Thomas Rentsch (Hg.): *Poetische Autonomie? Zur Wechselwirkung von Dichtung und Philosophie in der Epoche Goethes und Hölderlins.* Stuttgart 1987, S. 207–272.

Gaier, Ulrich: „Gesellschaftsstruktur, Denkform, Klassizität. Widersprüche im letzten Drittel des 18. Jahrhunderts und ihre Lösungen". In: Hans-Joachim Simm (Hg.): *Literarische Klassik.* Frankfurt a. M. 1988, S. 371–409.

Gaier, Ulrich: *Kommentar zu Goethes Faust.* Stuttgart 2002.

Gailus, Andreas: „Poetics of Containment. Goethe's ‚Conversations of German Refugees' and the Crisis of Representation". In: *Modern Philology* 100 (2002/3), S. 436–474.

Gailus, Andreas: „Forms of Life: Nature, Culture, and Art in Goethe's ‚Wilhelm Meister's Apprenticeship'". In: *The Germanic Review* 87/2 (2012), S. 138–174.

Gamper, Michael: „Charisma *in extremis.* Schillers ‚Jungfrau von Orleans'". In: ders.: *Der große Mann. Geschichte eines politischen Phantasmas.* Göttingen 2016, S. 141–148.

Geimer, Peter: *Die Vergangenheit der Kunst. Strategien der Nachträglichkeit im 18. Jahrhundert.* Weimar 2002.

Genton, François: „‚Don Carlos', doch ein Familiengemälde?" In: *Aurora* 60 (2000) S. 1–11.

Geulen, Eva: *Aus dem Leben der Form. Goethes Morphologie und die Nager.* Berlin 2016.

Gille, Klaus F.: „‚Daß ich die Schönheit der Freiheit vorangehen lasse …'. Zu einigen Aspekten der Antikerezeption in der Weimarer Klassik". In: Hannelore Scholz (Hg.): *Zwischen Kulturrevolution und Nationalliteratur. Gesammelte Aufsätze zu Goethe und seiner Zeit.* Berlin 1998, S. 225–244.

Gilman, Sander L.: *Goethe's Touch. Touching, Seeing, and Sexuality.* New Orleans, LA 1988.

Girschner, Gabriele: *Goethes ‚Tasso'. Klassizismus als ästhetische Regression.* Königstein i. Ts. 1981.

Giuriato, Davide: ‚*klar und deutlich'. Ästhetik des Kunstlosen im 18./19. Jahrhundert*. Freiburg i. Br. 2015.
Glockhamer, Heidi: „Fama and Amor. The Function of Eroticism in Goethe's Römische Elegien". In: *Eighteenth-Century Studies* 19/2 (1986), S. 235–253.
Golz, Jochen: „Glückliches Ereigniß". In: ders./Helmut Brandt/Klaus Manger: *Glückliches Ereigniß. Die Begegnung zwischen Goethe und Schiller bei der Tagung der Naturforschenden Gesellschaft in Jena am 20. Juli 1794*. Weimar/Marbach a. N. 1995, S. 3–9.
Graham, Ilse: *Schiller's Drama. Talent and Integrity*. London 1974.
Graham, Ilse: „Die Theologie tanzt. Goethes Balladen ‚Die Braut von Korinth' und ‚Der Gott und die Bajadere'". In: dies.: *Goethe. Schauen und Glauben*. Berlin 1988, S. 253–284.
Greiner, Bernhard: „Negative Ästhetik. Schillers Tragisierung der Kunst und Romantisierung der Tragödie (‚Maria Stuart' und ‚Die Jungfrau von Orleans')". In: Heinz Ludwig Arnold/Mirjam Springer (Hg.): *Friedrich Schiller. Text und Kritik* (2005), S. 53–70.
Grimm, Reinhold/Hermand, Jost (Hg.): *Die Klassik-Legende*. Frankfurt a. M. 1971.
Grimminger, Rolf: „Die ästhetische Versöhnung. Ideologiekritische Aspekte zum Autonomiebegriff am Beispiel Schillers". In: Walter Müller-Seidel/Hans Fromm/Karl Richter (Hg.): *Historizität in Sprach- und Literaturwissenschaft*. München 1974, S. 581–597.
Groddeck, Wolfram: *Reden über Rhetorik. Zu einer Stilistik des Lesens*. Basel/Frankfurt a. M. 1995.
Guthke, Karl S.: „‚Wallenstein' als Spiel vom Spiel". In: *Wirkendes Wort* (2/1993), S. 174–196.
Guthke, Karl S.: *Schillers Dramen. Idealismus und Skepsis*. Tübingen 1994.
Gutjahr, Ortrud: „Theatralität und Innerlichkeit. Zur Bildungsfunktion der ‚Bekenntnisse einer schönen Seele' in Goethes Wilhelm Meisters Lehrjahre. In: Raymond Heitz/Christine Maillard (Hg.): *Neue Einblicke in Goethes Erzählwerk. Genese und Entwicklung einer literarischen und kulturellen Identität*. Heidelberg 2010, S. 45–69.
Haas, Rosemarie: *Die Turmgesellschaft in ‚Wilhelm Meisters Lehrjahren'. Zur Geschichte des deutschen Geheimbundromans im 18. Jahrhundert*. Bern 1975.
Hamburger, Käte: „Schiller und die Lyrik". In: *Jahrbuch der Deutschen Schillergesellschaft* 16 (1972), S. 299–329.
Hamilton, Paul (Hg.): *The Oxford Handbook of European Romanticism*. Oxford 2016.
Hamlin, Cyrus: „‚Myth and psychology'. The Curing of Orest in Goethe's Iphigenie auf Tauris". In: *Goethe Yearbook* 12 (2004), S. 59–80.
Hansen, Frank-Peter: „Die Rezeption von Kants Kritik der Urteilskraft in Schillers Briefen über die ästhetische Erziehung des Menschen". In: *Literaturwissenschaftliches Jahrbuch* 33 (1992), S. 165–188.
Harrison, Robin: „Heilige oder Hexe? Schillers Jungfrau von Orleans im Lichte der biblischen und griechischen Anspielungen". In: *Jahrbuch der Deutschen Schillergesellschaft* 30 (1986), S. 265–305.
Hartmann, Philipp: „Das Leiden anderer erzählen? Über epische Distanz in ‚Herrmann und Dorothea'". In: *Goethe-Jahrbuch* 134 (2017), S. 369–375.
Hart Nibbrig, Christian L. (Hg.): *Ästhetik. Materialien zu ihrer Geschichte. Ein Lesebuch*. Frankfurt a. M. 1978.
Heftrich, Eckhard: „Das Schicksal in Schillers Wallenstein". In: Roger Bauer/Michael de Graat/Johannes von Schlebrügge (Hg.): *Inevitabilis Vis Fatorum. Der Triumph des Schicksalsdramas auf der europäischen Bühne um 1800*. Bern/Frankfurt a. M. 1990, S. 113–121.
Heller, Erich: „Goethe und die Vermeidung der Tragödie". In: ders.: *Enterbter Geist. Essays über modernes Dichten und Denken*. Frankfurt a. M. 1954, S. 61–98.
Helmstetter, Rudolf: „Schillers Tode und Unsterblichkeiten". In: ders./Holt Meyer/Daniel Müller Nielaba (Hg.): *Schiller. Gedenken – Vergessen – Lesen*. München 2010, S. 87–122.
Henkel, Arthur: „Die ‚verteufelt' humane Iphigenie". In: *Euphorion* 59 (1965), S. 1–17.
Henkel, Arthur: „Wie Schiller Königinnen reden läßt. Zur Szene III,4 in der Maria Stuart". In: Achim Aurnhammer/Klaus Manger/Friedrich Strack (Hg.): *Schiller und die höfische Welt*. Tübingen 1990, S. 398–406.

Henrich, Dieter: „Der Begriff der Schönheit in Schillers Ästhetik". In: *Zeitschrift für philosophische Forschung* 11/4 (1957), S. 527–547.
Hermand, Jost: *Grüne Klassik. Goethes Naturverständnis in Kunst und Wissenschaft.* Köln 2016.
Herwig, Henriette: „AMOR versus FAMA. Goethes ‚Römische Elegien'". In: Yvonne-Patricia Alefeld (Hg.): *Von der Liebe und anderen schrecklichen Dingen. Festschrift für Hans-Georg Pott.* Bielefeld 2007, S. 145–161.
High, Jeffrey L.: „Schillers Unabhängigkeitserklärungen. Die niederländische ‚Plakkaat van Verlatinge', der ‚amerikanische Krieg' und die unzeitgemäße Rhetorik des Marquis Posa". In: *Jahrbuch der Deutschen Schillergesellschaft* 54 (2010), S. 82–110.
Hiller, Marion: „‚Liebe zielt nach Einheit, Egoismus ist Einsamkeit'. Zum Opfergedanken in Schillers ‚Don Carlos' und den ‚Philosophischen Briefen'". In: *Euphorion* 99 (2005), S. 115–128.
Hinck, Walter: *Goethe – Mann des Theaters.* Göttingen 1982.
Hinderer, Walter: „Das Reich der Schatten". In: Norbert Oellers (Hg.): *Interpretationen. Gedichte von Friedrich Schiller.* Stuttgart 1996, S. 123–148.
Hinderer, Walter: „Von Heroinen und Amazonen. Zum politischen Geschlechterdiskurs in Schillers Jungfrau von Orleans und Maria Stuart". In: Udo Bermbach/Hans Rudolf Vaget (Hg.): *Getauft auf Musik. Festschrift für Dieter Borchmeyer.* Würzburg 2006, S. 67–77.
Höffe, Ottfried: *Immanuel Kant.* München [8]2014.
Hofmann, Frank: *Goethes Römische Elegien. Erotische Dichtung als gesellschaftliche Erkenntnisform.* Stuttgart 1994.
Hofmann, Michael: „Die unaufhebbare Ambivalenz historischer Praxis und die Poetik des Erhabenen in Friedrich Schillers ‚Wallenstein'-Trilogie". In: *Jahrbuch der Deutschen Schillergesellschaft* 43 (1999), S. 241–265.
Hofmann, Michael: „Bürgerliche Aufklärung als Konditionierung der Gefühle in Schillers ‚Don Carlos'". In: *Jahrbuch der Deutschen Schillergesellschaft* 44 (2000), S. 95–117.
Hofmann, Michael: *Schiller. Epoche, Werk, Wirkung.* München 2003.
Honold, Alexander: „Zweifache Iphigenie, fortwährendes Opferspiel. Zur dramatischen Ökonomie von Aufschub und Stellvertretung". In: ders./Anton Bieri/Valentina Luppi (Hg.): *Ästhetik des Opfers. Zeichen/Handlungen in Ritual und Spiel.* Paderborn 2012, S. 213–236.
Horn, Eva: „Introduction". In: dies. (Hg.): *Narrating Charisma. Special issue New German Critique* 114 (2011), S. 1–16.
Horn, Eva: „Die große Frau. Weibliches Charisma in Schillers Jungfrau von Orleans und Fritz Langs Metropolis". In: Michael Gamper/Ingrid Kleeberg (Hg.): *Größe. Zur Medien- und Konzeptgeschichte personaler Macht im langen 19. Jahrhundert.* Zürich 2015, S. 193–216.
Horstkotte, Silke: „Wilhelm Meisters Mignon und die Ambivalenz der Autorschaft". In: *German Life and Letters* 57/2 (2004), S. 143–157.
Huber, Peter: „Goethes praktische Theaterarbeit". In: Bernd Witte/Regine Otto (Hg.): *Goethe-Handbuch*, Bd. 2, *Dramen*. Stuttgart/Weimar 1996, S. 21–42.
Immer, Nikolas: „Die Götter Italiens. Goethes mythoerotische Elegien". In: Carsten Rohde/Thorsten Valk (Hg.): *Goethes Liebeslyrik. Semantiken der Leidenschaft um 1800.* Berlin/Boston 2013, S. 107–124.
Irmscher, Johannes: „Antikebild und Antikeverständnis in Goethes Winckelmann-Schrift". In: *Goethe-Jahrbuch* 95 (1978), S. 85–111.
Jacob, François: *La Logique du vivant, une histoire de l'hérédité [1970]. Die Logik des Lebenden. Von der Urzeugung zum genetischen Code*, aus dem Französischen von Jutta und Klaus Scherrer. Frankfurt a. M. 1972.
Jacobs, Angelika: „Empfindliches Gleichgewicht. Zum Antike-Bild in Goethes ‚Winckelmann und sein Jahrhundert'". In: *Goethe-Jahrbuch* 123 (2006), S. 100–114.
Jacobs, Jürgen: *Wilhelm Meister und seine Brüder. Untersuchungen zum deutschen Bildungsroman.* München 1972.
Jaeger, Werner: *Das Problem des Klassischen und die Antike.* Leipzig/Berlin 1931.

Janz, Rolf-Peter: „Zum sozialen Gehalt der ‚Lehrjahre'". In: Helmut Arntzen/Bernd Balzer/Karl Pestalozzi (Hg.): *Literaturwissenschaft und Geschichtsphilosophie. Festschrift für W. Emrich.* Berlin 1975, S. 320–340.

Janz, Rolf-Peter: „Antike und Moderne in Schillers ‚Braut von Messina'". In: Wilfried Barner/Eberhard Lämmert/Norbert Oellers (Hg.): *Unser Commercium. Goethes und Schillers Literaturpolitik.* Stuttgart 1984, S. 329–349.

Janz, Rolf-Peter: „Die ästhetische Bewältigung des Schreckens. Zu Schillers Theorie des Erhabenen". In: Hartmut Eggert/Ulrich Profitlich/Klaus R. Scherpe (Hg.): *Geschichte als Literatur. Formen und Grenzen der Repräsentation von Vergangenheit.* Stuttgart 1990, S. 151–160.

Japp, Uwe: „Leid und Verklärung. Torquato Tasso als repräsentativer Dichter nach Goethe – mit Ausblicken auf Byron und Leopardi". In: Bernd Engler/Isabell Klaiber (Hg.): *Kulturelle Leitfiguren – Figurationen und Refigurationen.* Berlin 2007, S. 101–113.

Jauß, Hans Robert: „Racines und Goethes Iphigenie". In: Rainer Warning (Hg.): *Rezeptionsästhetik. Theorie und Praxis.* München ²1979, S. 353–400.

Jauß, Hans Robert: „Deutsche Klassik – eine Pseudo-Epoche?". In: Reinhart Herzog/Reinhart Koselleck (Hg.): *Epochenschwelle und Epochenbewußtsein.* München 1987, S. 581–585.

Jauß, Hans Robert: „Schlegels und Schillers Replik auf die ‚Querelle des Anciens et des Modernes'". In: ders.: *Literaturgeschichte als Provokation.* Frankfurt a. M. [1970] ¹¹1997, S. 67–106.

Jeßing, Benedikt: „Im Wettstreit mit den Alten und den Neueren. Schillers Braut von Messina im Kontext klassizistischer Dramenästhetik". In: Klaus Manger/Nikolas Immer (Hg.): *Der ganze Schiller. Programm ästhetischer Erziehung.* Heidelberg 2006, S. 359–376.

Jöns, Dietrich: „‚Verbiete du dem Seidenwurm zu spinnen....'. Zur Tradition eines Bildes in Goethes ‚Torquato Tasso'". In: ders. (Hg.): *Festschrift für Erich Trunz zum 90. Geburtstag. Vierzehn Beiträge zur deutschen Literaturgeschichte.* Neumünster 1998, S. 91–108.

Jost, Dominik: *Deutsche Klassik. Goethes „Römische Elegien". Einführung, Text, Kommentar.* München u. a. ²1978.

Kaiser, Gerhard: „Johannas Sendung. Eine These zu Schillers ‚Jungfrau von Orleans'". In: *Jahrbuch der Deutschen Schillergesellschaft* 10 (1966), S. 205–236.

Kaiser, Gerhard: „Der Dichter und die Gesellschaft in Goethes ‚Torquato Tasso,". In: ders.: *Wanderer und Idylle. Goethe und die Phänomenologie der Natur in der deutschen Dichtung von Geßner bis Gottfried Keller.* Göttingen 1977, S. 175–208.

Kaiser, Gerhard: „Vergötterung und Tod. Die thematische Einheit von Schillers Werk". In: ders.: *Von Arkadien nach Elysium. Schiller-Studien.* Göttingen 1978, S. 11–44.

Kaiser, Gerhard: „Französische Revolution und deutsche Hexameter. Goethes ‚Hermann und Dorothea' nach 200 Jahren". In: *Poetica* 30/1 (1998), S. 81–97.

Kaiser, Gerhard: „Idee oder Körper. Zu Schillers und Goethes Rezeptionsweise antiker Plastik". In: ders.: *Goethe. Nähe durch Abstand. Vorträge und Studien.* Jena/Weimar ²2001, S. 147–162.

Kantorowicz, Ernst: *The King's Two Bodies. A Study in Mediaeval Political Theology* [1957]. Princeton, New Jersey 1997.

Karthaus, Ulrich: „Schiller und die Französische Revolution". In: *Jahrbuch der Deutschen Schillergesellschaft* 33 (1989), S. 210–239.

Kaute, Brigitte: „Die durchgestrichene Aufklärung in Goethes ‚Iphigenie auf Tauris'". In: *Goethe-Jahrbuch* 127 (2010), S. 122–134.

Keller, Claudia: *Lebendiger Abglanz. Goethes Italien-Projekt als Kulturanalyse.* Göttingen 2018.

Kemper, Hans-Georg: „Bildung zur Gottähnlichkeit. Transformationen pietistischer und hermetischer Religiosität zur klassischen Kunst-Religion in Goethes ‚Wilhelm Meisters Lehrjahre'". In: *Goethe-Jahrbuch* 130 (2013), S. 75–92.

Keßler, Helmut: *Terreur. Ideologie und Nomenklatur der revolutionären Gewaltanwendung in Frankreich von 1770 bis 1794.* München 1973.

Kestenholz, Claudia: *Die Sicht der Dinge. Metaphorische Visualität und Subjektivitätsideal im Werk von Karl Philipp Moritz.* München 1987.

Kittler, Friedrich A.: „Über die Sozialisation Wilhelm Meisters". In: Gerhard Kaiser/ders.: *Dichtung als Sozialisationsspiel. Studien zu Goethe und Gottfried Keller.* Göttingen 1978, S. 13–124.

Klibansky, Raymond/Panofsky, Erwin/Saxl, Fritz: *Saturn und Melancholie. Studien zur Geschichte der Naturphilosophie und Medizin, der Religion und der Kunst* [1964]. Frankfurt a. M. 1992.

Klinger, Cornelia: *Flucht, Trost, Revolte. Die Moderne und ihre ästhetischen Gegenwelten.* München/Wien 1995.

Klingmann, Ulrich: „Arbeit am Mythos. Goethes ‚Iphigenie auf Tauris'". In: *German Quaterly* 68/1 (1995), S. 19–31.

Knobloch, Hans-Jörg/Koopmann, Helmut (Hg.): *Schiller heute.* Tübingen 1996.

Köhnke, Klaus: „‚Des Schicksals dunkler Knäuel'. Zu Schillers Ballade Die Kraniche des Ibykus". In: *Zeitschrift für deutsche Philologie* 108 (1989), S. 481–495.

Kollmann, Anett: *Gepanzerte Empfindsamkeit. Helden in Frauengestalt um 1800.* Heidelberg 2004.

Koopmann, Helmut: „Denken in Bildern. Zu Schillers philosophischem Stil". In: *Jahrbuch der Deutschen Schillergesellschaft* 30 (1986), S. 218–250.

Körner, Christian Gottfried: „Über Wilhelm Meisters Lehrjahre" [1796]. In: Klaus F. Gille (Hg.): *Goethes Wilhelm Meister. Zur Rezeptionsgeschichte der Lehr- und Wanderjahre.* Königstein i. Ts. 1979.

Korff, Hermann August: *Geist der Goethezeit*, Bd. 1, *Sturm und Drang.* Leipzig 1923.

Koschorke, Albrecht: „Schillers Jungfrau von Orleans und die Geschlechtspolitik der Französischen Revolution". In: Walter Hinderer (Hg.): *Friedrich Schiller und der Weg in die Moderne.* Würzburg 2006, S. 243–259.

Koschorke, Albrecht/Frank, Thomas/Lüdemann, Susanne/Matala de Mazza, Ethel: *Der fiktive Staat. Konstruktionen des politischen Körpers in der Geschichte Europas.* Frankfurt a. M. 2007.

Koselleck, Reinhart: *Kritik und Krise. Eine Studie zur Pathogenese der bürgerlichen Welt* [Freiburg/München 1959]. Frankfurt a. M. 1973.

Koselleck, Reinhart: *Vergangene Zukunft. Zur Semantik geschichtlicher Zeiten.* Frankfurt a. M. 1979.

Košenina, Alexander: „Schiller und die Tradition der (kriminal)psychologischen Fallgeschichte bei Goethe, Meißner, Moritz und Spieß". In: Alice Stašková (Hg.): *Friedrich Schiller und Europa. Ästhetik, Politik, Geschichte.* Heidelberg 2007, S. 119–139.

Krauss, Werner/Kortum, Hans (Hg.): *Antike und Moderne in der Literaturdiskussion des 18. Jahrhunderts.* Berlin 1966.

Krüger-Fürhoff, Irmela Marei: „‚Die abgelöste Zunge sprach durch das redende Gewebe.' Kunstautonomie, Gewalt und der Ursprung der Dichtung in Karl Philipp Moritz' Die Signatur des Schönen oder In wie fern Kunstwerke beschrieben werden können?". In: Stephan Jaeger/Stefan Willer (Hg.): *Das Denken der Sprache und die Performanz des Literarischen um 1800.* Würzburg 2000, S. 95–112.

Krüger-Fürhoff, Irmela Marei: *Der versehrte Körper. Revisionen des klassizistischen Schönheitsideals.* Göttingen 2001.

Kurbjuhn, Charlotte: *Kontur. Geschichte einer ästhetischen Denkfigur.* Berlin/Boston 2014.

Kurscheidt, Georg: „Poesie des Lebens – Schillers Gedicht zwischen Poesie und Philosophie". In: *Zeitschrift für deutsche Philologie* 103 (1984), S. 178–193.

Kurscheidt, Georg: „Schiller als Lyriker". In: Friedrich Schiller: *Werke und Briefe in zwölf Bänden*, hg. von Otto Dann/Axel Gellhaus/Klaus Harro Hilzinger u. a., Bd. 1, hg. von Georg Kurscheidt. Frankfurt a. M. 1992, S. 749–803.

Lamping, Dieter: *Das lyrische Gedicht. Definitionen zu Theorie und Geschichte der Gattung.* Göttingen ³2000.

Lamport, Francis: „‚Und Götter auf der Erden'. Humanity and Divinity in Some Enlightenment Versions of the Iphigenia Story". In: *Forum für Modern Language Studies* 40/1 (2004), S. 41–55.

Landgraf, Edgar: „Educational Environments. Narration and Education in Campe, Goethe, and Kleist". In: *Goethe Yearbook* 24 (2017), S. 249–264.
Lange, Victor: „,Weimarer Klassik': Epochenbezeichnung oder originäre Denkform?" In: *Jahrbuch der deutschen Schillergesellschaft* 32 (1988), S. 349–357.
Langner, Beatrix: „Der Name der Blume. Schillers Trauerspiel Die Braut von Messina als Dramaturgie der geschichtlichen Vernunft". In: Otto Dann/Norbert Oellers/Ernst Osterkamp (Hg.): *Schiller als Historiker*. Stuttgart/Weimar 1995, S. 219–242.
Laube, Heinrich: *Geschichte der deutschen Literatur*. 4 Bände. Stuttgart 1839/40.
Lauer, Gerhard: „Klassik als Epoche – revisited. Ein Beitrag zur Systematik des Epochenbegriffs". In: *Mitteilungen des Deutschen Germanistenverbandes* 49/3 (2002), S. 320–3289.
Lehmann, Johannes F.: „Erfinden, was der Fall ist. Fallgeschichte und Rahmen bei Schiller, Büchner und Musil". In: *Zeitschrift für Germanistik* 19/2 (2009) 361–380.
Lehmann, Johannes F.: „Kontinuität und Diskontinuität. Zum Paradox von ‚Bildung' und ‚Bildungsroman'". In: *Internationales Archiv für Sozialgeschichte der deutschen Literatur* 41/2 (2016), S. 251–270.
Lepenies, Wolf: *Melancholie und Gesellschaft*. Frankfurt a. M. 1969.
Lepenies, Wolf: *Das Ende der Naturgeschichte. Wandel kultureller Selbstverständlichkeiten in den Wissenschaften des 18. und 19. Jahrhunderts*. Frankfurt a. M. 1978.
Liewerscheidt, Dieter: „Goethes ‚Torquato Tasso', eine Tragikomödie". In: *Wirkendes Wort* 67/3 (2017), S. 339–350.
Linder, Jutta: *Ästhetische Erziehung. Goethe und das Weimarer Hoftheater*. Bonn 1991.
Linder, Jutta: „Totes und Lebendiges. Zu Goethes Begegnung mit der griechischen Antike in Sizilien". In: *Goethe-Jahrbuch* 120 (2003), S. 87–99.
Link-Heer, Ursula: „Maniera. Überlegungen zur Konkurrenz von Manier und Stil (Vasari, Diderot, Goethe)". In: Hans Ulrich Gumbrecht/Karl Ludwig Pfeiffer (Hg.): *Stil. Geschichten und Funktionen eines kulturwissenschaftlichen Diskurselements*. Frankfurt a. M. 1986, S. 93–114.
Lokke, Kari E.: „Schiller's Maria Stuart: The Historical Sublime and the Aesthetics of Gender". In: *Monatshefte* 82/2 (1990), S. 123–141.
Lovejoy, Arthur C: *The great chain of being. A study of the history of an idea*. Cambridge, Mass. 1936.
Lüdemann, Susanne: „Literarische Fallgeschichten. Schillers Verbrecher aus verlorener Ehre und Kleists Michael Kohlhaas". In: Jens Ruchatz/Stefan Willer/Nicolas Pethes (Hg.): *Das Beispiel. Epistemologie des Exemplarischen*. Berlin 2007, S. 208–223.
Luhmann, Niklas: *Die Kunst der Gesellschaft*. Frankfurt a. M. 1995.
Makropoulos, Michael: „Modernität als Kontingenzkultur. Konturen eines Konzepts". In: Gerhart von Graevenitz/Odo Marquard (Hg.): *Kontingenz*. München 1998, S. 55–79.
Marahrens, Gerwin: „Über die Schicksalskonzeption in Goethes Wilhelm-Meister-Romanen". In: *Goethe-Jahrbuch* 102 (1985), S. 144–170.
Marquard, Odo: *Apologie des Zufälligen. Philosophische Studien*. Stuttgart 1986.
Martens, Wolfgang: „Halten und Dauern? – Gedanken zu Goethes ‚Hermann und Dorothea'". In: Wolfgang Wittkowski (Hg.): *Verlorene Klassik?* Tübingen 1986, S. 79–98.
Martin, Dieter: *Das deutsche Versepos im 18. Jahrhundert. Studien und kommentierte Gattungsbibliographie*. Berlin/New York 1993.
Matussek, Peter (Hg.): *Goethe und die Verzeitlichung der Natur*. München 1998.
Maurer, Karl: „,Zwischen uns sei Wahrheit'. Die Emanzipation der dramatischen Handlung von den Regeln der klassizistischen Intrigenführung in Goethes ‚Iphigenie auf Tauris'". In: *Neohelicon* XXXIX (2002), S. 193–217.
May, Kurt: „,Wilhelm Meisters Lehrjahre', ein Bildungsroman?" In: *Deutsche Vierteljahrsschrift für Literaturwissenschaft und Geistesgeschichte* 31/1 (1957), S. 1–37.
Mayer, Hans: *Zur deutschen Klassik und Romantik*. Pfullingen 1963.
Mayer, Mathias: *Selbstbewußte Illusion. Selbstreflexion und Legitimation der Dichtung im ‚Wilhelm Meister'*. Heidelberg 1989.
Mayer, Mathias: *Natur und Reflexion. Studien zu Goethes Lyrik*. Frankfurt a. M. 2009.

Mecklenburg, Norbert: „Balladen der Klassik". In: Walter Müller-Seidel (Hg.): *Balladenforschung.* Königstein i. Ts. 1980, S. 187–203.
Meier, Albert: *Klassik – Romantik.* Stuttgart 2008.
Mein, Georg: *Die Konzeption des Schönen. Der ästhetische Diskurs zwischen Aufklärung und Romantik: Kant – Moritz – Hölderlin – Schiller.* Bielefeld 2000.
Menges, Karl: „Schönheit als Freiheit in der Erscheinung. Zur semiotischen Transformation des Autonomiegedankens in den ästhetischen Schriften Schillers". In: Wolfgang Wittkowski (Hg.): *Friedrich Schiller. Kunst, Humanität und Politik in der späten Aufklärung.* Tübingen 1982, S. 181–199.
Menninghaus, Winfried: *Ekel. Theorie und Geschichte einer starken Empfindung.* Frankfurt a. M. 2002.
Menninghaus, Winfried: „‚Ein Gefühl der Beförderung des Lebens'. Kants Reformulierung des Topos ‚lebhafter Vorstellung'". In: Armen Avanessian/Winfried Menninghaus/Jan Völkers (Hg.): *Vita aesthetica. Szenarien ästhetischer Lebendigkeit.* Zürich/Berlin 2009, S. 77–94.
Merkl, Helmut: „Spiel zum Abschied. Betrachtungen zur Kunst des Leidens in Goethes Torquato Tasso". In: *Euphorion* 82 (1988), S. 1–24.
Metscher, Thomas: „Klassik und Revolution. Das Paradigma ‚Faust'". In: ders.: *Klassik, Romantik und Aufklärung. Shakespeares Spiegel.* Hamburg 1998, Bd. 2, S. 296–307.
Miller, Norbert: „Europäischer Philhellenismus zwischen Winckelmann und Byron". In: *Propyläen-Geschichte der Literatur. Literatur und Gesellschaft der westlichen Welt*, Bd. 4, *Aufklärung und Romantik. 1700–1830.* Frankfurt a. M./Berlin/Wien 1983, S. 315–366.
Mommsen, Katharina: „‚Märchen des Utopien'. Goethes ‚Märchen' und Schillers ‚Ästhetische Briefe'". In: Jürgen Brummack (Hg.): *Literaturwissenschaft und Geistesgeschichte. Festschrift für Richard Brinkmann.* Tübingen 1981, S. 244–257.
Mommsen, Momme: „Spinoza und die deutsche Klassik". In: *Carlton Germanic Papers* 2 (1974), S. 67–88 und *Carlton Germanic Papers* 3 (1975), S. 20–39.
Morgan, Peter: *The Critical Idyll. Traditional Values and the French Revolution in Goethe's ‚Hermann und Dorothea'.* Columbia, South Carolina 1990.
Morgenstern, Karl: „Über das Wesen des Bildungsromans". In: *Inländisches Museum* 1/3 (1820), S. 13–27.
Mücke, Dorothea von: „Entzauberte Natur und Tod in Schillers Klage der Ceres". In: Georg Braungart/Bernhard Greiner (Hg.): *Schillers Natur. Leben, Denken und literarisches Schaffen.* Hamburg 2005, S. 221–232.
Mücke, Dorothea von: „Der Wechsel der Treue-Zeichen. Opfer und Gabe in Goethes Die Braut von Corinth". In: Gerhard Neumann/David E. Wellbery (Hg.): *Die Gabe des Gedichts. Goethes Lyrik im Wechsel der Töne.* Freiburg i. Br. 2008, S. 161–184.
Muehleck-Müller, Cathleen: *Schönheit und Freiheit. Die Vollendung der Moderne in der Kunst; Schiller, Kant.* Würzburg 1989.
Müller, Joachim: „Choreographische Strategie. Zur Funktion der Chöre in Schillers Tragödie ‚Die Braut von Messina'". In: Helmut Brandt (Hg.): *Friedrich Schiller, Angebot und Diskurs. Zugänge, Dichtung, Zeitgenossenschaft.* Berlin/Weimar 1987, S. 431–448.
Müller, Klaus-Detlef: „Der Zufall im Roman. Anmerkungen zur erzähltechnischen Bedeutung der Kontingenz". In: *Germanisch-Romanische Monatsschrift*, N. F. 28 (1978), S. 265–290.
Müller, Klaus-Detlef: „Die Aufhebung des bürgerlichen Trauerspiels in Schillers ‚Don Karlos'". In: Helmut Brandt (Hg.): *Friedrich Schiller. Angebot und Diskurs. Zugänge, Dichtung, Zeitgenossenschaft.* Berlin/Weimar 1987, S. 218–234.
Müller, Klaus-Detlef: „Den Krieg wegschreiben. Hermann und Dorothea und die Unterhaltungen deutscher Ausgewanderten". In: Markus Heilmann/Birgit Wägenbaur (Hg.): *Ironische Propheten. Sprachbewußtsein und Humanität in der Literatur von Herder bis Heine. Studien für Jürgen Brummack zum 65. Geburtstag.* Tübingen 2001, S. 85–100.
Müller, Klaus-Detlef: „Das Elend der Dichterexistenz: Goethes ‚Torquato Tasso'". In: *Goethe-Jahrbuch* 124 (2007), S. 198–214.

Müller-Seidel, Walter: *Die Geschichtlichkeit der deutschen Klassik. Literatur und Denkformen um 1800.* Stuttgart 1983.
Müller-Seidel, Walter: „Aufklärung und Weimarer Klassik. Wiederaufnahme einer Diskussion". In: *Jahrbuch der Deutschen Schillergesellschaft* 36 (1992), S. 409–454.
Müller-Seidel, Walter: „Der Zweck und die Mittel. Zum Bild des handelnden Menschen in Schillers Don Carlos". In: *Jahrbuch der Deutschen Schillergesellschaft* 43 (1999), S. 188–221.
Müller-Seidel, Walter: *Friedrich Schiller und die Politik. Nicht das Große, nur das Menschliche geschehe.* München 2009.
Müller-Sievers, Helmut: *Self-Generation: Biology, Philosophy and Literature around 1800.* Stanford, CA 1997.
Neumann, Friedrich: „Grundsätzliches zum epischen Hexameter Goethes. Geprüft am I. Gesang von ‚Hermann und Dorothea'". In: *Deutsche Vierteljahrsschrift für Literaturwissenschaft und Geistesgeschichte* 40/3 (1966), S. 328–359.
Neumann, Gerhard: *Konfiguration. Studien zu Goethes Torquato Tasso.* München 1965.
Neumann, Gerhard: „Die Anfänge deutscher Novellistik. Schillers ‚Verbrecher aus verlorener Ehre' – Goethes ‚Unterhaltungen deutscher Ausgewanderten'". In: Wilfried Barner/Eberhard Lämmert/Norbert Oellers (Hg.): *Unser Commercium. Goethes und Schillers Literaturpolitik.* Stuttgart 1984, S. 433–460.
Neumann, Gerhard: „Goethes Menschenbild. Zur Geburt des Natur-Körpers aus der antiken Mythologie". In: Thomas Betz/Franziska Mayer (Hg.): *Abweichende Lebensläufe, poetische Ordnungen: für Volker Hoffmann,* Bd. 1. München 2005, S. 137–178.
Neumeyer, Harald: „Wie aus Aberglauben und Wissenschaft Literatur wird. Johann Wolfgang Goethes ‚Die Braut von Corinth' und die ‚Vampirdebatte' des 18. Jahrhunderts". In: Jochen Achilles/Roland Borgards/Brigitte Burrichter (Hg.): *Liminale Anthropologien. Zwischenzeiten, Schwellenphänomene, Zwischenräume in Literatur und Philosophie.* Würzburg 2012, S. 85–104.
Neymeyr, Barbara: „Pathos und Ataraxie. Zum stoischen Ethos in Schillers ästhetischen Schriften und in seinem Drama ‚Maria Stuart'". In: *Jahrbuch der Deutschen Schillergesellschaft* 52 (2008), S. 262–288.
Niggl, Günter: „Verantwortliches Handeln als Utopie? Überlegungen zu Goethes ‚Märchen'". In: Wolfgang Wittkowski (Hg.): *Verantwortung und Utopie. Zur Literatur der Goethezeit.* Tübingen 1988, S. 91–108.
Niggl, Günter: „Lied und Tat. Die Frage der Kunstautonomie in Goethes Schauspiel Torquato Tasso". In: ders.: *Studien zur Literatur der Goethezeit.* Berlin 2001, S. 81–90.
Nutt-Kofoth, Rüdiger: „Weimarer Klassik und Empfindsamkeit – Aspekte einer Beziehung. Mit einigen Überlegungen zum Problem von Epochenbegriffen". In: Achim Aurnhammer/Dieter Martin/Robert Seidel (Hg.): *Gefühlskultur in der bürgerlichen Aufklärung.* Tübingen 2004, S. 255–270.
Oellers, Norbert: „Goethes und Schillers Balladen vom Juni 1797 – auch Nebenwerke zu ‚Hermann und Dorothea' und ‚Wallenstein'". In: Wilfried Barner/Eberhard Lämmert/Norbert Oellers (Hg.): *Unser Commercium. Goethes und Schillers Literaturpolitik.* Stuttgart 1984, S. 507–527.
Oellers, Norbert: „Ein fernes Grollen nur der Revolution? Goethes Die natürliche Tochter. Trauerspiel". In: Alo Allkemper /Norbert Otto Eke (Hg.): *Literatur und Demokratie. Festschrift für Hartmut Steinecke zum 60. Geburtstag.* Berlin 2000, S. 9–21.
Oellers, Norbert: *Schiller. Elend der Geschichte, Glanz der Kunst.* Stuttgart ²2005.
Oschmann, Dirk: *Friedrich Schiller.* Köln/Weimar/Wien 2009.
Oschmann, Dirk: „Das Epos in Zeiten des Romans. Goethes ‚Herrmann und Dorothea'". In: Michael Gamper/Helmut Hühn (Hg.): *Zeit der Darstellung. Ästhetische Eigenzeiten in Kunst, Literatur und Wissenschaft.* Hannover 2014, S. 167–189.
Osterkamp, Ernst: *Im Buchstabenbilde. Studien zum Verfahren Goethescher Bildbeschreibungen.* Stuttgart 1991.

Osterkamp, Ernst: „‚Aus dem Gesichtspunkt reiner Menschlichkeit'. Goethes Preisaufgaben für bildende Künstler 1799–1805". In: Sabine Schulze (Hg.): *Goethe und die Kunst*. Stuttgart 1994, S. 310–324.

Osterkamp, Ernst: „Das Schöne in Mnemosynes Schoß". In: Norbert Oellers (Hg.): *Interpretationen. Gedichte von Friedrich Schiller*. Stuttgart 1996, S. 282–297.

Panofsky, Erwin: *IDEA. Ein Beitrag zur Begriffsgeschichte der älteren Kunsttheorie* [1924]. Berlin 1993.

Payne, Charlton: *The Epic Imaginary. Political Power and its Legitimations in Eighteenth-century German Literature*. Berlin 2012.

Pestalozzi, Karl: „Die suggestive Wirkung der Kunst". In: Norbert Oellers (Hg.): *Interpretationen. Gedichte von Friedrich Schiller*. Stuttgart 1996, S. 223–236.

Petersdorff, Dirk von: „‚Als ob die Gottheit nahe wär.' Schillers Ballade Die Kraniche des Ibycus und das Verhältnis von Kunst und Religion in der Moderne". In: *Wirkendes Wort* 57/1 (2007), S. 1–10.

Pethes, Nicolas: *Zöglinge der Natur. Der literarische Menschenversuch des 18. Jahrhunderts*. Göttingen 2007.

Petrus, Klaus: „Schiller über das Erhabene". In: *Zeitschrift für philosophische Forschung* 47/1 (1993), S. 23–40.

Pfaff, Peter: „Das Horen-Märchen. Eine Replik Goethes auf Schillers Briefe über die ästhetische Erziehung". In: Herbert Anton/Bernhard Gajek/ders. (Hg.): *Geist und Zeichen. Festschrift für Arthur Henkel*. Heidelberg 1977, S. 320–332.

Pfotenhauer, Helmut: *Um 1800. Konfigurationen der Literatur, Kunstliteratur und Ästhetik*. Tübingen 1991a.

Pfotenhauer, Helmut: „‚Die Signatur des Schönen' oder ‚In wie fern Kunstwerke beschrieben werden können?'. Zu Karl Philipp Moritz und seiner italienischen Ästhetik". In: ders. (Hg.): *Kunstliteratur als Italienerfahrung*. Tübingen 1991b, S. 67–83.

Pfotenhauer, Helmut: „Apoll und Armpolyp. Die Nachbarschaft klassizistischer Kreationsmodelle zur Biologie". In: Christian Begemann/David E. Wellbery (Hg.): *Kunst – Zeugung – Geburt. Theorien und Metaphern ästhetischer Produktion in der Neuzeit*. Freiburg i. Br. 2002, S. 203–224.

Port, Ulrich: „Goethe und die Eumeniden. Vom Umgang mit mythologischen Fremdkörpern". In: *Jahrbuch der Deutschen Schillergesellschaft* 49 (2005), S. 153–198.

Pott, Hans-Georg: „Heiliger Krieg, Charisma und Märtyrertum in Schillers romantischer Tragödie ‚Die Jungfrau von Orleans'". In: *Athenäum* 20 (2010), S. 111–142.

Prickett, Stephen (Hg.): *European Romanticism. A Reader*. London 2010.

Rahe, Konrad: „‚Als noch Venus' heitrer Tempel stand'. Heidnische Antike und christliches Abendland in Goethes Ballade Die Braut von Corinth". In: *Antike und Abendland* 45 (1999), S. 129–164.

Rasch, Wolfdietrich: *Goethes „Torquato Tasso". Die Tragödie des Dichters*. Stuttgart 1954.

Rasch, Wolfdietrich: *Goethes „Iphigenie auf Tauris" als Drama der Autonomie*. München 1979.

Raulet, Gérard: „Hielt Goethe von der Antike denn so viel?" In: Moritz Baßler (Hg.): *Von der Natur zur Kunst zurück. Neue Beiträge zur Goethe-Forschung. Gotthard Wunberg zum 65. Geburtstag*. Tübingen 1997, S. 127–142.

Recki, Birgit: *Ästhetik der Sitten. Die Affinität von ästhetischem Gefühl und praktischer Vernunft bei Kant*. Frankfurt a. M. 2001.

Reed, Terence J.: „Goethe als Lyriker". In: Bernd Witte/Regine Otto (Hg.): *Goethe-Handbuch*, Bd. 1, *Gedichte*. Stuttgart/Weimar 1996, S. 1–31.

Reinhardt, Hartmut: „Schillers ‚Wallenstein' und Aristoteles". In: *Jahrbuch der Deutschen Schillergesellschaft* 20 (1976), S. 278–337.

Reiss, Hans: „Goethes ‚Torquato Tasso'. Poetry and political power". In: *The Modern Language Review* 87/1 (1992), S. 102–111.

Richter, Karl/Schönert, Jörg (Hg.): *Klassik und Moderne. Die Weimarer Klassik als historisches Ereignis und Herausforderung im kulturgeschichtlichen Prozeß. Walter Müller-Seidel zum 65. Geburtstag*. Stuttgart 1983.

Richter, Sandra: „Götterliebe, heroische Zeiten? Präsenz und Selbstreferenz in Goethes Liebeslyrik, ausgehend von der dritten Römischen Elegie". In: Carsten Rohde/Thorsten Valk (Hg.): *Goethes Liebeslyrik. Semantiken der Leidenschaft um 1800*. Berlin/Boston 2013, S. 125–144.
Richter, Simon: *Laocoon's body and the Aesthetics of Pain. Winckelmann, Lessing, Herder, Moritz, Goethe*. Detroit 1992.
Riedel, Volker: „Goethes Beziehung zur Antike". In: ders.: *‚Der Beste der Griechen'—‚Achill das Vieh'. Aufsätze und Vorträge*. Jena 2002, S. 63–89; 259–261.
Riedel, Wolfgang: *Die Anthropologie des jungen Schiller. Zur Ideengeschichte der medizinischen Schriften und der ‚Philosophischen Briefe'*. Würzburg 1985.
Riedel, Wolfgang: „Eros und Ethos. Goethes ‚Römische Elegien' und ‚Das Tagebuch'". In: *Jahrbuch der Deutschen Schillergesellschaft* 40 (1996), S. 147–180.
Riedel, Wolfgang: „Die Freiheit und der Tod. Grenzphänomene idealistischer Theoriebildung beim späten Schiller". In: Georg Bollenbeck/Lothar Ehrlich (Hg.): *Friedrich Schiller. Der unterschätzte Theoretiker*. Köln/Weimar/Wien 2007, S. 59–71.
Ritzer, Monika: „‚Wer das Gesetz verkennt, verzweifelt an der Erfahrung.' Goethes Naturforschung und das Geschichtsmodell der Natürlichen Tochter". In: Richard Fisher (Hg.): *Ethik und Ästhetik: Werke und Werte in der Literatur vom 18. bis zum 20. Jahrhundert. Festschrift für Wolfgang Wittkowski zum 70. Geburtstag*. Frankfurt a. M. 1995, S. 199–221.
Rocks, Carolin: „‚Nur Frankreich konnte Frankreich überwinden'. Zur Analytik politischer Gegensätze bei Kant und Schiller". In: Martin Doll/Oliver Kohns (Hg.): *Figurationen des Politischen*, Bd. 2, *Die zwei Körper der Nation*. Paderborn 2016, S. 357–387.
Ronell, Avital: „Philosophisch genommen: Torquato Tassos Frauen als Theoretikerinnen". In: dies.: *Schriften zur Literatur. Essays von Goethe bis Kafka*. Göttingen 2012, S. 12–51.
Rössing-Hager, Monika: „J. W. Goethes Antike-Rezeption in Rom nach seiner Darstellung in der ‚Italienischen Reise'". In: *Études médiévales* 13–14 (2012), S. 456–467.
Rothe, Wolfgang: *Der politische Goethe*. Göttingen 1998.
Safranski, Rüdiger: *Schiller oder Die Erfindung des Deutschen Idealismus*. München 2004.
Safranski, Rüdiger: *Goethe. Kunstwerk des Lebens. Biographie*. München 2013.
Sagmo, Ivar: *Bildungsroman und Geschichtsphilosophie. Eine Studie zu Goethes Roman ‚Wilhelm Meisters Lehrjahre'*. Bonn 1982.
Saine, Thomas P.: *Die ästhetische Theodizee. Karl Philipp Moritz und die Philosophie des 18. Jahrhunderts*. München 1971.
Saße, Günter: „‚Gerade seine Unvollkommenheit hat mir am meisten Mühe gemacht'. Schillers Briefwechsel mit Goethe über ‚Wilhelm Meisters Lehrjahre'". In: *Goethe-Jahrbuch* 122 (2005), S. 76–91.
Sautermeister, Gert: *Idyllik und Dramatik im Werk Friedrich Schillers. Zum geschichtlichen Ort seiner klassischen Dramen*. Stuttgart u. a. 1971.
Sautermeister, Gert: „Maria Stuart. Ästhetik, Seelenkunde, historisch-gesellschaftlicher Ort" [1979]. In: Walter Hinderer (Hg.): *Schillers Dramen. Neue Interpretationen*. Stuttgart ²1983, S. 174–217.
Schadewaldt, Wolfgang: „Antikes und Modernes in Schillers Braut von Messina". In: *Jahrbuch der Deutschen Schillergesellschaft* 13 (1969), S. 286–307.
Schadewaldt, Wolfgang: „Zur Tragik Schillers". In: ders.: *Hellas und Hesperien. Gesammelte Schriften zur Antike und zur neueren Literatur in zwei Bänden*, Bd. 2. Zürich ²1970, S. 133–144.
Schäffner, Wolfgang: „Das Indiz des Schönen – Ästhetische Autonomie und die Dispositive der Macht bei Karl Philipp Moritz und Friedrich Schiller". In: Inge Baxmann/Michael Franz/Wolfgang Schäffner (Hg.): *Das Laokoon-Paradigma. Zeichenregime im 18. Jahrhundert*. Berlin 2000, S. 439–459.
Schäublin, Peter: „Der moralphilosophische Diskurs in Schillers ‚Maria Stuart'". In: *Sprachkunst* 17 (1986), S. 141–187.
Schillemeit, Rosemarie: „Der berüchtigte Vers in ‚Hermann und Dorothea'". In: *Jahrbuch der Raabe-Gesellschaft* (1991), S. 117–121.

Schings, Hans-Jürgen: *Melancholie und Aufklärung. Melancholiker und ihre Kritiker in Erfahrungsseelenkunde und Literatur des 18. Jahrhunderts.* Stuttgart 1977.
Schings, Hans-Jürgen: *Der mitleidigste Mensch ist der beste Mensch. Poetik des Mitleids von Lessing bis Büchner.* München 1980.
Schings, Hans-Jürgen: „Agathon – Anton Reiser – Wilhelm Meister – Zur Pathogenese des modernen Subjekts im Bildungsroman". In: Wolfgang Wittkowski (Hg.): *Goethe im Kontext. Kunst und Humanität, Naturwissenschaft und Politik von der Aufklärung bis zur Restauration.* Tübingen 1984, S. 43–68.
Schings, Hans-Jürgen: „Das Haupt der Gorgone. Tragische Analysis und Politik in Schillers ‚Wallenstein'". In: Gerhard Buhr/Friedrich A. Kittler/Horst Turk (Hg.): *Das Subjekt der Dichtung. Festschrift für Gerhard Kaiser.* Würzburg 1990, S. 283–307.
Schings, Hans-Jürgen: *Die Brüder des Marquis Posa. Schiller und der Geheimbund der Illuminaten.* Tübingen 1996.
Schings, Hans-Jürgen: *Revolutionsetüden. Schiller, Goethe, Kleist.* Würzburg 2012.
Schings, Hans-Jürgen: *Klassik in Zeiten der Revolution.* Würzburg 2017.
Schlaffer, Hannelore: *Wilhelm Meister. Das Ende der Kunst und die Wiederkehr des Mythos.* Stuttgart 1980.
Schlaffer, Hannelore: „Die Ausweisung des Lyrischen aus der Lyrik. Schillers Gedichte". In: Gerhard Buhr/Friedrich A. Kittler/Horst Turk (Hg.): *Das Subjekt der Dichtung. Festschrift für Gerhard Kaiser.* Würzburg 1990, S. 518–532.
Schlechta, Karl: *Goethes Wilhelm Meister.* Frankfurt a. M. 1953.
Schmidt, Jochen: „Griechenland als Ideal und Utopie bei Winckelmann, Goethe und Hölderlin". In: *Hölderlin-Jahrbuch* 28 (1992/93), S. 94–110.
Schmidt, Jochen: *Goethes Faust. Erster und Zweiter Teil. Grundlagen – Werk – Wirkung.* München ⁴2018.
Schneider, Norbert: *Geschichte der Ästhetik von der Aufklärung bis zur Postmoderne.* 5., bibliograph. ergänzte Aufl. Stuttgart 2010.
Schneider, Sabine M.: *Die schwierige Sprache des Schönen. Moritz' und Schillers Semiotik der Sinnlichkeit.* Würzburg 1998.
Schneider, Sabine M.: „Kunstautonomie als Semiotik des Todes? Digressionen im klassizistischen Diskurs der schönen Menschengestalt bei Karl Philipp Moritz". In: *German Life and Letters* 52/2 (1999), S. 166–183.
Schnyder, Peter: „‚Tragödien[-]Oeconomie'. Zeit und Form in Schillers Wallenstein". In: Michael Gamper/Eva Geulen/Johannes Grave/Andreas Langenohl/Ralf Simon/Sabine Zubarik (Hg.): *Zeiten der Form – Formen der Zeit.* Hannover 2016, S. 299–316.
Scholz, Rüdiger: *Die Geschichte der Faust-Forschung. Weltanschauung, Wissenschaft und Goethes Drama.* 2 Bände. Würzburg 2011.
Schönborn, Sibylle: „Vom Geschlechterkampf zum symbolischen Geschlechtertausch. Goethes Arbeit am antiken Mythos am Beispiel der Iphigenie auf Tauris". In: Bernd Witte/Mauro Ponzi (Hg.): *Goethes Rückblick auf die Antike.* Berlin 1999, S. 83–100.
Schöne, Albrecht: *Goethes Farbentheologie.* München 1987.
Schößler, Franziska: *Goethes Lehr- und Wanderjahre. Eine Kulturgeschichte der Moderne.* Tübingen/Basel 2002.
Schulz, Georg-Michael: „Erhaben und sinnlich. Strenge Form und theatrale Wirkung in Schillers Braut von Messina". In: Werner Frick/Susanne Komfort-Hein/Marion Schmaus/Michael Voges (Hg.): *Aufklärungen. Zur Literaturgeschichte der Moderne. Festschrift für Klaus-Detlev Müller zum 65. Geburtstag.* Tübingen 2003, S. 173–186.
Schulz, Gerhard: *Die deutsche Literatur zwischen Französischer Revolution und Restauration 1789–1830.* München 1983.
Schulz, Gerhard: „‚Liebesüberfluß'. Zu Goethes Ballade ‚Die Braut von Corinth'". In: *Jahrbuch des Freien Deutschen Hochstifts* (1996), S. 38–69.
Schulz, Gerhard/Doering, Sabine: *Klassik. Geschichte und Begriff.* München 2003.

Schwarz, Sandra: „Schillers lyrischer Stil". In: Helmut Koopmann (Hg.): *Schiller-Handbuch*. Stuttgart 1998, S. 270–288.

Schwarzbauer, Franz: *Die Xenien. Studien zur Vorgeschichte der Weimarer Klassik*. Stuttgart/ Weimar 1992.

Segebrecht, Wulf: „Naturphänomen und Kunstidee. Goethe und Schiller in ihrer Zusammenarbeit als Balladendichter, dargestellt am Beispiel der Kraniche des Ibykus". In: Karl Richter/Jörg Schönert (Hg.): *Klassik und Moderne. Die Weimarer Klassik als historisches Ereignis und Herausforderung im kulturgeschichtlichen Prozeß. Walter Müller-Seidel zum 65. Geburtstag.* Stuttgart 1983, S. 194–206.

Seidlin, Oskar: „Goethes Iphigenie – ‚verteufelt human'?". In: ders.: *Von Goethe zu Thomas Mann. 12 Versuche*. Göttingen 1963, S. 9–22.

Seidlin, Oskar: „Über ‚Hermann und Dorothea'. Ein Vortrag". In: ders.: *Klassische und moderne Klassiker. Goethe – Brentano – Eichendorff – Gerhart Hauptmann – Thomas Mann*. Göttingen 1972, S. 20–37.

Selbmann, Rolf: *Der deutsche Bildungsroman*. Stuttgart 1984.

Sergl, Anton: „Das Problem des Chors im deutschen Klassizismus. Schillers Verständnis der Iphigenie auf Tauris und seine Braut von Messina". In: *Jahrbuch der Deutschen Schillergesellschaft* 42 (1998), S. 165–194.

Seubold, Günter: „Die Disproportion des Talents mit dem Leben. Zum Verhältnis von ästhetischer und praktischer Rationalität in Goethes ‚Torquato Tasso'". In: Hans-Jürgen Gawoll/ Christoph Jamme (Hg.): *Idealismus mit Folgen. Die Epochenschwelle um 1800 in Kunst und Geisteswissenschaften. Festschrift zum 65. Geburtstag von Otto Pöggeler*. München 1994, S. 139–153.

Shorter, Edward: *Die Geburt der modernen Familie*. Reinbek 1977.

Sieg, Christian: „‚Klar wie der Tag!'. Evidenz und Recht in Friedrich Schillers ‚Maria Stuart'". In: *Zeitschrift für deutsche Philologie* 135/4 (2016), S. 481–505.

Simmel, Georg: Kant und Goethe. Zur Geschichte der modernen Weltanschauung [Berlin 1906]. In: ders.: *Gesamtausgabe*, Bd. 10, hg. von Michael Behr/Volkhard Krech/Gert Schmidt. Frankfurt a. M. 1995, S. 119–166.

Simmel, Georg: *Goethe*. Leipzig 1913.

Simonis, Annette: „‚Das Schöne ist eine höhere Sprache.' Karl Philipp Moritz' Ästhetik zwischen Ontologie und Transzendentalphilosophie". In: *Deutsche Vierteljahrsschrift für Literaturwissenschaft und Geistesgeschichte* 68/3 (1994), S. 490–505.

Simonis, Annette: *Gestalttheorie von Goethe bis Benjamin. Diskursgeschichte einer deutschen Denkfigur*. Köln/Weimar/Wien 2001.

Simons, Oliver: „Die Lesbarkeit der Geheimnisse. Schillers ‚Don Karlos' als Briefdrama". In: *Zeitschrift für Germanistik* 16/1 (2006), S. 43–60.

Sorg, Klaus-Dieter: *Gebrochene Teleologie. Studien zum Bildungsroman von Goethe bis Thomas Mann*. Heidelberg 1983.

Söring, Jürgen: „Die Verwirrung und das Wunderbare in Goethes ‚Unterhaltungen deutscher Ausgewanderten'". In: *Zeitschrift für deutsche Philologie* 100 (1981), S. 544–559.

Stadler, Ulrich: „Wilhelm Meisters unterlassene Revolte. Individuelle Geschichte und Gesellschaftsgeschichte in Goethes ‚Lehrjahren'". In: *Euphorion* 74 (1980), S. 360–374.

Staiger, Emil/Dewitz, Hans-Georg (Hg.): *Schiller Goethe Briefwechsel*. Frankfurt a. M./Leipzig 2005.

Stellmacher, Wolfgang: „Schillers späte Dramen. Experimente im klassischen Stil". In: *Weimarer Beiträge* 34 (1988), S. 761–780.

Storz, Gerhard: *Der Dichter Friedrich Schiller* [1959]. Stuttgart ^{4}1968.

Storz, Gerhard: „Gesichtspunkte für die Betrachtung von Schillers Lyrik". In: *Jahrbuch der Deutschen Schillergesellschaft* 12 (1968), S. 259–274.

Strich, Fritz: *Deutsche Klassik und Romantik oder Vollendung und Unendlichkeit. Ein Vergleich* [1922]. Bern ^{4}1949.

Strube, Werner: „‚Interesselosigkeit'. Zur Geschichte eines Grundbegriffs der Ästhetik". In: *Archiv für Begriffsgeschichte* 23/2 (1979), S. 148–174.

Szondi, Peter: „Das Naive ist das Sentimentalische. Zur Begriffsdialektik in Schillers Abhandlung". In: ders.: *Lektüren und Lektionen. Versuche über Literatur, Literaturtheorie und Literatursoziologie*. Frankfurt a. M. 1973, S. 47–99.
Szondi, Peter: *Poetik und Geschichtsphilosophie I: Antike und Moderne in der Ästhetik der Goethezeit. Hegels Lehre von der Dichtung*, hg. von Senta Metz/Hans-Hagen Hildebrandt, Frankfurt a. M. 1974.
Tang, Chenxi: „Theatralische Inszenierung der Weltordnung. Völkerrecht, Zeremonialwissenschaft und Schillers ‚Maria Stuart'". In: *Jahrbuch der Deutschen Schillergesellschaft* 55 (2011), S. 142–168.
Ter Horst, Eleanor: „Masks and Metamorphoses: The Transformations of Classical Tradition in Goethe's Römische Elegien". In: *The German Quarterly* 85 (2012), S. 401–419.
Träger, Christine: „Goethes ‚Unterhaltungen deutscher Ausgewanderten' als Ausdruck eines novellistischen Zeitbewußtseins". In: *Goethe-Jahrbuch* 107 (1990), S. 144–157.
Turk, Horst: „Die Kunst des Augenblicks. Zu Schillers ‚Wallenstein'". In: Christian W. Thomsen/Hans Holländer (Hg.): *Augenblick und Zeitpunkt. Studien zur Zeitstruktur und Zeitmetaphorik in Kunst und Wissenschaften*. Darmstadt 1984, S. 306–324.
Turk, Horst: „Machthaber um 1800. Schillers ‚Die Götter Griechenlands' und das Szenario politischer Theologie". In: Maria Gierlak (Hg.): *Im Wechselspiel der Kulturen. Festschrift für Professor Karol Sauerland*. Torun 2001, S. 119–140.
Ueding, Gert: *Friedrich Schiller*. München 1990.
Vaget, Hans Rudolf: *Dilettantismus und Meisterschaft. Zum Problem des Dilettantismus bei Goethe: Praxis, Theorie, Zeitkritik*. München 1971.
Valk, Thorsten: *Melancholie im Werk Goethes. Genese – Symptomatik – Therapie*. Tübingen 2003.
Valk, Thorsten (Hg.): *Heikle Balancen. Die Weimarer Klassik im Prozess der Moderne*. Göttingen 2014.
Vogel, Juliane: *Die Furie und das Gesetz. Zur Dramaturgie der ‚großen Szene' in der Tragödie des 19. Jahrhunderts*. Freiburg i. Br. 2002.
Vogel, Juliane: „Verstrickungskünste, Lösungskünste. Zur Geschichte des dramatischen Knotens". In: *Poetica* 40, 3/4 (2008), S. 269–28.
Vogel, Juliane: „Aus dem Takt. Auftrittsstrukturen in Schillers Don Carlos". In: *Deutsche Vierteljahrsschrift für Literaturwissenschaft und Geistesgeschichte* 864/4 (2012), S. 532–546.
Vogel, Juliane: *Aus dem Grund. Auftrittsprotokolle zwischen Racine und Nietzsche*. München 2018.
Vogl, Joseph (Hg.): *Poetologien des Wissens um 1800*. München 1999.
Vogl, Joseph: *Kalkül und Leidenschaft. Poetik des ökonomischen Menschen*. Zürich/Berlin 2002.
Vogl, Joseph: „Ein Wallenstein-Problem". In: ders.: *Über das Zaudern*. Zürich/Berlin ²2008, S. 39–56.
Volkening, Heide: „Ausbildung des Charakters. ‚Wilhelm Meisters Lehrjahre' (mit Blanckenburg)". In: *Internationales Archiv für Sozialgeschichte der deutschen Literatur* 41/2 (2016), S. 290–303.
Vonhoff, Gert: „Der Geschichte eine Form. Schillers ‚Braut von Messina'". In: Thomas Althaus/Stefan Matuschek (Hg.): *Interpretationen zur neueren deutschen Literaturgeschichte*. Münster/Hamburg 1994, S. 71–99.
Voßkamp, Wilhelm: „Emblematisches Zitat und emblematische Struktur in Schillers Gedichten". In: *Jahrbuch der Deutschen Schillergesellschaft* 18 (1974), S. 388–406.
Voßkamp, Wilhelm: „Utopie und Utopiekritik in Goethes Romanen ‚Wilhelm Meisters Lehrjahre' und ‚Wilhelm Meisters Wanderjahre'". In: ders.: *Utopieforschung. Interdisziplinäre Studien zur neuzeitlichen Utopie*, Bd. 3. Stuttgart 1982, S. 227–249.
Voßkamp, Wilhelm: „Klassik als Epoche. Zur Typologie und Funktion der Weimarer Klassik". In: Reinhart Herzog/Reinhart Koselleck (Hg.): *Epochenschwelle und Epochenbewußtsein*. München 1987, S. 493–514.

Voßkamp, Wilhelm (Hg.): *Klassik im Vergleich. Normativität und Historizität europäischer Klassiken.* Stuttgart/Weimar 1993.

Voßkamp, Wilhelm: „Bilder der Bildung in Goethes Romanen Wilhelm Meisters Lehrjahre und Wilhelm Meisters Wanderjahre". In: Ryozo Maeda/Teruaki Takahashi/ders.: (Hg.): *Schriftlichkeit und Bildlichkeit. Visuelle Kulturen in Europa und Japan.* München 2007, S. 117–132.

Wagner, Irmgard: *Critical approaches to Goethe's classical dramas: Iphigenie, Torquato Tasso, and Die natürliche Tochter.* Columbia, South Carolina 1995.

Wagner, Martin: „Zeit, Geschichte und Ästhetik im Wallenstein-Prolog". In: *Orbis Litterarum* 67/5 (2012), S. 366–386.

Walzel, Oskar: *Leben, Erleben und Dichten. Ein Versuch.* Leipzig 1912.

Walzel, Oskar: *Gehalt und Gestalt im Kunstwerk des Dichters.* Berlin-Neubabelsberg 1923.

Weber, Max: Wirtschaft und Gesellschaft. Soziologie [1919–1920]. In: ders.: *Gesamtausgabe,* hg. von Horst Baier u. a., Abt I: *Schriften und Reden,* Bd. 23, hg. von Knut Borchardt/Edith Hanke/Wolfgang Schluchter. Tübingen 2013.

Weimar, Klaus: „Die Begründung der Normalität. Zu Schillers Wallenstein". In: *Zeitschrift für deutsche Philologie* 109 (1990), Sonderheft, S. 99–116.

Wellbery, David E.: „Die Enden des Menschen. Anthropologie und Einbildungskraft im Bildungsroman (Wieland, Goethe, Novalis)". In: Karlheinz Stierle/Rainer Warning (Hg.): *Das Ende. Figuren einer Denkform.* München 1996, S. 600–639.

Wellbery, David: *Goethes ‚Faust I'. Reflexion der tragischen Form.* München 2016.

Wellnitz, Philippe: „Die ‚weibliche Natur' in ‚Maria Stuart'. ‚ein gebrechlich Wesen ist das Weib'". In: Georg Braungart/Bernhard Greiner (Hg.): *Schillers Natur. Leben, Denken und literarisches Schaffen.* Hamburg 2005, S. 245–254.

Welsh, Caroline: *Hirnhöhlenpoetiken. Theorien zur Wahrnehmung in Wissenschaft, Ästhetik und Literatur um 1800.* Freiburg i. Br. 2003.

Werber, Niels: „Technologien der Macht. System- und medientheoretische Überlegungen zu Schillers Dramatik". In: *Jahrbuch der Deutschen Schillergesellschaft* 40 (1996), S. 210–243.

Wertheimer, Jürgen: „Goethes Glück und Ende, oder: Vom verhängnisvollen Schicksal, Klassiker zu sein". In: Rudolf Bockholdt (Hg.): *Über das Klassische.* Frankfurt a. M. 1987, S. 101–110.

Wetzel, Michael: *Mignon. Die Kindsbraut als Phantasma der Goethezeit.* München 1999.

Wiedemann, Conrad: „Zwischen Nationalgeist und Kosmopolitismus. Über die Schwierigkeit der deutschen Klassiker, einen Nationalhelden zu finden". In: Günter Birtsch (Hg.): *Patriotismus.* Hamburg 1991, S. 75–101.

Wiethaup, Kristina: „Ein fünfter Chor für die ‚wahre' Kunst? Die Chöre in Schillers Braut von Messina und die Geburt einer neuen Tragödiengattung". In: *Wirkendes Wort* 56/3 (2006), S. 357–385.

Wild, Christopher: *Theater der Keuschheit – Keuschheit des Theaters. Zu einer Geschichte der (Anti-)Theatralität von Gryphius bis Kleist.* Freiburg i. Br. 2003.

Wild, Reiner: *Goethes klassische Lyrik.* Stuttgart/Weimar 1999.

Willems, Gottfried: „Klassische Lyrik? – über Goethes Römische Elegien und Venetianische Epigramme". In: Wolfgang Düsing/Hans-Jürgen Schings/Stefan Trappen/ders. (Hg.): *Traditionen der Lyrik. Festschrift für Hans-Henrik Krummacher.* Tübingen 1997, S. 87–102.

Wilm, Marie-Christin: „Die Jungfrau von Orleans, tragödientheoretisch gelesen". In: *Jahrbuch der Deutschen Schillergesellschaft* 47 (2003), S. 141–170.

Windfuhr, Manfred: „Kritik des Klassikbegriffs". In: *Études Germaniques* 29 (1974), S. 302–318.

Windfuhr, Manfred: „Herkunft und Funktion der Geheimgesellschaft vom Turm in Goethes Wilhelm Meisters Lehrjahren". In: ders.: *Erfahrung und Erfindung. Interpretationen zum deutschen Roman vom Barock bis zur Moderne.* Heidelberg 1993, S. 66–88.

Winkler, Markus: „Die Heilung des Orest. Ethnozentrismus und Humanität in Goethes Iphigenie auf Tauris". In: Heidi Eisenhut/Anett Lütteken/Carsten Zelle (Hg.): *Heilkunst und schöne Künste. Wechselwirkungen von Medizin, Literatur und bildender Kunst im 18. Jahrhundert.* Göttingen 2011, S. 238–254.

Winkler, Markus: „Die Topographie des Grotesken in Goethes Ballade Die Braut von Corinth". In: Edith Anna Kunz/Dominik Müller/Markus Winkler (Hg.): *Figurationen des Grotesken in Goethes Werken*. Bielefeld 2012, S. 33–46.
Witte, Bernd: „Das Opfer der Schlange. Zur Auseinandersetzung Goethes mit Schiller in den ‚Unterhaltungen deutscher Ausgewanderten' und im ‚Märchen'". In: Wilfried Barner/Eberhard Lämmert/Norbert Oellers (Hg.): *Unser Commercium. Goethes und Schillers Literaturpolitik*. Stuttgart 1984, S. 461–484.
Witte, Bernd/Otto, Regine (Hg.): *Goethe-Handbuch*. 5 Bände. Stuttgart/Weimar 1996.
Witte, Bernd/Ponzi, Mauro (Hg.): *Goethes Rückblick auf die Antike*. Berlin 1999.
Witte, Bernd: „Roma – Amor. Antike Tradition und moderne Erfahrung in Goethes Römischen Elegien". In: Bernhard Beutler/Anke Bosse (Hg.): *Spuren, Signaturen, Spiegelungen. Zur Goethe-Rezeption in Europa*. Köln/Weimar/Wien 2000, S. 499–513.
Wittkowski, Wolfgang: „Theodizee oder Nemesistragödie? Schillers Wallenstein zwischen Hegel und politischer Ethik". In: *Jahrbuch des Freien Deutschen Hochstifts* (1980), S. 177–237.
Wittkowski, Wolfgang: „Tradition der Moderne als Tradition der Antike. Klassische Humanität in Goethes Iphigenie und Schillers Braut von Messina". In: Theo Elm/Gerd Hemmerich (Hg.): *Zur Geschichtlichkeit der Moderne. Der Begriff der literarischen Moderne in Theorie und Deutung. Ulrich Fülleborn zum 60. Geburtstag*. München 1984, S. 113–134.
Wittkowski. Wolfgang (Hg.): *Revolution und Autonomie. Deutsche Autonomieästhetik im Zeitalter der Französischen Revolution*. Tübingen 1990.
Wittkowski, Wolfgang: „Homo homini lupus. Homo homini deus. Ethische Theodizee in Goethes ‚Hermann und Dorothea'". In: *Goethe-Jahrbuch* 110 (1993), S. 261–274.
Wittkowski, Wolfgang: „Können Frauen regieren? Schillers ‚Maria Stuart'. Poesie, Geschichte und der Feminismus". In: *Orbis litterarum* 52/6 (1997), S. 387–409.
Wokalek, Marie: „Die Krise der Phantasie zwischen Kalokagathia und Vereinigungsphilosophie. Zur Funktion Prinzessin Leonores in Goethes ‚Torquato Tasso'". In: *Goethe-Jahrbuch* 127 (2010), S. 39–47.
Wolf, Burkhardt: *Die Sorge des Souveräns. Eine Diskursgeschichte des Opfers*. Zürich/Berlin 2004.
Wolf, Norbert Christian: *Streitbare Ästhetik. Goethes kunst- und literaturtheoretische Schriften 1771–1789*. Tübingen 2001.
Wölfel, Kurt: „Zur Geschichtlichkeit des Autonomiebegriffs". In: Walter Müller-Seidel/Hans Fromm/Karl Richter (Hg.): *Historizität in Sprach- und Literaturwissenschaft*. München 1974, S. 563–577.
Wolfzettel, Friedrich: „Autonomie". In: Karlheinz Barck (Hg.): *Ästhetische Grundbegriffe. Historisches Wörterbuch in sieben Bänden*. Stuttgart/Weimar 2000, S. 431–458.
Wright, Elizabeth: „Der rhetorische Diskurs der Schiller-Balladen". In: dies.: *Zur psychohistorischen Genese der Deutschen*. Kassel 1983, S. 87–115.
Zanucchi, Mario: „Die ‚Inokulation des unvermeidlichen Schicksals'. Schicksal und Tragik in Schillers Wallenstein". In: *Jahrbuch der Deutschen Schillergesellschaft* 50 (2006), S. 150–175.
Zelle, Carsten: *Die doppelte Ästhetik der Moderne. Revisionen des Schönen von Boileau bis Nietzsche*. Stuttgart/Weimar 1995.
Žmegač, Viktor: „Zur Klassik-Diskussion: Terminologische Fragen und kein Ende". In: *Jahrbuch der Deutschen Schillergesellschaft* 33 (1989), S. 400–408.
Zumbusch, Cornelia: „Don Carlos' letzter Akt. Die Überwindung des Rührstücks in der Tragödie". In: *Ästhetik & Kommunikation* 128/36 (2005a), S. 65–71.
Zumbusch, Cornelia: „Kunst als Impfung gegen das Leben? Eine medizinische Metapher in Schillers Theorie des Erhabenen". In: Miriam Schaub/Nicola Suthor/Erika Fischer-Lichte (Hg.): *Ansteckung. Zur Körperlichkeit eines ästhetischen Prinzips*. München: 2005b, S. 251–262.
Zumbusch, Cornelia: „Poetische Immunität in Goethes Unterhaltungen deutscher Ausgewanderten". In: *Goethe-Jahrbuch* 125 (2008), S. 28–37.
Zumbusch, Cornelia: *Die Immunität der Klassik*. Berlin 2011a.

Zumbusch, Cornelia: „Schillers Schatten. Das Nachleben der Antike in Schillers klassischen Gedichten". In: Uwe Wirth (Hg.): *Bewegen im Zwischenraum*. Berlin 2011b.
Zumbusch, Cornelia: „Nachgetragene Ursprünge. Vorgeschichten im Bildungsroman (Wieland, Goethe und Stifter)". In: *Poetica* 43/3–4 (2011c), S. 267–299.
Zumbusch, Cornelia: „Wagestücke. Risiko und Vorsorge in Schillers *Wallenstein*". In: Monika Schmitz-Emans (Hg.): *Literatur als Wagnis*. Berlin 2013, S. 350–372.
Zumbusch, Cornelia: „Wilhelm Meisters Entwicklungskrankheit. Pädagogik der Vorsorge in Goethes Bildungsroman". In: Thomas Glaser/Bettine Menke (Hg.): *Experimentalanordnungen der Bildung. Exteriorität, Literarizität, Theatralität*. Paderborn 2014, S. 111–127.
Zumbusch, Cornelia: „Über Nacht gereift. Dramatik der Beschleunigung in Schillers *Don Karlos*". In: Helmut Hühn/Dirk Oschmann/Peter Schnyder (Hg.): *Schillers Zeitbegriffe*. Hannover 2018, S. 57–73.
Zumbusch, Cornelia: „Entsagung. Goethes epistemische (Un-)Tugend". In: Andreas Gelhard/Ruben Marc Hackler/Sandro Zanetti (Hg.): *Epistemische Tugenden. Zur Geschichte und Gegenwart eines Konzepts*. Tübingen 2019, S. 165–177.

Personenregister

A
Abbt, Thomas, 82
Adorno, Theodor W., 72, 128, 129, 136, 213
Aischylos, 115–119, 128, 133, 192
Allkemper, Alo, 65
Alt, Peter-André, 109, 125, 135
Althaus, Thomas, 96
Ammer, Andreas, 103
Ammon, Frieder von, 105
Anna Amalia, Herzogin von Sachsen-Weimar-Eisenach, 10
Ariost (Ludovico Ariosto), 138
Aristoteles, 45, 99, 129, 136, 160, 184, 185, 199
Arnim, Achim von, 109
Augustenburg, Friedrich Christian von, 18, 28, 71

B
Baumgarten, Alexander Gottlieb, 60
Beethoven, Ludwig van, 3
Begemann, Christian, 64, 112
Benthien, Claudia, 184
Bertuch, Friedrich Justin, 122
Blumenbach, Johann Friedrich, 27, 63, 208
Böhme, Hartmut, 113
Boileau, Nicolas, 42, 147
Bonaparte, Napoleon, 23, 39
Borchmeyer, Dieter, 162, 163
Braungart, Wolfgang, 108
Breidbach, Olaf, 35
Brentano, Clemens, 109
Brown, Kathryn, 128, 130
Brüder Grimm (Jacob und Wilhelm Grimm), 109
Bünau, Graf Heinrich von, 42

Bürger, Christa, 77
Bürger, Peter, 77
Burke, Edmund, 147, 148
Buschmeier, Matthias, 189

C
Cadete, Teresa, 75
Campe, Rüdiger, 64
Catull (Gaius oder Quintus Valerius Catullus), 96
Christians, Heiko, 223
Corneille, Pierre, 136, 150
Cotta, Johann Friedrich, 105
Cuonz, Daniel, 133

D
Dahlhaus, Carl, 3
Dalberg, Wolfgang Heribert von, 16, 153
Dammann, Günter, 211
Dante Alighieri, 4
Darsow, Götz-Lothar, 181
Descartes, René, 67
Dilthey, Wilhelm, 6, 79, 80
Dönike, Martin, 47
Dubbels, Elke, 167
Düsing, Wolfgang, 84

E
Eckermann, Johann Peter, 4, 11, 33, 125, 127
Eibl, Karl, 106, 109
Eichendorff, Joseph von, 113
Elsaghe, Yahya, 222
Erdmannsdorff, Friedrich Wilhelm von, 40

© Springer-Verlag GmbH Deutschland, ein Teil von Springer Nature 2019
C. Zumbusch, *Weimarer Klassik*, https://doi.org/10.1007/978-3-476-04771-7

Ette, Wolfram, 169
Euripides, 128, 130, 132, 135

F
Ferguson, Adam, 29
Fernow, Carl Ludwig, 15, 57, 58
Fichte, Johann Gottlieb, 16, 201
Fielding, Henry, 197
Flaxman, John, 40, 56
Förster, Georg, 35
Foucault, Michel, 182, 183
Franz II., Kaiser des Heiligen Römischen Reiches, als Franz I. Kaiser von Österreich, 23
Freier, Hans, 59
Freud, Sigmund, 113
Frevert, Ute, 172
Friedrich II., König von Preußen, 172

G
Gaier, Ulrich, 8, 127
Gailus, Andreas, 202, 208, 212
Gamper, Michael, 182
Gatterer, Johann Christoph, 29
Geimer, Peter, 43
Gellert, Christian Fürchtegott, 197
Geulen, Eva, 35, 36
Gille, Klaus, 55
Goethe, Johann Wolfgang von, V, VI, 1–23, 25–28, 33–38, 47–49, 52, 55–58, 61, 67, 72, 77, 79–81, 94–101, 103–114, 119, 121–130, 132–138, 141–146, 152, 160, 161, 163, 165, 188, 195–201, 203–205, 207–213, 215–218, 220–223
Gottsched, Johann Christoph, 58, 192, 196, 197
Grimm, Reinhold, 7
Groddeck, Wolfram, 83
Gryphius, Andreas, 175, 177
Gundolf, Friedrich, 81
Gutjahr, Ortrud, 202

H
Hagedorn, Friedrich von, 5
Harrison, Robin, 181
Haydn, Joseph, 3
Hegel, Georg Wilhelm Friedrich, 3, 8, 16, 52, 53, 81, 156, 168, 197, 201, 207, 218
Heine, Heinrich, 113
Heisenberg, Werner, 35

Helmstetter, Rudolf, 92
Henkel, Arthur, 128
Herder, Johann Gottfried, 1, 5, 9, 12, 13, 17, 18, 34, 56, 94, 98, 109, 127, 145
Hermand, Jost, 7, 35
Hinck, Walter, 124
Hobbes, Thomas, 29
Hoffmann, Ernst Theodor Amadeus (E.T.A. Hoffmann), 113
Hofmann, Michael, 155, 169
Hölderlin, Friedrich, 3, 7
Homer, 12, 41, 43, 56, 95, 106, 197, 198, 217
Horaz (Quintus Horatius Flaccus), 41, 51, 58, 150
Horkheimer, Max, 72, 213
Horn, Eva, 182
Huber, Ludwig Ferdinand, 27
Humboldt, Wilhelm von, 13, 18, 52, 55, 57, 106, 116, 118, 192, 207, 208
Hume, David, 29

I
Iffland, August Wilhelm, 123

J
Jauß, Hans Robert, 8
Jean Paul (Johann Paul Friedrich Richter), 7

K
Kalb, Charlotte von, 17
Kant, Immanuel, VI, 3, 8, 18, 30, 31, 35, 45, 51, 58, 59, 61, 65, 67–72, 74–78, 81, 124, 147–152
Kantorowicz, Ernst H., 180
Karl August, Herzog von Sachsen-Weimar-Eisenach, 10, 11
Karl Eugen, Herzog von Württemberg, 16, 122
Karl Theodor, Kurfürst von der Pfalz, 48
Karthaus, Ulrich, 32
Kauffmann, Christian, 12
Keller, Claudia, 15
Kemper, Hans-Georg, 202
Keßler, Helmuth, 188
Kittler, Friedrich, 203, 210
Kleist, Heinrich von, 3, 7
Klenze, Leo von, 40
Klibansky, Raymond, 162
Klinger, Maximilian, 12, 87
Klingmann, Ulrich, 136
Klopstock, Friedrich Gottlieb, 5

Personenregister

Köhnke, Klaus, 118
Korff, Hermann August, 6, 35
Körner, Christian Gottfried, 4, 17, 19, 27, 71, 89, 90, 158, 178, 187, 191, 201, 206, 207
Koschorke, Albrecht, 171, 182
Koselleck, Reinhart, 23–25, 28
Kotzebue, August von, 123
Krüger-Fürhoff, Irmela Marei, 47, 89

L

La Roche, Sophie von, 197
Lamping, Dieter, 81
Langhans, Carl Gotthard, 40
Laube, Heinrich, 5
Lehmann, Johannes, 209
Leibniz, Gottfried Wilhelm, 65, 220
Lengefeld, Charlotte von, 18
Lenz, Jakob Michael Reinhold, 12
Lepenies, Wolf, 26, 28, 142
Lessing, Gotthold Ephraim, 5, 47, 48, 65, 122, 151, 192
Lokke, Kari, 175
Louis XIV., König von Frankreich, 2, 42, 122
Louis XVI., König von Frankreich, 22, 39
Luhmann, Niklas, 60

M

Macchiavelli, Niccoló di, 154
Manso, Giovanni Battista, 137
Marie Antoinette, Königin von Frankreich, 22, 122, 174, 186
May, Kurt, 201, 207
Menninghaus, Winfried, 45, 71
Meyer, Johann Heinrich, 15, 56–58
Montesquieu, Charles-Louis de Secondat, Baron de La Brède, 22
Morgenstern, Karl, 201, 206
Moritz, Karl Philipp, VI, 1, 15, 27, 58, 61–67, 70–72, 76–78, 89, 124, 201, 205
Mozart, Wolfgang Amadeus, 3
Mücke, Dorothea von, 89
Müller, Joachim, 191
Müller-Seidel, Wolfgang, 9

N

Neumann, Gerhard, 57, 145
Neumeyer, Harald, 113
Neymeyr, Barbara, 175
Nietzsche, Friedrich, 119

O

Oschmann, Dirk, 221
Osterkamp, Ernst, 84
Ovid (Publius Ovidius Naso), 41, 66, 89, 101, 103, 104

P

Panofsky, Erwin, 44, 45, 162
Payne, Charlton, 223
Perrault, Charles, 42
Petersdorff, Dirk von, 109
Pethes, Nicolas, 209
Petrarca, Francesco, 138
Pfotenhauer, Helmut, 64
Platon, 97, 114, 139
Pott, Hans-Georg, 181
Properz (Sextus Aurelius Propertius), 96
Pseudo-Longinos, 146, 147

R

Racine, Jean, 123, 128, 136
Rahe, Konrad, 112
Rasch, Wolfdietrich, 128, 135
Raulet, Gérard, 57
Reed, Terence, 80
Reinhardt, Hartmut, 160
Revett, Nicholas, 40
Richardson, Samuel, 197
Riedel, Wolfgang, 98
Rocks, Carolin, 181
Rousseau, Jean-Jacques, 22–24, 50, 73, 197

S

Saine, Thomas, 65
Saxl, Fritz, 162
Schadow, Johann Gottfried, 40
Schäublin, Peter, 175
Schelling, Friedrich Wilhelm Joseph, 16, 184, 185
Scherer, Wilhelm, 6
Schiller, Friedrich, V, VI, 1–10, 16–22, 24, 26–33, 35, 42, 47–55, 58, 59, 61, 67, 70–95, 100, 104–107, 109–111, 114–122, 124, 126, 127, 146, 148–161, 163–193, 195–198, 201, 206, 210, 211, 217
Schings, Hans-Jürgen, 32, 141, 156, 164, 202
Schinkel, Karl Friedrich, 40
Schlaffer, Hannelore, 79, 206
Schlechta, Karl, 206

Schlegel, August Wilhelm, 4, 146
Schlegel, Friedrich, 4, 5, 7, 16, 53, 55, 90, 201
Schlözer, August Ludwig, 30
Schmidt, Erich, 6
Schmidt, Jochen, 127
Schneider, Sabine, 65
Schnyder, Peter, 167
Scholz, Rüdiger, 127
Schöne, Albrecht, 127
Schröder, Friedrich Ludwig, 17, 122
Schröter, Corona, 122
Schulz, Georg-Michael, 192
Schulz, Gerhard, 9, 39, 114
Schwarzbauer, Franz, 106
Seidlin, Oskar, 128
Sergl, Anton, 191
Shaftesbury, Anthony Ashley-Cooper, 3. Earl of Shaftesbury, 51, 62
Simmel, Georg, 35
Simonis, Annette, 35
Smith, Adam, 29
Sophokles, 117, 185, 187
Söring, Jürgen, 213
Spinoza, Baruch de, 13, 35, 145, 212
Stein, Charlotte von, 12–14, 137, 145
Steiner, Rudolf, 35
Stephens, Anthony, 128, 130
Sterne, Lawrence, 197
Strich, Fritz, 6, 35
Stuart, James, 40
Sulzer, Johann Georg, 60
Szondi, Peter, 51, 52, 54

T
Tang, Chenxi, 170
Tasso, Torquato, 197
Theophrast (Theophrastos von Eresos), 141
Tibull (Albius Tibullus), 96
Träger, Christine, 212
Trunz, Erich, 81

U
Ueding, Gert, 80, 109

V
Valk, Thorsten, 142
Vergil (Publius Vergilius Maro), 41, 138, 197
Vogel, Juliane, 126, 159, 173
Vogl, Joseph, 9, 165
Voltaire (François-Marie Arouet), 123, 128, 150
Voß, Johann Heinrich, 41, 95, 217
Voßkamp, Wilhelm, 2, 8, 81, 207
Vulpius, Christiane, 94

W
Walzel, Oskar, 35, 79, 80
Warburg, Aby, 113
Weber, Max, 181, 182
Wedgwood, Josiah, 40
Weizsäcker, Carl Friedrich von, 35
Wellbery, David, 64, 127
Wellnitz, Philippe, 171
Werber, Niels, 167
Werner, Abraham Gottlob, 33
Wertheimer, Jürgen, 7
Wiedemann, Conrad, 223
Wieland, Christoph Martin, 1, 5, 10, 11, 17, 27, 41, 127, 152, 197, 201
Wiethaup, Kristina, 191
Wild, Christopher, 180
Wild, Reiner, 106
Winckelmann, Johann Joachim, VI, 1, 15, 41–48, 50, 52, 55–58, 67, 110, 119, 150
Windfuhr, Manfred, 7, 8
Witte, Bernd, 216
Wittkowski, Wolfgang, 59, 173, 220
Wolf, Friedrich August, 15, 57
Wolff, Caspar Friedrich, 63
Wölfflin, Heinrich, 6

Z
Zanucchi, Mario, 164
Zelle, Carsten, 75, 146

GPSR Compliance

The European Union's (EU) General Product Safety Regulation (GPSR) is a set of rules that requires consumer products to be safe and our obligations to ensure this.

If you have any concerns about our products, you can contact us on ProductSafety@springernature.com

In case Publisher is established outside the EU, the EU authorized representative is:

Springer Nature Customer Service Center GmbH
Europaplatz 3
69115 Heidelberg, Germany

Batch number: 09745979

Printed by Printforce, the Netherlands